经济法研究

(总第24卷)

张守文　主编

北京大学出版社
PEKING UNIVERSITY PRESS

图书在版编目(CIP)数据

经济法研究. 总第24卷/张守文主编. —北京:北京大学出版社,2023. 1
ISBN 978-7-301-33570-3

Ⅰ. ①经… Ⅱ. ①张… Ⅲ. ①经济法—研究—中国—文集
Ⅳ. ①D922. 290. 4-53

中国版本图书馆CIP数据核字(2022)第211266号

书　　名	经济法研究(总第24卷) JINGJIFA YANJIU(ZONG DI-ERSHISI JUAN)
著作责任者	张守文　主编
责任编辑	冯益娜　钱　玥
标准书号	ISBN 978-7-301-33570-3
出版发行	北京大学出版社
地　　址	北京市海淀区成府路205号　100871
网　　址	http://www. pup. cn
电子信箱	law@ pup. pku. edu. cn
新浪微博	@北京大学出版社　@北大出版社法律图书
电　　话	邮购部010-62752015　发行部010-62750672　编辑部010-62752027
印 刷 者	北京虎彩文化传播有限公司
经 销 者	新华书店 787毫米×1092毫米　16开本　19. 25印张　399千字 2023年1月第1版　2023年1月第1次印刷
定　　价	54. 00元

疫情、发展与经济法的使命(卷首语)

自2020年年初至今,全球疫情对各国的经济社会发展和国家治理都产生了深刻影响。如何统筹疫情防控与经济社会发展,是各国共同面临的重大现实问题。从法律的角度看,尤其需要关注如何在依法治疫的同时,着重运用经济法手段推动经济的恢复和健康发展。为此,应进一步厘清疫情防控与经济发展的关系,明确经济法的时代使命,这对于实现国家的现代化具有特殊意义。

一、疫情与发展

一百年前,战争和瘟疫同时威胁着人类的生存。1918年暴发的西班牙大流感(尽管流感并不起源于西班牙)至少使2500万人丧生,并成为第一次世界大战提前结束的重要原因①。今天,尽管疫情和局部战争同时存在,但病毒在变异过程中危害程度不断降低,且各国的经济社会发展基础和疫情应对能力已与百年前不可同日而语。因此,各国在应对不断变化的疫情的同时,都力争将经济社会的受损失程度降至最低,并不断促进经济的恢复和振兴。

统筹疫情防控和经济发展,是各国都需要解决的重要问题。只是由于诸多因素影响,各国的应对措施各异,由此也引发了诸多讨论。其实,诸如效率与公平、自由与秩序、安全与发展等,都是在统筹疫情防控与经济发展方面需要兼顾的重要价值,各国的应对措施体现了对上述价值的不同的侧重,其中,对安全与发展价值的权衡尤为重要②。

从安全价值看,保障社会公众的生命健康安全最为基础;同时,在疫情之下保障经济安全,也必须充分考虑产业安全、金融安全、财政安全、数据安全等诸多"安全",这些都需要经济法加以保障。而从发展价值看,疫情总是暂时的,在保障上述各类安全的同时,还要促进发展,并不断提升各类主体的发展能力,从而为疫情防

---

① 从历史的角度看,传染病有时是战争与和平的决定性因素。参见〔美〕威廉·麦克尼尔:《瘟疫与人》,余新忠等译,中信出版社2018年版,译者序。

② 发展是扩展人们享有的实质自由的过程,诸如防疫计划、医疗保健公共设施的缺乏,都会影响人们的实质自由。参见〔印度〕阿马蒂亚·森:《以自由看待发展》,任赜等译,中国人民大学出版社2002年版,第1—2页。

控提供持续的经济支撑。只有在疫情之下不断推动经济和社会发展,并加强相应的法治保障,才能在解决病毒对人体"微寄生"问题的同时,解决经济社会领域的"巨寄生"问题③。而在此过程中,经济法的调整尤其应发挥重要作用,这是经济法在危机应对和促进常态发展方面需要承担的重要使命。

二、疫情经济与经济法调整

深受疫情影响的经济,或称"疫情经济",是一种典型的病态经济,它并非因经济系统自身的危机所导致,而是由公共卫生危机引起。可见,病毒不仅直接入侵人体,也会间接感染经济与社会,并影响其持续健康发展。

从 2020 年之初疫情在武汉暴发,到 2021 年的多地散发,再到 2022 年在吉林、上海、北京等地的动态清零,疫情对经济社会发展的影响时断时续。面对充满不确定性的疫情经济,面对受阻的国际经贸往来,特别是产业链供应链方面受到的诸多冲击,我国更注重运用经济法的多种调整手段④,协调运用经济法的多种具体制度,实施更为精准的宏观调控和市场规制。

在宏观调控方面,我国制定了大量财政政策、货币政策、产业政策等,并力求在财税法、金融法、产业法等宏观调控法的框架下,将经济政策与经济法的相关制度有机结合,从而实现对疫情经济的有效调控。例如,针对疫情导致大量市场主体难以从事生产经营活动,其税费负担、各类成本大幅度增加的情况,国家持续推出了大规模的减税降费措施,并使其成为应对疫情的重要宏观调控手段。仅在增值税领域,自 2020 年以来国家就推出了多种减税措施,2022 年又实施大规模留抵退税等政策。此外,在降费方面,国家调低了多种涉企收费。国家上述旨在减轻市场主体负担的各类调控手段的运用,对于保市场主体、保就业、保民生等,都发挥了重要作用。

在市场规制方面,面对疫情经济,不仅需要维护公共健康环境,还需要保障良好的市场交易秩序和竞争秩序。诸如疫情期间的"保供稳价"等,都与市场秩序以及相应的经济法调整密切相关。针对囤积居奇、哄抬物价、价格欺诈等影响市场供应、价格稳定的问题,尤其要大力加强市场监管。事实上,相较于常态经济,在疫情经济之下,对于价格、质量、信息(如虚假宣传等)方面的监管更重要,尤其需要加强

---

③ 无论是病毒对宿主的"微寄生",还是不同人群之间的侵夺构成的"巨寄生",都会影响人类的发展。参见〔美〕麦克尼尔:《瘟疫与人:传染病对人类历史的冲击》,杨玉龄译,远见天下文化出版股份有限公司 1998 年版,第 102 页、第 153 页,第 306—307 页。

④ 在 2020 年疫情发生之初,我国曾大量运用经济法的调整手段。相关讨论可参见张守文:《疫情防控:经济法的解析与应对》,载《政治与法律》2020 年第 4 期。

经济法的有效调整。

三、发展与经济法促进

疫情经济需要通过加强经济法的调整,不断实现经济的恢复和振兴,使其重回健康发展的轨道。为此,应基于经济法的"发展促进法"定位,运用经济法的各类调制手段,全面促进经济和社会发展。

经济法具有突出的规制性,包含大量的促进型规范,无论在发生重大疫情的非常时期,还是在经济常态运行时期,都需要经济法在促进发展方面发挥重要作用。尽管此次疫情影响深远,但终将以某种方式结束,因而在着力解决当下复杂问题的同时,还要关注影响未来长远发展的一些重要制度安排及相关问题⑤。

例如,我国作为一个大国,区域发展非常不平衡,带来了诸多方面的问题。如何通过经济法的调整促进区域协调发展,是需要讨论的重要问题⑥。为此,中国法学会经济法学研究会于2020年8月27日主办了"区域协同发展中的经济法理论与实践"学术研讨会,结合此次会议的成果,本期专设笔谈栏目,约请在该领域有深入研究的著名学者,分别从不同视角探讨区域协同发展的经济法问题,其相关思考对于推动区域协同发展的理论研究和制度建设,均具有重要的借鉴意义。

又如,基于疫情对经济社会发展的严重影响,如何采取相应的宏观调控和市场规制手段,形成有效的保障和促进发展的机制,也是非常值得研究的问题。为此,中国法学会经济法学研究会还于2020年8月16日主办了"新冠疫情背景下国家调制社会经济的法律机制研究"学术研讨会,结合此次会议的成果,本期专设另一个笔谈栏目,约请市场规制法和宏观调控法领域的著名学者,探讨疫情经济时期有关调制的特殊问题,这些研讨对于相关领域的制度建设和学术研究,亦具有重要参考价值。

上述两个笔谈栏目,都与经济法对发展的促进直接相关。同样,在本期的其他栏目中,各位作者也都从不同角度,揭示了经济法保障和促进发展的重要功能和使命。例如:

本期的经济法基础理论栏目,有两位著名学者分别提出了他们对区域协调发展和区域协同发展的经济法问题的认识;同时,还有两位青年学者分别从经济法理

---

⑤ 相关探讨可参见张守文:《公共卫生治理现代化:发展法学的视角》,载《中外法学》2020年第3期,第590—611页。

⑥ 相关探讨可参见徐孟洲:《论区域经济法的理论基础与制度构建》,载《政治与法律》2007年第4期,第2—9页;张守文:《区域协调发展的经济法理论拓展》,载《法律科学(西北政法大学学报)》2021年第4期,第14—24页。

论的视角探讨了对区域协调发展理论的解读,以及对经济法主体理论的理解。这些都是值得关注的经济法发展中的理论问题。

本期的宏观调控法栏目,较为集中地刊发了多位中青年学者撰写的金融法方面的论文。这些论文涉及金融调控、金融监管、金融机构等方面的重要问题,有些研讨还涉及经济宪法、财税法等相关领域的交叉研究,由此有助于从金融法的视角,理解宏观调控法领域的重要基本问题;同时,也有助于进一步理解宏观调控法与市场规制法的紧密关联。

本期的市场规制法栏目,集中刊发了多位中青年学者探讨数字经济背景下的反垄断法、反不正当竞争法问题的论文。这些论文涉及社会共治、数据垄断、平台治理、营商环境、竞争监管、域外适用等问题,都是当前广受关注的热点和前沿问题,有助于读者从不同角度展开深入思考。

上述论文都从不同角度揭示了经济法作为"发展促进法"的定位,以及经济法促进发展的重要功能。这些论文暗含的重要思想是:无论在区域协同发展,还是在促进疫情经济的恢复方面,无论在金融调控、金融监管,还是在一般的市场规制方面,经济法都要发挥保障和促进发展的重要作用,这是经济法的重要使命。

本期刊发的论文,体现的是各位作者的独立思考和个人观点,不代表编辑部的立场。《经济法研究》的目标是为经济法同仁提供学术交流平台,与广大作者和读者一起,共同促进经济法研究的繁荣,更好地推进国家的经济法治建设。

四、本期的出版安排

疫情的反复使许多工作都受到极大影响,出版工作亦复如是。本期的出版因疫情而被拖延较长时间,在此特向各位作者和读者表达歉意。期待疫情早日结束,一切回归应有的常态。

当前,我国正在大力推进法治建设,但法学方面的期刊仍为数不多,由此形成了一个突出矛盾:一方面,法治建设需要加强法学研究,大量的法学研究人员需要交流其成果;另一方面,能够发表法学研究成果的平台却严重不足。这在一定程度上已影响到法学乃至整体哲学社会科学的繁荣。由于经济法领域目前尚无专门期刊,因此,多个著名法学院都是通过"以书代刊"的形式来解决期刊数量不足的问题。

《经济法研究》自1999年创刊以来,得到了北京大学出版社的鼎力支持。二十多年来,尽管北大出版社的出版任务日益繁重,但仍坚持出版《经济法研究》,这是非常难能可贵的。在本期的出版过程中,北大出版社的邹记东主任和编辑老师克服了疫情和人手不足等多重困难,保障了本期的顺利出版。在此特向北大出版社的领导和编辑老师表达敬意与谢意!

在本期的编辑出版过程中,贾康、王彦光、马平川、潘宁、姚子健、孙璐伟等参与了约稿、初步编辑和校对等工作,对他们的辛勤付出在此一并表示感谢!

最后,期待进一步加强经济法的有效调整,全面体现其现代法的使命和担当,从而促进经济与社会的良性运行和协调发展,推进国家现代化目标的顺利实现。

张守文

2022年6月10日

于北京大学经济法研究所

目录

“区域协同发展中的经济法理论与实践”笔谈

“新冠疫情背景下国家调制社会经济的法律机制研究”笔谈

经济法基础理论

宏观调控法

市场规制法

“区域协同发展中的经济法理论与实践”笔谈

区域协同发展的经济法思考

薛克鹏*

从经济法视角思考区域协同发展，必须解决三个基础性问题：第一，作为一种规制工具的经济法，同区域协同发展问题是否具有领域耦合性？或者说，区域协同发展问题是否具有经济法问题的面向？第二，应当使用何种类型的经济法工具接应区域协同发展问题？或者说，区域协同发展问题应当被划分至哪一或哪些经济法领域？第三，经济法针对区域协同发展发挥功能的重点对象有哪些？或者说，有哪些引致区域间发展不协同的根源性问题亟待经济法治理？

一、领域耦合问题：区域协同发展问题的经济法面向

若要解决经济法在规制区域协同发展的领域耦合问题，首先便要解决其作为一种"法学实践知识"的身份厘定问题。但这并不意味着，可以武断地追问"区域经济协同发展是不是一个法律问题"，因为这样的表述很容易让人将论题误解为"区域经济协同发展是不是仅仅是一个法律问题"。而实际上，探讨和挖掘的对象只是该问题是否具有法学或法律面向罢了。之所以作此强调，盖因二者论证标准、路径差异较大。就前者而言，必须先澄清法学作为一门独立学科而被范畴化的根本性理由，再拿作为"知识"的区域协同发展同其进行要件符合论证；就后者而言，只需阐明区域协同发展势态中包含有诸种法律实践要素，且这些法律实践要素具有被法律制度化、法学学术化的可能性便已完成任务。很显然，在区域协同发展的过程中，无论是发展资源的跨区域流动，还是发展行动的跨区域协同，抑或是发展成果的跨区域转化，都需要地方立法的调整、规制与保障。这就决定了区域协同发展问题具有法律问题的面向，对其开展法学研究是具备正当性的。

---

* 薛克鹏，中国政法大学民商经济法学院教授，博士生导师。

本文是作者在中国经济法30人论坛第21期暨"区域协同发展中的经济法理论与实践"学术研讨会上的发言。

在明确其具有法律、法学面向后,需要思考的问题是,区域协同发展是否需要经济法的参与?若答案是肯定的,则经济法应以何种姿态介入区域协同发展论域?就前一问题而言,经济发展是区域协同发展的题中之义、更是首要任务,这必然需要经济法的"出场":从制度宏观层面看,区域间"经济一体化"的制度建构与运行维护、区域间生产劳动要素的统筹配置与综合调运、区域间市场秩序的规范联动与裁处衔接等需要经济法规制工具的"出场";从制度中观层面看,区域间经济基础设施的无障碍互通、区域间资本市场框架的同质化设计、区域间经济行政系统的互嵌式搭建等需要经济法规制工具的"出场";从制度微观层面看,区域间市场准入标准、市场竞争政策、税收征计规则、金融监管力度、(经济)权益保障与纠纷裁判程序等的协同需要经济法规制工具的"出场"。

就后一问题而言,经济法介入区域协同发展的姿态取决于"法律支撑区域协同发展"结构的功能分化趋向,也即,只有探究清楚经济法在各(提供支撑的)法律部门锚定关键贡献的图式中占据何种地位,方才能够知晓其参与区域协同发展的具体规划。我们可以诉诸逆向思维逐一排除:如果塑造民法(私法)支撑区域协同发展的支配性,则很难避免导向结构性失衡的种种系统性风险;如果塑造行政法(公法)支撑区域协同发展的支配性,则很难避免科层思维过度侵入市场肌体、限权思维过度钳制市场活力的"双向异化"困境;唯有兼通公私价值保障机理的经济法,可以在避免前述风险、消解上述困境的同时衡平区域协同红利与市场主体权益间的关系。

综合上述,区域协同发展不仅需要经济法的参与,而且需要将经济法的参与打造为一种良性的"路径依赖"。在这个意义上,区域经济协同问题更多时候会表现为经济法问题,需要经济法的观念、思维、理论和实践经验;更需要经济法学者怀揣充分的学科自信,对标问题、贴近问题,为区域协同发展提供应有的智识支持。

二、领域细分问题:区域发展不协同的经济法治理

前一部分的论述明确了区域协同发展向经济法开放的内在需求,并明确了后者主导参与、深度参与区域协同发展的价值定位。接下来需要解决的问题便是,经济法规制区域协同发展的基本题域有哪些,或者说,作为经济法问题的区域协同发展问题,现有经济法如何发挥其功能。

第一,竞争法领域。区域经济发展不协调、不协同的问题,更多时候表现为或植基于区域间的不公平竞争问题。即便矢志于协同发展的各个地方均有地方性法规或地方政府规章出台,力图统一竞争规制规准,但在缺乏"基础规范"或区际更高权威统筹的情况下,这些法规、规章能否真正体现区域公平本就有待商榷,其是否可能反向加剧不公平竞争程度同样令人担忧。可行的办法便是以先进的竞争法理念统一不同区域竞争者的行动逻辑,进而破除区间壁垒、消除不公平竞争现象。

第二,财税法领域。财税政策失误或口径偏谬同样是引致区域间发展失衡的重要根源,“解铃还须系铃人”,必须通过矫正税收、预算这两项财税法基本规制工具的价值体系、功能构造,使它们发挥本应发挥的区域协同发展规制功能,该激励的激励、该限制的限制、该制裁的制裁、该保障的保障,最终理顺区域间财税体制的协同发展通路。

第三,金融法领域。区域发展不协同,与资本市场密切相关。众所周知,深圳和上海的经济发展都十分迅速,深交所和上交所功不可没。有经济学者进行过移植资本市场结点的思想实验,类比到我国,便可以设想,如果将深交所和上交所及其承载的庞大金融资本网络迁移到中西部欠发达地区,则两交易所所在城市及其周边城市群会否也如深圳、上海一般提速发展?我想,大多数从事资本市场工作多年的金融观察者、实践者都会作出肯定的回答。但关键问题是,我国的金融战略布局为什么选择了深圳和上海,深交所和上交所又为什么只在这两地扎根?思考的重点应当关照不同地域间金融服务环境、金融可行能力、金融辐射圈层、金融思维传统、金融建设基础等的差异,而这些恰好构成或牵涉金融法规制的核心要素;只有在规范和学理层面洞悉并掌控这些要素的协同性,才能真正做好区域协同发展的制度细节设计——如货币交易中心位域择选、期货市场安排等——工作。

第四,消费者保护法领域。或许有论者认为,区域协同发展问题与消费者保护法关系不大。但仔细想来,如果区域间消费者保护力度、取向不一,就会形成产品质量的“逆差”和消费者权益的“洼地”,即消费者保护法规范执行较严格的区域会选择将质量较差的产品投入执行较宽松的地区,以满足当地(前者)“使消费者买到更好产品”的规制需求。再者,即便区域间消费者保护力度、取向一致,对接消费者权益保护的产品质量监管也可能受制于某些“规制俘获”现象,因诉诸“逆差”、流入“洼地”的通路被堵死,以企业发展、财政利益覆盖消费者权益的做法就成了大多数决策者的选择,这种做法容易催生低质产品的“地方保护主义”,将严重损害消费者权益。也正是因此,我们总能在一些协同度较高的大城市群中窥见伪劣产品通行乃至泛滥的现象,解决这些难题必须要充分发挥消费者保护法的功能。

综合上述,作为经济法问题的区域协同发展问题是一个复合问题、拥有多重变式,它需要从竞争法、财税法、金融法、消费者保护法等角度寻求最优解。

三、领域重心问题:经济法治理区域发展不协同问题的重点

区域发展——尤其是经济发展——不协调、不协同的根源性问题到底在哪里?从主体上看,这种不协调、不协同背后隐藏的到底是政府行为偏失还是市场行为欠妥?答案很显然,区域协同发展本身就是政府主导的经济体式,而非市场自发选择

的结果(市场也无在制度层面构建区域经济一体化的能力),协同效果不佳的因果溯源分析自然也要首先聚焦于此。那么,具体有哪些政府行为可能显著影响区域协同发展效果,或者说,应当施用经济法规制工具重点调试哪些政府行为,正是所谓“领域重心问题”的要义。应当从以下几个方面入手解构这一问题:

第一,区域协同发展规范系统的层级分化问题。从内部视角来看,要努力实现政府规制己身治理行为的自为、自治与自组织,应以行政性经济法规范为主导,建构起针对区域协同发展本身(一阶)和区域协同发展治理行为(二阶)的规范系统,使其内含有“行政法规—部门规章—地方政府规章”的完备层级,并将处于区域协同发展治理体系末梢的经济政策吸纳进来,使诸类规范各安其位、各得其所。从外部视角来看,要充分发挥法律、地方性法规在各自所统摄地理空间中的“轴心”作用,既要避免纵向的规范冲突,又要发挥横向的联动作用,使得规制区域协同发展的经济法规范获致完备性。譬如,深圳之所以能够在改革开放后迅速崛起,与上世纪八九十年代的外商投资法律、政策密切相关。

第二,区域协同发展事权设置的机制配套问题。在获致功能完备、逻辑自洽的规范系统之后,应当考虑的问题是,如何依照这样的规范系统拟制出不存在内部损耗的行政权力横纵协作框架。该问题当中既涉及央地分权问题,也涵盖地地协作事态,关键点在于,如何在区域协同发展的场域中,建构并落实好具体的行政行为规范机制;因为如果没有好的机制,所有实体规范都只是“空中楼阁”。规范区域协同发展的相关行政行为,还是要在“协同”上下功夫。不仅前面提到的竞争公平问题需要诉诸“基础规范”或高阶权威,待协作政府间也要有一个统筹者,这样的构想最终可能还是要回归到央地分权的论域中。建议由国务院设计专门的“区域协同发展治理机制”(类似于新冠肺炎疫情期间的“联防联控机制”)并夯实其法律基础;亦可以小见大,借鉴我国通行的城区建设权力配置经验,即各区规划权、公共交通权、土地所有权等归集上级行政单位,但各区却始终保持相对独立的经济法主体地位,这样便可在行政效率与区域协同公共服务二者间找到一种刚性的平衡。

第三,区域协同发展行政行为的规制技术问题。解决了规范与机制问题,还要考虑规制技术上的困难。我们同样采用分层的视角来解读,如果是中央政府的法规、政策出现问题,则应诉诸宪法机制或“公平竞争审查”等经济法规制工具加以处置;而如果是地方政府的法规、政策出现问题,规制工具也要作相应位移。当然,规制技术的实质还是规制理念。从目前我国的区域协同发展治理经验来看,有一种潜在的“曼德拉效应”可能表现为,将政府与公共利益绝对等同起来,认为政府行动就是在维护公共利益,完全不作个案甄别。但通过很多案例不难发现,政府在一定程度上也会与公共利益发生拮抗,甚至呈现出显著的对立。机械赋予行政行为以公共利益正当性的做法,反而会纵容行政行为失范、失据,最终损害区域协同发展的效益。好在经济法部门项下新近的诸多立法、修法例已经彻底摒除了上述思维。如我国《预算法》的修改,动议便始于政府财政收支行为同公益的违背。这恰好也印证了前述最初的论断,即对于区域协同发展而言,经济法规制工具是适恰而可用的。决策者应当深入挖掘区域协同发展的经济法面向,择取适当的经济法规制工具,在有待经济法介入的重点领域,建构完备的规范、设计合理的机制、施用恰当的技术,将经济法规制区域协同的制度红利拓展至最佳。

空间正义与差序联动:区域协同发展的经济法治体系框架

黄茂钦*

空间正义与差序联动体现了区域协同发展中的价值与规范问题。笔者认为,解析这一对概念将主要涉及三个方面:第一,空间正义的范畴;第二,差序联动的内涵;第三,在空间正义的价值维度与差序联动的规范维度之下的具体制度建构。对此问题的探讨将有助于明晰区域协同发展的经济法治体系框架。

一、空间正义:区域协同发展中的价值探寻

在区域协同发展的过程中,空间正义是一种重要的价值探寻。我们首先可以看到,学界在对空间治理的探讨中,逐步形成了包括空间正义这一价值维度在内的多学科视域下的理论资源。当我们考察空间治理的时候,可以发现其中的空间正义议题在哲学、社会学还有政治学等很多的学科领域里受到了广泛的关注。

空间正义问题有着广泛的现实基础与久远的思想渊源。其一,从现实基础角度来看,在全球化和城市化不断拓展的过程中,与城市、乡村和社区等空间相关的问题日益凸显,由此引发的各种空间性的社会矛盾层出不穷。因此,如何构建一个公正和谐的空间世界引起了学界的广泛关注。空间正义的范畴在这个时代命题的探讨过程中扮演着重要的角色。① 其二,从思想渊源角度来看,与空间正义相关的探讨从古希腊时期开始一直延续至今。例如,柏拉图在《理想国》中谈及"正义之城"的问题;马克思和恩格斯则从工人的居住空间来探讨居住环境的非正义问题;在当代,很多学者也关注了诸如福利不均、低收入群体问题等空间形态中的非正义

* 黄茂钦,西南政法大学经济法学院教授。

① 参见吴红涛:《从问题到方法:空间正义的理论文脉及研究反思》,载《华中科技大学学报(社会科学版)》2018 年第 6 期。

现象。[②] 这些研究议题所涉的空间问题不仅包括物质性空间,也包括社会空间和精神空间。[③] 与此同时,正义研究思想史的三类指向表明,探讨正义问题有品行、行为和状态三个维度;现今学者探讨法治问题时所关涉的正义议题,主要属于其中的第三个维度——意指一种体现正义价值的状态。[④]

从经济法的场域来看空间正义,可以看到市场规制和宏观调控二元维度中均有空间正义的体现。在市场规制法领域中,比如在"实体空间"之中发生的竞争法领域所存在的划分相关市场的问题,以及在"虚拟空间"之中发生的网购消费者的被遗忘权的问题,等等。在宏观调控法领域中,比如区域发展中所产生的不平衡、不充分问题,或是政府在跨行政区域或者在本地区内部的公共投资当中所产生的问题,等等。这些问题均与经济法场域中的空间正义密切相关。

进一步讲,区域协同发展中的空间正义主要涉及自由、平等和安全三个方面的价值追求。具言之,第一是涉及自由的维度,例如,区域协同发展的自由包括免于匮乏的自由和区域间要素流动的自由。第二是涉及平等的维度,既包括机会的平等,也包括过程的平等和结果的平等。第三是涉及安全的维度,这即是说,空间正义问题强调发展的稳定性和持续性,如今所关注的经济安全、生态安全等问题正是体现了区域协同发展中的安全价值。

二、差序联动:区域协同发展中的规范解析

差序联动的内涵呈现为某种静态与动态相结合的结构。

首先,从静态的角度来看,在区域协同发展当中的规范体系存在着一种差序结构。基于实证观察可以看到,促进区域协同发展的相关制度规范具有一种回应型法的特点。作为回应型法,区域协同发展规范体现了显著的目的性思维,由此便可拟制一种区域协同发展当中规范体系的"中心—外围"结构。通过借鉴区域经济学的"中心—外围"理论(Core and Periphery Theory)来看,这种结构性差异并非表明其彼此独立,事实上,这两者之间是相互联系和互为条件的。[⑤]

若以《全国主体功能区规划——构建高效、协调、可持续的国土空间开发格局》(2010 年)(以下简称《规划》)为观察样本,可以直观地体现这一差序结构——

---

② 参见吴红涛,同注①引文;胡潇:《空间正义的唯物史观叙事——基于马克思恩格斯的思想》,载《中国社会科学》2018 年第 10 期。

③ 参见闫振坤、潘凤:《从空间创造到空间正义——改革开放 40 年区域经济增长的空间演化逻辑阐释》,载《江汉论坛》2019 年第 8 期。

④ 参见吴红涛,同注①引文。

⑤ 参见刘秉镰、朱俊丰、周玉龙:《中国区域经济理论演进与未来展望》,载《管理世界》2020 年第 2 期。

若以圆环形结构来演示,其形如中心的区域政策(区域发展目标)和外围的若干支撑性经济社会政策构成的差序结构格局(参见以下示意图)。具体来看,在该《规划》的第十一章"区域政策"中,下设了九节具体的政策保障措施;这九节内容分别涉及财政政策、投资政策、产业政策、土地政策、农业政策等经济政策以及其他社会政策。⑥ 这些政策均围绕着区域发展的目标来构建区域经济格局,政策彼此间相互支撑,由此形成了一种拟制的差序结构。

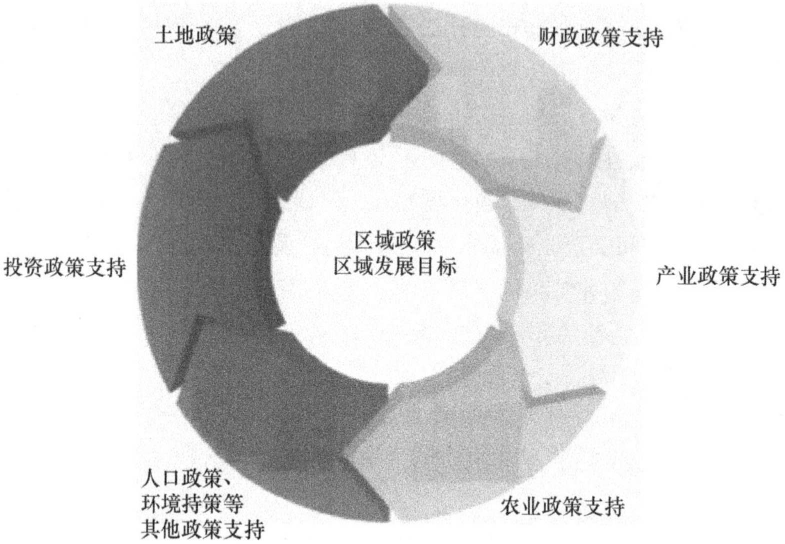

《全国主体功能区规划》中区域政策与其他政策形成的差序结构图

其次,从动态的角度来看,这些规范形成了纵横联动、软硬联动和内外联动三个层面的联动机制。所谓纵横联动,其中的"纵向联动"是指区域协同发展中同领域的顶层设计和具体方案之间的联动,"横向联动"是指各类规范之间的联动。所谓软硬联动,是指区域发展领域中的软法规范和硬法规范之间的联动。而内外联动,则是指国内区域间的联动以及国内与国外之间区域的联动协调和共同发展。对于这样的联动机制,我们可以从具体的区域发展领域制度规范的规定中得以体认,例如,2018年中共中央、国务院《关于建立更加有效的区域协调发展新机制的意见》即指出:"建立健全区域政策与其他宏观调控政策联动机制。"⑦由此体现了区域政策与其他政策之间的横向联动状态。

再次,从"空间正义"与"差序联动"两者关系来看,空间正义应是差序联动规

⑥ 参见《全国主体功能区规划——构建高效、协调、可持续的国土空间开发格局》(2010年)。
⑦ 中共中央、国务院《关于建立更加有效的区域协调发展新机制的意见》(2018年)。

范体系的价值指引。质言之，基于结构功能主义视角可以得出如下基本判断：在区域政策运行的过程中，目的导向、差序联动的区域协同发展规范应是致力于解决落后区域、膨胀区域和萧条区域（即老工业基地）等“问题区域”[⑧]的区域问题，通过发挥协调或者协同的作用，以此来实现空间正义。

三、治理之道：何以通过规范运行实现“空间正义”

关于如何为实现区域协同发展领域的“空间正义”提供经济法治方案，最终构建起以“区域协调发展法律法规体系”为主体、以空间正义为旨归的区域经济法治体系，其治理之道具体包括以下三个方面的内容：

第一，以“共同福利”为准据，创制“共存与合作的适当规则”[⑨]。共同福利是区域发展的一项重要目标，例如，在我国《“十三五”推进基本公共服务均等化规划》中就描述了到2020年我国在基本公共服务中将要达到的理想状态，即“城乡区域间基本公共服务大体均衡，贫困地区基本公共服务主要领域指标接近全国平均水平；在学有所教、劳有所得、病有所医、老有所养、住有所居等方面持续取得新进展。”[⑩]这一体现“共同福利”目标的表述就是创制区域协同发展领域制度规范的重要准据。

第二，以契约正义和矫正正义为导向，实施差序联动的规范体系。其中，契约正义体现在区域之间不仅市场主体要按照约定契约来进行交易，而且，政府之间的行政协议也要依约来进行实施。而矫正正义则体现在通过跨行政区的执法和司法，保障区域（经济区）协调（协同）发展；就此而言，长三角区域中的三省一市市场监管部门在签署《长三角地区市场监管联动执法实施办法》的基础上，对不正当竞争、垄断、价格违法、广告违法等违法行为采取联合执法就是联动推进矫正正义的有益实践。[⑪]

第三，以“平衡充分发展”为标准，检验规范运行的实效。这是指平衡和充分发展是评价区域发展中的规范运行效果或者说评价区域经济法治发展效果的一种非常重要的“实质化标准”。由此，未来将构建起以“区域协调发展法律法规体系”[⑫]

---

⑧ 参见张可云：《区域发展总体战略必须直面关键的区域问题》，载中国区域发展网，http://www.cre.org.cn/qy/qyjj/11954.html，最后访问日期：2020年8月24日。

⑨ 参见〔美〕E.博登海默：《法理学：法律哲学与法律方法》，邓正来译，中国政法大学出版社2004年版，第325页、第328页。

⑩ 《“十三五”推进基本公共服务均等化规划》（2017）。

⑪ 参见程思琪：《长三角市场监管一体化跨上新台阶》，载新华网，http://www.xinhuanet.com/2020-08/28/c_1126425945.htm，最后访问日期：2020年09月27日。

⑫ 同注⑦。

为主体,以空间正义为旨归的区域经济法治体系。

综上所述,区域协同发展有赖于区域经济法治体系的构建及其作用的发挥,实现此愿景有待厘清其中的价值与规范问题。就此而言,其价值维度体现为与区域间利益关系密切关联的空间正义,而其规范维度则体现为与区域政策及其他政策之间关系相关联的差序联动。把握区域经济法治领域独特的价值与规范问题,有助于完善区域经济法治,促进区域协同发展。

问题与对策:京津冀地方协同立法研究

席月民*

京津冀协同发展战略是新的历史条件下党和国家对京津冀三地作出的重大战略部署,其核心是有序疏解北京的非首都功能,通过经济结构与空间结构的统筹规划调整,积极探索人口经济密集地区优化开发的区域协同发展模式。当前,区域经济一体化及其法律治理正在深入推进中,全国各地的创新实践开展得如火如荼。我国已经进入"十四五"时期,以地方协同立法为抓手的法治引领和保障,目前正呼唤新一轮的系统转型和全面升级。

一、京津冀协同发展的地方立法实践

2014年河北率先提出京津冀协同发展的三地协同立法倡议后,2015年京津冀地方协同立法正式破题。京津冀人大协同立法是配合《京津冀协同发展规划纲要》、引领区域法治建设的一项重要机制。[①] 这些年来,基于三地合作机制的观察,《关于加强京津冀人大立法工作协同的若干意见》(2015年)、《京津冀人大立法项目协同办法》(2017年)、《京津冀人大法制工作机构联系办法》(2017年)以及《京津冀人大立法项目协同实施细则》(2018年)等所构建的地方协同立法体制、机制和制度体系,正逐步将京津冀协同立法引向深入。

2020年1月中旬,河北、北京和天津先后通过各自的《机动车和非道路移动机械排放污染防治条例》,并自2020年5月1日起同步实施,这标志着京津冀地方人大协同立法开始步入新阶段。其特别之处在于,这些法律文件在文本上实现了结构设计、核心内容、监管举措、责任标准等方面的一致行动,在同步立法、同步实施方面迈出了坚实一步,从而在地方协同立法的技术革新上实现了一定突破。

---

* 席月民,法学博士,中国社会科学院法学研究所经济法室主任,研究员。

① 参见焦洪昌、席志文:《京津冀人大协同立法的路径》,载《法学》2016年第3期。

地方立法的持续跟进是京津冀三地协同立法的一大亮点。京津冀协同立法工作的每一步进展,都将是对我国区域法治实践和理论探索的重大创新,因而具有重要的示范引领意义和借鉴意义。② 法律是行动的符号③,高度重视区域协同发展战略的实施,是京津冀三地初步建立起京津冀协同立法体制机制的重要基础。协同立法需要三地的人大代表在一个以讨论和公共性为特征的立法程序和对话机制中达成一致意见,形成具有普遍性与抽象性的法律行为规则。从实践看,京津冀协同立法工作会议与京津冀立法工作联席会议已经实现常态化运行,其中协商沟通机制、立法规划计划协同机制、法规清理常态化机制以及学习交流借鉴机制正在形成机制合力。作为引领和保障京津冀协同发展的典型立法成果,上述法律文件体现了习近平新时代中国特色社会主义思想在我国当前地方法治建设中的重要指导价值,以及坚持党的领导、坚持人大主导、坚持求同存异、坚持重点突破等地方协同立法的基本原则。从重点领域协同到法规内容协同,再到法规文本协同,京津冀三地协同立法正在不断加快创新步伐,并将持续创新作为依法推进国家战略落地实施、夯实地方法治保障的根本路径。

二、京津冀地方协同立法面临新问题

在美国,州际协定和行政协议都是实现区域法制协调的重要机制。④ 相比较而言,我国当前区域经济一体化的法律治理机制,有区域行政协议、区域性组织、区域协作立法、区域行政规划和区域行政指导五种。⑤ 实践中,三地协同立法亟待解决以下现实问题:

首先,区域协同立法的统筹程度不够,缺少具有集成度的专门立法规划和计划。这与目前为止中央层面有针对性的区域协同发展基础立法或专门立法的缺位不无关系,中央授权立法亟待跟进并给予区域协同立法以系统指引和立法依据。虽然 2015 年中共中央和国务院印发实施了《京津冀协同发展规划纲要》,明确了京津冀协同发展的战略意义、总体要求、定位布局等顶层设计,但从三地各自的立法规划和年度计划看,有关区域协同立法的项目仍难觅踪影。即便一些项目属于此类性质,然而在现有立法项目分类安排中,尚难以有效分辨出来,导致在地方立法的价值取向行动和利益导向行动中缺乏现实指导性和协同"节奏感"。

其次,三地人大协同立法尚未形成纯粹意义上的联合立法,目前的立法协作仅停留在浅层和表面的协商,尚缺乏有深度的策进与合作。这从近年来三地协同立

② 参见孟庆瑜:《论京津冀协同发展的立法保障》,载《学习与探索》2017 年第 10 期。

③ 参见谢晖:《法律的意义追问——诠释学视野中的法哲学》,商务印书馆 2003 年版,第 41 页。

④ 参见何渊:《美国的区域法制协调——从州际协定到行政协议的制度变迁》,载《环球法律评论》2009 年第 6 期。

⑤ 参见叶必丰:《区域经济一体化的法律治理》,载《中国社会科学》2012 年第 8 期。

法的法规文本及其所采用的立法技术可以窥见。《机动车和非道路移动机械排放污染防治条例》可谓其中的一个典型样本,虽然三地均将该法规整体结构设计为六章,而且章名相同,但从条文数量看,北京文本为51条,天津和河北文本分别为54条和53条,这样的文本协同只是实现了局部"统一"和相对"统一",距离"同一"目标仍有一定距离,从而在"立法模式维持"与"协同目标实现"之间仍未形成高度一致的完全性共识。

再次,社会公众参与地方立法的机制不畅,需要搭建线上平台,集思广益,广泛听取理论界和实务界对立法项目与草案的意见建议。这是因为,京津冀协同发展旨在纠正首都经济圈在市场经济发展过程中出现的结构性偏差,目前区域内治理主体的自主性、积极性、创造性尚未完全激发出来,基于整体发展观的现实考量,区域协同立法需要突破现实"政治约束"⑥,避免发生协同事项的"一厢情愿"⑦,需要动员各类市场主体积极参与其中,逐步消除彼此间的认知差异并主动建言献策,使目标设定与目标实施完成无缝对接。

最后,协同立法效果评估需要全面铺开,这对提升协同立法质量、优化协同机制无疑具有重要意义。与法律不同的是,区域性的地方性法规只是颁布施行于特定的区域,其评估主体、方法、程序和标准均在一定程度上与法律的立法后评估存有差异。⑧ 因此,有关评估机构、评估事项、评估工具、评估程序、评估结果使用等,需要通过专门指引予以解决。这种评估,在一种情况下,所诉诸的是对于规范和价值的考虑,在另一种情况下,所诉诸的是对利益状态的考虑。⑨

三、京津冀地方协同立法系统转型的对策建议

我国经济正处在现代转型之中。现代化的过程是具体的、历史的,是主体趋向未来所作出的适合自己的选择。⑩ 京津冀协同立法在"十四五"时期需要紧跟国家经济社会发展新形势、新趋势,积极推进区际立法的转型升级,着力解决区域经济发展的深层次结构性矛盾,践行"区际空间正义"和"区域综合效益"双重法律价值,回应协同制度诉求。

---

⑥ 京津冀协同发展以北京市的需要作为第一要务,天津市和河北省相对处于被动或从属地位。由于三地的政治地位不对等,导致其区域内治理主体的自主性与积极性不足,以及治理方式创新性等方面的不足,这些其实是这种"政治约束"的必然产物。参见李国平、陈红霞等:《协调发展与区域治理:京津冀地区的实践》,北京大学出版社2012年版,第210页。

⑦ 参见梁平、律磊:《京津冀协同立法:立法技术、机制构建与模式创新》,载《河北大学学报(哲学社会科学版)》2019年第2期。

⑧ 参见焦洪昌、席志文,同注①引文。

⑨ 参见〔德〕哈贝马斯:《在事实与规范之间:关于法律与民主法治国的商谈理论》,童世骏译,生活·读书·新知三联书店2003年版,第173页。

⑩ 参见马怀德主编:《法制现代化与法治政府》,知识产权出版社2010年版,第44页。

第一,立法规划的系统化。当前持续推进的京津冀协同立法,目的在于破除由地方立法和地方“红头文件”所造成的“行政壁垒”,系统优化三地的产业结构、市场结构和治理结构。综观京津冀各地立法规划和年度立法项目,均一直沿用传统分类方法,其一级分类主要基于立法必要性、可行性的论证标准进行,而二级分类主要围绕法规实质内容展开,这些分类中均未将京津冀协同立法放在突出位置。因此建议在二级分类中单独增加京津冀协同发展类型,并围绕三地城市群规划和产业规划、产品服务标准、国企改革、劳动保护、生态治理、电信资费、交通设施、体育场馆、旅游开发、投资金融、科教文卫等重点领域编制规划。就年度立法计划而言,则需要区分京津冀协同立法项目与地方单独立法项目。京津冀协同发展涉及三地复杂的资源整合、利益协调和功能匹配,只有系统编制协同立法规划并突出协同立法项目,才能彰显和发挥地方立法规划的统筹和指引作用,才能有效打破三地之间既有的“行政壁垒”,有序推动京津冀协同立法进程。

第二,法规文本的系统化。协同专章或协同条款是这些年三地协同立法采用的主要立法技术,其着重于构建要素流动、联合执法、信息共享以及科技合作等重要制度,但当区域协同发展由初级阶段转入高级阶段并迈入改革创新深水区之后,这一立法技术已经无法系统满足区域发展中空间正义和综合效益的法律价值追求以及制度体系化要求,即制定联合法规,实现法规文本的“同一化”和法规生效的“同步化”。为此,只有通过全国人大常委会“授权立法”,才能破解联合法规在《立法法》层面的合法性困局。对联合法规而言,建议在法规名称上直接冠以“京津冀”字样,真正实现体例结构、适用范围、基本制度、监管或调控的目标措施程序及法律责任等方面的高度一致性,以及时间效力与空间效力的协调一致,以此系统消除道路交通管理、产业转移承接、生态保护补偿、公共服务一体化等各种协同场景下的“行政壁垒”,打通人流、物流、资金流以及信息流的“对流”机制,在首都经济圈的高质量发展中实现协同发展根本目标。

第三,公众参与立法机制的系统化。在国家与社会维度上,区域经济一体化的法律治理是一个行为法问题,是国家对市场经济的宏观调控,其依据是我国《宪法》第15条,内容的合法性在于遵循区域平等原则,程序的合法性在于公众参与。[11] 在这些年的协同立法实践中,京津冀三地主要通过征求意见、座谈会、研讨会、论证会、实地调研等线下形式吸收各方面意见。这些做法,显然无法适应京津冀协同立法进入高级阶段后的“民主立法”与“科学立法”需求。为此,建议进一步完善协同立法的民主程序保障机制,双管齐下,推行“线上+线下”双重模式,广泛利用电子邮箱、留言板、专栏、微博、网上听证、电子公告等线上形式,充分保障各类市场主体在地方协同立法中积极行使其知情权、参与权、表达权以及监督权,使地方立法机关与社会公众形成良性互动,在有效诊治北京“大城市病”过程中,妥善

---

⑪ 参见叶必丰,同注⑤引文。

处理好疏解与集聚、共性与个性、集中与民主、当前与未来等不同关系，最大限度地保护社会公众在京津冀协同发展中的获得感与幸福感。

第四，协同立法评估的系统化。京津冀协同立法评估是实现三地协同立法系统转型的重要一环，其系统化目标要求制定专门的《京津冀地方协同立法评估指引》，通过定性与定量相结合的方法，紧紧围绕立法前评估与立法后评估而有效展开。⑫ 对于前者而言，主要评估立法的必要性、合法性、协调性和可操作性，评估立法设计的重要制度和规则的约束条件，评估立法对经济、社会和环境的预期影响，以实现立法配置资源的公平与效率价值；对于后者而言，则重在评估立法实践，评估立法对经济、社会和环境的实际影响，评估社会执法、司法和守法的具体问题。⑬ 京津冀协同立法评估的系统化与评估标准的科学设定直接联系在一起，这些标准包括规范标准、技术标准和成效标准。⑭ 其关键在于，一方面需要注重评估区域内协同立法规范自身的协调性，另一方面也应当重点评估区域协同立法所产生的协同效应，评估这些区域协同立法是否实现了制度目标，以及是否推进了京津冀区域的协同发展。⑮

⑫ 也有观点认为，立法评估分为立法前评估、立法中评估和立法后评估三个阶段，其中立法前评估应当从整体上把握，解决的是要不要、能不能立法的问题；立法中评估应当更多地将目光聚焦在起草的法律条文的规范性、整体的逻辑性、预测具体条文实施的成本和可能带来的效益等方面；立法后评估要看的是法律实施后的实际效果如何。参见魏玲、马艳君：《地方立法前评估：评估什么和如何评估》，载《人大研究》2020 年第 4 期。

⑬ 参见席涛：《立法评估：评估什么和如何评估（上）——以中国立法评估为例》，载《政法论坛》2012 年第 5 期。

⑭ 参见王柏荣：《地方立法评估标准探微——功能、路径与框架》，载《中国社会科学院研究生院学报》2015 年第 6 期。

⑮ 参见焦洪昌、席志文，同注①引文。

区域发展中财税权责与协调的适配分析

任　际*

财税体制高度重视建立现代财政制度，它的主要建设目标、建设任务是建立事权和支出责任相适应的财政制度，这即是一个协调发展的课题。而区域协同发展议题也是具有重大意义的，它对区域经济发展、社会公共产品提供、实现社会经济的整体发展都有了新的要求。在该重要议题当中，财税的权责关系应当是重要的理论点，但"理论是任何学科都需要的分析工具或分析结果，……就社会现象的复杂性而言很难说一种理论方法或者分析理论就足够了"①，所以，财税权责关系与协调的适配也是贴切区域发展的重要现实问题。

一、财税权责及适配界说

区域发展是国家经济发展的重要活力和推进力，它更多地具有开放和创新程度，可以提升经济总量，并且有利于城乡发展，提升环境保护共识，提高公共服务便利，加快公共产品提供的升级等，是完善我国改革开放空间布局，促进经济高质量发展，协同发展、协调发力的重要手段；而且对财税的要求更高，需要探索更加科学的财税体系。

推进区域发展过程必然涉及财税收支关系和协调问题，因此既要从收入的角度进行规划，也要从支出的角度进行规划，这两大角度或两大范畴客观存在一个相对的、稳定的协调互动关系，它们之间也存在基本的互动关系，这种互动关系的良好协调以及适配，是推进和保障区域协同发展的前提。进而，财税权责在财税收支

---

* 任际，辽宁大学法学院教授，博士生导师，财税法中心主任。

本文是作者为中国经济法 30 人论坛第 21 期暨"区域协同发展中的经济法理论与实践"的会议发言所写的修改稿。

① 参见任际：《财政法理论研究》，法律出版社 2016 年版，第 9 页。

关系中的规划适配，从而实现协调适配是区域发展的财税保障的基础。②

但是，即使是财税权责本身以及财税权责在区域发展过程中也是需要选择规制形态的，要建立目标、规划和操作中的相对协调或协同，也要不断协调发展，此种协调可谓之适配。在诸如京津冀、长三角、大湾区、成渝等以及将来有可能建立的区域类型的发展过程当中，财税问题一体化处理是一个长期的实践过程，因此对其能否实现，更加需要一个肯定性的和目标性的研究，包括顶层设计和协作方案安排。而且，在良好的财税权责协调互动中，财税协调协作是最有可能推进区域高质量发展的，因而，有必要关注区域发展中财税权责关系和协调的匹配度问题，以及在匹配调适过程所出现的或相应产生的法律关系。这类法律关系所面对的是：(1) 财政收入与支出的不同关系及规制内容；(2) 财政适配的范围包括公共服务范围的交叉点、政府作为一定的财政主体进行的财政活动等等。

就研究而言，"兼顾国家利益、社会利益和私人利益，体现人民的根本利益，符合经济和社会长远发展的要求，这是真正提升经济法立法质量之枢机，也是落实法治理念之关键"③。

二、总体设计及突出问题

区域发展的分析工具或分析结果也可以很多，但是涉及区域发展的财税权责关系协调的适配，应当注意和进行总体设计。在总体设计上应当抓住关键内容，我们认为尽管区域发展的财税权责关系协调适配，可以服务于区域发展，但是这种财税权责关系并不是"一刀切"的，也不是简单地将不同区域的财政收支推平拉成"一条直线"。根据建设和发展现代财政体制的要求，区域发展的财税权责关系协调适配也应当包括财税权责清晰、财力协调以及区域财税平衡这三个主要方面。

其一，在区域发展中的财税权责清晰，尤其需要重点明晰中央稳定的财政收支来源和架构、地方财政收支配比和区域发展过程中的财政投入主体，以及深化财政转移支付支出责任。其中明确投入的主体实际是最难的问题部分。

其二，在区域发展中财力协调，即主要是中央财政针对区域发展要坚持协调财力，坚持财力可以投入到区域发展当中，在这方面可以适当下拨，让地方有此方面的支出或者是有财政收入等。虽然地方财政的禀赋条件不同，但是地方财政在区域发展中的目标具有很多的一致之处。

其三，财税权责关系协调适配应当反映出区域整体财税相对平衡。财税均衡本身并非绝对，但是财税均衡这个重要议题又不可避而不谈，区域发展中应当优化

② 详见任际：《地方财政适度独立：观点提出与权责分析》，2015 年中国财税法治 30 人论坛发言并载于《东方财税法研究(第 5 卷)》，法律出版社 2017 年版。

③ 张守文：《经济法的法治理论构建：维度与类型》，载《社会科学文摘》2020 年第 8 期。

政府之间的事权和财权划分,也需要建立协调适配的财政关系。财税范畴一旦针对区域发展必然涉及财税均衡,要把握区域发展中的财税投入调适的平衡度。

而对于这些财税权责关系协调与适配内容,我们不仅需要在区域发展中强调财税权责所涉及的范围和内容,而且要在社会经济发展、区域发展的实践中分析如何实现这一财税权责协调适配、进而实现合理调适配置的问题。具体地说,应当尽可能解决好以下四个问题:一是解决市场、社会、财政关系等一些权责不明晰的问题;二是解决中央和地方在公共服务上存在的职责交叉的问题;三是解决省以下财税的事权和支出的责任问题;四是解决区域公共产品提供的适配调适思维和主动性欠缺的问题。由于区域发展中的财税权责关系与协调适配是区域发展最直接的、也是可行的区域协调的关键点,所以,它也成为区域发展的核心内容之一,财税收支可以促进区域发展,如提供基础设施建设、社会保障区域协调、公共服务协调发展等。④

三、调适功能措施建议

财税权责适度配置也意味着在不同财税级别结构上进行适度协调或进行一些互动,因为它们具有协调互动的基本关系。因此财税权责应当划定一定的范围和幅度。

具体而言,一方面是中央和地方之间如果发生财政的收支、尤其是对区域发展的投入等相应事宜,可以是由中央承担这种区域发展的财政协调责任,即应该把中央应当承担的权责上划,落实"强化中央事权和其支出责任"。比如这次新冠疫情出现之后,显然中央的一些财政权责应当适度加强,这也是将来改革的进程当中的重点问题。这事实上对财税政策、财税目标、财税进程等都提出了更高的要求。

另一方面是财税级别结构中由地方能够或可以直接承担事权的部分,应当注重其事权中的决策权的下放,进而积极完成财税权责的地方组成部分的适度匹配。同时在区域发展中,如果财税权责关系与协调的调适功能满足,即谓财税权责关系相对平衡的实现。

除了前述的两个方面外,在具体的范围上,中央在对区域公共性事务的决策权适度下放后,仍要通过适当的转移支付来承担一部分支出责任。这仍然是财政收入与支出的调适;中央可以委托地方进行有关的区域发展事项,也可以依法下放一定的决策权,一般情况下也可以通过转移支付适当地转移支出责任。

分析区域发展中的财税权责关系协调路径应当先确立如下的两个具体举措:

第一,鉴于地方财政收入与财政支出有其自然禀赋的归属特点,它实则跟地方

---

④ 参见曹荠等:《地方新型城镇化财税政策法律研究——兼对振兴辽宁老工业基地的有关分析》,载《理论界》2017年第3期。

政府具有归属关系,我们认为在稳定中央财政基础上,应当鼓励地方政府在一定的财税条件领域,支持地方财政向区域发展协调或协同倾斜。这不仅是措施问题,而且是新形势下需要深入研究的财税关系内容,财税权责是这一财税关系的新内容。

第二,为保障区域发展,平衡财税权责,应当建立一种动态的财税协调机制,这一机制的本质是为了推动协调区域发展,而不仅仅只是协调财税关系或者职责本身。在这一机制中,最为重要的是激励机制和监督机制,两者是一个附带性和响应性的机制,并且具有一定的规制形态,可以解决责任问题,从而具有保障作用。

“新冠疫情背景下国家调制社会经济的法律机制研究”笔谈

重大公共卫生事件期间的竞争政策与竞争执法问题

王先林*

（一）

2020年年初突如其来的新冠疫情对我国经济社会发展的方方面面都产生了非常大的影响，很多地方的企业生产经营活动受到很大的冲击，特别是疫情比较严重的地区和与疫情关联度较高的部分行业在疫情发生后的前几个月都面临着开工不足及资金流动性困难等严峻形势，这对实现国家和地方的经济社会发展目标形成了很大的压力。为此，国家相关部门先后出台了一系列的金融支持、财政补助、税收优惠等相关的政策举措，以尽可能减少疫情的影响。随着疫情防控形势的好转，目前我们的经济社会已经逐步恢复正常状态。而且，虽然大部分行业都受到了疫情的负面影响，尤其是旅游交通、餐饮娱乐等服务性行业受到的影响非常直接，损失非常严重，但是也有一些行业如网络信息产业、健康医疗产业等反而迎来了新的发展机遇，某些行业或者部分企业还出现了经营业绩逆势上扬的局面。

尽管这次新冠疫情是暂时的，总有结束的时候，但是今后类似的重大公共卫生事件恐怕难以完全避免。为此，我们就需要借此机会思考重大公共卫生事件乃至其他突发灾难时期的相关政策和法律问题。在抗击疫情这样的特殊时期，采取某些临时性、应急性的政策措施是必要的，但也必须以法治思维和法治方式进行。从某种意义上说，越是在这种特殊时期，越是有强调法治的必要性，这也是检验法治建设成效的难得机会。① 因此，需要着眼于长远，依靠法治来解决经济社会发展中的深层次问题。就与经济发展直接相关的方面来说，国家需要兼顾安全（疫情防

---

* 王先林，上海交通大学特聘教授，竞争法律与政策研究中心主任。

① 在本次新冠疫情中，我国一些地方和部门在依法抗疫方面进行了有益的探索。比如，在疫情刚发生不久的2020年2月7日，上海市人民代表大会常务委员会《关于全力做好当前新型冠状病毒感染肺炎疫情防控工作的决定》就快速获得通过，即日起实施。该决定是特殊时期的特别规定，依法支持并授权政府采取必需的临时性应急管理措施，具有优先适用的法律效力，有助于针对上海超大城市实际，为政府落实最严格防控措施及时提供强有力支撑。这是依法治疫的一个进步表现。

控）与发展（生产经营），继续在保障公共卫生安全的前提下推进经济的恢复和发展，注意依法治疫与依法发展相结合，并以此为契机相应地推进法律制度的合理完善和有效实施。下面仅讨论重大公共卫生期间的竞争政策与竞争执法问题。

（二）

作为市场经济国家为保护和促进市场竞争而实施的一项基本的经济政策，竞争政策的核心目标是通过保护和促进市场竞争，确保竞争机制充分发挥作用，从而提高生产效率和资源配置效率，增进消费者福利。广义上的竞争政策在内容上既包括狭义上的竞争政策即竞争法（特别是反垄断法），也包括旨在促进国内经济竞争自由和市场开放的各项政策措施。相对于其他经济政策，竞争政策应是市场经济条件下的一项基础甚至是优先的经济政策，这是由市场经济本身的特点所决定的。党的十九届四中全会决定中指出："强化竞争政策基础地位，落实公平竞争审查制度，加强和改进反垄断和反不正当竞争执法。"中共中央、国务院《关于新时代加快完善社会主义市场经济体制的意见》（2020 年 5 月 11 日）中进一步强调："完善竞争政策框架，建立健全竞争政策实施机制，强化竞争政策基础地位。"在短短几年里，从"逐步确立"到"强化"，从"基础性地位"到"基础地位"，竞争政策在我国得到了前所未有的重视。② 这意味着竞争政策已经提升到我国的顶层设计的高度，今后的主要任务就是不断完善竞争政策，切实强化其基础地位，以充分发挥其在加快完善社会主义市场经济体制，建设高标准市场体系中的作用。

竞争政策需要通过相应的具体路径和政策工具去实现。一般来说，这些路径和工具大体上包括制定和实施竞争法、实行竞争中性原则、实施公平竞争审查制度以及积极进行竞争倡导等。其中，制定和实施竞争法（包括反垄断法和反不正当竞争法）是核心，开展竞争倡导是为实施竞争法和实现广义竞争政策目标提供文化基础，而实行竞争中性原则和实施公平竞争审查制度则是在反垄断法之外的重要制度性措施，对确立和实现广义的竞争政策来说非常重要，尤其是在我国《反垄断法》已经实施了一段时间并取得了初步成效之后。竞争中性原则确认和保障各类市场主体有着公平竞争的整体市场环境，公平竞争审查制度则以公平竞争的标准去衡量和修正政府的其他经济政策，从而非常明显地体现了竞争政策的基础和优先地位，意义非常重大。

---

② 2015 年中共中央、国务院《关于推进价格机制改革的若干意见》提出了"逐步确立竞争政策的基础性地位"的要求；2022 年修正的《反垄断法》进一步指出应"强化竞争政策基础地位"。

（三）

作为一项基础性的经济政策，竞争政策及作为其主要实施路径的竞争执法既适用于常态化的经济活动中，也适用于经济危机或者突发社会事件中。虽然在历史上一些国家和地区有在危机期间放松甚至放弃竞争法的情况，但是本世纪以来各国都强调即使是在危机期间也要重视竞争政策和竞争法的作用。特别是在2008年的金融危机期间，欧洲就明确提出竞争规则是解决危机的一部分，而不是问题的一部分。[③]

在这次全球性的新冠疫情期间，各个国家和地区也非常强调竞争政策和竞争法的作用。例如，据路透社（Reuters）消息，近期德国垄断委员会（Monopolkommission）宣称，在新冠疫情期间，反垄断法的执行不应打折扣。与之相呼应，德国联邦政府智库机构向德国联邦经济部长彼得·阿尔特迈尔提交主题为“2020竞争”的报告，该报告强调：“在新冠危机中，大多数援助企业的国家措施具有潜在的扭曲竞争影响，因而它们受到欧盟委员会管控。”该报告认为，如果德意志铁路公司（Deutsche Bahn AG）获得疫情的国家援助，但其竞争对手无法获得相应的国家援助，那么对德意志铁路公司的国家援助行为可能会损害运输行业的竞争机制。[④]

我国也非常重视在疫情期间的竞争政策和竞争执法工作，立足长远经济发展，大力营造平等保护、公平竞争的市场环境，以促进各类市场主体的健康发展。国家市场监管总局在2020年4月初发布了《关于支持疫情防控和复工复产反垄断执法的公告（2020年第13号）》，强调要更好发挥反垄断监管职能，全力营造公平竞争的市场环境，支持疫情防控和复工复产。[⑤] 具体措施包括：依法加快审查涉疫情防控和复工复产的经营者集中案件；依法豁免涉疫情防控和复工复产的经营者合作协议；依法从严从重从快查处妨碍疫情防控和复工复产的垄断行为；加强公平竞争审查政策支持；积极做好对经营者的反垄断合规指导；及时响应疫情防控和复工复产反垄断诉求。其中，特别强调依法从严从重从快查处妨碍疫情防控和复工复产、损害消费者利益的垄断行为，重点查处口罩、药品、医疗器械、消杀用品等防控物资

---

③ 参见〔比利时〕达米安·杰勒德：《控制欧洲金融危机：为何竞争法是解决危机的一部分，而非危机问题的一部分》，路延君译，载《海峡法学》2010年第2期。

④ 资料来源：微信公众号“竞争法频道”2020年8月10日报道：《德国垄断委员会强调疫情期间反垄断法执行》，翟巍编译。

⑤ 《市场监管总局关于支持疫情防控和复工复产反垄断执法的公告（2020年第13号）》，载国家市场监督管理总局网站，http://gkml.samr.gov.cn/nsjg/fldj/202004/t20200405_313859.html，最后访问日期：2022年5月26日。

及原辅材料,供水、供电、供气等公用事业以及与其他民生密切相关行业和领域的经营者达成、实施的协同涨价、限制产量、分割市场、联合抵制、固定或限定转售价格等垄断协议,以及实行不公平高价、拒绝交易、限定交易、搭售或附加不合理交易条件、实行差别待遇等滥用市场支配地位行为,为疫情防控和复工复产营造公平竞争市场环境,切实保护消费者利益。同时,典型案例及时予以公开,例如国家市场监管总局在2020年4月中旬就公布了依据《反垄断法》查处的一起重大典型的原料药领域滥用市场支配地位案件,对3家葡萄糖酸钙原料药经销企业实施垄断行为作出行政处罚,罚没款共计3.255亿元。⑥

在疫情等危机期间坚持竞争政策的目标和原则的底线非常重要,这实际上就是要坚持市场原则和法治原则。因为在疫情等危机期间,经济萧条导致市场机会减少,经营者为了保持经营利润将更有动力达成共谋或协调行为;拥有市场支配地位的企业也更倾向于实施排他性的垄断行为,以打击竞争对手,维护自身地位;同时,危机的困难情形也为企业并购提供了很好的理由。而所有这一切对于克服危机、使经济持续发展都具有直接或潜在的危害。

当然,在疫情等重大公共卫生事件期间,竞争法的实施也需要有一定的灵活性,而反垄断法本身也包含了一些例外条款,例如我国《反垄断法》第20条就有相关的规定。实际上,上述国家市场监管总局的《公告》中也明确指出,鼓励经营者积极参与疫情防控,加快复工复产。经营者为疫情防控和复工复产达成的有利于技术进步、增进效率、实现社会公共利益和保护消费者利益的协议,如为在药品疫苗、检测技术、医疗器械、防护设备等领域改进技术、研究开发新产品;为提高防控物资产品质量、降低成本、增进效率而统一产品规格、标准或者实行专业化分工;为实现救灾救助等社会公共利益;为提高中小经营者经营效率、增强中小经营者竞争力等,符合《反垄断法》规定的,国家市场监管总局将依法给予豁免。

对于竞争执法的另一个重要方面的反不正当竞争执法而言,在疫情等重大公共卫生事件期间就更要严格执法,维护正常的市场秩序,尤其是要及时制止利用疫情囤积防疫物资、哄抬物价牟取暴利以及市场混淆、虚假宣传等违法行为。在这次的疫情期间,全国市场监管部门就查处了一批典型的不正当竞争案件,为疫情防控和恢复生产提供公平竞争的市场环境。例如,在疫情期间,黑龙江省市场监管局充分发挥反不正当竞争职能作用,切实维护疫情防控期间市场秩序,例如,迅速下发《关于新型冠状病毒感染肺炎疫情防控期间查处不正当竞争行为的指导意见》,组

⑥　参见《市场监管总局发布葡萄糖酸钙原料药垄断案行政处罚决定书》,载国家市场监督管理总局网站,http://gkml.samr.gov.cn/nsjg/fldj/202004/t20200414_314248.html,最后访问日期:2022年5月26日。

织开展专项执法行动,重点打击市场混淆、虚假宣传等违法行为。[7] 在国家市场监管总局的网站上,也发布了一些地方上比较有代表性的案例,这实际上是对相关经营者的一种警示。

总体来说,竞争政策作为市场经济条件下的基本经济政策,竞争执法作为竞争法律规则实施的基本形式,在疫情等重大公共卫生事件期间不需要有特别的变通和例外之处,有些方面还需要得到更加严格的实施;即使在某些方面需要进行灵活处理,也可以在现有的法律制度框架之下找到相应的依据。当然,今后在修订完善《反垄断法》的相关制度时也可以考虑对涉及重大公共卫生事件的豁免规则予以更明确的规定,以利于对相关规则的正确理解和合理适用。

⑦ 参见《黑龙江省市场监管局充分发挥反不正当竞争职能作用切实维护疫情防控期间市场秩序》,载国家市场监督管理总局网站,http://www.samr.gov.cn/jjj/fbzdjz/202003/t20200302_312374.html,最后访问日期:2022年5月26日。

突发疫情防控中的价格规制

肖江平*

一、值得关注的变和没变

关注2020年年初的武汉疫情和2022年3—5月的上海疫情，发现有一些变，也有一些没变：

2020年1月下旬至2月，武汉以至全国的疫情防控都处于非常紧张的时期，口罩等防控物资和生活必需品供不应求、价格偏高的现象普遍存在，有的还比较严重。价格违法案件高发，有的价格执法案件引发争议。①

两年以后的2022年3—5月，市民买菜和其他生活必需品非常困难、价格畸高。上海市场监管部门在查处价格违法案件的同时，还公布了一批价格违法典型案例。②

上述两次疫情中，病毒本身、人类对疫情的医学认识、防控技术手段和口罩等防护物资供应能力，有了很大变化。另一方面，民生物资供应紧张、价格居高不下、价格违法行为关注度高的情况基本没变。

新冠疫情所引发的全球变化，已经被称为"百年未有之大变局"。虽然到现在（2022年6月）还不能说疫情结束，但思考防控应对中的成败得失，无疑是非常有必要的。本文仅选取疫情防控中的价格规制法律问题，从侧重基本思路的角度进

---

* 肖江平，北京大学经济法研究所研究员。本文作者曾以《畅通物流、合理执法，是疫情当前保供稳价的关键》为题，于2020年2月19日向有关部门提出改进疫情防控中价格执法的意见和建议。详见https://www.economiclaw.pku.edu.cn/xzzz/1323316.htm。本文是在此基础上，结合后来特别是2022年上海等地疫情防控的新情况、新问题进行了修改和补充。

① 参见《湖北洪湖一药房口罩进价0.6元卖1元被罚，官方：违反两条规定》，载红星新闻，https://baijiahao.baidu.com/s?id=1658313473295962442&wfr=spider&for=pc。2020-02-12。最后访问日期：2022年7月4日。

② 参见《3块一斤的土豆卖16.8！上海从重从快查处224个违法行为》，载中国新闻社，https://mp.weixin.qq.com/s/1Ut-n7yx4GJuOVGByBPJXA。2022-04-17。最后访问日期：2022年7月4日。

行探讨,或许可以获得某些有参考价值的东西。挖掘变与没变背后的规律,形成规则式的应对之策,或许能为未来突发疫情的防控或突发灾情的应对找寻一些值得借鉴的东西。当然,作为笔谈式短文,本文不太可能有足够的篇幅和内容实现预期目的。

二、突发疫情防控中政府价格干预不可或缺

疫情突发,有些商品需求量陡然巨幅增加(如2020年年初对口罩的需求),有些商品供给量大幅度下降(比如2022年3、4月的上海,日常生活物资的供应因管控大幅度减少),进而导致严重供不应求。公众的恐慌心理还助推各种抢购、囤货和某些商家囤积居奇,市场动荡加剧。干预还是不干预,是一个问题,而且首先是一个经济学问题。

主张放任的观点的理由是价值规律应该得到尊重,市场机制的决定性作用不可忽视。该观点认为,即使是突发疫情之下,口罩和日常生活资料的供求调节,也应当由市场这个"看不见的手"来进行。口罩和日常生活物资的严重供不应求,通过急剧上涨的价格信号传递给市场参与者。资本向这些紧缺物资的生产、销售、运输等领域快速聚集,经过一段时间,供应逐步增加、供求关系逐步缓解,价格回落。

主张干预的观点认为,突发疫情带来供求严重不均衡,信息不完全、竞争不充分。此时市场机制已经失灵,失去了其高效率配置资源的基础。更重要的是,市场对效率的追求不能以反道德的方式进行。突发疫情导致公众因缺乏口罩、基本生活物资而发生生存危机时,仍然放任囤积居奇、高价出售的商家牟取暴利,失去了市场机制应有的公平价值。及时的疫情防控具有很强的正外部性。政府通过价格规制抑制口罩和基本生活物资的价格,可以使公众在短期内获取较之放任更多一些的防疫物资,可以更有效抑制病毒传播,这也是干预的效率价值。待到市场供应逐步增加,供求关系缓解,政府的干预再逐步退出市场。

突发疫情情况下,分析政府是否应当干预价格,应以突发疫情及其对口罩和基本生活物资等必需品的需求分析出发。

疫情之"突发"二字,意味着:一是疫情发生前后,必需品供求变化幅度之大、速度之快。比如,普通医用口罩的市场价从疫情前的0.5元一只,几天内涨到5—10元一只。二是意味着始料未及,对疫情本身的科学知识、防控方式、其给人类和经济社会带来的后果等诸多方面都存在信息严重不足、知识严重不足。封控多长时间疫情才会过去,并不清楚。对储备多少生活物资才能渡过难关等也难以预测。信息、知识严重不足,还助推恐慌情绪,进而叠加到现实供求关系上,加重供求失衡。三是"突然"还意味着未来的缓解:随着疫情和防控认知的深入、信息的补足、供应的逐步增加,疫情突发带来的系列严重失衡会逐步缓解,渐次达到基本均衡。比如,2021年年初,普通医用口罩的价格基本回落到疫情发生前的水平。

因此,讨论政府是否应当干预价格,必须紧紧聚焦到疫情“突发”这个时间、空间点上。在这个时空范围内,即重要物资严重供不应求和病毒致死率极高、对人类生存的危害性极其严重,通过价值规律逐渐实现供求均衡是远水解不了近渴的奢望!

明确干预的应急性,就可以吸收放任说和干预说的合理内核,细化所面临的问题和干预的形式,对特定时期、特定区域和特定商品服务的价格,实施不同层级、不同力度、不同方式的干预措施,并根据市场供求的新情况动态调整干预力度,以至于最终全部取消干预。

三、突发疫情防控中“哄抬价格”执法的规定需要改进完善

(一) 突发疫情防控中“哄抬价格”执法的相关规定

我国《价格法》第14条规定:“经营者不得有下列不正当价格行为:……(三)捏造、散布涨价信息,哄抬价格,推动商品价格过高上涨的;……”

国家市场监管总局《关于新型冠状病毒感染肺炎疫情防控期间查处哄抬价格违法行为的指导意见》(以下简称《指导意见》)细化为:“经营者出现下列情形之一,可以认定构成《价格违法行为行政处罚规定》第六条第(三)项所规定的哄抬价格违法行为:……(三) 经营者销售同品种商品,超过1月19日前(含当日,下同)最后一次实际交易的进销差价率的;(四) 疫情发生前未实际销售,或者1月19日前实际交易情况无法查证的,经营者在购进成本基础上大幅提高价格对外销售,经市场监管部门告诫,仍不立即改正的。经营者有本条第(三)项情形,未造成实际危害后果,经市场监管部门告诫立即改正的,可以依法从轻、减轻或者免予处罚。本条第(四)项‘大幅度提高’,由市场监管部门综合考虑经营者的实际经营状况、主观恶性和违法行为社会危害程度等因素,在案件查办过程中结合实际具体认定。”③

关于进销差价的比例标准。疫情发生之初各地主管部门根据上述国家市场监管总局《指导意见》细化了本地的认定规则。其中,海南、湖南、青海、湖北等省价格主管部门的认定标准是:此前有销售的,购销差额有所扩大;此前未销售的,购销额差价超过15%。黑龙江省、山东省的规定中,此前未销售情况下的购销差价标准分

---

③ 市场监管总局《关于新型冠状病毒感染肺炎疫情防控期间查处哄抬价格违法行为的指导意见》(国市监竞争〔2020〕21号),载国家市场监管总局官网,http://www.samr.gov.cn/jjj/jgjg/202002/t20200212_311526.html。最后访问日期:2022年7月4日。

别是超过30%、35%。④

(二) 差价率限制的思路有一定合理性

如何干预突发疫情下的紧缺物资的价格,市场监管总局《指导意见》采取限制差价率和明确时间点的思路。《市场监管总局〈关于新型冠状病毒感染肺炎疫情防控期间查处哄抬价格违法行为的指导意见〉解读》的解释是:国家卫健委经国务院批准,于2020年1月20日发布公告,对将新型冠状病毒感染的肺炎纳入乙类传染病,并采取甲类传染病的预防、控制措施。因此,将某种商品的2020年1月19日前最后一次实际交易的进销差价率作为参考,能够较为真实地反映市场供需状况和价格水平。2020年1月19日前最后一次实际交易的进销差价率,是指排除促销因素等特定情况外的一般销售情形下,最后一笔实际交易流水的进销差价率。该文件认为,采取正常进销差价率来限制商品销售价格,能够直观判断哄抬价格的行为,有利于特殊时期哄抬价格行为的快速认定和查处,尽快平抑市场价格。

应当讲,通过设定参照点、限制上涨幅度等方式进行价格干预,构建较之放任缓和得多的供求关系,能使价格上涨幅度和速度更为平缓、紧缺物资供给更为有效,有其明显的合理性。

(三) 存在改进完善的空间

详细考察上述《指导意见》及各省主管部门的规定,购销差额或差价率的限定和时间参照点,均存在需要讨论的地方:

第一,"此前销售过的,则购销差额不得扩大"显然不合理。这里是差额而不是差价率。疫情发生前,每只口罩进价0.4元、售价0.5元,差额0.1元。疫情突发初期,每只口罩进价5元,则只能以5.1元销售,毛利率不仅没有提高,反面大幅下降。如销售价格合法,则口罩等紧缺物资末端供应将雪上加霜。如为保障最基本的供应,按毛利率不变时,每只口罩以6元销售则构成违法。更不用说此时已是春节等节假日期间,员工工资上涨3倍,继续经营的感染风险和防感染成本也大幅

---

④ 参见《海南省市场监督管理局关于新型冠状病毒感染的肺炎防控期间哄抬价格违法行为认定与处理的指导意见》,http://amr.hainan.gov.cn/zw/tztg/202001/t20200129_2741787.html;《湖南省发展和改革委员会湖南省市场监督管理局关于新型冠状病毒感染的肺炎疫情防控期间哄抬价格违法行为认定有关问题的通知》,http://fgw.hunan.gov.cn/fgw/xxgk_70899/gzdtf/gzdt/202002/t20200201_11167096.html;《青海省市场监管局关于在新型冠状病毒感染的肺炎疫情防控期间有关价格违法行为认定与处理的指导意见》,http://scjgj.qinghai.gov.cn/content/gg/5e2ffef99e430b055039bc79.html;《湖北省发布疫情防控市场价格违法处理意见》,http://www.hb.xinhuanet.com/2020-01/28/c_1125506809.html;《黑龙江省应对新型冠状病毒感染肺炎疫情指挥部第4号公告》,http://hlj.people.com.cn/n2/2020/0131/c220024-33752703.html;《山东省发改委关于新型冠状病毒感染的肺炎疫情防控期间哄抬价格违法行为认定有关问题的通知》,http://www.jnzq.gov.cn/art/2020/1/30/art_44548_3899643.html。最后访问日期:2020年2月13日。

增加。

第二,“此前未进行销售的,按 15%的利润率”亦不尽合理,并有较大的规避可能性。15%是没有疫情、供求基本均衡情况下的一个概数。疫情期间,生活必需品的供求关系紧张,这个比率只有适度扩大,才能成为刺激供应的价格信号。黑龙江省、山东省规定 30%、35%,较之其他一些省份的 15%,在促进紧缺物资供应上的作用是显而易见的。实际运行中,每只口罩进价 0.6 元、1.0 元售价被处罚的案例,和官方要求 1 元进价、2 元售价的案例,也从反面和正面反映了 15%利润率的不合理之处。⑤

第三,15%是购销一个环节的利润率,还是多个环节甚至出厂价至末端销售价的总利润率?根据规定的文义和一些地方的执法案例,是指前者。这样就给了商家以空间:人为增加购销环节,将从厂家到消费者的购销过程,从一两个购销环节,变成足够多的购销环节。如果这多个环节由一个商家操作完成,则总利润率大大超过 15%,但行为的外观却符合规定。这个道理,已经从国务院推行药品销售领域实行“两票制”和近来国家卫健委在药品采购平台推行“一票制”等事例中得到证明。⑥

此外,在时间参照点上,如果仅仅锚定 2020 年 1 月 19 日,不考虑物资供求关系变动的动态性,也有刻舟求剑之虞。需要强调的是,国家市场监督管理总局后来发布的包括哄抬物价在内的价格违法行为处罚相关规定、上海市《关于疫情防控期间认定哄抬价格违法行为的指导意见》等规范性文件,已经有了明显改进。

四、突发疫情价格规制的应然思路

(一) 突发疫情防控中价格规制的宗旨在于促进供给、平衡利益

突发疫情带来物资供求关系的“突”“变”表明,价格规制的宗旨显然不是处罚本身,也不是通过处罚完全固化市场价格,而是通过一系列价格规制措施,协调紧缺物资的生产者、销售者和消费者的诉求,实现扩大供给、满足需求的根本目标。突发疫情价格规制的宗旨,概括起来就是:促进供给、平衡利益。

规定合适的购销差价率,正是这个理念的体现。这里的合适,是通过周密测算形成的价格。测算中的相关系数的确定,既要有利于调动生产者、销售者生产、销售的积极性,又要有利于实现消费者最大量的购买。差价率越高,促进供应的动力则越强,但短期内消费者有效购买越少、实际供应的促进作用越弱。反之,过于严

---

⑤ 《湖北 130 万只民用口罩投向市场 进价 1 元零售 2 元》,http://hb.sina.com.cn/news/j/2020-02-14/detail-iimxyqvz2712129.shtml,最后访问日期:2020 年 1 月 14 日。

⑥ 国务院办公厅印发《关于进一步改革完善药品生产流通使用政策的若干意见》,http://www.gov.cn/xinwen/2017-02/09/content_5166809.htm。最后访问日期:2022 年 7 月 4 日。

苛地管制物价,生产者、销售者的毛利率较之疫情前不升反降,其促进供应的积极性便会受到沉重打击,进而导致物资供求关系更严峻,甚至可能出现有价无市。公众无法得到基本数量的必需品供应,防控效果大打折扣,极端情况下还可能出现防控“裸奔”,或市民饥饿。

因此,在细化突发疫情下的价格规制细则时,在具体执法案件的分析中,要综合考虑促进供给、平衡(经营者和消费者的)利益。如果二者在某个个案中明显冲突时,促进供给优先。须知,疫情突发的初期,物资紧缺本身,物资是必需,更是急需。早一点供应到位,就少一份感染和扩散、多一份生存和健康。

(二) 尊重价值规律,实行分类分级规制

基于供求关系的价值规律,根据促进供应、平衡利益的基本理念,有必要通过区分计划、市场“两条线”及其有机结合等方式,分三类实现保供稳价:

(1) 第一类,疫病治疗一线的保供物资,依法实行并坚持计划的方式。在新冠肺炎治疗所需的关键物资方面实行计划的方式,全部由各级政府统一购买、调拨使用。此类物资包括:医用口罩、医用防护服和一线的其他防护物资;新冠肺炎治疗主要药品、设备和耗材。这些,政府在疫情防控初期基本上已在实施。

(2) 第二类,对于除前一类以外的非医用紧缺物资,分地区按不同比例供应。比如,2020 年疫情初期,对封控地区,计划供应的比例高一些。其中,奇缺的物资如非医用口罩、消毒酒精等,除政府防控工作配发的外,向居民平价供应、居民按配额购买。比较紧张或基本平衡的物资,如蔬菜水果、肉蛋奶等生活必需品,按现在通行的 15%加价率监管。对于 2022 年 3、4 月上海疫情中的绝大多数封控区和此后由其他突发疫情导致的类似情形,均可比照此类方式进行。

(3) 对不实行封控的地区,放开供需,仅进行适度监管。适度价格监管的要点是:

第一,取消以疫情前某日的价格为认定基准。在 2020 年上半年疫情防控的价格执法中,有的省份以 1 月 21 日同类商品的价格为基准,超过的即认定为哄抬物价。在春节大面积歇业又叠加疫情的背景下,这样规定明显违反价值规律。实施的结果只会导致供应积极性下降、供不应求更严重,既无保供,更无稳价。须知稳价不是价格完全不变。

第二,一般情况下(除下两项外),以 15%销购价差作为“哄抬物价”认定的数量标准,但参照时间点的选取,需要根据当地市场供求的具体情形确定。同时,对为规避 15%的限制而人为增加购销环节的,将增加环节去掉,合并计算总的购销价差。

第三,如果是特别紧俏(如非医用 N95 口罩)、特别新鲜(如蔬菜水果牛奶鸡蛋等)、单价特别低(如零售价 2 元以内的一次性口罩),可以根据其个案的成本、供求关系等情况,分 25%以内、35%以内两档把握。也就是说,紧俏程度、新鲜程度越

高,单价越低,价差率可以更大一些。执法中,要用价格合理分析理论弥补法规规章字面表述之不足。

第四,专家辅助执法。对疑难、争议较大的案件,可请经济、经营和法律专家提供咨询意见和建议。

五、保供乃治本之策,畅通物资供应各环节是关键

导致供求关系剧烈变化的根本原因是疫情,直接表征是供给严重不足,包括绝对不足和相对不足、总量不足和结构性不足。结构性不足之中,又有地区、种类和环节的不足。因此,价格规制应以促进供应为理念。同时,全面、大力推行促进供给的各类调控措施,从根本上扭转供给严重不足的局面。

(一)疫情初期特定物资应以扩产能、增产出为主

自疫情暴发到2020年2月19日,经过多方调控,全国的口罩总产能恢复达到110%。⑦ 扩大产能的途径,主要是鼓励具备条件且有意愿的企业转产口罩类防护物资。鼓励的方式包括:(1)财税措施。如阶段性地减免税收、固定资产投资的一次性抵扣、按实际出产额补贴部分固定资产投资、财政贴息、疫情结束后政府收储过剩产能的产品等等。(2)金融措施。提高定向贷款额度、定向缓收到期贷款、金融信用不良记录定向暂缓适用等等。(3)加快市场准入程序。在不降低质量要求的前提下,缩短核发生产许可证、通过强制性认证等市场准入程序所需时间。(4)在全程价格监管的基础上,适当提高价差率,以部分抵销疫情期间各类成本上升的影响,提高企业转产、扩产的积极性。这些,应当成为疫情防控的经验保存下来。

(二)供应的载体是物流,要保干线,也要打通最后一公里

防疫高管控地区,蔬菜水果供应严重不足,而同时蔬菜水果在产地滞销严重。直接原因是首末端交通阻断、物流企业复工率低导致物流不畅。教训和经验是:对蔬菜水果类生活必需品,货畅其流是当前的关键。⑧ 疫情初期的武汉疫情防控和2022年3—5月上海的疫情防控,一再证明了这一点。

第一,实行从宽的货物运输防疫政策,打通蔬菜水果等首末端交通,真正畅通

---

⑦ 参见央广网:《国家发改委:目前口罩企业产能利用率已达到110% 口罩日产量已达5477万只》,https://baijiahao.baidu.com/s?id=1659392736056570849&wfr=spider&for=pc 2020-02-24。最后访问日期:2022年7月4日。

⑧ 据《经济观察报》2022年4月15日报道,在干线物流方面,较之3月29日(全域封控前),上海封控区整车流量同比去年下跌约40%。4月8日(全域封控后),上海封控区整车流量同比去年下跌已达到近80%,https://mp.weixin.qq.com/s/xwV4D_UcwnmrkOOmXebH1Q。最后访问日期:2022年7月4日。

绿色通道。前段全国性保运政策强调的是紧急救援物资的货畅其流。面对市场供应的蔬菜水果等生活必需品，产地发不出，需求地运不进。蔬菜水果产地发运端的打通是源，城市等主要需求地的打通是流。源流须同时、同等畅通，才能货畅其流。因此，无论货源地的发运端地方政府，还是主要需求地的零售端地方政府，在防疫政策上要实现人货分开。即使是严格管控地区，也应当实行货物进出管控从宽的政策。必要的话，对运送蔬菜水果、肉蛋奶等日常生活必需品的车辆核发全国统一标志。标示有该标志的车辆，只能在货物最初流出地、最末流入地进行最基本的检查（如只检查司机戴口罩、体温正常），即准予通行。公路主干道、高速公路，继续执行交通运输部、公安部有关严禁在高速公路和主干公路上设卡拦截等规定。

第二，对各类物流企业一线员工实行特殊从宽的人员进出管控措施。

第三，畅通产业链末端的销售。产业链须全链条畅通，才会大大调动生产者、运输者、销售者的积极性。在既要严格防疫又要保障供给的内外压力下，更好地发挥电商的分散配送、非聚集交接的优势。鼓励线下企业（如实体超市、实体餐饮企业）自办电商，或与电商企业联合运营。同时，小区防控中要特别注意保障小区最后一公里的物流畅通。

遗憾的是，两年多前的意见和建议的必要性，在 2022 年的防控中，仍然多次从反面被证明。[9]

---

⑨ 参见第一财经：《京东上海保供战姗姗来迟：途中发生了什么？》，https://mp.weixin.qq.com/s/mFlLIKIKVPYP6Qju4MKBnA。最后访问日期：2022 年 7 月 4 日。

疫情经济、宏观调控与法治保障

张守文*

一、问题的提出

产生于20世纪30年代大危机时期的现代宏观调控制度,对于常态下的经济运行和非常时期的危机应对都不可或缺。在全球疫情的冲击下,相关国家已形成不同于平时的“疫情经济”,需要通过更为有效的宏观调控手段推进经济的恢复和振兴,并在此过程中加强相应的法治保障①。

尽管宏观调控制度在应对各类经济危机、保障和促进经济稳定发展方面至为重要,但近些年来,对于宏观调控的制度实践问题,学界主要是从财税法、金融法、产业法、计划法、价格法等视角展开具体的分散探讨,而对宏观调控法的整体研究则相对不足,甚至呈现基础研究相对低迷的态势。考察宏观调控法的理论发展,可以发现在经济危机、社会危机发生时期,各界对宏观调控及其法治建设会更为关注,有关宏观调控的经济学、法学研究成果也会相应增加。这在1997年亚洲金融危机、2008年全球性金融危机等特殊时期,都有一定的体现。在2020年疫情暴发后,为应对疫情经济,各国实施了大量宏观调控手段,但目前相关探讨还相对较少,这对于国家的经济法治建设和法学研究是不利的。因此,非常有必要探讨疫情经济下的宏观调控及其法治保障问题。

我国的“宏观调控”一词,萌芽于1985年的“巴山轮会议”,1988年被正式提出。我国1993年修订的《宪法》第15条第2款明确规定“国家加强经济立法,完善宏观调控”,此后有多部法律,如原《预算法》《中国人民银行法》《反垄断法》等,都

---

* 张守文,北京大学法学院教授,博士生导师。

① 有学者认为,规范意义上的“宏观调控”是宏观调控法治化的基础,规范意义上的"宏观调控"需要以我国宏观调控法治化加以保障并以宏观调控基本法来加以肯定和固定。参见徐澜波:《规范意义的“宏观调控”概念与内涵辨析》,载《政治与法律》2014年第2期。

曾从不同角度对宏观调控作出规定[②]。因此，宏观调控不再只是一个经济学的概念，它已成为宪法和相关法律领域的重要范畴。由于疫情经济时期的宏观调控，体现了宏观调控的一般性和特殊性，其中涉及宏观调控法治建设的重要问题，因此，应当从宪法以及相关具体法律的视角，对其加强重点研究。

宏观调控主要涉及政策与法律两类手段的运用和协调，相关的宏观调控政策不仅要具有合理性，还必须符合法律的要求，并在法治的保障下有效实施，以确保宏观调控的合法性[③]。在疫情经济之下的宏观调控，对疫情防控与经济社会发展两个方面都要统筹兼顾，因而需结合非常时期的特殊问题，在既有的调控体制下，形成更为有效的调控机制。由于在宏观调控的诸多类型或领域中，财税调控和金融调控最为基本，相关调控手段运用最为普遍也最为重要，因此，审视上述两类调控的具体制度实践，就可以进一步揭示整体宏观调控需要关注的重要法律问题。同时，考虑到国务院及其相关重要职能部门是行使宏观调控权的重要主体，并且，其宏观调控的制度实践在历年的《政府工作报告》中均有集中描述[④]，因此，有必要通过梳理 2020 年至 2022 年三年疫情期间的《政府工作报告》的相关内容，探讨在财税调控和金融调控方面的制度实践的主要问题。

有鉴于此，本文将基于 2020 年疫情发生三年以来的《政府工作报告》，梳理我国财税调控和金融调控的主要制度实践，分析疫情经济时期的减税降费、扩大支出等财政调控措施，以及降息降准、增强金融获取便利性等金融调控措施，这有助于发现隐含其中的目标与手段、体制与机制、政策与法律、价值与规范等重要关系，解释宏观调控的法治保障方面的重要问题，由此有助于提炼各类宏观调控的共性问题，推动宏观调控领域的法治建设和法学研究。

二、财税调控：以减税降费为主线

疫情使经济社会发展受到巨大冲击，由此形成的疫情经济，进一步加大了财政压力和民生压力。为了缓释上述“双重压力”[⑤]，必须在财政承受能力和社会承受能力之间做出权衡，并应在一定期间尽可能降低市场主体负担，实现保市场主体、

② 例如，我国原《预算法》(1994 年)的第 1 条和现行《中国人民银行法》第 1 条、《反垄断法》第 4 条等，均有宏观调控方面的相关规定。

③ 对此尚存在不同认识。如有学者认为，宏观调控行为虽有一部分适宜于法律调整，但主要还是适宜于灵活的政策调整。可参见郝铁川：《宏观调控的不确定性与法律、政策调整》，载《东方法学》2009 年第 2 期，第 3—11 页。

④ 现代国家政府的重要经济职能就是宏观调控和市场规制，因此，有关宏观调控的制度实践，会集中在历年的《政府工作报告》中呈现，其中也涉及许多宪法问题，需要从经济法的视角加以审视。参见张守文：《宪法问题：经济法视角的观察与解析》，载《中国法律评论》2020 年第 2 期。

⑤ 张守文：《缓释“双重压力”的经济法路径》，载《北京大学学报(哲学社会科学版)》2012 年第 5 期。

保就业、保民生的基本目标。

减税降费是我国应对疫情经济的直接手段,是贯穿财税调控的一条重要主线。事实上,减税降费并非疫情经济时期的制度创新,在我国经济进入“新常态”后,减税降费已被作为重要的调控手段,用以解决市场主体负担过重的问题,例如,“营改增”等税制改革,就试图通过减少重复征税等,来降低市场主体负担。在疫情发生前的2019年,我国减税降费的规模已达2.36万亿元,制造业和小微企业受益最多。在疫情经济之下,根据疫情在不同时期对经济的影响,以及经济运行的整体状况,我国不断调整减税降费的领域、形式和力度,使其成为财税调控的重要内容。为此,有必要以三年的财税调控具体制度实践为例,进行相关比较和研讨⑥。

(一) 2020年的减税降费实践

在2020年年初疫情暴发后,我国推出了大量减免税费措施,如下调增值税税率和企业养老保险费率,一定期间免征中小微企业养老、失业和工伤保险单位缴费,减免小规模纳税人增值税,免征公共交通运输等重点行业的增值税,减免民航发展基金、港口建设费等。上述措施涉及税率、费率等基本要素,即使其调整有利于纳税人、缴费人,也必须符合相关法律程序和法治原则的要求。与上述减税降费措施密切配合,我国还着力进一步降低公用企业的收费和企业生产经营成本。例如,调低工商业电价、降低宽带平均资费、减免国有房产租金等⑦,这些措施都有助于进一步降低企业负担。从实际执行情况看,2020年实施的大规模减税降费,为市场主体减负超过2.6万亿元,其中包括减免社保费1.7万亿元。

(二) 2021年减税降费制度的优化

2021年我国疫情相对稳定,国家进一步优化减税降费制度,主要是继续执行制度性减税政策,延长小规模纳税人增值税优惠等部分阶段性政策执行期限,实施新的结构性减税举措。例如,将小规模纳税人增值税起征点从月销售额10万元提高到15万元。对小微企业和个体工商户年应纳税所得额不到100万元的部分,在已有优惠政策基础上,再减半征收所得税。对于上述市场主体而言,这些优惠措施已大大优于既有法律、法规规定,其主要目标是力促小微企业发展,保市场主体存续,这对就业、税收等诸多方面具有直接影响。

此外,在降低企业生产经营成本方面,国家进一步清理用电不合理加价,推动降低一般工商业电价;对中小企业宽带和专线平均资费再降10%;全面推广高速公路差异化收费;取消港口建设费,将民航发展基金航空公司征收标准降低20%;鼓

---

⑥ 本文所用的相关数据以及相关制度实践的提炼,均来自2020年至2022年的《政府工作报告》。

⑦ 例如,国家发展改革委等于2020年联合发布了《关于应对新冠肺炎疫情进一步帮扶服务业小微企业和个体工商户缓解房屋租金压力的指导意见》。

励受疫情影响较大的地方对承租国有房屋的服务业小微企业和个体工商户减免租金。与此同时,国家强调要严控非税收入不合理增长,依法整治乱收费、乱罚款、乱摊派等“三乱”问题[⑧],这些制度安排有助于优化营商环境,使市场主体能安心经营、轻装上阵。

(三) 2022 年减税降费制度的新发展

在总结既往经验的基础上,2022 年我国的减税降费制度有了新发展,主要是将“阶段性措施与制度性安排”相结合,实行“减税与退税并举”,推出了组合式的减税降费制度安排,进一步扩展了财税调控的领域和类型。

首先,在减税方面,延续此前对制造业、小微企业和个体工商户减税降费的制度安排,并提高减免幅度,扩大适用范围。例如,对小规模纳税人阶段性免征增值税,对小微企业年应纳税所得额 100 万元至 300 万元部分,再减半征收企业所得税。上述的增值税和企业所得税,是对各类市场主体影响最大的主体税种,此类调整体现了我国税制结构优化的“发展导向”[⑨]。此外,在中央与地方关系方面,为了优化宏观调控效果,中央支持各地依法出台税费减免等措施,使减税降费的力度只增不减,以稳定市场预期。当然,对于上述的临时性调控措施,还需要关注其合法性问题[⑩]。

其次,在退税方面,大力改进增值税的留抵退税制度,对留抵税额提前实行大规模退税,为企业提供现金流支持。对此,尤其需要对不同类型市场主体留抵退税的存量与增量予以综合考虑。例如,对小微企业的存量留抵税额应于 6 月底前一次性全部退还,增量留抵税额足额退还;同时,要全面解决制造业等行业长期存在的留抵退税问题,确保全年约 1.5 万亿元的留抵退税资金全部直达企业。在中央与地方的协调方面,中央财政要加大对地方财力支持,补助资金直达市县,地方政府要建立健全工作机制,加强资金调度,确保退税落实到位,为企业雪中送炭。

此外,在降费方面,国家着力清理转供电环节不合理加价,引导大型平台企业降低收费,减轻中小商户负担;同时,进一步清理规范行业协会商会、中介机构等收费;开展涉企违规收费专项整治行动,建立协同治理和联合惩戒机制,继续查处乱收费、乱罚款、乱摊派等“三乱”,推动企业生产经营成本持续降低。

---

⑧ 多个领域的“三乱”问题由来已久,相关讨论可参见王绍光、王有强:《建立现代财政制度——兼谈农村“费改税”的思路》,载《税务研究》2001 年第 10 期。

⑨ 参见张守文:《税制结构的优化及其价值引领》,载《北京大学学报(哲学社会科学版)》2021 年第 5 期。

⑩ 有关临时性的宏观调控措施合法性问题的探讨,可参见陈承堂:《临时性调控政策的合法性检讨》,载《法学》2011 年第 4 期。

(四) 小结:减税降费的法治保障

比较上述三年的减税降费实践,可以发现,减税降费只是一个广义的、概括性的说法,而并非严谨的法律概念。减税降费体现为多种财政调控措施的运用,涉及阶段性与长期性的制度安排,需要处理好中央与地方、政府与市场等多种关系[11]。减税降费是近年来财税调控的基本主线,不仅要从经济角度审视其对减轻市场主体负担的影响,关注其对增强市场主体存续和发展能力的支撑作用,还要从法律角度审视相关阶段性制度安排的合法性[12]。尤其是税收减免、退税等税收优惠措施的安排,涉及对相关课税要素的重要调整,同样要确保其符合法定原则的要求。

此外,即使是各类降费的制度安排,也会涉及非税收入、涉企收费、公共企业收费等问题,需要从财政法、价格法以及相关行业立法的角度,审视其是否符合相关法律的具体规定,是否符合法定原则的要求。只有各类减税、降费都具有合法性,各类征收主体都能依法行使减税权、降费权,才能有效保护国家利益和社会公共利益,保障市场主体的合法权益[13]。

另外,完善减税降费的宏观调控,还要回归相关制度的具体原理,例如,增值税与所得税分别属于典型的间接税和直接税,两类税种的减税原理或机制不同,对市场主体的影响会存在较大差异,应关注其不同的调控效果,不能将两类减税混同。又如,增值税的留抵退税,严格说来既不属于减税,也不属于降费。而能否及时退税,会直接影响相关市场主体抵扣权的实现[14],并由此影响其资金使用效益和纳税人权利。只有切实解决留抵退税问题,才能有效降低市场主体负担。

总之,减税降费的直接目标是降低市场主体的相关成本和负担,它具有助企纾困之功效,是国家"放水养鱼"、涵养税源的重要调控手段。对于减税所涉及的"税"、降费所涉及的"费",或者减税和降费的内涵和外延,还需要从财税法、社会法、行政法等不同视角展开具体研究,这有助于从整体上推进财税调控法治建设的完善。

---

⑪ 减税降费的实质是重塑政府与市场之间的资源配置格局与配置方式,需要关注其与中长期税制优化和财政可持续性的关系。参见张斌:《减税降费的理论维度、政策框架与现实选择》,载《财政研究》2019年第5期。

⑫ 减税降费政策会减轻企业负担,也会给各级财政带来巨大压力,不仅财政赤字规模在未来三四年内会扩大,而且财政收入体系的法治化程度也会有所削弱。参见郭庆旺:《减税降费的潜在财政影响与风险防范》,载《管理世界》2019年第6期。

⑬ 仅从结构性、阶段性减税的角度,也必须关注减税权问题。可参见张守文:《结构性减税中的减税权问题》,载《中国法学》2013年第5期。

⑭ 参见张守文:《增值税的"转型"与立法改进》,载《税务研究》2009年第8期。

三、财税调控：以扩大支出为重要手段

对于财税调控，既要从收入的角度，关注上述减税降费对降低市场主体负担的重要作用，也要从支出的角度，关注扩大财政支出规模对市场主体存续和发展的重要支撑和保障功能。尽管疫情经济使“双重压力”凸显，但为了及时防控疫情，推动经济恢复和发展，仍需在财政可承受的范围内，进一步扩大财政支出规模。由于疫情使经济增长和税收收入均受到影响，因此，扩大财政支出规模就意味着增加财政赤字，并需要通过增发国债来弥补缺口。此外，财政支出的重要形式是转移支付，在转移支付的规模和机制方面，也需要作出相应的制度安排。可见，以扩大支出为重要手段的财税调控，既涉及赤字与国债的相关制度，也涉及转移支付的相关调整。下面仍以三年疫情期间的相关财政调控实践为例，通过比较来说明相关问题。

(一) 2020 年的财政支出调控实践

2020 年是我国抗疫最为艰难的时期，当年国家安排的赤字率在 3.6%以上，财政赤字规模比 2019 年增加 1 万亿元，同时发行 1 万亿元抗疫特别国债。超过 3%的赤字率[15]，在过去经济高速增长的年代是不可想象的，足见疫情经济问题之严峻以及救市需求之迫切。

此外，为了有效应对疫情经济，我国的一个重要制度创新，是建立特殊转移支付机制，或称预算支出资金直达机制。这既涉及财政支出体制与机制的优化，又涉及中央与地方关系的调整，直接影响相关调控目标的实现。例如，上述新增的 2 万亿元要全部转给地方，省级政府不得截留，只有资金直达市县基层，才可能直接惠企利民，从而实现疫情经济下保市场主体、保就业、保基本民生的目标。

另外，在财政资金的用途方面，需要持续优化财政支出结构，明确相关支出的优先权。一方面，要增加基本民生的支出，切实保障重点领域的支出；另一方面，要坚决压减一般性支出，各级政府必须精打细算，严禁铺张浪费，真正过紧日子；同时，实行各类结余、沉淀资金应收尽收、重新安排的制度，以实现财政资金的提质增效。上述支出结构涉及政府与市场、国家与国民的关系，其有效调整更能体现财政法或整体经济法的绩效原则，切实保障公共物品的有效提供[16]。

(二) 2021 年的财政支出调控实践

2021 年，基于疫情已得到有效控制，经济逐步恢复的形势，国家将当年的赤字

---

⑮ 对于 3%的赤字率标准也存在不同认识，可参见蔡宁、刘勇：《对 3%赤字率标准的再思考——基于赤字、债务与经济增长的动态关系研究》，载《财政研究》2016 年第 2 期。

⑯ 相关探讨可参见孟庆瑜：《绩效预算法律问题研究》，载《现代法学》2013 年第 1 期。

率适当下调至 3.2%左右,且不再发行抗疫特别国债。

在转移支付方面,我国进一步扩大转移支付规模,对地方一般性转移支付增长 7.8%,其中均衡性转移支付、县级基本财力保障机制奖补资金等增幅均超过 10%;同时,建立常态化财政资金直达机制,将 2.8 万亿元中央财政资金纳入直达机制,从而为基层的经济发展提供重要的财力保障。

在支出结构方面,一方面,仍坚持重点保市场主体、保就业、保民生;另一方面,进一步大幅压减非急需非刚性支出,中央本级支出继续安排负增长。基于上述支出结构,各级政府都要节用为民,继续过紧日子,确保基本民生支出只增不减,保持市场主体的生机与活力。同时,着力强化预算约束和绩效管理,加大预算公开力度,精简享受税费优惠政策的办理流程和手续,进一步落实中央与地方财政事权和支出责任划分改革方案,健全地方税体系。

(三) 2022 年的财政支出调控实践

2022 年,基于疫情多地散发的复杂情况,国家更加重视提升财政调控的效能。一方面,在赤字规模方面,基于财政的可持续性和承受能力,赤字率被下调至 2.8%左右;另一方面,通过中国人民银行等特定国有金融机构和专营机构依法上缴近年结存的利润等[17],使支出规模比 2021 年扩大 2 万亿元以上,进一步增加了可用财力。

在财政支出结构方面,新增财政支出主要用于助企纾困,稳就业、保民生,促进消费、扩大需求。中央对地方转移支付规模高达近 9.8 万亿元,为多年来最大增幅。同时,中央财政将更多资金纳入直达范围,省级财政也要加大对市县的支持[18]。此外,国家更重视增加政府投资和民间投资,一方面,通过发行地方政府专项债券 3.65 万亿元,支持在建项目后续融资,以及具备条件的重大工程、新型基础设施、老旧公用设施改造等建设项目;另一方面,强调发挥民间投资的重要作用,引导资本健康有序流动,充分调动民间投资积极性。

上述支出结构的优化,体现了“节用裕民”的理念和原则[19]。据此,国家强调要保障重点支出,严控一般性支出,着力盘活财政存量资金和闲置资产;同时,要切实贯彻《预算法》第 12 条规定的勤俭节约、讲求绩效的原则,加强收支管理,严禁铺张浪费。

---

⑰ 2022 年 3 月 8 日,中国人民银行发布公告称:中国人民银行依法向中央财政上缴结存利润,总额超过 1 万亿元,主要用于留抵退税和增加对地方转移支付。上述结存利润主要来自外汇储备经营收益,不会增加税收或经济主体负担,也不属于财政赤字。参见彭扬、赵白执南:《人民银行向中央财政上缴结存利润逾万亿元》,载《中国证券报》2022 年 3 月 9 日。

⑱ 可参见 2022 年 5 月 29 日国务院办公厅发布的《关于进一步推进省以下财政体制改革工作的指导意见》。

⑲ 荀子曾强调“足国之道,节用裕民,而善藏其余。”可参见《荀子 · 富国》。

(四) 小结:扩大支出的法治保障

上述调控实践表明,在疫情经济之下,扩大财政支出规模是我国财政调控的重要手段,有助于为市场主体的存续和发展提供财力保障。在民生压力与财政压力并存的"双重压力"下,国家仍然选择在财政可承受的范围内,通过提高赤字率或扩大赤字规模、增发抗疫特别国债或发行地方政府债券等方式,不断扩大财政支出规模,体现了扩大支出在财税调控方面的重要地位,以及对恢复经济的重要保障作用。

国家持续扩大财政支出规模,旨在为经济恢复和振兴提供重要的财力支撑,因此,国家着力通过不断提高转移支付的规模,创新转移支付的机制,特别是直达基层、直达市场主体的机制,来确保调控目标的实现。同时,在优化支出结构方面,始终将保市场主体、保就业、保民生放在突出重要地位,坚持"节用裕民""节用为民"的思想,强调通过政府减少开支、过紧日子,来减轻市场主体的压力,这对于形成政府与市场的良好关系,以及国家与国民的良性"取予关系",促进经济重回健康发展的轨道,都非常重要。

上述扩大支出的财税调控措施,都要符合预算法的相关规定。我国 1994 年通过的《预算法》在其第 1 条特别规定,该法的立法宗旨是"为了强化预算的分配和监督职能,健全国家对预算的管理,加强国家宏观调控,保障经济和社会的健康发展"。其中有关宏观调控的规定,是对《宪法》第 15 条第 2 款的"宏观调控条款"的具体落实。应当说,作出上述规定是非常必要的。但 2014 年修改的《预算法》却在其立法宗旨条款中取消了"宏观调控"的内容,这不能认为是立法的进步。审视上述扩大支出的财税调控措施,不难发现预算法在保障宏观调控方面的重要功能和价值。因此,无论基于经济宪法的规定,还是基于预算调控的实践需要,都应考虑在未来修改《预算法》时,重新恢复有关"宏观调控"的规定。

此外,扩大财政支出规模会涉及赤字、国债等方面的具体制度,并与转移支付制度密切相关,目前,仅靠《预算法》对上述制度作出较为原则的规定还不够,下一步仍需推进被搁置多年的《国债法》《转移支付法》的制定,将相关重要的体制、机制等通过立法确立下来,从而实现相关宏观调控的法治化。

四、金融调控:多种手段的协调配合

上述财税调控的作用较为直接,在以往应对各类危机时运用最为普遍,在疫情经济应对方面也备受重视。与此同时,金融调控的手段日益丰富,同样应在解决疫情经济问题方面发挥重要作用[20]。下面以三年疫情期间的相关金融调控实践为例,通过比较来说明相关问题。

(一) 2020 年的金融调控实践

2020 年,面对疫情经济,国家继续推行稳健的货币政策,并综合运用降准降息、再贷款等手段,引导广义货币供应量和社会融资规模增速大幅提升。同时,类似于转移支付的直达机制,还推出了直达实体经济的货币政策工具,以增强金融获取的可及性和便利性,使企业能及时得到有效的资金支持。

与财政调控向中小微企业倾斜保持一致,国家在金融调控方面也着力降低市场主体的融资成本或负担,对中小微企业实行贷款延期还本付息政策,鼓励银行合理让利,大幅度提高中小微企业贷款的可得性,使其综合融资成本明显下降[21],同时,大幅拓展政府性融资担保覆盖面并降低费率。经过一年的调控实践,大型商业银行普惠小微企业贷款实际增长 50%以上,金融系统向实体经济让利 1.5 万亿元。银行定向增加贷款并降低利率水平、对中小微企业贷款延期还本付息等措施的实施,有力地支持了企业的复工复产,使经济恢复好于预期。2020 年我国国内生产总值增长了 2.3%,虽然增长率创新低,但可谓来之不易。

(二) 2021 年的金融调控实践

2021 年,国家保持宏观调控措施的连续性、稳定性和可持续性,促进经济运行在合理区间。同时,在区间调控基础上加强定向调控、相机调控、精准调控。从金融调控实践看,国家更强调稳健的货币政策要灵活精准、合理适度,要处理好恢复经济与防范风险的关系,保持流动性合理充裕,保持人民币汇率在合理均衡水平上的基本稳定。

国家在金融调控方面运用了多种手段,具体措施主要包括:两次实施全面降准,推动降低贷款利率,延续普惠小微企业贷款延期还本付息政策,加大再贷款再贴现支持普惠金融力度;引导银行扩大信用贷款,推广随借随还贷款,使资金更多流向科技创新、绿色发展,更多流向小微企业、个体工商户、新型农业经营主体,大型商业银行普惠小微企业贷款增长 30%以上;推进金融领域的降费,适当降低小微企业支付的手续费,继续引导金融系统向实体经济让利,进一步降低企业的综合融资成本。

---

[20] 无论是金融危机导致的经济危机,还是疫情导致的经济危机,其实都需要加强金融调控。参见杨紫烜:《论当前危机的性质、根源和经济法对策》,载《政法论坛》2010 年第 2 期。

[21] 市场主体的税费负担和融资负担都需要通过有效的制度安排调整为轻重适度的状态。可参见张守文:《市场主体负担"轻重"的法律调整》,载《法学评论》2019 年第 2 期。

(三) 2022 年的金融调控实践

2022 年,国家继续保持宏观调控措施的连续性,并增强其有效性,强化跨周期和逆周期调节,强调稳健的货币政策要更加灵活适度,保持流动性合理充裕,从而为经济平稳运行提供有力支撑。

基于上述金融调控的总体思路,国家更重视发挥货币政策工具的总量和结构双重功能,切实服务实体经济[22]。主要调控措施包括:扩大新增贷款规模,保持货币供应量和社会融资规模增速与名义经济增速基本匹配,保持宏观杠杆率基本稳定;保持人民币汇率在合理均衡水平上的基本稳定;进一步疏通货币政策传导机制,引导资金更多流向重点领域和薄弱环节,扩大普惠金融覆盖面;推动金融机构降低实际贷款利率、减少收费,持续提升融资便利度,并着力降低综合融资成本。可见,上述金融调控措施与既往的制度安排基本一致,完全符合疫情经济期间金融调控的总体思路。

在金融服务实体经济方面,国家强调用好普惠小微贷款支持工具,增加支农支小再贷款;同时,引导金融机构继续对受疫情影响严重的行业企业给予融资支持,避免出现行业性限贷、抽贷、断贷;进一步扩大政府性融资担保对小微企业的覆盖面,努力营造良好融资生态,推动解决实体经济特别是中小微企业融资难题[23]。

(四) 小结:金融调控的法治保障

从上述三年的金融宏观调控实践看,国家高度重视多种货币政策工具的协调运用,其中既涉及降息降准、再贷款等一般调控手段,又基于定向调控、相机调控、精准调控的需要,面向中小微企业、特殊行业、实体经济,实行有区别的贷款、减费、贷款延期还本付息等措施,从而增强融资的便利性、可及性或可得性[24],进一步解决融资难、融资贵等问题,这更有助于进一步实现"六稳""六保"的目标,促进整体经济的恢复发展。

此外,从协调性的角度看,整体的宏观调控涉及财政、金融等多种手段,需要在财政调控与金融调控之间,以及金融调控的各类手段之间加强协调,这样才能形成金融调控乃至整体宏观调控的合力,更好实现经济恢复和重振的目标。在此过程中,尤其应注意加强各类制度的有效整合,避免"合成谬误"。

无论是上述多元调控手段的运用,还是各类调控手段的协调,都需要加强相应

---

[22] 大力发展普惠金融、建立市场化风险处置机制以及完善金融监管框架,都有助于实现金融服务实体经济的目标。参见李扬:《"金融服务实体经济"辨》,载《经济研究》2017 年第 6 期。

[23] 对此应从法治、产业、财政和金融等多方面对中小企业融资环境进行综合改革。参见吕劲松:《关于中小企业融资难、融资贵问题的思考》,载《金融研究》2015 年第 11 期。

[24] 相关探讨可参见戴治勇、高晋康:《金融可得性、融资成本与法律实施》,载《财经科学》2015 年第 7 期。

的法治保障[25]。我国在 1993 年“宏观调控入宪”后，在 1995 年集中推出了《中国人民银行法》等多部金融法律，构建了以中国人民银行为主要调控主体的金融调控法律体系，为金融调控提供了重要的法治保障。基于多年积累的实践经验，在疫情经济时期，国家从多个角度强调金融调控的灵活适度，并大量释放流动性，提升金融可及性。对此，从金融法治的角度看，如何保障中央银行的独立性，确保其依法制定和执行货币政策，并通过有效的金融调控，防范和化解金融风险，维护金融稳定，是非常值得关注的重要问题。与此相关联，还需要加强货币政策与财政政策、金融法与财税法之间的协调。例如，为应对疫情经济，有人提出了“财政赤字货币化”的观点，曾引发广泛讨论[26]。对此，如果不从法律约束、法治保障的角度考虑问题，就可能严重影响中央银行的独立性，并影响多方面重要关系的调整。

可见，无论是上述具体的金融调控措施，还是整体的金融宏观调控，都必须在法治的框架下展开，这样才能使相关主体的行为和权益得到法律的肯定评价和保障。因此，要为各类宏观调控设定法治轨道，并基于“价值—规范”的内在联系，在宏观调控中融入多种重要价值。诸如效率与公平、自由与秩序、安全与发展，都是疫情经济时期宏观调控需要兼顾的重要价值。只有基于上述价值构建相关宏观调控的制度，才可能实现良好的制度实效。

五、结　　论

2020 年至 2022 年的三年疫情，构成了影响人类历史发展大变局的重要影响因素。面对疫情和疫情经济，加强宏观调控尤为必要，相关的法治保障亦不可或缺。为此，本文梳理了上述三年《政府工作报告》中有关财税调控和金融调控的重要内容，分析了相关宏观调控实践的侧重点，以及需要关注的法治保障问题。

在上述宏观调控制度实践中，隐含或贯穿着目标与手段、体制与机制、政策与法律、价值与规范等重要关系，其有效处理事关宏观调控的合理性与合法性，需要在宏观调控的法治保障方面认真对待，因而对上述几类关系应特别关注。

首先，应关注目标与手段的关系。一方面，每类措施作为具体手段，都有直接的目标，如减税降费是为了降低市场主体的负担，而扩大财政支出规模、释放更多流动性，则有助于使各类主体能够得到更多资金支持，从而在疫情经济时期能够得以存续和发展。另一方面，上述各类调控措施，也要符合更高层次的整体调控目标，即促进经济的恢复和振兴，使其重回健康发展轨道，实现整体经济的良性运行

---

[25] 多元的宏观调控手段应相互协调，整体的宏观调控手段体系应规范化、法治化。相关探讨可参见徐澜波：《我国宏观调控权配置论辨正——兼论宏观调控手段体系的规范化》，载《法学》2014 年第 5 期。

[26] 可参见周春生、冯科：《理性看待财政困境 慎用财政赤字货币化》，载《行政管理改革》2020 年第 7 期。

和协调发展。

其次,应关注体制与机制的关系。一方面,经过多年改革,我国的宏观调控体制不断完善且基本成型,各类调控主体的法定职权都较为明确,因此,财政调控权和金融调控权都由专门的调控主体行使㉗。另一方面,为了应对疫情经济,需要在既有的调控体制下,不断创新调控机制,如转移支付的直达机制、贷款的直达机制等;同时,还要不断完善各类具体手段之间的协调机制。事实上,加强各类体制与机制之间,以及各类具体机制之间的协调,都是落实"完善宏观调控"这一宪法规定的重要体现,尤其有助于应对疫情经济,推动经济的健康发展。

再次,应关注政策与法律的关系。一方面,许多具体调控措施通常都以更为直接的政策形式体现,因此,各类"通知""意见""办法"等规范性文件在疫情暴发之初被迅速推出㉘,体现了宏观调控政策的灵活性、应急性。另一方面,各类调控政策都应依法作出,尤其要符合相关财税法、金融法的具体规定,同时,还要与其他宏观调控法律制度相互配合,共同在法治的框架下实施,这样才可能有效实现调控目标。因此,应深入研究宏观调控领域政策与法律的"策律并施"或"双重调整"问题㉙。

最后,应关注价值与规范的关系。一方面,各类具体调控措施的运用,都需要体现特定的价值,包括在疫情时期必须考虑的公平、秩序和安全价值,以及为推动疫情经济重回健康发展轨道而应体现的效率、自由和发展价值。另一方面,上述价值都要融入相关调控措施之中,尤其要融入相关宏观调控的政策和法律制度的形成和完善过程中,这样才能使相关规范因呈现"良性"而成为良法,才能据此有效规范相关主体的行为,共同促进相关问题的解决,实现宏观调控的相关目标。

上述几类重要关系的有效调整,都要有相应的宏观调控法依据,都需要加强相应的法治保障,这是宏观调控领域的共性问题,对于疫情经济的应对同样非常重要。学界如能围绕上述共性问题展开深入探讨,定会有助于推动宏观调控的法治建设和法学研究。

㉗ 相关探讨可参见张守文:《宏观调控权的法律解析》,载《北京大学学报(哲学社会科学版)》2001 年第 3 期。

㉘ 可参见财政部印发的《关于支持金融强化服务 做好新冠病毒感染肺炎疫情防控工作的通知》(财金〔2020〕3 号);财政部、国家税务总局发布的《关于支持新冠病毒感染的肺炎疫情防控有关税收政策的公告》(财政部 税务总局公告 2020 年第 8 号);中国人民银行、财政部等联合印发的《关于进一步强化金融支持防控新冠病毒感染肺炎疫情的通知》(银发〔2020〕29 号),等等。

㉙ 政策与法律的"双重调整"对于实现宏观调控目标非常重要。可参见张守文:《"双重调整"的经济法思考》,载《法学杂志》2011 年第 1 期。

经济法基础理论

整体观下区域协调发展法治化的基本理念和基本方面

许明月[*]

摘要：整体发展观下，区域协调发展的目标是通过协调整体各部分之间的关系，实现各部分的平衡发展，并最终实现整体的更好发展。区域协调发展的法治化，体现了全面依法治国的基本要求，也契合了经济法调制社会经济关系的基本理念。区域协调发展的法治化必须以政府行为的合法化和规范化为重心，将政府推动区域协调发展的各种行为纳入法治的轨道，使政府实施区域协调发展战略的各种行为于法有据，依法推进。实施区域协调发展战略是一个复杂的系统工程，这一系统工程的各个方面都应满足法治化的要求。当前，在推进区域协调发展过程中，尤其应重视组织形式、合作依据、推进措施、决策程序、协调机制、共享机制和约束考评机制等基本方面的法治化建设。

关键词：区域协调发展　法治化　政府权力约束　地区合作

中国幅员辽阔，地区之间发展不平衡是困扰我国整体发展长期存在的问题。区域协调发展是协调发展的重要方面，实现区域协调发展体现了新发展理念的基本要求。区域协调发展的法治化，是区域协调发展稳定、有序推进的基本保障，经济法作为调制经济关系的基本法律，在区域协调发展法治化过程中扮演着极为重要的角色。区域协调发展法治化涉及众多法治理论和实践问题，本文仅就区域协调发展法治化的几个基本问题，从经济法视角，谈一下自己粗浅的认识。

---

* 许明月，西南政法大学经济法学院教授，博士生导师。

一、整体发展观下的区域协调发展及其目标定位

协调发展,是指各方面配合得适当的发展。[①] 尽管协调发展可以在不同意义上使用,但最为普遍的是从社会经济发展的意义上使用的。协调发展通常指社会经济发展的一种理想状态,在这种状态下,社会经济不同方面得到协同一致、均衡有效的发展。在经济学上,协调发展是发展经济学上的一个重要概念。现代发展经济学的主流学派是新古典学派,该学派对经济发展有三个基本观点:一是认为发展应当是渐进的、连续的、累积的过程;二是认为发展应当是和谐的、平稳的过程,是以自动的均衡机制为基础的。在发展过程中,冲突之间会出现秩序,私利角逐中会出现协调。三是认为持续发展是可能的,其前景是令人乐观的。随着经济的发展会出现横向的"扩散效应"和纵向的"涓流效应"(trickling down effect),从而经济发展所得的利益会普及社会各个阶层。[②]

区域协调发展是从整体发展的视角出发对构成整体的空间各部分的发展状态及其相互关系的一种评价,通常也作为一种从整体视角出发确立的发展战略。区域是一个相对的概念,是相对于将其纳入其中的更大范围的区域(整体)而存在的。相对于世界而言,中国是区域;相对于中国整体而言,每个省、自治区和直辖市是区域;而相对于某个省来说,构成该省的各市县则是区域;等等。因此,如果没有更大范围的整体,也就谈不上作为其组成部分的区域。因此,区域协调发展是整体发展观下对构成整体各部分发展状态及其相互关系的评价,或整体视角下实现各部分全面发展的一种战略。这种战略所追求的目标,就是通过各种手段的综合运用实现该整体之各部分之间发展的协调和均衡,最终实现更大范围内的整体的更好发展。因此,区域协调发展战略所追求的目标,是一种整体发展,而不仅仅是各个组成区域的发展。

整体发展观下,区域协调发展首先必须满足整体更好发展的目标。各种促进区域协调发展战略下实施的举措和手段,都必须服从整体更好发展的目的,而不应仅仅以追求本区域或各区域的更好发展为目的。因此,在推进区域协调发展的战略实施过程中,各区域之间可以是共赢的,也可以是各有损益利弊的。但是,另一方面,区域协调发展也意味着构成整体之各部分之间发展的平衡、协调,各部分的发展尽管存在差异,但不至于出现严重的失衡。实现区域协调发展的各种战略举措,应当有利于实现整体范围内各区域发展的平衡和协调。区域协调发展需要通过协调整体各部分之间的关系,实现各部分的平衡发展,并最终实现整体的更好

---

① 根据《现代汉语词典》,协调的基本含义是配合得适当,或使配合得适当。参见《现代汉语词典(第7版)》,商务印书馆,2016年版,第1449页。

② 参见高波编著:《发展经济学(第二版)》,南京大学出版社2017年版,第37页。

发展。

二、区域协调发展法治化及其与经济法理念的契合

法治,是有特定价值基础和价值目标的法律秩序,是有价值规定性的生活方式。[③] “法治应当包含两重意义:已成立的法律获得普遍的服从,而大家所服从的法律又应该是制定得良好的法律。”[④]法治化是在社会生活各方面实现法治状态的进程。区域协调发展的法治化,就是在实现区域协调发展方面实现法治状态的进程。其基本内涵和要求包括在区域协调发展方面要具有良好完善的法律制度支撑;有规范健全的执法机制和对法律制度的严格执行;有公正合理的司法保障机制和对法律公正适用;有对法律的普遍信仰和全面遵守。

区域协调发展的法治化,体现了全面依法治国的基本要求,也契合了经济法调制社会经济关系的基本理念。实现区域协调发展,离不开全国层面的顶层布局和不同地区之间的协同合作。在我国全面推行依法治国的今天,无论是全国层面总体布局还是不同地区的协同合作,都必须在法治的轨道上推行。否则,全面依法治国在区域协调发展环节就会出现断裂和真空。区域协调发展的法治化,是全面依法治国的基本要求。

经济法以矫治市场和政府双重失灵为己任,由于区域协调发展必须通过不同层面的政府权力行使来实现,而政府在实现区域协调发展总体部署、地区协调和合作的过程中,滥用权力影响市场配置资源的现象同样在所难免,因而,必须加强对区域合作中政府权力行使的规范和约束,将政府权力纳入制度的笼子。区域协调法治化,契合了经济法“双重规制”的基本理念。

经济法是促进经济发展的法律。一方面,经济法通过市场规制制度,维护市场机制的持续有效性,限制政府滥用权力干预市场,消除权力对市场的压制和羁绊,充分激活并拓展市场,确保市场配置资源决定性作用的实现,不断优化资源配置,提高资源的利用效率,为推动经济发展注入永恒的动力;另一方面,经济法又通过宏观调控制度克服因市场自身缺陷而可能影响经济健康发展的因素,及时化解和克服经济发展过程中的各种矛盾和失衡,实现社会经济整体上持续、稳定、高效发展。区域协调发展目标的实现离不开经济法有效调整,无论是经济整体发展目标实现,还是不同地区之间发展平衡的实现,都有赖于经济法有效地激活、保障市场机制,充分实现市场配置资源的决定性作用;有赖于经济法规范政府行为,更好地发挥政府作用。

---

③ 参见张文显主编:《法理学》,高等教育出版社 2004 年版,第 334 页。

④ 〔古希腊〕亚里斯多德:《政治学》,吴寿彭译,商务印书馆 1983 年版,第 199 页。

三、区域协调发展法治化的重心

区域协调发展通常是作为一种发展战略而提出的,而这种发展战略往往需要通过政府行为的推动来实施。一方面,区域协调发展需要生产要素跨区域流动、优势资源的共享和公共事务的跨区域治理;另一方面,基于行政区划等因素形成的区域差异对这种跨区域流动、共享和治理又必然形成或大或小、或强或弱的刚性约束。行政区划的刚性约束与生产要素的跨区域流动和公共事务的跨区域治理存在结构性偏差,是政府主导区域协调发展的现实基础。⑤ 因此,区域的协调发展客观上需要通过政府行为积极推动。推动区域协调发展战略实现的政府行为,主要有两种基本类型:一是纵向的总体部署行为;二是横向的不同地区间合作行为(某些情况下可能独立存在)。因此,区域协调发展法治化的重心应当是政府行为,包括政府总体部署行为与政府间的合作行为。

当然,区域协调发展的法治化也离不开各类市场主体的全面参与。协调发展战略的实施需要政府规划、部署、推动,需要政府平衡、协调各种市场主体的关系,需要政府鼓励市场主体各种有利于区域协调发展的行为,限制市场主体不利于区域协调发展的行为。而对于所有这些政府实施的行为来说,市场主体通常扮演的角色只能是受体。散在的、众多的、地位平等的市场主体,一般不能主动为实现区域协调发展的目标而实施规划、推动、协调、鼓励或限制等行为。从这个意义上说,政府必然是实施区域协调发展战略的主角,处于策划者、决策者、推动者、指挥者、引导者的地位。

政府在实施区域协调战略过程的重要地位,不仅意味着政府可能为推动区域协调发展发挥重要作用,而且也意味着政府可能给区域协调发展的法治化带来巨大的威胁。区域协调发展战略往往需要通过一定区域内不同地方的政府相互协同行为来实现,这种协同行为尽管可能使本区域各地方从中收益,但也可能对统一的市场造成破坏。例如,政府间以实现区域协调发展为名,通过合作协议相互给予对方所属企业各种优惠待遇或优先的地位,尽管可能使各自的所属企业从中收益,但对于合作各方以外的其他企业来说,却是不公平的。这可能影响其他地区的企业与合作各方所属企业之间开展公平竞争。地方政府通过协议,为合作各方以外的其他地方企业进入本地区从事经营活动或竞标本地区项目提出更高的要求或设置更高的门槛,甚至可能形成更大范围的地区封锁。此外,一些地方政府还可能以实现区域协调发展为名,违法侵害市场主体的利益,对其市场主体的行为进行不当的约束或提出不适当的要求,甚至恣意干涉市场主体独立自主经营,如要求本地区企

⑤ 参见周叶中、刘诗琪:《地方制度视域下区域协调发展法制框架研究》,载《法学评论》2019 年第 1 期。

业生产的某种紧俏商品必须首先满足本地或合作方市场主体的需求等。正因为如此,我们认为,政府既是推动区域合作实现区域协调发展的关键,也可能成为区域协调发展法治化的最大障碍。区域协调发展的法治化必须以政府行为的合法化和规范化为重心,将政府推动区域协调发展的各种行为纳入法治的轨道,使政府实施区域协调发展战略的各种行为于法有据,依法推进。

四、区域协调发展法治化的基本方面

实施区域协调发展战略是一个复杂的系统工程,总体而言,在依法治国的今天,这一系统工程的各个方面都应满足法治化的要求。当前,以下基本方面的法治化工作尤为重要:

(一) 组织形式法治化

推进区域协调发展的政府组织,包括跨合作各方的区域管理机构和合作各方内部设立的专门机构,这些机构的设立、人事任免、职权范围设定、职权行使方式和限制等等方面都应当符合宪法、行政组织法等法律规范的要求。2011 年国家为统筹协调太湖流域的管理,建立了太湖流域管理协调机制。2018 年为推进粤港澳大湾区建设,中央成立了粤港澳大湾区建设领导小组。除此之外,为领导三峡工程建设和移民工作,国务院曾于 1993 年设立三峡工程建设委员会(2018 年并入水利部)。这些机构的设置表明,跨合作方的协调、领导机构通常应当由合作各方的共同上级领导机构设置,合作各方似乎不能设置领导各方的组织机构。至于非领导性的机构,如信息沟通与协调机构之类的组织机构,能否通过合作各方设立、这类机构的设立有何条件要求、如何运作、如何行使权利,等等,这些问题立法上和理论上仍没有明确依据,实现区域协调发展,急需加强与此相关的法律制度建设。

(二) 合作依据的法治化

这里的合作依据通常包括跨合作各方的区域立法、为实现区域内协调发展而由各合作方进行的内部立法、为实现区域协调发展而由合作各方签订的协议、共同形成的备忘录等。近年来,在区域合作依据法治化方面,各级政府进行了一系列卓有成效的探索。例如,2011 年 9 月 7 日国务院发布《太湖流域管理条例》,以行政法规的形式,就太湖流域饮用水安全、水资源保护、水污染防治以及防汛抗旱与水域、岸线保护等问题作出全面规定,被称为我国第一部流域综合性行政法规,其实施范围包括太湖流域两省一市,即江苏省、浙江省及上海市,是一部典型的跨合作各方的区域性立法。为保护酉水河流域生态环境,湖北省恩施土家族苗族自治州和湖南省湘西土家族苗族自治州人大常委会分别于 2016 年和 2017 年制定《酉水河保护条例》。根据《宪法》规定,民族自治地方有权制定自治条例[⑥],恩施、湘西自治州属于民族自治地方,享有立法权,两个自治州虽属不同的省份,但在前期充分沟通协调的基础上,各自的立法机构分别制定了自己的自治条例。这是合作各方政府协同分别立法的典型事例。2010 年广东省人民政府与香港特别行政区政府签订《粤港合作框架协议》,该协议是关于粤港合作的第一个纲领性的文件。2018 年 12 月,上海、江苏、浙江、安徽三省一市共同签署了《长三角地区加快构建区域创新共同体战略合作协议》。2020 年 6 月长三角一体化发展重大合作事项签约仪式在浙江省湖州市举行,此次共计签约重大合作事项 19 项,涉及产业合作、科技创新、生态环保、交通互联等多个领域。[⑦] 但尽管如此,有关合作依据方面的法治化建设仍缺乏深入研究和系统的、体系化的制度安排。跨合作方立法的条件、对合作协议主体的合法性要求、合作各方政府权力的行使界限、协调方式、运行程序、约束机制等等,都有待进一步健全。

(三) 推进措施的法治化

为推动区域协调发展,由区域内参加合作的各方采取各种有效推进措施是必不可少的,这些推进措施也需要满足法治化的要求。各种推进措施应当于法有据,措施的实施也应依法进行。由于地方政府推动区域经济协调发展的很多措施往往要通过影响特定区域的市场才能实现,因而极易造成对整体市场竞争的破坏,因此,对地方政府推动区域经济协调发展的措施,尤其应当注重公平竞争审查。各种地方政府为推进区域协调发展制定的地方立法、规范性文件、政策性文件,或相互达成的合作协议,都应纳入公平竞争审查范围,通过审查,评价其对全国统一市场公平有效竞争可能带来的影响,尤其是为推进特定区域经济发展的各类优惠措施、对区域外市场主体的限制性措施,可能加速经济垄断势力形成或可能导致行政性垄断的措施,都应当根据竞争中性原则,从维护整体市场公平有效竞争的要求出发,进行严格的审查。审查过程中,应当特别重视维护市场的统一性和整体竞争环境,充分重视各类"推动区域协调发展措施"的实施可能带来的外部影响,以维护市场的统一性和市场整体公平竞争的环境。

(四) 决策程序的法治化

程序正义是实体正义的基本保障,从某种意义上说,程序正义作为看得见的正

---

⑥　根据我国《宪法》第 116 条规定,民族自治地方的人民代表大会有权依照当地民族的政治、经济和文化的特点,制定自治条例和单行条例。自治区的自治条例和单行条例,报全国人民代表大会常务委员会批准后生效。自治州、自治县的自治条例和单行条例,报省或者自治区的人民代表大会常务委员会批准后生效,并报全国人民代表大会常务委员会备案。

⑦　参见吴量亮:《十九项重大合作推进长三角一体化》,载搜狐网,https://www.sohu.com/a/401089998_115402,最后访问日期:2020 年 10 月 9 日。

义,甚至比实体正义更为重要。一项推进区域协调发展的决策,只有依法定的程序作出并付诸实施,才能得到法律的认可并产生主体依法预期的法律后果,保证决策的质量和效率。非依法定程序形成的决策,其正当性、科学性、权威性、可信赖性、可实施性都必然会受到质疑,决策的实施也不可能产生决策者期待的效果。长期以来,决策程序法治化在我国并未得到充分的重视。直到近年,决策程序法治化才得到一定程度的改善。2019 年 4 月 20 日,国务院发布了《重大行政决策程序暂行条例》(以下简称《条例》),对重大行政决策的范围、原则、决策草案的形成、决策的合法性审查和集体讨论决定、决策的执行与调整、法律责任等问题作出了系统的规定。尤其值得注意的是,《条例》除了将依法决策作为一项基本原则予以确立外,还将合法性审查作为决策程序的重要内容以专章(第三章)予以规定,并明确了违反决策程序的法律责任。《条例》的出台标志着我国在行政决策程序法治化道路上迈出了重要一步。实施区域协调发展战略免不了要进行大量的行政决策,其中有一些不失为重大行政决策,《条例》的出台对推进区域协调发展决策程序法治化,必将发挥重要的作用。尽管如此,一方面,该《条例》被称为"暂行条例",意味着其进行的制度设计仍可能存在不少问题,有待于在总结经验的基础上逐步完善;另一方面,行政决策方面长期存在的问题并不会因为《条例》的出台而自动消失,长期形成的不符合决策法治化要求的观念和习惯势必在相当长的时间内存在,培养法治意识,健全依法决策机制,使每一决策者自觉形成依法决策的习惯,也需要相当长的过程。此外,区域协调发展的决策往往涉及参与合作的不同地区,不同于一般的行政决策,通常并不能单纯由某一政府或政府机构说了算,因而,其决策的程序的法治化也应考虑这类决策的特殊性,如何进行针对性的制度设计和机制建设,还需要进一步的理论探讨和实践探索。

(五) 协调机制的法治化

建立科学合理的协调机制,是充分发挥合作各方协力推进区域协调发展,及时解决合作过程中出现的问题,化解利益、诉求冲突,协调各方行动,形成整体合力,实现预期战略目标的必然要求。协调机制的法治化有利于实现沟通协调工作的制度化、常态化,提高合作效率。由于区域协调发展的实现往往不能保证合作各方获得相同的利益,甚至不能保证各方都能从中获益,因此,各方参与合作的积极性是不同的。有些合作可能是"剃头挑子一头热",在此情形,合作计划就可能因为某一方或几方的积极性不高而被搁置、拖延、放弃;区域协调发展战略规划在实施过程中难免因情况发生变化而需要调整,如果不及时调整便不能产生预期的效果;区域协调战略规划在推进过程中难免会发生各种矛盾,这些矛盾如果不及时解决,也可能阻碍合作进程的有效推进;区域协调发展战略的推进需要各方相互配合,协力推进,任何一方的不合作行为都可能使他方的行动失去意义。建立法治化、常态化的协调机制,有利于最大限度地避免各方参与的随意性、推进措施的滞后性、合作行为的不协调性,消除合作进程中的各种障碍,保证区域协调发展战略沿着既定的目标稳定、高效、持续地推进。为此,实现区域协调发展,应高度重视协调机制法治化建设。应通过法律手段(如合作各方达成的协议),明确各方的协调义务、协调渠道、协调发生条件、协调平台、协调达成共识的方式和形式、协调共识的落实、督促及约束机制等,构建法治化的协调机制。

(六) 共享机制的法治化

推进区域经济协调发展,往往需要建立各种共享机制,实现合作各方的资源共享,从而使推动区域经济协调发展战略在各类合作领域通过平台实现高效落实。因此,共享平台是落实区域协调战略各项任务的基础设施和基本渠道,通过共享平台,合作各方在信息交流的基础上及时进行需求与供给的有效对接,实现优势资源的充分共享,使各方所属的企业、个人充分及时地获取他方优势资源满足自身的需求,以改善其生产、生活条件,带动其经济社会发展。2019 年 4 月 26 日,“长三角科技资源共享服务平台”正式启动[⑧],2019 年 9 月和 12 月“大湾区水务行业共享平台”[⑨]和“住房公积金共享平台”[⑩]相继上线。随着区域经济协调发展的战略的不断推进,各种共享的平台还会不断地涌现。为保障平台稳定、持续运行,充分发挥共享平台在促进区域经济协调发展中的作用,各类共享平台的建设也必须纳入法治化轨道。尤其在平台创设、内容设计及拓展、运行与维护、安全管理等方面,应当建立有效的法律保障机制;同时,在共享资源、共享主体范围、共享条件、共享方式、服务类型、责任承担等方面,也应尽可能地制度化、法律化。

(七) 约束考评机制的法治化

约束考评机制是推进区域协调发展战略落实、落细、落地的基本保障,是衡量战略实施效果,发现问题,及时纠偏纠错的基本手段。约束考评机制本身也需符合法治化的要求。基于法律要求建立合作各方义务职责体系是约束和考评机制法治化的基础工作。在此前提下,根据相关义务、职责的履行情况和履行效果,建立有效的考评评价标准体系,完善考评程序制度,并通过激励和责任制度,奖优罚劣、奖勤罚懒。只有这样,才能保证区域协调发展在法治化前提下规范、有序、高效地推进,保证区域协调发展预期战略目标的充分、全面实现。

---

⑧ 参见《“长三角科技资源共享服务平台启动”》,载上海市科学技术委员会官网,http://stcsm.sh.gov.cn/zwgk/kjzdgz/hygk/20190428/0016-162468.htm,最后访问日期:2022 年 5 月 26 日。

⑨ 参见钱瑜、陈荷、方胜:《大湾区水务行业共享平台上线》,载《羊城晚报》2019 年 9 月 20 日 A17 版。

⑩ 参见《促进大湾区人才要素有效流动 粤港澳大湾区住房公积金信息共享平台上线》,载粤港澳都市网,https://www.ygacity.com/news/20200102/4030.html,最后访问日期:2022 年 5 月 26 日。

区域协同发展中的经济法问题

董玉明*

摘要：本文就区域协同的基本认识、与经济法的关联性以及经济法的回应进行了探讨。本文认为，区域协同是一个复杂的综合性问题，法律调整亦应是综合性的，但与经济法的理论与制度具有契合性。经济法应从宏观调控法、市场规制法及其经济监督法方面研究区域协同的问题，并与行政法、社会法相协调，促进区域协同发展。

关键词：区域协同　经济法　宏观调控法　市场规制法　经济监督法

一、对区域协同发展的基本认识

在我国，有关区域发展的问题一直是改革开放以来的一个重大命题。在党中央的统一领导、部署安排和积极推动下，东北区域、东部区域、中部区域、西部区域、沿边区域、环渤海区域、京津冀区域以及粤港澳区域发展战略与规划先后实施，极大地推动了中国经济和社会的快速发展，是中国特色社会主义制度完善的标志性成果。党的十八大以来，区域协同成为区域发展的关键词，并主要通过京津冀的协同发展有所成效。然而，虽然国家在政策文件与规划中积极推进区域协同发展①，但尚未

---

* 董玉明，山西大学法学院教授、博士生导师，山西省经济法学研究会会长。

本文系国家社科基金项目“经济新常态下中国经济法的回应性研究”（项目编号 16BFX118）的阶段性成果。

① 2015 年 12 月 28 日，国家发改委出台《关于进一步加强区域合作工作的指导意见》（发改地区〔2015〕3107 号文）首次全面提出了加强区域合作问题，将各地区协调发展、协同发展、共同发展并列。提出“京津冀协同发展”，全面落实《京津冀协同发展规划纲要》；提出“推动科技合作与协同创新”；支持有关地区推进优质教育资源、医疗资源和科技资源共建共享，加强区域协同创新；建立跨区域监管互认、联合执法和协同处置制度等。此后，在相关文件中，出现打造区域协同发展的产业生态、打造区域协同共同体、统筹和引领区域一体化发展、培育若干带动区域协同发展的增长极、完善区域合作与协同发展机制等提法。2018 年 11 月 18 日，中共中央、国务院发布《关于建立更加有效的区域协调发展新机制的意见》，提出“增强区域发展的协同性、联动性、整体性。”

有权威定义解读区域协同是什么。为此,笔者查阅了有关“协同”的定义,即协同是一个动词组合,其基本含义是指“各方相互配合或甲方协助乙方做某些事”[②]由此,区域协同就是区域各方互相配合或某一区域协助另一区域做某些事。”与此同时,与区域协同相近词是“区域一体化”。笔者认为,“区域一体化”意味着在一定的区域范围之内或不同区域之间行动的一致性,其与区域协同的含义基本一致。此外,还要注意“区域协同”与“区域协调”之间的区别。因为“协调”一词的含义是指“配合得适当”或“使配合得适当”[③],由此,区域协调之“配合得适当”,意味着配合者在区域发展中处于被动的“配合者”地位。从实践来看,区域协调的目的多数来源于宏观调控对于区域发展的要求,而并非不同区域之间协商的结果。因此,在探讨区域协同问题时,要注意“区域协同”与“区域协调”之间的差别。不同语境下,区域组织的法律地位是不同的,协同行为与协调行为有着本质的不同,不能混同。

以下,根据相关政策规定及笔者的研习,提出对区域协同现象的几个基本认识:

第一,区域协同是区域合作的一种形态。

我国现有省、市、县、乡(镇)的行政区域划分,形成了基本的地区或区域状态。且在宪法、法规规定及中央的授权下,由地方党政机关依法行使经济和社会管理职权,具有区域封闭管理属性。这种封闭性,导致了在各地区或区域之间必然会发生竞争与合作关系。根据以上“协同”定义以及中央文件规定,区域协同属于区域合作的范畴,其目的是要使相互协同的区域能够在协同领域共同发展。

第二,区域协同以既有的行政区域划分为基础。

不同于以经济要素为纽带自然形成的经济区域,或以文化为基础的社会区域,区域协同离不开既有行政区域管辖的制约。我国现在的行政区域划分既是历史形成的,也有新中国建立以来根据发展需要调整所致[④];既考虑到了自然的或建设生成的经济因素,又考虑到文化社会及其他要素。即使是笔者以上提及的各大区域的战略和发展规划实施,也是以省、自治区、直辖市或特别行政区一级行政区域为基础的。

第三,不同行政区域之间有着共同的发展目标,且对各方有利。

按照区域发展理论,基于自然禀赋、地理环境、文化、社会等因素,区域和区域之间的差异是客观存在的。但是,不同区域之间总有一些共性的问题需要区域合作解决。就我国的发展模式来看,这一共性问题,就是各地、各区域的以发展规划为引领的国民经济和社会发展问题。这是不同区域之间能够协同的实践基础。但这种协同应当建立在各自共同的发展目标之上,其协同发展的结果应当对协同双

② 《现代汉语词典(第 7 版)》,商务印书馆 2016 年版,第 1449 页。

③ 同注②。

④ 在此方面,典型的是 1997 年重庆直辖市的设立。

方或各方均有利，即使按照“协同”定义处于配合或协助地位的一方也应当有利可图，才能协同成功，共谋发展。

第四，区域协同必须在宪法、法律、行政法规规定以及中央政策授权下进行。

根据市场经济原理，区域发展属于中观经济的范畴。⑤ 因此，一国之内的区域发展，必须首先服从于宏观层面的领导、指导和法律、政策。为此，我们研究的区域协同，必须在党的统一领导，国家宪法、法律、行政法规规定以及中央政策授权下进行，不能与之相抵触、相违背。而在此方面，宪法、地方政府组织法、民族区域自治法、特别行政区基本法对于地方区域的法律权限有明确的规定。改革开放以来，各区域的迅速发展也得益于党中央、国务院有关区域发展政策及其发展规划的指引。而区域协同就是要在党的统一领导下，将国家宏观层面的法律、政策落实于实处，促进区域发展。其中，国家已经在法律或政策层面明确的各区域应当统一的政策和制度，典型的如形成全国统一市场，按照市场机制、促进生产要素在全国的合理流动等不在区域协同范畴。

第五，区域协同的成果是重大事项的一致行动。

区域协同的关键是打破地区行政界限一致行动。按照中央要求，区域协同的一致性后果主要应体现在四个方面：一是规划、产业指导、投资、财税、金融等经济政策措施的一致性；二是基本公共服务的均等化；三是交通基础设施的均衡；四是人民基本生活保障水平的大体相当。但从实际情况来看，由于区域间合作协同的目的不同，可能需要协同的内容会有所不同。在目前及今后相当一段时期内，所谓“重大事项”至少应包括四个基本方面：一是中高级人才的统一配置和劳动力的有序流动；二是交通、水、电、气、暖及科技、教育、文化、卫生、体育等基础公共设施的共建共享；三是依法可以制定的地方经济、社会保障与环境标准统一；四是在更高一级区域内生产力的合理布局。典型的如旅游业发展的合作安排、制造业的合理布局等。

第六，区域协同的组织与方式具有非行政化的特点。

就区域系统组织而言，既有的行政区域是组织基础。不同行政区域间区域协同的动力来自于本区域发展的内在需求及其考核目标的实现。例如，山西省发展的内在需求是对传统煤炭等能源产业的改造（能源革命）及经济的全面转型，其也是中央对山西的要求。山西省发展考核的目标之一就是加强与环渤海地区和中部地区的深度合作。而京津冀区域协同的目标就是要协同缓解北京作为首都在经济、环境和社会方面的压力。因此，在中央区域协调机构的领导、指导下，更大区域

---

⑤ 从经济学和经济实践角度分析，区域经济的上位概念是中观经济。中观经济是介于宏观经济和微观经济之间的经济现象，其主要包括：地区经济、跨地区区域经济、中观产业经济、行业经济、企业集团经济、城市经济、乡村经济等。中观经济在整个国民经济中起着承上启下的作用，“承上”服从宏观经济的领导、指导和制度安排；“启下”连接微观的企业经济主体和消费者个体。与此同时，中观经济需要面对中观领域的特殊问题作出公共政策决策和制度安排，具有相对的独立性。

之间的协同主要通过省一级的省委、省政府组织以及与其他省域的省委、省政府的协商对话形成。其基本形式是通过联席会议共同签署协议，并通过各自的政策、地方性法规、规章、规范性文件予以落实执行。另外，针对执法领域"地方保护"问题突出的现象，各区域之间积极开展合作，也被认为是区域协同的体现。

二、区域协同与经济法的关联性

在市场经济条件下，与市场相联系的一般意义上的商品经济关系，主要由民商法调整。在我国，随着《民法典》的施行，其调整基础性市场经济关系的地位将会进一步地强化。而社会发展问题则主要由社会法调整。行政法调整地区或行政性区域行政关系。因而，有关区域经济和社会发展的法律调整，基于区域发展的综合性、复杂性，单个的部门法很难全面调整区域发展关系。为此，区域法制/法治治理实际上存在一个法域整合问题。区域发展，特别是区域经济发展与经济法的调整或治理的关联性是不言而喻的。

首先，经济法作为解决利益增长的发展法，与区域协同发展具有契合性。这是因为，通过四十多年的发展，我国各地区的经济短缺问题已经基本解决。截至目前，随着脱贫攻坚战的结束，各地绝对贫困现象将会基本消除，全面建成小康社会目标基本实现。人民的吃穿住用行等基本问题依靠市场机制或各行政区域内的自行运行能够保持存量，持续发展。因此，所谓"区域发展"，应当是在解决了温饱问题基础上的进一步增量发展、更高质量地发展。这与经济法重点解决增量利益的功能价值相一致。

其次，区域协同的重要内容涉及社会公共利益的保护和实现，与经济法的价值目标相一致。不同行政区域之间区域协同的重大内容，均涉及更大范围、更高层次区域内社会公共利益的实现。这与经济法追求社会整体利益的价值目标存在一致性。

再次，区域协同离不开经济法从宏观调控法视角的支持。从国家宏观调控政策与法律的制定和实施来看，促进区域协同发展，本身就是国家的一项战略举措，并从宏观调控政策层面，赋予了相关区域合作发展的权利，为区域之间的协同提供了政策基础。而按照我国既有法律体系的分工，宏观调控法及其法治治理就是经济法的调整和研究的范畴之一。因此，区域协同作为一个中观经济法制/法治问题，离不开经济法从宏观调控法角度的支持。

最后，区域协同需要从经济法角度预防不合理的区域竞争和垄断。笔者认为，如果从国家宏观层面安排的区域协同分析，其要求的是全国所有区域须遵守的共同规则，即全国各区域行动的一致性，不存在区域竞争和垄断问题。但如果从不同区域内部形成协同一致分析，在经济领域很可能会形成对全国而言的不合理的垄断，或形成与其他区域之间的不正当竞争，从而影响全国统一市场的形成。而市场规制法是经济法的重要范畴。区域协同现象的存在,使经济法的市场规制,不仅仅停留于对微观市场行为的关注,更应关注基于区域合作所产生的不正当竞争和垄断。在目前,虽然国家推行了对地区性竞争政策的审查制度,但理论研究相对不足。

三、区域协同的经济法回应

“经济法是调整国家从社会整体利益出发,对经济活动实行干预、管理或者调控所产生的社会经济关系的法律规范。经济法为国家对市场经济进行适度干预和宏观调控提供法律手段和制度框架,防止市场经济的自发性和盲目性所导致的弊端。”这是官方于2011年在《中国特色社会主义法律体系》白皮书中对我国经济法的定位。⑥ 而在目前推行的马工程教材《经济法学》中则提出了经济法的“调制说”,即“经济法是调整在现代国家进行宏观调控和市场规制过程中发生的社会关系的法律规范的总称”⑦。对此,尽管学界尚有一些争议,但有关我国部门经济法的法域范畴被定位于宏观调控法、市场规制法及其有关的经济监督法三大法域是学界的共识。由此,对于区域法制/法治及其法治治理目前并没有明确的部门法归属。部门经济法的分支中也没有区域法制这一块,有关经济法学教材中也没有这方面的内容。这是因为,一国之下的区域就是一国之“缩影”。在国家法治统一下,区域法治的自主具有有限性,主要涉及行政、经济和社会法治三大领域。为此,结合法学原理及既有经济法法域范畴定位,对于区域协同这一特定的经济社会关系,应当着重从以下几个方面回应:

第一,主体规范:重点研究区域协同主体的合法性。

按照法学原理,法律调整的对象是客观存在的社会经济关系,经过法律调整后其形成法律关系,并由主体、客体、内容要素所组成。我国区域协同在国家区域发展政策的推进下已经产生,进而形成区域协同关系。因而,当区域协同关系被法律调整时,首先要解决区域协同主体的合法性问题。经济法是国家管理、协调或调制经济的法。因此,经济法对于区域协同关系的回应,应从区域协同法治的国家属性上探讨研究。对此,笔者的一贯观点是“二元结构”⑧,即在区域协同关系中,首先是国家层面对于区域协同行为的认可和鼓励,这是区域协同得以成立的法律前提,其主体是国家及代表国家的中央党政机关;其次,区域协同的主体主要是地方各具行政管辖权的独立的省级单位,也可能涉及市级、县级,典型的如城市圈的形成。但无论怎样的协同,各区域之间是平等的关系,通过协商、谈判达成一致是其基本

⑥ 参见《中国特色社会主义法律体系》白皮书,2011年10月发表。

⑦ 参见《经济法学》编写组:《经济法学(第二版)》,高等教育出版社2018年版,第13页。

⑧ 参见董玉明:《区域经济法律调整的二元结构解析》,载《山西大学学报(哲学社会科学版)》2004年第3期。

的协同路径。协商的方式是通过联席会议、论坛等平台实现松散的合作,不需要专门成立一个跨区域的行政组织体,这是国家政体不允许的。对于经济法而言,重点要审查区域协同各行政主体的经济协同或联合,是否逾越了经济法律政策限定的权力边界,是否威胁到国家经济安全,以及是否会破坏全国统一市场机制的形成,以使区域协同中的协同主体具有合法性、合理性。

第二,宏观调控法:重点研究和促进区域发展政策规范入法。

虽然区域发展问题一直是改革开放以来的重大命题,也是中国经济发展的标志性成果,但到目前为止,除宪法及相关法外,经济法的调整基本处于“脱法”状态。促进区域发展的是中央政策文件、各类发展规划、实施方案以及中央和地方政府颁发的规范性文件。而区域协同的文件则是各类宣言、合作协议等,数量庞杂,且很少入法。但其内容涉及宏观调控法中的规划计划调控、产业指导与布局、财税调控、金融调控等问题,为国家宏观调控法的完善提供了法治实践依据。为此,早在上世纪90年代末,为整治区域发展的“乱象”,笔者就率先在国内提出制定《区域经济基本法》。[⑨] 现在看来,促进区域协调、协同发展的任务更迫切,实践基础更丰富,出台《区域经济基本法》或《区域发展调控法》或将区域发展问题纳入《经济法典》《宏观调控基本法》的时机更成熟。经济法学界应当研究这一问题,并呼吁解决这一问题。经济法角度的区域发展入法应重点解决的是宏观调控法对区域经济和社会发展的定位和指导问题,它与目前的宏观调控制度配置不是一个等次,具有综合调整的意义,也是未来经济法完善的方向。

第三,市场规制法:重点研究区域竞争和垄断问题。

目前的市场规制法,无论是《反不正当竞争法》还是《反垄断法》,其规制的对象都是作为市场主体的公司、企业和其他生产经营主体,并不涉及区域之间的竞争以及基于区域合作所可能引发的市场垄断问题。在构建全国统一市场机制的大格局下,中央政策早就不允许地方政府实施经济行政垄断。随着社会主义市场经济的深入发展,地方行政垄断的现象已经很少出现。但是,无论从理论还是从实践来看,某一区域协同合作,即可能形成与其他区域之间的竞争,也可能形成本区域内乃至全国的市场垄断。然而,区域的竞争和垄断,不一定都是不合理的。为实现全社会整体利益,对特定区域的竞争与垄断实施排除规则或法律保留,符合经济法原理。为此,经济法学界应当积极研究区域竞争和垄断问题,为弥补《反不正当竞争法》《反垄断法》的不足,建言献策。

第四,经济监督法:重点研究对区域协同效果的绩效监测,落实责任制和问责制。

与经济法上通常讲的价格监督、会计监督、统计监督、审计监督、金融监督、国有资产监督等不同,对区域协同的经济监督,应着重于区域协同整体效果的监督,

⑨ 参见董玉明:《略论区域经济基本法的制定》,载《法学杂志》1997年第6期。

即通过绩效监测评估，不仅要观察对区域内发展的影响，更要关注对整体国民经济和社会发展的影响。要通过宏观调控区域发展考核评价体系，促使各行政区域摆脱“固步自封”的发展思路，积极地参与区域协调、协同发展，并通过责任制和问责制予以落实。为此，经济法也要摆脱以往着重于对微观主体监督的思维，研究对区域、行业等中观经济主体的监督问题，为实践部门提供理论依据。

第五，法律协调：重点研究区域协同发展中经济法与行政法及社会法的协调。

在宪法及相关组织法规定的基础上，经济法对区域协同的回应主要涉及和行政法及社会法的协调问题。关于与行政法的协调问题，笔者的一贯观点是“竞合”。[⑩] 在“竞合”理论指导下，形式意义上的行政法加上实质意义上的经济法，这样的组合更符合实际。而在与社会法关系的处理上，区域协同关系深刻地影响着劳动与社会保障、社会弱势群体利益的保护等，经济法的功能和作用在于为区域社会发展提供经济支持。但要意识到决定区域社会发展水平的根本在于科技、文化及社会文明的逐步提升，社会主义核心价值观的深入人心和践于行动。经济法的回应在于保障经济基础，作用有限。

四、结　论

总之，我们所要探讨的区域协同问题，是一个复杂的综合问题。部门经济法的研究和实践与其具有关联性，但同时具有有限性。经济法应着重于以完善区域调控法为基础，从宏观调控法、市场规制法及相关的经济监督法角度，研究区域协同法治问题，为其提供理论和实践支持。

---

⑩ 参见董玉明：《中国经济法学导论》，光明日报出版社 2012 年版，第 116—117 页。

新时代区域协调发展的经济法理论解读

李晓辉*

摘要：当前区域协调发展的广度和深度均有质的提升，成为全面建设社会主义现代化国家新征程的七大战略之一，从未来发展看会逐步形成新时代区域协调发展的制度体系，成为"习近平新时代中国特色社会主义思想"的重要组成部分。区域协调发展是经济法中政府经济协调行为的体现之一，区域统一市场的建立为构建全国统一市场创造了条件，并将成为政府宏观调控扬长避短的成功范例。具体而言，区域协调发展与经济法的整体性、政策性、促进性理念相契合，区域合作与竞争政策需要市场监管法发挥作用，同时区域协调发展的推动与政府宏观调控立法和政策措施的落实也息息相关。区域协调发展中也不能忽视对政府责任追究机制的落实，一方面需要赋予调控主体更大的相机抉择的权力，另一方面需要权力机关加强对决策程序合法性的监督。

关键词：新时代　区域协调发展　经济法理论

区域协调发展在我国的具体实践和理论研究多年前便已经展开，并最终发展成为我国决胜全面建成小康社会、开启全面建设社会主义现代化国家新征程的七大战略之一，凸显了其顽强的生命力和极强的适应性，成为社会主义市场经济条件下政府在尊重经济规律的情况下参与、干预和促进经济发展的成功范例。特别是在 2017 年 11 月首次提出"新时代中国特色社会主义思想"和 2018 年 3 月"习近平新时代中国特色社会主义思想"载入宪法之后，"习近平新时代中国特色社会主义思想"成为指引新时代中国特色社会主义建设的方向舵，而新时代区域协调发展将

---

* 李晓辉，厦门大学法学院助理教授、硕士生导师。

本文系 2022 年度中央高校基本科研业务费项目"习近平法治思想对经济法理论与实践发展创新研究"（项目编号：20720221016）的研究成果。

成为“习近平新时代中国特色社会主义思想”的重要组成部分。① 与其他部门法相比,与弥补市场失灵和规范政府干预直接相关的经济法,无论在理论基础还是在部门法领域,均体现出与区域协调发展较高的契合度和创新性,“具有典型的‘经济结构利益关系调整法’特征”②,需要进行系统性地提炼和整合,为推动新时代区域协调发展理论的形成贡献经济法的视角和实践。

一、从“统筹区域发展”到“新时代区域协调发展”的发展历程

我国作为人口众多、国情复杂的大国,早在1991年发布的“八五”计划中,首次提出了“生产力的合理布局和地区经济的协调发展,是我国经济建设和社会发展中一个极为重要的问题”。1996年发布的“九五”计划进一步把促进区域协调发展作为一项重要的国民经济发展方针,并先后实施了西部大开发、振兴东北老工业基地、促进中部地区崛起、支持东部地区率先发展等战略。2003年党的十六届三中全会明确提出了“统筹区域发展”的思想,党的十七大提出要“推动区域协调发展”,党的十八大将“区域协调发展机制基本形成”确立为2020年全面建成小康社会的目标任务,党的十八届五中全会将“协调发展”列为“五大发展理念”之一,党的十九大报告更加鲜明地提出要“实施区域协调发展战略”“建立更加有效的区域协调发展新机制”。

为进一步落实党的十九大报告中提出的区域协调发展战略,2018年11月中共中央、国务院《关于建立更加有效的区域协调发展新机制的意见》明确了区域协调发展的努力方向和政策目标,即到2020年,建立与全面建成小康社会相适应的区域协调发展新机制;到2035年,建立与基本实现现代化相适应的区域协调发展新机制;到2050年,建立与全面建成社会主义现代化强国相适应的区域协调发展新机制。中共中央、国务院于2020年5月发布的《关于新时代加快完善社会主义市场经济体制的意见》指出:“构建区域协调发展新机制,完善京津冀协同发展、长江经济带发展、长江三角洲区域一体化发展、粤港澳大湾区建设、黄河流域生态保护和高质量发展等国家重大区域战略推进实施机制,形成主体功能明显、优势互补、高质量发展的区域经济布局。”可见,当前的区域协调发展战略推进与此前的阶段相比无论是广度还是深度均有深化和提升,且处于中国特色社会主义进入新时代的宏大背景下,因此从未来发展看会逐步形成新时代区域协调发展的制度体系,并

① 参见武英涛、刘艳苹:《习近平新时代区域经济协调发展思想研究》,载《上海经济研究》2019年第6期。

② 陈婉玲:《我国经济法的观念更新与当代转向——以经济结构调整为中心》,载《法学》2017年第7期。

成为"习近平新时代中国特色社会主义思想"的重要组成部分。

二、区域协调发展与经济法理论的契合与创新

由于受其他部门法以调整对象为中心的定义范式的影响,主流的经济法定义范式均以调整对象为核心内容——"经济法是调整×××社会关系的法律规范的总称""经济法正是在法学上对于特定经济关系作为调整对象的全部法律规范的总称"③,对经济法定义的分歧主要体现在调整对象的范围方面。因此,在调整对象方面"国家调节论""国家协调论""需要干预论""国家调制论"等主要经济法学说之间的差别仅仅存在于词意理解方面,其实质均体现了政府从社会整体利益出发,通过政府经济协调行为对微观市场进行监管和对宏观经济进行调控,实现保障经济总量平衡、优化经济结构、维护竞争秩序和协调社会再分配等目的。④ 在区域协调发展战略下,政府经济协调行为的主体除了各级政府之外,还应该包括各类"区域主体"⑤,但是依据原有的法的主体理论却难以将其纳入调整范围。如果依据法律主体拟制理论和扩张理论,现阶段我国存在的各类区域主体也应该基于"独立经济利益"被赋予经济法主体的法律地位,体现出"经济法在经济结构利益调整过程中实现了对传统法学理论的突破和超越"⑥。

(一) 区域协调发展是经济法中政府经济协调行为的体现之一

政府经济行为在实践中的表现形式很多,在经济法中体现为政府经济协调行为,并具体体现在经济法的各个子部门法之中。按作用领域的不同,其可分为宏观调控行为和微观监管行为;按其功能的不同,其可分为危机应对行为、提高微观效率行为、稳定宏观经济运行行为、国有资产管理行为以及协调对外经济关系行为等。实践中,区域协调发展是结合我国幅员辽阔、资源禀赋迥异、发展水平参差不齐等客观情况作出的实现共同富裕的应对之策,通过在部分地区率先整合统一的市场、整体的规划、配套的财政金融政策等,达到先在局部地区充分利用市场机制,并发挥政府宏观经济调控的作用,以实现率先发展、协调发展的目的,最后再发挥这些区域的辐射和带动作用连点成片,达到实现共同富裕的总目标。

1. 区域统一市场的建立为构建全国统一市场创造了条件

由于历史的原因,我国的市场经济不是自然演进,而是依靠经济体制改革来推

---

③ 杨紫烜、徐杰主编:《经济法学》,北京大学出版社 2015 年版,第 19—20 页。

④ 参见程宝山:《经济法基础理论精要》,立信会计出版社 2008 年版,第 182 页。

⑤ 陈婉玲:《经济结构调整对传统法律主体理论的超越——以经济法区域经济调节为视角》,载《法学》2014 年第 10 期。

⑥ 陈婉玲:《经济结构调整对传统行为控制理论的超越——以经济法调整理念变革为视角》,载《法学论坛》2014 年第 2 期。

进,这就要求相应的理论研究和经济立法予以保障。我国自1978年开始的经济体制改革脱胎于旧的计划经济体制,改革初期国内市场割据严重,行业垄断、地方保护主义和部门保护主义盛行,市场被人为地分割成一个个规模狭小的区域,而且国内、国外区别对待,这与发展市场经济所需的统一、开放、竞争、有序的大市场相差甚远,亟需规范和统一。经济法学界在构建统一的国内外市场方面进行了不懈努力,在市场秩序维护、市场监管执行等方面做了大量的研究,提出并研究了市场主体、市场准入、市场中的竞争、政府的干预范围和强度等理论问题,积极推动建立统一的商品市场、资源市场、资本市场等,使各类市场主体可以在统一的大市场中通过资产的收购、兼并、联合、破产等各种资源得以优化配置。

在全国统一大市场构建的实践中,由于各省市、地区之间历史发展水平不同,且基于规模效益、资源禀赋等原因,导致统一大市场难以在短时间内在全国范围建立,而在一定区域内率先开展市场统一和开放就获得了生机,最终实现"推进区域和国内市场一体化进程"⑦。具体而言,培育区域统一市场需要利用法律制度和政策措施确保各市场参与主体"在区域竞争时不发生冲突并强化合作,避免区域间的重复建设、原材料大战与市场封锁"⑧,并借助区域市场一体化构建区际共同市场,最终逐步形成全国统一市场。据此,政府区域协调行为在微观领域以完善市场运行条件为目标,为市场机制发挥积极功能提供必需的前提;政府把市场运行和经济长期发展目标有机地衔接,政府在经济活动中表现为"一种带有预见性和规范性的事先调节,且始终处于主动地位"⑨。

实践中,作为人口众多、国情复杂的超大型国家,我国经济的发展必然要依靠具有不同特点的区域发展来实现。因此,相当长时期内一定程度的非均衡性发展在所难免。改革开放四十余年来,我国正是顺应这种非均衡性特征,形成有效的激励机制,才打破了计划经济条件下普遍落后的"低水平均衡"状况,实现了经济高速增长。从"沿海地区先行开放",建立各类先行先试的"经济特区""高新区""经济技术开发区"、布局"西部大开发""中部崛起""东北振兴",再到"京津冀协同发展、长江经济带发展、长江三角洲区域一体化发展、粤港澳大湾区建设、黄河流域生态保护和高质量发展"等国家重大区域战略推进实施机制,政府在不同时期以各种非均衡的激励政策,打造区域市场的"经济增长极"并力图使增长态势逐步向后发地区延伸和转移,带动经济腹地的发展,从而使经济发展的区域态势呈现从东到西和从南到北"梯度推进"的基本走向。实践证明,这种区域协调发展战略在总体上是成功的。

---

⑦ 王曙光、李金耀、章力丹:《促进区域协调发展财税规制的主体与路径》,载《哈尔滨商业大学学报(社会科学版)》2019年第1期。

⑧ 张可云:《区域协调发展新机制的内容与创新方向》,载《区域经济评论》2019年第1期。

⑨ 傅小随:《中国行政体制改革的制度分析》,国家行政出版社1999年版,第26页。

2. 推动区域协调发展是政府宏观调控扬长避短的成功范例

经济法学研究建立在市场与政府双重失灵的理论基础之上,首先强调市场缺陷理论,同时对政府协调经济运行的行为坚持既授权又限权的立场,积极推动政府职能的转变。改革开放以前,政府的经济职能几乎无所不包,政企职能不分,政府直接经营管理企业,承担无限责任,企业全面依赖于政府,指令性计划无视经济规律的作用,造成了经济的低效率和巨大的资源浪费。经济法学的研究认为,政府的经济调节行为应坚持经济职权与经济职责的统一,只应在市场失灵的领域发挥作用,而且政府的干预也不是万能的,存在政府失灵的领域,即除了要遵循经济规律外,还应受到法律、法规的限制和规范,"有限政府""服务政府""责任政府"等是对政府协调经济运行活动的形象描述。在经济法理念的推动下,无所不在、无所不包的全能政府成为了过去,区域协调发展地区的政府率先转变成为一个透明的、负责任的、服务的、竞争的政府,并从外部促使其积极转变职能——政企不分、直接干预的"越位"要"退位",职能交叉、机构重叠的"错位"要"正位",公共服务、公共物品的"缺位"要"补位",最终从理论上理顺在社会主义市场经济条件下政府管理经济的职能和职责,促进区域经济的健康、快速发展,成为其他地区改革的参照系。

实践中,在区域市场统一日趋完善和市场机制发挥基础性调节作用之后,政府"在推动区域发展过程中要注重借助市场的力量,避免'政府失灵'"⑩,在经济和社会管理中应该日益注重干预和引导的平等性、科学性和有效性,扮演领队和顾问角色,尝试实行一种积极而民主的服务行政模式,最终在区域内部构建服务型政府。实践中,政府经济协调行为主要体现为利用整体规划、经济政策、计划指导和必要的行政手段开展。具体而言,政府经济协调行为通过经济杠杆、经济参数、产业政策等间接手段对经济进行宏观调控,特别是注重采用一些建立在平等协商、广泛征求意见基础上的柔性而非强制性的手段如行政计划、行政指导、行政合同等来努力弥补政府干预的不足。在相对人的主动配合下,这种能够有效平衡双方利益的"协商性执法"在很大程度上提高了政府经济协调行为的作用效果,以使市场和政府双重失效降到最低限度。由此可见,区域经济协调行为中大量非权力手段的采用成为区域主体调节、干预经济的一个发展趋势,也将成为政府在未来宏观调控中扬长避短的成功范例。

(二) 区域协调发展与经济法整体性、政策性、促进性的理念契合

2018年11月中共中央、国务院《关于建立更加有效的区域协调发展新机制的意见》提出区域协调发展的最终目的是缩小区域差距,实现区域间均衡发展,具体体现为基本公共服务均等化、基础设施通达程度比较均衡、人民基本生活保障水平

---

⑩ 肖翔:《世界大国协调区域发展差距的实践及启示——以美国、俄罗斯、巴西为例》,载《理论月刊》2018年第1期。

大体相当三个方面。具体而言,上述目标的达成与经济法的整体性、政策性、促进性理念相一致。

1. 整体性

与民法以个体利益为本位、行政法以国家利益为本位不同,经济法以社会利益为本位,体现了国家对社会整体利益的维护,是国家站在全社会的角度,通过对个体营利性与社会公益性矛盾的协调和平衡,修正市场缺陷,烫平经济波动,综合运用多种调整手段来保障经济社会全面、稳定、协调和可持续发展⑪,因此“经济法所追求的发展不是局部的、短期的、不可持续的发展而是全局的、长久的和可持续的发展”⑫。同时,经济法以社会整体利益为保护对象,这一点共识也与《中国特色社会主义法律体系》白皮书中的经济法定义相一致,即:“经济法是调整国家从社会整体利益出发,对经济活动实行干预、管理或者调控所产生的社会经济关系的法律规范。”可以说,虽然目前对于社会整体利益的具体内容和涉及范围尚存争议,但是“将经济法定位为彰显和追求社会整体利益之法,便是经济法学界取得的一个最为明显的共识”⑬,其内容可以总结为“社会总体经济效率和社会总体(实质)经济公平”⑭“可持续发展的社会整体利益”⑮等。

2. 政策性

我国市场经济的发展过程是一个“摸着石头过河”的不断试错的过程,反映在经济法的立法方面则体现出鲜明的“政策先导型”特征,“政策是政府与市场在经济法中的连接点”⑯“经济改革所引发的制度变迁,先是‘以政策为主’……才逐渐转为‘以法律为主’”⑰。在经济法司法实施方面亦是如此,“经济政策在31年来的法院报告中以各种间接描述的‘柔性’方法进入……直接或间接地发挥着对司法活动的影响力”⑱。可以说,我国经济法在其建立和发展过程中,从来就不是仰赖单一的市场机制或者单一的政府调控,而是一直游走在市场和政府相交织的利用各种政策措施交织形成的“灰色”地带,而“经济法是最能合理有效地处理国家与企业或者政府和市场(主体)之间的关系”⑲。实际上,从很大程度上讲,我国改革开放之后经济持续且快速发展的经验之一就是国家能动地取代私人企业家的部分

---

⑪ 参见程宝山:《论经济法与民法、商法、行政法的关系》,载《郑州大学学报(哲学社会科学版)》1999年第3期。

⑫ 李昌麒、岳彩申主编:《经济法学》,法律出版2013年版,第117页。

⑬ 卢代富:《经济法对社会整体利益的维护》,载《现代法学》2013年第4期。

⑭ 漆多俊:《经济法基础理论》,武汉大学出版社2000年版,第158页。

⑮ 顾功耘:《经济法教程》,上海人民出版社2002年版,第31页。

⑯ 单飞跃、张玮:《经济法中的政策——基于法律文本的实证分析》,载《社会科学》2012年第4期。

⑰ 张守文:《改革开放与中国经济法的制度变迁》,载《法学》2018年第8期。

⑱ 刘思萱:《经济法政策性特征的实证考察——基于31年最高人民法院工作报告的整理与分析》,载《南京大学学报(哲学·人文科学·社会科学版)》2011年第1期。

⑲ 刘文华:《经济法路向何方?》,载《河北工业大学学报(社会科学版)》2017年第1期。

作用而促进经济发展,例如政府在部分区域率先发展交通、通讯、能源、高新技术研究与开发等,以此促进私人投资,加速技术进步,提高相关产业的国际竞争力,而不仅仅局限于弥补市场失灵问题。

3. 促进性

经济法在促进社会经济发展方面主要体现在两个方面。一是"提倡性规范"的大量使用。在传统法学理论中,按照法律规范强制性程度的不同,可将法律规范分为强制性规范与任意性规范两种。经济法中除了有上述两种规范外,还大量存在这样一种规范:它鼓励、提倡人们为或不为某种行为;不为,不会导致制裁,但遵守,特别是模范地遵守可能导致奖励。这种法律规范我们称之为"提倡性规范"⑳。对于"提倡性规范",从性质上看,它既不属于命令、禁止之类的强行性规范,也不同于随意性较强的任意性规范,是对二者的补充和发展。比如,国家为鼓励节约能源、科技研发、外商投资、支持公益事业等出台的法律、法规中就有大量的提倡性规范,表现为鼓励(如增加信用等级、提高资信标准等)、奖励(如物质奖励、税收减免等)、许可等肯定性法律后果。二是专门的促进型的立法。主要体现在国家为了促进部分区域、重要产业、重点企业的发展,通过立法出台各类鼓励性的优惠制度,包括税收减免、财政补贴、专项转移支付、投资鼓励等,具体体现在各类"扶持措施""鼓励措施""扶持与奖励"等,旨在解决其发展的不平衡问题,更好地保障实质公平和整体效率。这些具体措施对区域协调发展至关重要,"事实上,改革开放的 30 年,始终与大量促进手段的实施紧密相关"㉑,这些经验会在后续的区域协调发展战略中持续适用。

三、区域协调发展与市场监管法的应对

现阶段,我国出台的《京津冀协同发展规划纲要》《长江经济带发展规划纲要》《粤港澳大湾区发展规划纲要》等均提出了特定区域内各地方政府与企业有序竞争的规则。因此,区域协调发展中各类"区域主体"不是全国统一市场竞争规则的法外之地,市场化的协调机制必须是符合经济规律的协调机制。改革开放以来,我国曾经围绕制止重复建设和地区封锁等区域间恶性竞争行为出台过不少以"通知""规定"或"意见"的形式发布的政策措施,但实施效果均欠佳。其中最重要的原因在于,这些政策只是规定了地方政府与企业的禁止行为,但缺乏相应的违规处罚机制。在经济法学界的推动下,目前我国已经初步形成了以《反不正当竞争法》《反垄断法》《消费者权利保护法》《产品质量法》为主体的规范市场竞争的法律体系,通过赋予合法经营者和消费者权利来约束市场监管部门和其他经营者的不法

⑳ 漆多俊:《经济法学研究中的几个法理学问题》,载《政法论坛》1993 年第 3 期。

㉑ 张守文:《论促进型经济法》,载《重庆大学学报(社会科学版)》2008 年第 5 期。

行为，市场竞争的秩序日益规范、公平和有序。

2018 年 11 月，中共中央、国务院《关于建立更加有效的区域协调发展新机制的意见》归纳提出了促进区域协调发展的八大机制，即区域战略统筹机制、市场一体化发展机制、区域合作机制、区域互助机制、区际利益补偿机制、基本公共服务均等化机制、区域政策调控机制和区域发展保障机制，并明确了分阶段发展目标和具体任务。2019 年 12 月，国家市场监管总局等四部门《关于开展妨碍统一市场和公平竞争的政策措施清理工作的通知》重点清理和废除四类妨碍统一市场和公平竞争的规定和做法，包括妨碍各类市场主体依法平等进入和退出市场，限制商品和要素在地区之间自由流动，违法违规实行区别性、歧视性优惠政策和不当干预市场主体生产经营的行为。特别是对于 2020 年 1 月 1 日以后出台的政策措施，均需先通过公平竞争审查，这为建设统一开放、竞争有序的市场体系提供了制度保障。未来，政府的区域协调与竞争政策落实具体体现在三个方面：通过对存量规范和新增规范的公平竞争审查，消除区域协调发展一体化市场形成与发展的阻碍因素；大力推动并规划实施区域范围内的公共投资与私人合作项目的健康发展，通过项目的规范实施倒逼政府在市场监管方面水平的提高；通过直接援助、利益补偿机制、交易制度等构建跨地区的合作项目，在区域框架内更有效地整合资源。

四、区域协调发展与宏观调控法的应对

2019 年 10 月，党的十九届四中全会通过的《关于坚持和完善中国特色社会主义制度推进国家治理体系和治理能力现代化若干重大问题的决定》将区域政策纳入国家宏观调控制度体系，明确提出要“健全以国家发展规划为战略导向，以财政政策和货币政策为主要手段，就业、产业、投资、消费、区域等政策协同发力的宏观调控制度体系”，并特别强调为促进地区间基本公共服务均等化、扶持特殊类型地区发展，中央财政将不断加大均衡性转移支付和老少边穷地区转移支付的力度。因此，从科学的角度出发，“正视差距并根据不同地区的特殊情况制定适当的宏观调控措施才是维护区域发展相对公平的正确道路”[22]。

就其法治化而言，区域协调发展的推动与政府宏观调控立法和政策措施的落实息息相关，对此我们应一分为二地看待。从积极的方面看，在市场经济条件下，政府的宏观调控是经济稳定运行的保证，政府通过调控市场总供给与总需求，可以达到熨平经济波动、稳定经济发展水平的目的。从消极的方面看，我们还应看到政府的宏观调控行为更多地体现为运用调控主体的自由裁量权，因此调控主体的能力局限、信息失真、决策失误、实施不力等，都可能导致宏观调控无法实现预期效

[22] 孙晋、钟原：《我国区域协调发展战略的理论逻辑与法治保障——基于政府和市场的二元视角》，载《江西社会科学》2019 年第 4 期。

果。这就需要明确宏观调控主体的法律地位,对政府宏观调控行为进行规范化和制度化㉓,强调宏观调控手段和监督机制的法治化。㉔

经济法学界长期以来都将宏观调控法作为其研究的重点内容之一,内容涉及宏观调控权的配置、宏观调控的审查监督、宏观调控行为的可诉性、宏观调控决策的民主参与、宏观调控的程序设计、宏观调控的责任承担等。目前,我国在宏观调控方面已经有《预算法》《政府采购法》《中央银行法》《价格法》等单项经济法律,还有数量庞大的行政法规、部门规章以及地方性法规。2001年以来,经济法学界通过专家建议稿、全国人民代表大会代表提交的议案等形式,为制定一部能够统筹、协调与整合全部宏观调控法律法规的基本法律——《宏观调控法》(后改为《经济稳定增长法》)而献计献策。原国家计委曾在七届全国人大期间根据全国人大和国务院的意见组织起草过《国民经济稳定增长法(草案)》,拟在该法中对经济稳定发展目标、宏观经济协调、宏观经济决策与监督、宏观经济监测、经济波动状态的确定与治理等内容进行规范,后因故搁置。第八届全国人大第五次会议主席团提议加快《国民经济稳定增长法》的起草工作,并建议将该法列入九届全国人大常委会立法规划,但是后续实际上一直未能进入全国人大常委会的立法规划。与之相对应的是经济法学者们的研究和努力一直没有停止,围绕《宏观调控法》的立法体系、结构、制度安排等提出了学者建议稿。㉕

那么,在《宏观调控法》短期内难以出台的背景下,如何通过法治化的手段保障区域协调发展战略的顺利实施成为我们需要面对的问题。一是在《预算法》和《政府采购法》已经完成立法和修法的背景下,优先制定《财政转移支付法》,因为区域协调发展对一般性转移支付和专项转移支付的合法化运行需求更加迫切。二是对区域协调发展中的利益纠纷可以通过扩大公益诉讼的范围来部分实现。鉴于经济法主体包括政府、经营者和消费者(或称个体社会成员)三方㉖,而且经济法主体的违法行为侵害的往往不仅仅是一般市场主体的利益,还可能对社会整体利益带来损害,“由于从事经营活动的市场主体均以营利为目的,且其逐利行为可能会给社会公共利益带来不良影响……由于经济法以外的传统法律部门对此鲜有涉及,调整乏力,因此只能通过经济法的调整来实现上述目标,以弥补法律调整的罅隙”㉗。例如,政府对某类市场的不当调控行为的会损害整体市场秩序,对宏观经济的调控不当会带来效率的损失等,对这些政府调控行为的约束如果单纯依赖原

㉓　参见彭启先:《论宏观调控的法制化》,载《现代法学》1996年第3期。

㉔　参见李昌麒、胡光志:《宏观调控法若干基本范畴的法理分析》,载《中国法学》2002年第2期。

㉕　参见朱崇实主编:《经济法理论与实务热点问题探讨——2001年全国经济法学理论研讨会论文选》,厦门大学出版社2002年版,第823—839页;杨紫烜:《关于“宏观调控法”法律案命运的法学思考》,载《经济法研究(第3卷)》,北京大学出版社2003年版,第87—96页;卢炯星:《我国转变经济发展方式与宏观调控的立法》,载《江苏大学学报(社会科学版)》2012年第6期。

㉖　参见李友根:《论经济法主体》,载《当代法学》2004年第1期。

㉗　张守文:《略论经济法的宗旨》,载《中外法学》1994年第1期。

有的诉讼制度就会出现原告缺位的问题，需要构建涉及预算、税收、金融调控、规划修改带来的损失等方面的公益诉讼。

五、区域协调发展中不能忽视对政府责任追究机制的落实

在宏观调控法中，由于大量宏观调控行为具有很强的抽象行政行为的特点，故不可诉现象比较明显，现阶段只有涉及宏观调控的国务院部门和地方人民政府及其部门制定的除规章以外的规范性文件，人民法院可以对其进行附带司法审查，其他的规范性文件并无诉讼程序途径，导致经济法主体难以对诸如规划、预算、税收、财政补贴等行为提起诉讼。实践中，政府为实现区域协调发展会广泛使用各类宏观政策措施予以推动和促进，一个客观的问题是有限理性的政府并不总是正确的，且存在滥用职权、权力寻租等风险，需要结合宏观调控法的责任承担方式建立对政府区域协调责任的追究机制。结合行政效率原则和宏观调控的一般规律，区域协调发展中的政府责任追究机制应重点体现在合法程序审查方面，而不是关注实施的效果。

（一）调控主体应该被赋予更大的相机抉择权力

从形式上看，宏观调控在成熟的市场经济国家，表现为综合性的宏观经济政策，包括价格支持、金融工具、促进竞争、危机应对措施等[28]，借以平衡总供给与总需求，烫平经济波动，其作用领域是对市场机制的补缺和救急，何时出台和如何实施是政府相机抉择的过程。实践中，一项政府宏观调控政策措施的制定和实施大体上包括四个层次的问题，即“政府什么时候干预，为什么干预，干预多少和如何干预”[29]。就其内容而言，我们不能期望调控主体出台的措施每次都能获得成功，即使时至今日“罗斯福新政”中实施的政策措施究竟是推迟还是加速了危机的复苏仍存在争论，毕竟除了调控主体本身外，没有任何机构能够对其调控决策作出全面的检验和评判。如果缺乏明确且具体的标准对此前基于综合因素考量而出台的调控措施予以评价，又何言其对错呢？可见，宏观调控更多地体现了调控主体根据国内和国际经济形势作出相机抉择的应对措施[30]，具有适时性、灵活性和易变性等特

[28] 参见张守文：《贸易战、全球经济治理与经济法的完善》，载《武汉大学学报（哲学社会科学版）》2019 年第 5 期。

[29] 〔美〕A. E. 韦灵克：《何时干预—为何干预—如何干预—干预多少：取决于各国的国情与文化传统的差异》，载约瑟夫 · E. 斯蒂格利茨：《政府为什么干预经济：政府在市场经济中的角色》，郑秉文译，中国物资出版社 1998 年版，第 207 页。

[30] 参见王新红：《规则约束下的相机抉择——宏观调控法几个基本问题的再思考》，载《法学论坛》2010 年第 5 期。

征,因此即便应对措施本身没有问题,但实施提前或者滞后,最终效果可能大相径庭,“毕竟理性的有限决定了宏观调控经常是‘摸着石头过河’的事业”㉛,过于繁琐和冗长的审查机制,既影响调控主体的主动性和积极性,也会影响到最终的实施效果。

(二) 区域协调发展中对政府责任追究应主要关注程序问题

实践中,如果说基于约束宏观调控主体可能存在“寻租”“被俘获”等风险的需要而设计责任承担机制的话,那么它更多地体现在对调控主体的权限和调控程序的规定方面,例如预算调整、国债发行、税收法定、金融杠杆、价格支持或者限制等,均须为其决策设置程序性安排,并对违反上述程序的决策者规定诸如引咎辞职、弹劾或者罢免等责任承担方式。而只要程序合法,“即便国家干预权力规定和运行失当,法律也无法提供有效的实施机制来矫正和追究相关责任人的责任”㉜,最终未能达到预期效果的后果也只能由全体社会成员承担,因为符合程序的调控行为是民众必须承担的“政府失灵”的必要成本,那种认为政府调控必然成功和有效的观点显然是一种制度自负。因此,试图通过提高对政府调控行为的可诉性从而对调控主体予以约束,既无可能也无必要,因为调控手段选择、调控时间设定、调控政策优劣、调控效果评价等均无法纳入司法审查范围。上述责任认定方式也同样适用于政府在区域协调发展中的调控活动。

基于以上分析,追究政府在区域协调发展中不当宏观调控行为的法律责任应主要关注程序问题而非实际效果,在通过各级权力机关对政府的各类促进区域协调发展政策措施的出台和实施进行程序性监督的同时,法律制度安排应该最大限度地保障政府根据国内和国际经济形势变化进行相机抉择的权力。

六、结　　语

现阶段,上升到国家发展战略的新时代区域协调发展与立足于市场缺陷和政府干预的经济法,无论是在法治理念还是在具体法律制度方面均体现出较高的契合度,既需要经济法研究主动作为,创新性地扩张经济法主体理论和责任理论,又需要传统意义上的市场监管法和宏观调控法的理论和制度在区域协调发展中变通出新的适用方式和形式,使区域协调发展既能够通过区域统一市场的建立为全国统一市场创造条件,又能够成为未来政府宏观调控扬长避短的成功范例,最终为到 2050 年建立与全面建成社会主义现代化强国相适应的区域协调发展新机制提供法治化的保障。

㉛ 胡光志、靳文辉:《金融危机背景下对宏观调控法治化的再思考》,载《西南民族大学学报(人文社会科学版)》2011 年第 3 期。

㉜ 鲁篱:《中国经济法的发展进路:检视与前瞻》,载《现代法学》2013 年第 4 期。

平台视野下经济法主体理论的重构

尹开华*

摘要：经济法主体是经济法基础范畴中不可或缺的重要支点。既往研究逐渐显露出“二元”与“三元”的观点分立，但二元进路内含的古典式法治幻想以及主客体思维之弊端使其自身早已不合时宜，三元进路则因其对公私二分定式局限、主体自治匮乏以及对社会数字化之现实回应不足三个方面的有限性而亟需革新。为回应当下“平台”这一兼具公共性与营利性双重属性、权力与利益平衡、治理与被治理诉求多元冲突的强势主体所带来的理论挑战，应当抛弃传统三元进路中以部门法划分定式的具体类型化思维，依循“社会权力”崛起之线索，将经济法主体结构抽象定性为“行政权力—社会权力—私人权利”，以便更好地识别与制衡平台经济时代的多元主体诉求及其利益冲突。

关键词：平台　经济法主体　社会权力

在法律概念体系的必要顺序中，主体是最基础的概念，代表法律的目的及其最基本的价值来源。① 传统法律部门划分理论将法的调整对象作为法部门划分的主要标准。在此逻辑主导下，将特定社会关系以契合部门法理念的方式抽象预设为法调整视野中的法律关系成为部门法划分甚而反身定义其特有调整任务的核心步骤。而主体作为法律关系中权利的享有者与义务的承担者，是法律关系得以存在及延续的根本要素。② 很长一段时期，挖掘与构造特有的经济法主体一直与经济

* 尹开华，西南政法大学经济法学院2021级博士研究生。

① 参见龙卫球：《法律主体概念的基础性分析（下）——兼论法律的主体预定理论》，载《学术界》2000年第4期。

② 参见张文显：《法哲学范畴研究》，中国政法大学出版社2001年版，第100页。

法部门独立性证成挂钩。[③] 随着其后经济法界学术共同体内部共识的逐步扩大、法理论体系之轮廓日益明朗以及经济法独立部门法地位的最终确立,经济法主体理论研究也随着“主体角色理论”“主体—行为—责任”等传统学科研究范式的引入而逐渐将其目光转换到自身法体系建设的改良或重构视角。[④] 经济法主体理论研究在建构与反思并行之道路上正从“被迫”证成部门法独立性的初期探索阶段逐步过渡到法理论体系建设的成熟理性阶段。但不可忽视的是,相关理论成果不断丰硕的同时,传统研究框架在新时代主体即“平台”[⑤]强势崛起之际因其定式局限而导致的回应性不足之缺憾日益凸显。平台何以成为经济法主体?平台能否在既有经济法主体理论框架内获得有力解释?平台视野下经济法的主体结构应当如何重塑?本文拟就以上问题逐一展开论述。

一、传统进路之检视

经济法主体理论研究作为经济法理论体系建设中枢,一直是经济法学者深耕的重地。在经济法主体理论逐步探索并发生定位转向的过程中,经济法的主体结构轮廓也随之逐渐走向“二元”与“三元”框架的观点分立。具言之,传统二元论存有古典式法治幻想及主客体思维之弊端,三元论则因其对公私二分定式局限、主体自治匮乏以及对社会数字化之现实回应不足三个方面的有限性而亟需革新。

(一) 不合时宜的二元论

二元论者认为,公私法二元划分框架之下分别代表“权力”与“权利”享有者的“国家”与“市场”主体正是经济法主体的典型。[⑥] 经济法是一门授权与限权相结合

---

③ 例如,李中圣认为,独特的主体概念是法律部门之间得以相互区别的根本标志之一;李友根认为,作为一个独立的法律部门,如果没有独具特色的法律主体制度,则其部门法的地位尚不能完全建立。参见李中圣:《经济法主体理论的反思》,载《法律科学》1991 年第 4 期;李友根:《论经济法主体》,载《当代法学》2004 年第 1 期。

④ 例如,蒋悟真认为,“同一个主体在不同的法律关系当中据以显示自身特质的,不是名称和形式,而是具体的行为”;焦海涛认为,“经济法主体只是该主体因从事经济法中特定行为而呈现的一种角色而已。”参见蒋悟真:《传承与超越:经济法主体理论研究——以若干经济法律为视角》,载《法商研究》2007 年第 4 期;焦海涛:《经济法主体制度重构:一个常识主义视角》,载《现代法学》2016 年第 3 期。

⑤ 严格来讲,“平台”目前仍是一个开放性概念,其亦被称作数字平台、网络平台、互联网平台等。本文认为,“平台是指不同要素数字化的组织形式,其核心是不同要素及资源的数字化链接。”参见易宪容、陈颖颖、于伟:《平台经济的实质及运作机制研究》,载《江苏社会科学》2020 年第 6 期。

⑥ 国家(政府)和市场被抽象二分为经济法主体一度成为经济法学界主流共识,受不同学说影响,二者又被进一步具象表述。例如,李中圣将经济法主体划分为管理主体与管理受体;张守文将经济法主体划分为调制主体与调制受体;张继恒将经济法主体划分为干预主体与干预受体。该类划分中“主体”与“受体”实则均分别意指国家(政府)与市场。分别参见李中圣:《经济法主体的分类新探》,载《法律科学》1990 年第 4 期;张守文:《经济法理论的重构》,人民出版社 2004 年版,第 357 页;张继恒:《社会中间层的经济法主体地位析辩——由“三元框架”引发的思考》,载《法制与社会发展》2013 年第 6 期。

的现代法,但其重心实则且应当专注于限制作为“必要之恶”的公权力。“国家”通过经济法规范的授权以行使公权力的方式作用于市场主体私益膨胀的失范行为,基于公权自身无序扩张及其腐败本性考量,经济法以设置义务及责任等方式进一步规范权力运作程序及限度以保障市场私主体得以稳健高效行为的自主性。进言之,内生于市场经济的经济法选择以“有形之手”作为其主要调整形态,“国家”与“市场”无疑是经济法作用机制中最为关键的主体,二者的遥相隔离则进一步宣示了经济法警惕公权、维护市场主体私益的最根本目的。二元论的强大解释力在于把握了经济法运作本质,坚守了经济法治的基本原则,但其可能的两点缺陷同样不容忽视。一是依循公私法的二分逻辑而强行将“国家”与“市场”二者对立,实则只是法学家的古典式法治幻想。公私法二分虽发端于古罗马时期,且渐为法学较具共识的传统、典型之分类,但关乎其划分标准及二者地位之争议却并未随时间流逝而淡出视野。[⑦] 不同划分标准的出现不仅意味着公私划分二元理论尚不完备,同时也关涉具有公私混合性质法的生长空间之预留问题,而公私法二者孰优之争虽蕴含“捍卫意思自治主体活动之私域不受国家意志侵扰”的古典法治思想,但其将公权“国家”与私益“市场”主体行为严格分离的预设机制实则已在社会经济化逐步扩大的现实进程中面临功能丧失的窘境,公法私法化以及私法公法化的公私融合之立法趋势不可阻挡,公私法二元划分的分析框架正遭受法的社会化之现实解构,并随之逐渐演化为悬置于法学家古典法治式幻想上空的理念性存在。二是公权作用视野下所抽象的“主体”与“受体”机制,实则内含颠覆甚而否定“市场”作为“主体”应当且能够践行其自身客观理性(即便是有限理性)的“主客体思维”。[⑧] 法学理论体系中“主体”概念寄托了以“法”塑造平等、自由之“人”的法治理想,是尊重“人”作为自我意志主宰,进而使个体得以通过自身行为实现其尊严与价值的主体自治以致治理社会之造物。而在以权力行使为轴心的经济法二元主体理论视野之下,向来偏好对“权力”的研究似乎也同时催生出对“权利”的有意漠视,作为“权力”受体之“市场”俨然已成为丧失自我人格、只得单方面被动承担国家意志的客体,而这无疑又与公权介入只能作为矫正市场失灵之后设机制的经济法谦抑理念相悖。

(二) 亟需革新的三元论

相较于以公私法对立二分理论为基础的二元论,三元主体论显然更为契合经济法生长的社会背景。具言之,三元论者认为,随着社会资本化进程逐步推进,传统市民社会与政治国家的二元对立格局摇摇欲坠,“权力”与“权利”二者关系正随

---

⑦ 公私法的划分标准主要有利益说、主体说、性质说三种,优劣各异。具体可参见郑玉波:《民法总则》,中国政法大学出版社 2003 年版,绪论第 3—9 页。

⑧ 参见蒋悟真,同注④引文。

着日益复杂的社会经济行为而越发交融,传统的“国家—市民”二元主体结构也不可逆转地向“国家—组织—私人”的三元形态过渡[9],而这在诞生于垄断资本主义时期的经济法视野之下,又被进一步范畴化为“国家—社会中间层—市场”的三元架构。[10] 社会中间层与经济法的生长背景具有一致性,是经济法在治理社会时发挥其功能的重要主体。一般认为,作为尤其重要的两种资源配置方式,国家干预与市场自愈在持续繁荣的社会经济生活背景之下的交互博弈越发频繁,二者各自的局部有限性也在此融合进程中日益显露。为弥补与制衡“国家”与“市场”主体利益间的二维拉锯,“社会中间层”应运而生并迅速扩张、日具规模,而这又与经济法是“资本主义社会趋于成熟以及政治国家与市民社会趋于一致的结果”[11]、是一门极具典型的公私融合性质法的属性不谋而合,“社会中间层”据此进一步成为经济法主体理论建构中不可或缺的支撑。在经济法视野之下,其通常以行业协会为代表被定义为具有公共性(谋公共利益)、非营利性(管理及服务)与中介性(协调及沟通)的自治性组织,承担着替代(或补充)政府提供公共品以及应对市场主体理性丧失的双重功能,被喻为国家与市场之外克服“市场失灵”的第三条道路。[12] 在此语境下,“社会中间层”被极力塑造为公共利益的最佳代言人,试图以自治性与非营利性特征澄清其与公私主体二者皆有所区隔的独立地位,并以此进一步支撑其作为沟通国家(权力)与市场(权利)桥梁的中介功能。三元主体论中“社会中间层”的出现是社会经济发展的现实要求与必然结果,其在理论上也进一步克服了公私二元划分主体论的“自我”与“僵硬”,是经济法学主体研究转而更加关注市场之主体意志及理性的证明,但其自身解释力的有限性依旧显而易见。一是对公私二分突破的有限性,尽管社会中间层的“介入”貌似开辟了异于公私主体的新天地,但其以公权私利为中心的协调运转机制实则仍停留于公私二分的惯性理路,在理论上也只是将公私二分作为分析框架的所谓嫁接式生长。二是主体自治的有限性,社会中间层相较于国家及市场主体的独立地位具有相对性,其社会治理权之权源一方面来自市场主体自觉授权(自愿权利让渡),而另一方面则源于国家主体主动分权(权力强制保障)。进言之,社会中间层的治理权源本身所具有的混合性质进一步决定了其“自治性”不得不依旧受制于权力及权利主体之双向诉求拉扯的“宿命”。三是对社会数字化之现实回应的有限性,社会中间层是停留于物理形态

---

⑨　参见郭维真:《试论经济法主体的二元结构性》,载《福建师范大学学报(哲学社会科学版)》2008年第6期。

⑩　持此三元主体观的典型代表如王全兴(政府—社会中间层—市场)、单飞跃(国家—社会—市场),二者各自表述虽有所差异,但其观点实则均在“国家—组织—私人”三元结构的统摄之下。参见王全兴:《经济法基础理论专题研究》,中国检察出版社2002年版,第416页;单飞跃:《经济法理念与范畴的解析》,中国检察出版社2002年版,第236—241页。

⑪　参见〔日〕金泽良雄:《经济法概论》,满达人译,甘肃人民出版社1985年版,第31页。

⑫　相关具体论述可参见李昌麒主编:《经济法学》(第三版),法律出版社2016年版,第118—119页。

的商品经济社会发展到高级阶段的产物，具有一定的时空性特质，而当下依托互联网跨世纪而来的平台经济时代则是在原有物理世界上又创造出一个凭借数据控制以及算法技术等运转的虚拟空间。新经济形态完成新的公共场域的再开辟，并在此基础上进一步孕育出“平台”这一全新主体，传统三元架构中以公共性（谋公共利益）以及非营利性为主要特征标榜自身的“社会中间层”已难以对其特性作出合理解释。三元博弈新格局渐趋成形，主体普遍平台化所带来的法律规制难题之解正寻求经济法主体理论的相应拓展以支撑。[13]

二、三元进路新图景

平台经济时代，平台主体之崛起及其相应规制诉求使得平台得以作为一重要主体步入经济法视野，而平台凭借其自身技术等核心竞争要素逐渐显露出资本化与进一步权力化之倾向则进一步催化了经济法主体三元新格局的成形。平台所呈现出的兼具公共性与营利性双重属性、权力与利益平衡、治理与被治理诉求之多元冲突特质为经济法传统主体理论带来了挑战。

（一）平台主体崛起及规制诉求

自 1994 年中国接入互联网以来，传统产业便借由信息技术的飞速发展开启了“互联网+”模式的商业探索，彼时处于观望状态、放松管控的国内政策倾向为平台企业的出现及其后续壮大营造了极为宽松的生长环境，面向终端消费者的电商平台在大批敢于创新的企业家带领之下率先成为试验并享受技术红利的平台代表。于 2003 年左右全球始迈入 Web2.0 时代，随着移动互联网、智能物联网的更新普及，5G、云计算、大数据以及人工智能技术的有力推进，产业与互联网逐步跨入深度融合阶段，平台经营模式也随之迅速扩张至搜索引擎、社交网络、软件开发等多元领域。[14] 据统计，2019 年全球市值最大的 10 家企业中，有 7 家即为平台企业。[15] 而随后新冠疫情暴发则使得平台在社会经济生活中扮演的重要角色越发凸显，平台企业数量及规模均在短时间内应势而涨。[16] 平台经济时代的到来已然是一个公知的现实。

但不容忽视的是，前期监管近于真空的“自由放纵”虽为平台迎来急剧扩张的

---

⑬ 参见张守文：《数字经济与经济法的理论拓展》，载《地方立法研究》2021 年第 1 期。

⑭ 我国百度、阿里巴巴以及腾讯（BAT）等互联网企业即是在这一阶段崛起的极具规模的典型。

⑮ 参见普华永道：《2019 年全球市场价值 100 强公司》，https://www.maigoo.com/news/525418.html，最后访问日期：2021 年 9 月 13 日。

⑯ 截至 2020 年年底，单就我国，市场价值超 10 亿美元的数字平台企业达 197 家，较 2019 年增加 23 家；价值规模达 3.5 万亿美元，同比增长 56.3%。参见中国信息通信研究院政策与经济研究所：《平台经济与竞争政策观察（2021）》报告。

黄金时代,也为其在获得一定体量后的“野蛮生长”埋下伏笔。自 2013 年以来,“3Q 大战”、百度与大众点评数据之争、美团与饿了么“二选一”等竞争案件纷纷成为舆论焦点,Facebook 剑桥分析门、Google 浏览器用户信息大规模泄露、滴滴赴美上市被查等信息安全事件一度引发社会热议。大数据“杀熟”、数据被平台过度收集以及用户隐私泄露、算法默示合谋等现象“遍地开花”,大量个人信息与涉国家安全数据处于随时可能被超级平台任意处分的脆弱状态,广大消费者被侵害却力量分散弱小、维权乏力,平台间竞争秩序以及个人信息保护与数据安全合规等亟需强权规则的“关照”。平台崛起及其大规模侵权行为所引发的规制诉求使得“平台”这一新兴主体进入经济法的规范视野成为可能⑰,与之相应,经济法主体理论无疑应当对异化之“平台”有所回应。

(二) 平台带来主体理论新挑战

平台成为经济法所规制之主体无疑是当下经济社会发展的现实需要。需要说明的是,平台并非独属于经济法的主体概念,更不是所谓被经济法予以“垄断规制”的对象,平台崛起之现实及相应规制诉求貌似诱发了其成为新兴经济法主体的必然性,但其进入经济法视野的根本原因实则在于平台的部分侵权行为契合经济法予以调整的价值理念及功能目标。经济法是一门维护社会经济公共利益的、规制市场等主体经济公害行为的法律,而作为当下经济生活枢纽、发挥着关键信息基础设施功能的平台在利益牵引下极易成为不顾后果、一心追逐资本的“社会公害”,将之视为普通“市民”的传统私法已无力再对其外部性巨大的冒进行为进行有效约束,现今巨量个人信息被平台打包出售或随意泄露但相关个人诉讼维权甚少且胜诉寥寥即是例证。个人与平台的利益冲突早已突破消费者与经营者的友好领地,演化为力量极不对等主体间的对垒,“平台”由是得以进入经济公法的调整视野。但原本相对“匮乏”的“二元论”(国家—市场)因其自身的脱离实际早已变得不合时宜,较之更为“务实”的“三元论”中的“社会中间层”实则无力对“平台”作出合理解释。平台所呈现出的新特性对经济法传统主体理论的自洽提出挑战。具言之,崛起之“平台”对传统三元主体论说的冲击主要体现为三个方面。

其一,平台具有公共性⑱与营利性双重属性。一般而言,平台是经由企业在借助互联网技术的基础之上演变而来的特殊经营形态,是网络空间中发挥市场要素链接功能的关键性中介组织,其以追逐超额利润为最终经营目的,本质实为一种商

---

⑰ 例如,我国 2016 年《网络安全法》及 2017 年修订的《反不正当竞争法》新增“互联网专条”(第 12 条)、2018 年《电子商务法》、2021 年《关于平台经济领域的反垄断指南》《个人信息保护法》《数据安全法》等的通过。

⑱ 需要指出的是,此处的“公共性”与前文中社会中间层“谋公共利益”(意志)不同,特指其行为利益的公有性、共享性,或者说因参与公共事务的行为而具有的利他性。

业力量[19],具有商业企业营利性特征的原初底色。事实上,平台早期进入法律视野时(例如我国《电子商务法》中)即是被定位为普通经营者予以规制,彼时经营势力有限、作为一般商业力量的市场主体之平台还尚未引发诸如《反垄断法》的特别关注。但随着信息技术的更新迭代与推广使用,大数据时代悄然来临,平台在技术加持下飞速跃升为网络空间公共秩序的"主宰者",扮演着弥补或替代政府提供数字领域公共物品的角色,公共特质与日俱增,其不仅掌握了包括制定平台运营规则、处罚平台违规行为、解决平台利益纠纷等"准立法""准执法""准司法"权限[20],甚至制定并实施了融日常网络监管、内容审查、违法信息阻止、用户信息保护以及各种服务于一身的大多数网络治理规则。[21] 而基于超级平台无可替代的时代地位及其一度势不可挡的激进"集权",欧盟委员会于2020年12月通过的《数字市场法》更是直接强制为其增设了"守门人"义务,平台之公共维度越发凸显并逐渐进入相关法律规制考量。概言之,平台已由一个"纯粹"的经营者演化为事实上具有一定经济公共管理职能的混合性主体。

其二,平台带来权力与利益平衡难题。[22] 一方面,平台具有权力属性。权力行使意味着掌握某一资源的强势主体所具有的将其意志施加于他人、驱使(约束)他人为其利益行为或不行为的强制力。[23] 具言之,平台的权力来源呈现为民间授权、政府放权以及平台自我赋权三个面向。民间授权意味着大众自愿或者被迫的自由(权利)让渡。当下寡头平台已逐渐成为大众生活无法舍弃的基础性设施,在资本与技术的进一步加持下,收集、把控超量数据要素,并在算法预测基础上对人的消费等行为决策予以控制成为平台垄断力持续的生产循环。市场要素集中与技术力量控制意味着社会财富以及自由等价值话语被垄断,平台经济力的高歌猛进无疑加剧了民间权利的集中。政府放权的原因则主要在于政府治理意愿及能力的不足。传统政府对时代更迭的落后感知力促使其在较长时间内将网络空间治理及相应秩序建构权限"让与"平台,平台在自我生产的过程中逐渐成长为有能力替代政府治理社会的主体,政府放权平台随之成为更为理性的选择。而自我赋权则指平台自身权力扩张倾向。平台作为数字经济时代崛起的商业力量之典型,在经由政府于网络空间中规则建设缺位的一系列"被迫"责任承担之后,其权力领域已由原初的经济寡头逐步扩张至社会治理,平台功能也由信息检索、社交中介等基础性服务蔓延至公民言论审查甚或国家数据安全保护等公共事务。是以,平台的功能延

---

⑲ 参见李超、谭佳珍:《论电子商务平台的经济管理主体地位》,载《电子科技大学学报(社科版)》2020年第6期。

⑳ 参见马长山:《智能互联网时代的法律变革》,载《法学研究》2018年第4期。

㉑ 参见方兴东、严峰:《网络平台"超级权力"的形成与治理》,载《人民论坛·学术前沿》2019年第14期。

㉒ 参见同上注。

㉓ 参见公丕祥主编:《法理学》,复旦大学出版社2002年版,第199页。

展即是其自我赋权的具体表现,平台权力版图正朝着公权私有化的方向推进。另一方面,承上所述,平台作为商业企业,追逐超额利润既是其最初投入的出发点也是其持续运营的最终归宿。稍作回顾即可发现,平台既往的大多激进失范行为皆是出自其私利动机。概言之,"权力"与"利益"二者如何取得平衡已成为平台自身无法回避的难题。

其三,平台面临治理与被治理双重诉求。"治理"指公私机构和志愿社团的相互依存[24],意指政府、各公共权威、社区组织甚至是和私营部门间的分权与合作,"治理"与"被治理"均意味着政府及社会等多元主体的参与。一方面,持续资本扩张与技术壁垒高企加速了平台走向寡头垄断的步伐,互联网领域网络效应及锁定效应等造成的经济力的飞跃则催化平台生态在人类经济生活进一步扩张,平台逐渐成为链接网络与现实空间的公共性基础设施。而主体的平台化以及平台的工具化更是使平台本身由一种特定的组织形态转变为公共性治理场域,平台正全面介入社会治理,成为与政府分权共治的重要主体。我国《网络安全法》中对平台运营者所增设的信息审查、建立信息安全投诉举报机制等网络安全管理义务即是政府分权平台治理的典型。传统自上而下式的强权统治在大数据时代渐趋转型,作为外部介入主体之平台具有治理社会之能力且已承担起相应治理职责。另一方面,平台的急剧扩张在加速传统科层制松动以及政府管制去中心化的同时也增生了权力维度之平台"再中心化"的弊病。平台对政府甚至国家职能的部分替代虽打破了传统的以国家权力制约国家权力的封闭式内部循环,但也同时催生了治理权限之分权边界模糊、失衡等问题。平台进一步扩张权力的欲望促使其不断试探政治国家的容忍限度,蚂蚁金服IPO事件、谷歌被曝光拟针对欧盟反垄断官员"激进计划"文件等实则均是平台于经济范围的垄断力逐步延伸至政治权力领域的尝试。是以,平台始于经济权力的"越界行为"引发多方主体共同关注,针对平台经济力的垄断打压越发受到规范重视。2021年我国《关于平台经济领域的反垄断指南》出台,公权机关反平台垄断权限得以延展,而随后面世的《个人信息保护法》则以赋予用户以个人信息控制权的方式对抗平台占有要素的垄断。概言之,平台自身的"去中心化"以及"再中心化"特质使其面临治理与被治理的双重诉求。

三、主体三元新结构

平台经济时代的到来意味着承载于网络空间之上的新公共场域形成,但其显然不同于传统的介于政治国家与市民社会的由志愿性社会组织所构成的团体社会,权利与权力、公共利益与个人利益的冲突甚或对立在平台主体身上交相混杂并

---

[24] 参见〔英〕格里·斯托克:《作为理论的治理:五个论点》,华夏风译,载《国际社会科学杂志(中文版)》1999年第1期。

渐趋融合。传统三元主体论中代指介于政府(公权治理)及私营企业(商业领域)间的“社会中间层”已无力再对兼具公共性与营利性双重属性、权力与利益平衡、治理与被治理诉求多元冲突的平台主体作出有力解释。是故,为回应平台现象对经济法主体理论的冲击,笔者认为,应当摈弃传统三元进路中以调整对象(社会关系→法律关系→独立主体)作为部门法划分标准的具体类型化思维,依循“社会权力”崛起之线索,将经济法的主体结构以抽象概括的方式定性为“行政权力—社会权力—私人权利”,以便更好地识别与制衡平台经济时代的多元主体诉求及其利益冲突。

(一) 抛弃具体类型化思维

承前所述,一方面,长期以来,受传统法律调整对象理论的“禁锢”,通过独特主体概念之塑造以自证经济法体系完整性的具体类型化思维仍以强大惯性贯穿于经济法主体论说之中。诚如哈特所言,任何一部法律都是对特定社会关系进行调整的产物㉕,但所谓“社会关系”从来就并非先验性的存在,以社会关系作为部门法的划分标准是空泛、开放以及极不确定的。㉖ 进言之,是部门法的独特价值取向及功能目标定义了法所调整的经济社会关系之范围、塑造了法主体的独特精神与内涵。另一方面,随着主体理论研究进一步深入,独特主体概念及理论之构造早已不再强行随附于部门法的独立性证成。同一主体在不同法律关系中据以显示自身特质的,并非其名称和形式,而是具体的行为。不同行为产生不同结果,进而衍生出具体的法律调整诉求。㉗ 而在将法的调整对象作为划分部门法标准的逻辑理路之下,以法律关系牵引出所谓的独特法律主体概念也不过只是法目的主导下行为身份化的具象承载者。主体通过其行为可以同时承担不同部门法视野中法律关系所拟制的特定“角色”这一论知正被主流所意识,特有主体理论或专有主体概念不再被“强行”视作部门法取得独立地位的必备附属品,主体理论建设正转身成为彰显法之独特价值及功能的体系性构造。而独特主体名称和形式此时除了标榜部门法具有与众不同的“存在价值”之外,对其自身体系性建设实则并无多大裨益。易言之,取得对经济法主体建构的更大共识仍被视为经济法基础范畴中不可回避的重要支点、对经济法学科的理论体系建设有着不可或缺的重要意义,但此时的中国经济法已无需再通过寻求主体理论的独立性以证明其自身与民商法和行政法等相关

㉕ 参见〔英〕哈特:《法律的概念》,张文显等译,中国大百科全书出版社 1996 年版,第 169 页。

㉖ 参见刘哲昕:《系统经济法论——经济法本质及其与 WTO 关系研究》,北京大学出版社 2006 年版,第 46 页。

㉗ 参见〔美〕麦克尼尔:《新社会契约论》,雷喜宁、潘勤译,中国政法大学出版社 2004 年版,第 56 页。

部门法的区别。[28]

而就现实而言,经济法主体之范围极其广泛,各自特征又同少异多,致其不仅在学说上演化出“二元”与“三元”的观点分立,其相应论说中以极度概括方式所归纳出的“国家”“市场”与“社会中间层”等主体类型实则也与具体的法律生活场景相去甚远,传统的经济法主体架构早已丧失其自身应有的理论指导力。更何况,一切法律主体从根本而言都是单个的公民和由单个公民所构成的组织[29],作为其他部门法基础的传统民事主体实则已能够涵盖所有法律主体类型。由是观之,相比缺乏解释力的具体概念类型化理路,抽象概括定性法具有将原本“僵硬”之主体划入流变的历史性视野之中且更能对主体本质属性之形成及其演变作出能动回应之优势。是故,抛弃对法律调整对象理论这一路径依赖[30],减轻甚至放弃对具体主体概念的类型化执着,回归基本历史经验本身,以抽象定性方式揭示现实主体之本质属性,基于对当下平台经济时代之审视进行理论体系再升华,或许才是经济法主体理论建构应走之路。

(二) 引入“社会权力”

传统的主体架构仍停留于平台私有性定位的惯性理路,极大忽视了对平台“权力”及其“权力的公共性”维度的再审视,平台所具有的“社会权力”的本质属性意味着经济法新三元主体结构渐趋成形。何为社会权力?马克思率先从历史唯物主义的角度将“权力”上升到“社会权力”概念,认为于社会生活内部分裂中所产生的物质力量即为凌驾于个人之上的社会权力,其本质是人与人之间不平等的社会关系。[31] 郭道晖则从法学研究视角将“社会权力”这一概念引入并作出进一步阐释,他认为所谓“社会权力”就是社会主体(公民特别是社会团体、非政府组织)所拥有的社会资源(物质和精神资源)对社会和国家的支配力。[32] 概言之,社会权力是多元社会利益群体形成的产物,标志着可供社会主体自我支配的物质力量开始崛起,是公民权利(或自由)正由被国家公权垄断逐步向社会回归的发展必然。权力的社会化促使公民意志与利益表达渠道更为多元的可能性得以实现,但同时也意味着新的不平等、非理性之经济力量阶层的再生产。

回归现今平台经济时代之语境,当下平台“社会权力”属性实则越发凸显并渐已成为其核心特质。具体而言,平台的权力属性体现为“技术”与“资本”双重面

---

[28] 参见孟庆瑜:《反思与前瞻:中国经济法主体研究 30 年》,载《云南大学学报(法学版)》2009 年第 1 期。

[29] 参见邱本:《论经济法主体》,载《法学评论》1997 年第 3 期。

[30] 参见刘大洪、段宏磊:《谦抑性视野中经济法理论体系的重构》,载《法商研究》2014 年第 6 期。

[31] 参见陈永杰、张灵林:《由感性活动生成的社会权力——马克思的“社会权力”概念考察》,载《内蒙古大学学报(哲学社会科学版)》2021 年第 3 期。

[32] 参见郭道晖:《权力的多元化与社会化》,载《法学研究》2001 年第 1 期。

向，并逐渐产生由“权力私有化”倾向转入“权力社会化”功能实现的重心跨越。一方面，正如福柯所描述的那样，“技术是权力的支撑”。所谓“技术中立”或“技术理性”实则仅表达了狭义上人对物的支配力[33]，忽视了技术因人的控制而产生的得以支配他人利益的社会属性。进言之，如果技术能够直接影响甚至控制人的利益，那么，技术便失去其工具的纯粹性进而具有了权力属性。[34] 平台借由于海量数据掌控及人工智能技术发展而来的算法预测，进而实现对人的行为规训以及对传统公权之公共决策的替代，实际上早已超出了其最初作为技术工具的范畴，演化出具有极强主体意志的“技术权力”属性。另一方面，科学技术本身实则并非权力结构，机器（技术工具）的权力效应归根结底是资本权力的表现。[35] 平台资本的持续投入及其因经济垄断力带来的社会财富飞跃则进一步成为其技术更新迭代的支撑，此时，平台“资本权力”与“技术权力”成为互为生产的正向反馈，“权力”特质愈浓。但平台作为普通商业力量发展而来的原初脉络促使其在较长时间内被作为市场私权利予以规制，互联网平台得以频繁超越企业“本分”及固有边界，通过“俘获”公共领域和公共权力，为自己谋求最大化的利益。[36] 平台所垄断的公共权力一度呈现出“权力私有化”倾向。随着其后平台向基础公共设施、网络言论审查以及数据安全保护等公共性职能持续性延展，其自身在权力膨胀便利与利益追逐间日益迷失，平台“权力社会化”功能及其规制方才逐渐引发关注。进言之，对平台社会权力属性的确认意味着平台具有监督制衡国家权力、承担分权公共治理之职责且应当接受公权监管之双重面向。平台所进行的“私人治理”正以“破坏性”的创新方式向公权力发起挑战[37]，平台凭借其技术资源、信息资源等行使不受法定程序节制的经济管理“私权力”理应受到问责与监督。[38]

四、结　　语

经济法主体是经济法基础范畴中不可或缺的重要支点。经济法主体理论研究在建构与反思并行之道路上正从“被迫”证成部门法独立性的初期探索阶段过渡到专注于自身法理论体系建设的成熟理性阶段。传统二元论存有古典式法治幻想及主客体思维之弊端，三元论则因其对公私二分定式局限、主体自治匮乏以及对社

---

[33] 参见王伯鲁：《技术权力问题解析》，载《科学技术哲学研究》2013 年第 6 期。

[34] 参见梅夏英、杨晓娜：《自媒体平台网络权力的形成及规范路径——基于对网络言论自由影响的分析》，载《河北法学》2017 年第 1 期。

[35] 参见刘永谋：《机器与统治——马克思科学技术论的权力之维》，载《科学技术哲学研究》2012 年第 1 期。

[36] 参见方兴东、钟祥铭：《互联网平台反垄断的本质与对策》，载《现代出版》2021 年第 2 期。

[37] 参见许多奇：《Libra：超级平台私权力的本质与监管》，载《探索与争鸣》2019 年第 11 期。

[38] 参见周辉：《变革与选择：私权力视角下的网络治理》，北京大学出版社 2016 年版，第 55—82 页。

会数字化之现实回应不足三个方面的有限性而亟需革新。平台自身具有的公共性与营利性、公权与私利平衡、治理与被治理诉求间的多元冲突对现有经济法主体理论提出挑战。是故,应当抛弃传统三元进路中以调整对象作为部门法划分标准的具体类型化思维,将经济法的主体结构以抽象方式定性为“行政权力—社会权力—私人权利”,以便更好地识别与制衡平台经济时代的多元主体诉求及其利益冲突。

宏观调控法

我国绿色信贷政府监管手段之法律分析

王红一*

摘要：推动绿色信贷发展，是我国贯彻绿色发展和供给侧结构性改革的重要举措之一。在我国政府主导推动绿色信贷模式下，发展绿色信贷具有金融监管机构至上而下纵向推动的特点，以窗口指导、差额存款准备金、现场和非现场检查等监管手段为主要推动方式，具有一定程度的强制性，其效果的长久性有待保障。目前，金融监管机构推动绿色信贷的监管手段的法律边界有待厘清。对属于限制性的绿色信贷，主要应完善现有的监管方式，通过信息披露和信息共享等制度，增强监管的透明度和准确性；对于倡导性的绿色贷款，不应强制，有待出台明确具体的监管标准。明确金融监管机构推行绿色信贷的职责范围和具体推行方式等，确立适当的激励性制度以及为保障激励性措施有效的信息透明制度，应该成为立法方向。

关键词：绿色信贷　政府推动方式　法律分析

一、引　　言

绿色发展是当今世界潮流。在探索绿色发展的过程中，绿色信贷的作用逐渐受到各界关注。我国遏制"两高一剩"企业和发展绿色产业，均以绿色信贷为主要渠道。发展绿色信贷，在我国供给侧结构性改革中居于重要地位。疫情过后，在经济增长压力下，绿色发展面临更大的困境，利用绿色信贷等工具推动绿色发展，具有更为迫切的现实需求。①

所谓绿色信贷，是银行在信贷业务中按一定的环境标准决定是否对信贷对象

---

* 王红一，中山大学法学院教授，博士生导师。

① 参见王信、杨娉、姜晶晶、贺坤：《疫情冲击对绿色发展和气候相关风险防范的影响》，载财新网，http://opinion.caixin.com/2020-07-16/101580813.html，最后访问日期：2020 年 7 月 16 日。

予以贷款支持的信贷方式。在我国,绿色信贷还是国家宏观调控政策的重要组成部分,既是引导信贷投向的信贷政策,又是借助金融手段保护环境的经济环境政策。绿色信贷利用金融中介所具有的政策传导功能,通过银行信贷对污染企业予以遏制和对环保企业进行扶持,促使贷款企业承担环境和社会责任,实现节能减排、优化产业结构和改变经济增长方式等政策目标。

我国政府对于绿色信贷的重视与推动,领先于其他国家。② 2007年国家环保总局、中国人民银行、银监会发布《关于落实环保政策法规防范信贷风险的意见》,加强环保和信贷管理工作的协调配合;2012年2月,银监会发布《绿色信贷指引》,加强绿色信贷的组织和业务管理;2014年银监会《绿色信贷实施情况关键评价指标》通过100多个指标规范了绿色信贷的组织管理、内控协调等方面;2015年《生态文明体制改革总体方案》、2016年《"十三五"规划纲要》把发展绿色金融上升为一项国家发展战略。自1995年以来,我国出台了一系列有关绿色信贷的政策,将推动绿色信贷作为实现绿色发展和生态文明建设的重要途径。2016年8月,央行等七部委联合发布《关于构建绿色金融体系的指导意见》(以下简称《指导意见》),提出了绿色信贷制度框架。2017年7月全国金融工作会议将"鼓励发展绿色金融"作为贯彻新发展理念和供给侧改革的任务之一。

推动绿色信贷发展,主要采取激励和约束两大机制。前者包括税收优惠和政府补贴,以及新业务许可等,后者主要是监管部门的劝导和监管。中国人民银行、银保监会、地方金融监管局等机构至上而下推动绿色信贷政策实施,是我国发展绿色信贷的主要路径,形成了政府主导模式。政府主导模式下,金融监管机构在职责范围内对银行实施绿色信贷政策活动进行监管,是政府推动绿色信贷发展的主要方式。

我国政府主导推进绿色信贷政策实施取得了显著成绩。中国人民银行发布的《中国绿色金融发展报告(2018)》显示,我国绿色信贷规模稳步推进,从2013年年末至2018年年末,中国21家主要银行机构绿色信贷余额从5.2万亿元增长至9.66万亿元,主要投向绿色交通运输和可再生能源及清洁能源项目。③ 另一方面,实践中我国绿色信贷政策实施也出现了效果不佳、资本空转和"漂绿"等现象。④ 如何保障绿色信贷进一步有效实施,是决定绿色发展能否顺利进行的一个重要课题。其中,以政府监管手段推动绿色信贷实施方式的有效性和法律边界,尤其值得

---

② 参见原银监会宣传部:《银行业绿色信贷助力经济结构调整和产业转型升级》,载银监会网站http://www.cbrc.gov.cn/chinese/home/docView/7538965EC2434257978072C2140BFD60.html,最后访问日期:2018年11月20日。

③ 参见《人民银行发布〈中国绿色金融发展报告(2018)〉》,载中国政府网站http://www.gov.cn/xinwen/2019-11/20/content_5453843.htm,最后访问日期:2019年11月20日。

④ 参见吕荣、曾煜:《供给侧改革下我国绿色信贷法律问题研究——基于企业的角度》,载《金融经济》2017年第4期。

探讨。

本文从我国政府主导推动绿色信贷模式特点出发,在对G省银行业监管机构和大型商业银行调研的基础上,结合现有研究成果,对我国政府监管绿色信贷实施手段的有效性和法律边界进行分析,针对现有对策提出浅见。

二、政府主导绿色信贷推动模式的路径及监管问题

(一)政府主导模式

实施绿色信贷,要求银行在追求贷款经济效益的同时,还必须关注贷款人的贷款目的和具体使用对环境的影响。因此,绿色信贷属于银行绿色社会责任。

基于不同的社会经济背景、商业文化传统和政治体制,各国企业社会责任推动中的政府、民间组织和企业之间的关系呈现出不同的特点,形成了以美国为代表的市场推动模式(the Market-Driven Model),以欧盟为代表的关系模式(the Relational Model)。在我国企业社会责任的推动中,政府居于核心地位,中央和地方各级政府均在企业社会责任推动中发挥作用,被称为"国家中心模式"(State-Centric Model)。三种模式下,政府推动企业社会责任的手段和工具具有共同性,包括立法、制定政策、采用税收优惠、奖励以及开展项目、培训、与民间组织和企业合作进行特定项目等。虽然在形式上看似相同,但由于政府的角色不同,实际影响和效果则差异较大。"国家中心模式"中的政府推动更多采用了直接控制形式。⑤

我国企业社会责任推动中政府的主导作用在绿色信贷领域尤为突出。作为管制性行业,银行业肩负环境和产业政策传导与服务社会经济发展的重要使命,政府主导政策推进力度远高于其他行业。在日益严峻的国际国内金融形势下,我国银行业创新发展和改革的任务艰巨,政府推进绿色信贷尤为紧迫。

在政府主导模式下,政府推动方式是否合法有效,是绿色信贷的公共政策和立法应当着重考虑的问题。

(二)推动路径和监管手段

总体而言,政府主导模式下推动绿色信贷的路径,主要是通过各级金融监管机构层层下发文件,依监管层级按上级要求执行政策,自上而下纵向推动。监管机构推动活动与其监管职能重合,采取了窗口指导、现场和非现场检查等方式。

我们就银行社会责任问题,对G省原银监会辖区内22家银行或非银行金融机

⑤ See Virginia Harper Ho, Beyond Regulation: A Comparative Look at State-Centric Corporate Social Responsibility and the Law in China, Vanderbilt Journal of Transnational Law, Vol. 46(2), March 2013, pp. 388-418.

构的 113 名相关高级管理人员进行了问卷调查,对央行分行、银监局、大型国有商业银行分行和若干股份制银行的 30 余名有关人员进行了座谈和追踪调查,主要涉及绿色信贷问题、"两高一剩"企业贷款问题以及绿色信贷政策具体执行问题等。通过对 G 省银行业监管机构和大型国有商业银行的调查,我们发现绿色信贷推动呈现出如下状况⑥:

在目标方面,银行监管机构将推动绿色信贷理解为监管目标之一,如通过遏制"三高一剩"企业,维护金融安全。

在动力方面,监管机构推动绿色信贷的动力,主要是执行上级文件要求,也有创新业务增加竞争力的需求。

在范围方面,由于绿色信贷比较宽泛,需要寻找一个比较具体的抓手去推动,这个抓手主要是合规。这个"规"包括了法律还有规则,主要涉及对银行内审的监管。

在推进手段方面,主要通过央行分行和银监局的监管,将绿色信贷政策实施要求嵌入职责范围活动中。具体来说,央行方面包括制定地方政策和下发文件、贴息、规定贷款增速、贷款规模外进行独立核算、窗口指导、存款准备金的差额管理,以及征信建设等;银保监局方面包括现场检查和非现场检查、市场准入(对创新业务监管)、对机构进行评级(基本上侧重资产安全的质量方面)。

在具体实施方面,需要其他政府部门合作,环保部门的黑名单传达和监管部门环保联席会议制度等,是重要信息共享途径。

上述推动方式有的是硬性的,如下发文件、规定有关贷款增速、窗口指导、现场检查、市场或业务准入许可等;有些手段比较宽松,只是通知。有的属于服务型监管,如征信建设等;有的属于促进性的,如批准发行绿色债券等。

(三) 存在的问题

政府推动绿色信贷活动,主要存在以下监管问题:

其一,在缺乏明确政策界定的情形下,监管机构和商业银行均对绿色信贷概念和范围认识模糊。监管部门对是以市场手段还是行政手段推动绿色信贷不太明确。

其二,金融监管机构将推动绿色信贷作为监管或执法的一部分,一定程度上具有强制性,同时,因受制于金融机构提高绩效以及国有资产增值保值的压力,推动的强制性又有一定的折扣。受访者均认为政府监管的作用并不完全有效。例如,对于新业务,监管多是规定创新业务口径,以及诸如对合同文本、产品的设计、销售行为要求等,一旦经营考核压力增加,仍然产生违规问题,事后只能采取加强检查

⑥　调研结果属于笔者所承担的国家社科基金项目"金融机构的社会责任研究"(09BFX049)的课题成果的一部分。

力度的方式弥补。另一方面,监管机构也认为,银行毕竟还是以营利为目的,更加关注项目的营利性,也缺乏亲自评判项目的资源和动力。

其三,监管缺乏明确的规范和边界。所采取的手段中,有的是对现有政策"开口子",如对特定业务免除部分服务费,有的是采取对金融机构利益有利的做法以获得合作和实效,有的缺乏明确的法律依据。推动的方式有的是硬性的,如下发文件、规定有关贷款增速、对高管处罚和现场检查等,但有些手段比较宽松,只是通知;有的属于服务型监管,如清算、征信,有的属于限制性监管,如银监局对市场准入的监管、央行对业务准入的监管。推动绿色信贷政策实施,哪些内容应该予以引导、支持和促进,哪些应该进行强制性监管,缺乏清晰的界限。在监管中,还面临法规滞后问题。如何把握创新与合规之间的尺度等问题也困扰着监管者。

其四,监管效率受制于信息不透明。譬如,银监局参加的G省环保联席会议制度,对于收到的环保厅企业黑名单只是向同业公会转发,由同业公会通知会员银行,至于环评环节则由银行内部掌握,事中和事后并没有监督和考核,其效果难以保障。

其五,监管的中立性难以保障。一是与真正的非政府部门缺乏合作,银行同业公会与监管机构之间缺乏隔离,二是监管机构与国有背景强大的金融机构之间仍具有类似于行政上下级的关系。

其六,给予绿色信贷优惠政策(如再贷款、再贴息等),更能获得银行配合,但需要信息透明,防止"漂绿"等问题。

综上,监管范围和方式不够清晰,是政府主导推动绿色信贷的主要问题。需要明确政府推进方式的职责范围和法律边界。

三、监管手段的效果和法律边界

(一)对几种典型监管的考察

为了保证绿色信贷政策目标的实现,金融监管机构的推动方式,除了政策制定、宣传、引导、合作等软性手段外,更多是行政手段。以下对几种代表性监管手段进行考察。

1. 窗口指导

窗口指导,是指央行根据经济增长情况、物价变动趋势、金融市场的动向和一定时期货币政策的要求,以及前一年度同期贷款的情况等,要求金融机构按季度向央行申报贷款增加额计划,央行可以确认也可以削减所申报的贷款增加额上限,并要求它们遵照执行的一种做法。窗口指导的直接目的是通过控制贷款额度,影响银行同业拆借市场利率,保持信贷总量的适度增长,有时也指示贷款的使用方向。⑦ 尽管传统观点认为,窗口指导属于温和的、非强制性的货币政策工具,是一种劝谕式监管手段,只是一种"指导",但是实际上具有强制性效力。窗口指导有益于弥补其他货币政策的"时滞效应",有利于货币政策有效执行,有利于贯彻国家宏观调控意图。⑧ 因此,近年来政府推进绿色信贷实施中,通过窗口指导,要求商业银行贷款额度中必须有一定比例的绿色信贷。

调查发现,与其他手段如差额准备金调整相配合,窗口指导的强制性日趋加强,但执法标准不够明确,效果有限。受指导者为自己的利益抵制或变通实施有关要求屡见不鲜,主要原因是执行政策成本过高。由于缺乏足够的信息,商业银行是否将贷款发放到真正需要资金的绿色企业,有些也难以通过窗口指导发现并进行纠正。

2. 差别存款准备金

央行在2004年4月出台了差别存款准备金制度,即金融机构资本充足率越低、不良贷款比率越高,适用的准备金率越高;反之,存款准备金率越低。差别存款准备金制度主要是为了防止货币信贷总量过快增长,保持中国国民经济平稳快速健康发展。近年来,为保持货币信贷和社会融资规模合理增长,政府出台了对符合结构调整、满足市场需求的实体经济、普惠金融等贷款达到一定比例的银行适当降低准备金率的"定向降准"政策。

差别存款准备金制度实施直接收缩了商业银行流动性,具有警示效果,使风险类商业银行经营管理更为审慎。但实践中部分商业银行仍然存在资本充足率较低、不良贷款率较高、存贷款比例快速上升、中长期贷款比率和对流动负债依赖性比率明显超标、风险加权资产比率恶化等问题,央行差别存款准备金制度政策效应有待进一步观察。⑨

调查发现,差别存款准备金制度在全国一些地方用作人民银行分行惩罚未完成绿色信贷政策指标的行政工具,这种惩罚对于金融机构而言非常严厉,在经济上难以承受,具有很大的威慑力。货币政策手段的定向实施标准尚不够明确,是否应当适用于绿色信贷领域缺乏依据。

3. 现场和非现场检查

现场检查,是金融监管的常用手段,实际是一种直接的执法手段,具有临时性和强制性。调查发现,现场检查的效用仍有较大的局限性,难以具体到每一笔贷款、每一个个案上,如果检查过于频繁将影响银行经营。

---

⑦ 《窗口指导》,载中国人民银行网站,网址:http:/www.pbc.gov.cn/rmyh/109339/751933/index.html,最后访问日期:2019年12月20日。

⑧ 参见付俊文、赵红:《我国窗口指导货币政策工具的理论与实践》,载《中央财经大学学报》2008年第9期。

⑨ 参见《差别存款准备金率简介》,载《内蒙古金融研究》2011年第1期。

非现场检查,主要是指监管机构对银行业报送的各种数据、报表和报告,运用一定的技术方法就银行的经营状况、风险管理状况和合规情况进行分析,以发现银行风险管理中存在的问题,评价银行业金融机构的风险状况,包括合规和风险检查两类,目前是绿色信贷实施中的主要方式,但主要限于统计需要。由于绿色信贷范围不清,统计口径不一,现有统计数据有待甄别。

总之,强制性监管手段对于推进绿色信贷有一定的优势,有时候可以立竿见影,但效果的持久性问题有待解决。此外,行政手段对市场机制有较强的干扰作用,主观性强,成本高,无法从根本上解决问题,很容易造成快速反弹。[⑩] 而行政监管手段具有局限性,导致相关实践效果不佳。

(二) 监管手段的法律边界

第一,金融监管机构的推动方式应符合各自的职能范围。

根据《中国人民银行法》,央行被定位为国家的中央银行和宏观调控部门,肩负"制定和执行货币政策,维护金融稳定,提供金融服务"三大支柱职能。[⑪] 央行推动绿色信贷实施同样体现在三大职能上,鉴于绿色信贷实施主要是防范产业环境政策导致商业银行信贷风险,央行推行绿色信贷政策的主要内容在于维护金融稳定。维护金融稳定的职责应该有两层含义:一是防范金融风险,保持金融业整体协调发展;二是采取措施,化解系统性金融风险。央行做好维护金融稳定工作包含三个方面的内容:一是央行作为最后贷款人在必要时救助高风险金融机构,化解系统性金融风险;二是央行与金融监管部门共享监管信息,采取各种措施防范系统性金融风险;三是建立监管协调机制,协调监管政策和措施。[⑫]

原银监会官网列出的银监会的主要职责包括 16 项,银保监会监管工作的目的,是通过审慎有效的监管,保护广大存款人和消费者的利益;通过审慎有效的监管,增进市场信心;通过宣传教育工作和相关信息披露,增进公众对现代金融的了解;努力减少金融犯罪。[⑬] 银保监会系统推动绿色信贷,主要属于审慎监管范畴,与合规和风险控制相关。

总之,在监管职能范围内,绿色信贷推进工作的主要目标,是防范和化解金融风险,维护金融稳定。

---

⑩ 参见高存山:《宏观调控与微观干预——论市场经济条件下公权力的边界》,载《中国法学会行政法学研究会 2008 年年会论文集》(上册),2008 年,第 175 页。

⑪ 《中国人民银行法》第 2 条规定:"中国人民银行是中华人民共和国的中央银行。中国人民银行在国务院领导下,制定和执行货币政策,防范和化解金融风险,维护金融稳定。"

⑫ 参见秦菊香:《对中央银行维护金融稳定职能的思考》,载《金融教学与研究》2005 年第 4 期。

⑬ 《通过审慎监管保护消费者权益》,载人民网:http://finance.people.com.cn/stock/n/2012/0702/c222942-18419267.html,最后访问日期:2022 年 9 月 15 日。

第二,绿色信贷监管手段应有法律依据。

在我国宪法和法律的授权范围内,窗口指导和差别存款准备金是对传统货币政策的补充和完善,有利于我国金融市场的稳健发展,促进我国经济金融社会的和谐,具有合理性和合法性。但我国《中国人民银行法》中并没有把窗口指导和差别存款准备金列为央行的工作职责,致使该项工作缺乏明确的法律依据。将差别准备金作为行政惩罚措施,也超越了《行政处罚法》的规定和行政处罚的精神,也与央行职能有一定出入。

现场检查和非现场检查,是传统上以风险为本的监管手段,以经营、管理和合规情况为主要内容。将其加入绿色信贷监管内容,目前尚缺乏明确统一的具体标准。

窗口指导作为一种行政指导手段,其合法与否,关键是看是否符合依法行政的要求。有学者认为,随着现代市场经济的发展和法治的演进,人们对依法行政这一概念的认识,经历了由形式法治主义到实质法治主义的发展变化,对作为行政活动所依据的"法"理解逐步扩展。行政所合之法,还应包括习惯、判例、解释、法理、政策、道德等。行政指导作为行政机关在没有行政作用法(一类制定法)的具体规定时亦可实施的行为方式,是对传统依法行政的必要补充,其合法性已蕴含于现代依法行政理念之中。[14]

行政手段的使用,不仅应当合法,还应当合乎规律。从行政手段的表现形式看,行政手段来源于行政规制和行政监督。行政手段参与宏观调控有其客观的发生机理:有些源于市场自身缘故,譬如,抑制"潮涌"增长、补充市场缺失等;有些是政府自身问题所致,是为遏制宏观调控中政府自身的违法违规现象、纠正政策执行中的偏差而产生;还有一些出于长久的需要,如化解政策目标冲突、调控国有经济和公共经济以及遏制宏观调控中市场主体的违法违规现象等。[15] 目前在金融监管机构推动绿色信贷活动的过程中,存在超出行政手段使用的界限等问题。

根据国务院《全面推进依法行政实施纲要》的规定,行政机关实施行政管理,应当依照法律、法规、规章的规定进行;没有法律、法规、规章的规定,行政机关不得作出影响公民、法人和其他组织合法权益或者增加公民、法人和其他组织义务的决定。这是法律保留原则的充分体现。推进绿色信贷实施,需要相关立法对相关政府监管职责范围和具体方式予以明确。

---

⑭ 参见莫于川:《法治视野中的行政指导行为——论我国行政指导的合法性问题与法治化路径》,载《现代法学》2004年第3期。

⑮ 参见黄伯平:《行政手段参与宏观调控:实质、特征与原因》,载《中国行政管理》2011年第10期。

四、结语:对现有建议的评析

(一) 是否应当强化绿色信贷监管

对于如何解决绿色信贷实施不力的问题,一些学者提出了加强监管的建议。⑯从前述分析可见,目前的监管已经具有威慑力,所需解决的主要是监管本身的明确性和监管效果的持续性问题。

作为金融机构的社会责任,绿色信贷可以分为两类:一部分是必须履行的限制性绿色信贷,一部分属于倡导性的绿色信贷。前者如需要遏制的"两高一剩"企业贷款等,涉及贷款风险和审慎经营,属于合规监管对象。这部分贷款属于银行传统业务监管范围,已有相关立法为金融机构设定了最低标准,主要涉及金融机构的安全、稳健运行,保护消费者及债权人的合法权益,维护社会经济秩序的稳定等方面,具体包括一些数量性指标的设定(杠杆率、资本充足率、存款准备金率),规范经营、不得侵害金融消费者权益、严格遵守监管的要求以及健全内部管理体制、加强风险内控等要求。如果违反相关规定,银行需要承担相应的法律责任。对此类绿色信贷已有强制性规定,主要应完善现有的监管方式,如通过信息披露和信息共享等制度,增强监管的透明度和准确性。

倡导性的绿色贷款,主要是政府基于产业政策、生态政策对银行所作出的一些鼓励性和倡导性的规定,引导银行将贷款投向绿色环保项目,如绿色产业贷款、发行绿色债券、碳交易融资等,这部分绿色信贷不应强制,但有待出台明确具体的监管标准,防范借绿色之名牟利的问题,让能够获得政策优惠的绿色信贷名副其实。

(二) 如何保障监管手段的有效性

合法性是绿色信贷推进工作的保障,应明确金融监管机构推行绿色信贷的法律边界,如职责范围和具体推行方式等。在金融工作增加了绿色发展目标后,传统的以风险为本的监管目标和监管职能是否需要增加新的内容,值得进一步探讨。

此外,现有强制性的监管方式有一定的局限性,激励性的监管方式更值得推广。从国家层面的政策倾向、绿色信贷实践情况和监管机构执法边界看,确立适当的激励性制度以及保障激励性措施切实有效的信息透明度问题,应该成为立法方向。

---

⑯ 如陈鹏、逯元堂、高军、徐顺青:《我国绿色金融体系构建及推进机制研究》,载《环境保护科学》第42卷第1期。

美国联邦储备系统的民主正当性问题研究

程　迈*

摘要：美国联邦储备系统虽然主要采取市场行为来影响美国经济的走向，但是它实际上行使着巨大的政治权力。面对美联储这种巨大的权力，无论是在其人事安排还是权力行使方式上，却都存在着民主控制不足的严重瑕疵，尤其表现为美联储受到私人银行不成比例的巨大影响。在立法者迟迟不对美联储的治理结构进行改革的情况下，美国的司法机关又一直不愿以政治问题法治化的方式，处理美联储的民主正当性不足的问题，相反却利用了各种程序问题回避解决相关争议，尤其是有可能涉及货币政策的争议，并鼓励当事人优先利用国会立法等政治过程来解决分歧，使得美联储看起来像是美国"法治国家"中的一块法外之地。美联储这种特殊地位的产生，一方面是变化了的美国政治和经济背景，使得当初对美联储的各种控制机制设想在实践中落空，另一方面，美联储也在美国的宪法制度和政治体制的运作中，发展出了许多有利于保护自己独立地位的实践。

关键词：美国联邦储备系统　民主政府　法治国家　中央银行独立　货币稳定

美国联邦储备系统(以下简称美联储)无论对于美国还是世界的经济运行，都具有举足轻重的作用。但是美国宪法文本没有明文提及美联储，美联储领导机构中的一些成员也不是通过选举产生的。在民主国家、法治国家的背景中，行使国家权力的机关想要主张自身民主正当性，首先需要服从于人民的控制，这种控制主要借助选举制度表现出来，其次，需要在宪法中找到其权力来源依据。以这两个标准来看，美联储存在着明显的民主正当性瑕疵。

在美国的政治活动与宪法实施过程中，早已有针对美联储民主正当性的质疑，

---

* 程迈，南昌大学法学院教授。

例如美联储前联邦储备委员会(以下简称储备委员会)副主席布林德曾经为美联储的权力辩解称,美联储不服务于总统、国会、银行甚至经济市场,而是美国人民。[1] 在美联储的历史上,也存在着各种针对其民主正当性的诉讼。

美国是一个高度强调宪法至上、司法监督的国家。国家政治生活中的各种争议,都有可能转变成法律问题,并最终以立法改革或者宪法诉讼的方式给出明确的解决方案。令人意外的是,面对这些民主正当性的争议,美国一直没有对美联储的治理结构进行根本改革。这使得美联储在带着民主正当性瑕疵行使自己权力的同时,美国宪法规定的民主国家、法治国家等诸多原则在面临挑战。为了分析并解释这一令人困惑的现象,本文将首先分析美联储民主正当性不足的具体表现,然后研究美国司法机关回避处理这种正当性问题的态度和理由,最后将分析美联储这种特殊的地位是如何在美国的政治实践中形成的。

一、私有银行的代理人?

美联储的许多活动都采取市场操作方式,这会使人们认为,美联储从事的主要是私法意义上的市场活动,并不掌握多少公法意义上的政治权力,相应地既没有必要对其贯彻落实各种宪法价值和规则,也不需要讨论民主正当性的问题。但实际上美联储行使的是政治权力,相应地,对美联储在人事控制和权力行使中民主控制不足的现象,会引起很大的宪法争议。

(一) 美联储行使的是政治权力

美联储的活动主要涵盖货币政策、金融业监管和银行服务三个领域,其中在货币政策和金融业监管这两个领域,美联储的活动表现出很强的权力性。在金融业监管领域,美联储不独占该权力,尤其是在《多德—弗兰克法案》的改革之后,美联储更是成为了美国金融稳定监督委员会的一名成员,与其他联邦机构共同保证金融体系的稳定。美联储独一无二的决策权表现在货币政策决策和执行领域,尤其表现为通过各种市场干预活动,影响到美国乃至整个世界的金融市场和经济运行。

美联储的市场干预活动看似不是以命令的方式做出,不具有强制性,但是实际上具有强烈的单方性。当其买卖各种金融资产、采取量化宽松措施时,它可以创造出无穷的信用货币来支撑这些操作,这种操作能力的基础是法律赋予美联储垄断的信用货币的发行权,在其背后是国家政治权力的支持。[2]

凭借这种无穷的货币创造权,美联储不仅可以决定流通货币的数量,还可以通

① Alan S. Blinder, "Central Banking in a Democracy", *Federal Reserve Bank of Richmond Economic Quarterly*, Volume 82/4, Fall 1996.

② Sec. 16 Note Issues, *Federal Reserve Act*, 12 U.S.C. 411.

过公开市场操作实质影响各种市场指标,这些指标的变化都会直接影响到一个国家的经济状况,并间接影响公民的个人利益。如果我们认为所谓的政治权力,是指事先不需要征得一个政治共同体所有成员,例如一个国家所有公民同意的情况下,就能实现权力行使者意愿的能力的话,那么美联储无疑已经掌握了巨大的政治权力。

美联储掌握的政治权力的能量在金融危机时将尤其凸显出它的意义。在 2008 年金融危机期间,美联储采取的一些救助措施引起了许多争议,例如在救助了其他金融机构的同时,却没有救济雷曼兄弟,听任其破产③;在对金融机构提供大量援助的时候,却没有对因为无法偿还住房贷款而陷入困境的购房者提供救助。④ 美联储在做出这些厚此薄彼的决定时,或许有其"专业考虑"上的理由,但是要说服利益严重受损的当事人接受自己的命运,仅仅依靠晦涩难懂的专业理由还不够,美联储还需要说明它的行为符合宪法规定的民主政府、法治国家的要求。但是美联储在采取这些救助和不救助措施时,事先没有征得国会或者总统的同意,完全是自己一时的大胆创新,事后也没有任何国家机关来审查它的决定。⑤

虽然《美联储法》第 13. 3 条允许美联储在紧急状态下向陷入流动性危机的金融机构提供贴现贷款⑥,但是在 2008 年金融危机过程中,美联储的各种量化宽松、前瞻性指引措施,是否符合《美联储法》第 13. 3 条的授权却是不清楚的。实际上,事后出台的《多德—弗兰克法案》限制了美联储的紧急救助权力,要求美联储不能基于自己的判断就向单个机构提供救助,这些救助应当是美联储更广泛的救助项目的组成部分,事先需要得到美国财政部的批准。⑦

如果说对美联储在 2008 年金融危机中所作所为的争议,还可以勉强在专业争议的范畴内讨论的话,那么 2013 年,对于即将离任的美联储主席伯南克的继任者人选的争议,就是纯粹的政治争议了。当时在总统和参议院面前的两名候选人,萨默斯和耶伦,履历类似,都是著名的经济学家,都有丰富的政府行政工作经验。两者根本的区别,在于他们对于金融监管的严格程度、对通货膨胀的容忍度上的不同。⑧ 此时,总统与参议院显然重点考虑的不是两者的专业素质,而是其政治倾向了。

---

③ Peter Conti-Brown, *The Power and Independence of the Federal Reserve*, Princeton: Princeton University, 2016, p. 94.

④ Lawrence R. Jacobs, Desmond King, *Fed Power: How Finance Wins*, New York: Oxford University Press, 2016, p. 97.

⑤ Ben S. Bernanke, *The Federal Reserve and the Financial Crisis*, Princeton: Princeton University Press, 2013, p. 77.

⑥ Sec. 13. 3 Discounts for Individuals, Partnerships, and Corporations, *Federal Reserve Act*, 12 U. S. C. 343.

⑦ Sanjay Anand, *Essentials of the Dodd-Frank Act*, Hoboken: John Wiley & Sons, 2011, p. 74.

⑧ Democrats Push for Janet Yellen as Fed Chair after Summers Withdrawal, https://www.theguardian.com/business/2013/sep/16/janet-yellen-fed-chair-larry-summers, 2020-06-07 last visited

其实美联储的登场也更多的是政治决定而非学术研究突破的产物。虽然1907年的金融危机是促使美国国会决定建立永久中央银行的直接动因，但是一个稳定存在的中央银行，会让政府拥有极大的干涉经济活动尤其是金融市场活动的权力，这也是不争的事实。对政府干涉市场权力的厌恶，是使得当初的美国第二银行最终无法获得国会许可继续存在的重要原因。[⑨] 在美国两党制中，民主党对政府的市场干涉活动持更积极态度。1912年，民主党同时赢得了总统和国会两院控制权。这一政治背景是使得《美联储法》最终能够克服各种政治阻力、获得顺利通过的重要原因。[⑩]

（二）人事安排中的民主控制裂缝

在美联储行使的是政治权力的情况下，按照民主政府原则，行使这些权力的领导人需要由人民决定，或者由选民直接选举产生，或者由民选官员任命。美国最重要的国家机关，像国会、总统，其组成人员都是由选民选举产生的。那些不是由选民选举产生的行政机关和司法机关的重要官员，都需要经过总统提名、参议院批准。国家机关内部的下级官员，又需要由上级官员任命，表现为一种严密的民主控制链：在控制链的一端是行使国家权力的政府官员，在另一端则是受到国家权力影响的人民。但是在美联储的领导人事安排中却出现了例外情况。

美联储具有两个重要的决策机构，储备委员会和联邦公开市场委员会（以下简称市场委员会），其中市场委员会掌握着美联储系统进行公开市场操作的决定权。

储备委员会的7名理事都由总统提名、经参议院批准后就任[⑪]，民主控制链看似完整。市场委员会的12名委员中，除7名储备委员会的理事外，还有12家地区储备银行行长中的5名成员。纽约储备银行行长是市场委员会的当然成员，其他4名行长委员由其他11家地区储备银行行长轮流担任。这12家地区储备银行行长都不是由总统或者国会批准任命，而是由该储备银行的董事会成员选举产生，经储备委员会批准后就职。[⑫]

每家地区储备银行的董事会由9名成员组成，分为A、B、C三类，每类3人。A类与B类董事由该储备银行的成员银行选举产生，其中A类理事代表成员银行的利益，B类理事代表公众的利益，C类董事由储备委员会任命。B类和C类董事选举本储备银行的行长，经储备委员会批准就任。[⑬] 按照这种制度设计，民众没有直

---

⑨ Bray Hammond, The Second Bank of the United States, *Transactions of the American Philosophical Society*, Vol. 43, No. 1, 1953, pp. 80-85.

⑩ Allan Meltzer, *A History of the Federal Reserve* (*Volume 1: 1913—1951*), Chicago: The University of Chicago Press, 2003, p. 66.

⑪ Sec. 10, Board of Governors of The Federal Reserve System, *Federal Reserve Act*, 12 U. S. C. 241.

⑫ Sec. 12A(a), Federal Open Market Committee, *Federal Reserve Act*, 12 U. S. C. 263.

⑬ Sec. 4, General Corporate Powers, *Federal Reserve Act*, 12 U. S. C. 341.

接参与任命地区储备银行行长任命过程的制度渠道,至多通过 C 类董事和储备委员会的批准程序,施加一些微弱的影响力,民主控制链在此处出现了明显裂纹。

美联储体系从制度形式上看采取的是自愿会员制,其成员都是私有银行。按照上述规定,私有银行与储备委员会对各储备银行行长人选有相同的话语权。再考虑到 A 类董事的存在,私有银行在地区储备银行的运作中具有压倒性的影响力。而且地区储备银行的股份都是由私有银行持有,每位储备银行行长在参与市场委员会的决策活动时,势必要考虑这些私有银行的利益诉求。而且在市场委员会的活动中已经形成了惯例,由纽约储备银行的行长担任该委员会的副主席⑭,当市场委员会的主席即美联储主席不在场时,将由该副主席主持会议。⑮ 此时,一位受到私有银行巨大影响的人士将主导市场委员会的活动。

美联储法的立法者显然是希望利用储备委员会的 7 人多数地位,来压倒 5 名储备银行行长在市场委员会中的影响力,保证对市场委员会的民主控制。但是这种制度设想在现实中面临着两大挑战。

首先,所有 12 名储备银行行长都将出席市场委员会的会议,相对 7 名储备委员会理事具有话语权上的强势地位。其次,储备委员会的理事经常在任期到期前就提前辞职,使得在市场委员会集会期间,实际到场理事往往不足 7 人,有时甚至不足 5 人,无法形成相对储备行长的表决多数。例如在奥巴马总统任期内,有 58% 的时间储备委员会的理事不在市场委员会内占据多数地位。⑯ 在这种场合,民主控制链实际上已经断裂,私有银行的代表很有可能将主导市场委员会的决策活动。

而且美联储身负监管银行等金融机构之职,允许私有银行的代表决定美联储领导成员的做法,实际上是让被监管者可以决定监管者的人选。根据民主政府原则,人民有权通过选举决定国家机关的领导成员,然后再服从这些由自己选举产生的领导人的决定,以实现人民的自我统治。美联储行使的是针对整个人民的政治权力,在决定其领导成员时,私有银行拥有了相对于人民其他组成部分不成比例的更大影响力,这种情况很难称得上符合政治平等权等宪法原则的要求。

如果说市场委员会的人事安排在民主控制链上存在的问题是公开的,储备委员会的人事安排中的民主正当性瑕疵就较为隐蔽了。储备委员会是美联储体系的权力核心,在美国各类具有任期限制的政府官员中,其理事具有最长的任期:14 年;而且如果出现了某一理事提前辞职的情况时,接替该理事的新任理事可以将前任理事未完的任期合并使用,所以从理论上说,储备委员会的理事任期最长可以达

---

⑭ Peter Conti-Brown, supra note ③, p. 113.

⑮ Section 3 Chairman and Vice Chairman, *Federal Open Market Committee—Rules of Organization*, (As amended effective September 20, 2016)

⑯ Peter Conti-Brown, The Institutions of Federal Reserve Independence, *Yale Journal on Regulation*, Vol. 32, 2015, p. 305.

到28年。[17] 可以终生任职的联邦最高法院法官的平均实际任期约为16年[18],《美联储法》实际上赋予了储备委员会理事不逊于联邦最高法院法官的任期保障。

超长的任期在保障官员独立地位的同时,也有可能造成这些官员拥有了自行其是的资本。权力巨大的联邦最高法院法官就因为其超长的任期,经常引起对其民主正当性的争议,被认为其行使的是不受民主控制的专断性的权力。联邦储备委员会的理事因为任期问题面临的类似争议看似应当更大。不过在实践中,每名理事的平均任期只有6年[19],储备委员会的理事经常在任期届满前就提前辞职。理事经常提前辞职的情况,表明职位不保其实不是这些理事担忧的问题,这实际上反映出理事更大的独立性,反过来又将进一步加强人们对储备委员会脱离民主控制的担忧。

(三) 权力运行过程中民主监督的无力

美联储的民主正当性的不足不仅表现在其人事安排上,还表现在其权力的行使方式上,尤其表现为美联储在决策前后都具有相当大的独立性,既不需要事先征得其他民选机构的同意,事后也没有其他机构可以纠正其决定。

美联储的行事风格相当神秘,在做出决定前很少透露相关决策信息,甚至事后透露的信息也不多。这种不透明的做法甚至受到了法律的允许。例如美国《信息自由法》明确规定,金融监管机构的信息不在信息公开的范围内。[20] 在缺乏透明度的情况下,公众无法掌握美联储的实际活动情况,更谈不上对美联储实现民主监督和控制。

法律上的庇护没有消除对美联储透明度不足的指责,2008年的金融危机使得人们对该问题更加关注。[21] 面对着巨大的压力,美联储也开始缓慢地向公众开启释放信息的渠道,例如市场委员会开始发布对于经济前景展望的季报。[22] 但是这些信息公开活动一方面依赖于美联储的自律,公开的范围和内容都由美联储自行

---

⑰ Sec 10. 2, Members Ineligible to Serve Member Banks; Term of Office; Chairman and Vice Chairman, *Federal Reserve Act*, 12 U. S. C. 341.

⑱ FAQs—Supreme Court Justices, https://www.supremecourt.gov/about/faq_justices.aspx, 2020-06-09 last visited

⑲ Peter Conti-Brown, The Institutions of Federal Reserve Independence, *Yale Journal on Regulation*, Vol. 32, 2015, p. 288.

⑳ *Freedom of Information Act Statute*, 5 U. S. C. 552(b)(8)

㉑ John B. Taylor, *Recent Trends in Federal Reserve Transparency and Accountability*, Testimony before the Subcommittee on Oversight and Investigations Committee on Financial Services U. S. House of Representatives, July 14, 2015, https://web.stanford.edu/~johntayl/2015_pdfs/HFSC_O_and_I_subcommittee-testimony-July-14-2015.pdf, 2020-06-11 last visited

㉒ Janet L. Yellen, *Revolution and Evolution in Central Bank Communications*, Speech at the Haas School of Business, University of California, November 13, 2012, https://www.federalreserve.gov/newsevents/speech/yellen20121113a.htm, 2020-06-11 last visited

决定;另一方面,这些信息公开活动多发生在美联储已经采取相应的行动之后,对于人们事先预期美联储的行动帮助有限。

美联储各地区储备银行的 A 类和 B 类董事会成员,是私有银行影响美联储决策过程的代理人;对于这些董事的人选,尤其是 B 类董事会成员,《美联储法》特别规定它们需要考虑到工农商业、服务业、劳工和消费者的利益㉓,这些规定的立法目的显然是防止美联储在决策过程中只关心银行等金融机构的利益,对其他社会利益诉求考虑不足。立法者显然更多地希望美联储能够从公共利益出发,扮演对金融机构的监管者的角色。

但是事实证明,尤其是 2008 年的金融危机显示,美联储与其说是对金融市场的监管者,还不如说是银行业的领袖。在危机之中,美联储更多的是从整个金融机构的集体利益出发,做出最有利于保持金融体系稳定的决策,在此基础上保证国家经济的平稳恢复过程。它第一位考虑的是金融体系的利益,国家经济利益的实现是金融体系稳定后的产物。在危机中,美联储决定是否提供救援的重要标准是相关机构是否具有"系统重要性",即对整个金融体系是否具有重要影响。㉔ 至于广大深陷债务危机的房屋所有者,就更不具有系统重要性,不位于金融机构的核心利益范围内,因此在危机中美联储对他们提供的直接援助非常有限。

而且美联储的独立性与司法机关的独立,例如美国联邦最高法院的独立,具有本质差别。美国联邦最高法院在作出某项判决的前后,也没有其他国家机关可以对其进行制约,但是联邦最高法院的判决过程是在美国发达的判例法框架内进行。在遵循先例原则的要求下,联邦最高法院需要表明自己的决定是既有判例确定的各种规则演变的结果。《美联储法》没有对美联储规定详细的行动规则,例如当国家的通货膨胀率达到事先确定的指标后,美联储需要采取一定的干涉活动。美联储自身也没有建立这样的"先例"体系,是否采取行动或者不行动完全由其裁量判断决定,表现为"无规则"的独立。

二、司法机关采取高度克制回避态度

在立法机关的不作为中,美国的司法机关也表现出了高度的克制态度。美国联邦最高法院甚至都没有启动过对相关案件的审判,所有的判决都是由联邦地区和上诉法院作出,并且确立了三项基本原则,其作用都是限制司法机关对美联储作为的监督。

㉓ Sec. 4(11)-(12), *Federal Reserve Act* 12 U. S. C. 302.

㉔ Michael D. Bordo, The Federal Reserve's Role: Actions Before, During, and After the 2008 Panic in the Historical Context of the Great Contraction, in Martin Neil Baily & John B. Taylor (ed.), *Across the Great Divide: New Perspectives on the Financial Crisis*, Stanford: Hoover Institution Press, 2014, p. 117.

(一)私人当事人不具有诉讼资格

在1964年的布莱恩诉联邦市场委员会案中,原告布莱恩以普通公民的身份提起诉讼。布莱恩持有一些美国政府债券,他要求禁止市场委员会在公开市场上买卖美国政府债券,因为这会影响到这些债券的价值,相应地影响到布莱恩的利益。布莱恩指出,市场委员会使用的资金没有获得美国国会的批准,而美国《宪法》第1条第9款第7项规定,在法律规定的拨款外,不得从国库提取款项。布莱恩还指出,市场委员会中有5名成员不是通过公开宣誓任职,存在着违宪嫌疑。法院驳回了原告的诉讼请求。

法院指出,市场委员会本身不从事公开市场操作,从事公开市场操作的是接受美联储指令的地区储备银行。[25] 在进行公开市场操作时,地区储备银行利用的是自己的资产,不是联邦财政拨款,市场委员会本身也不会从这些公开市场操作中获得资金,而且地区储备银行的这些市场活动都受到了《美联储法》的明确授权。

法院认为,原告没有证明自己受到了特别的损失,不具备诉讼资格。原告在其持有的债券到期后,依然可以获得清偿。原告主张的只是自己的短期投机利益损失,这种损失的确是市场委员会决策的结果,但是美国政府债券的所有持有人都要承担这种损失,原告承担的损失与他人完全相同。原告更应将自己对美国货币政策的看法告知国会,司法机关不适合处理原告提出的此类性质争议。[26]

布莱恩案在没有讨论市场委员会组成是否合宪的情况下,法院就以没有特别损失、涉及抽象政策争议这两点理由,封死了普通公民对市场委员会宪法地位提起诉讼的渠道。不过在这份判决中,法院承认了市场委员会在从事公开市场操作时是在行使政治权力,为将来的宪法诉讼留下了可能。

为了回避私人当事人在诉讼资格方面存在的问题,13年后,1名美国众议院议员罗伊斯,同时以国会议员和普通公民的身份,针对市场委员会组成的宪法问题提起了诉讼。本次诉讼进入到了二审程序,二审判决由美国哥伦比亚特区联邦巡回上诉法院做出。

(二)政治问题优先以政治方式解决

在罗伊斯案中,上诉人罗伊斯认为,市场委员会中的5名地区储备银行行长成员,没有根据美国《宪法》规定的由总统提名、参议院批准的程序[27],因此这5名成员的任职情况,乃至整个市场委员会的构成是违宪的。因为罗伊斯只是众议院的

---

[25] Sec. 12A(b), Participation of Reserve banks; regulations of Committee, *Federal Reserve Act* 12 U. S. C. 263.

[26] *Bryan v. Federal Open Market Committee*, 235 F. Supp. 877 (D. Mont. 1964)

[27] 美国联邦《宪法》第2条第2款第2项规定,美国政府的大小官员原则上由总统提名并经参议院批准任命,对于低层级的官员,也需要通过总统或者高级政府官员任命。

议员,按照美国宪法的规定,众议院不参与对政府官员的任命,但是可以启动对政府官员的弹劾,所以罗伊斯提出,目前市场委员会中这 5 名储备银行行长成员不受弹劾程序的制约,损害了他作为众议院议员的弹劾权利。[28] 罗伊斯认为,在市场委员会的人员组成违宪的情况下,它却调控着国家的金融和商业活动,而这部分权力本来属于国会,所以公开市场委员会也侵犯了罗伊斯作为国会成员的这些权力。至于其以普通公民身份提出的诉讼请求,罗伊斯再次提出了类似于布莱恩的主张,即市场委员会的行为对其财产利益造成了损失,相当于不经正当程序就剥夺了其财产。

同布莱恩案一样,法院不认为罗伊斯作为普通公民在持有美国政府债券时,因为市场委员会的操作而受到的利益损失,具备诉讼资格。而且没有证据表明,市场委员会的所有成员都由总统提名、参议院批准任命后,罗伊斯就不会遭受这些损失,所以法院驳回了罗伊斯作为普通公民的诉讼请求。

至于罗伊斯以众议院议员身份提出的诉讼请求,法院承认,罗伊斯弹劾政府官员的权力受到损害的事实,有可能成为具备诉讼资格的理由。但是法院认为,这种可能性在本案中没有转化成现实性。法院提出,目前的制度安排,不会阻止众议院针对市场委员会中的这些储备银行行长启动弹劾程序。罗伊斯实际上是在向法院寻求咨询意见,询问是否可以弹劾这些地区储备银行行长,但提供意见不是法院应当做的事情。

至于这 5 名成员不是由总统提名、参议院任命产生的问题,法院指出,上诉人过去已经在国会中提出了修改《美联储法》的议案,建议所有的市场委员会成员都由国会批准产生,但是没有通过。这一事实证明,争议的源头在于他与国会其他成员的不同意见,而不是目前市场委员会的组成方式。

至于市场委员会侵犯了国会调控金融和商业活动权力的问题,法院指出,即使市场委员会中的所有委员都是以总统提名、参议院批准的方式任命,这也不能保证市场委员会做出不同于目前的决策。[29]

通过对布莱恩案和罗伊斯案的比较人们可以看到,在两个案件中的法院都回避了讨论市场委员会的组成是否合宪的问题,更多的是从当事人的诉讼资格这种程序问题入手。而且在罗伊斯案中,法院已经表现出将市场委员会的人员组成问题作为政治问题对待的倾向。对于此类问题,美国各级法院一直倾向于不介入干涉。

三年之后,一名美国国会参议院议员里格尔继续推进了对市场委员会组成合宪性问题的诉讼。基于参议院对政府官员的任命权,里格尔提出市场委员会中 5 名地区储备银行行长成员的任命方式,损害他作为参议员的任命权,里格尔要求法

㉘ *Reuss v. Balles*, 584 F. 2d 461 (D. C. Cir. 1978), 465.

㉙ *Reuss v. Balles*, 584 F. 2d 461, 468.

院禁止这5名行长在市场委员会中参与决策投票。

这一次法院终于承认了上诉人具有诉讼资格,承认里格尔的官员任命权受到了侵犯。但是法院指出,侵犯里格尔任命权的不是这5名行长委员,而是任命这5名行长委员会的各地区储备银行和董事会。不过法院慷慨地判定,里格尔错误指定了被上诉人的情况,不会立即否定其获得司法救济的资格。

但是法院左手交给里格尔的东西又被它右手收了回来。法院接下来指出,当国会议员向法院寻求救济时,只有当这名国会议员证明,在国会的立法过程中,他无法通过政治过程对自己利益受损的情况获得救济时,法院才会考虑提供救济。法院通常不会介入立法机关内部的政策争议,这是分权原则的题中应有之义。实际上自1933年以来,就一直存在着关于私有银行控制了市场委员会的争议,禁止这5名行长委员投票权的问题是该争议的重要组成部分。如果仅仅因为一名立法机关的成员不能说服他在立法机关中的同事,法院就轻易介入立法机关的内部争议,就会使得法院成为了立法机关之上的更高级的立法机关。只有在1名国会议员证明了他无法通过立法机关内部的决策机制,将自己的主张表述出来时,司法机关才会介入,但本案没有达到这样的程度。于是同样在没有进入到对案情的实质审查前,法院就驳回了里格尔的上诉请求。[30]

(三)回避介入货币政策争议

里格尔案在普通公民当事人的诉讼资格上表现出了一定的松动态度,提出如果当事人证明自己实质利益受到了市场委员会操作的损害,而且这种损害具有充分的特殊性时,该当事人也许将具有诉讼资格。[31] 四年之后,一个非营利组织,货币改革委员会,联合了超过800家公司和个人,针对市场委员会提出了集体诉讼,上诉受理法院还是哥伦比亚特区联邦巡回上诉法院。

当时美联储正采取着强硬的紧缩货币政策,以纠正20世纪70年代以来美国持续居高不下的通货膨胀率。美联储的强硬政策造成了利率大幅上升和经济萧条,使得这些当事人承担了沉重的经济损失。这些当事人以此为由,提起了诉讼。与布莱恩案不同,这些上诉人不再主张不确定的政府债券收益下降的损失,而是实实在在的经济损失。而且上诉人特别提出,因为这5名行长委员受到了私有银行的极大影响,所以在利率问题上他们显然会偏向于银行,支持高利率政策。

法院承认这800多名当事人有可能承受了特别重大损失,但是又在因果关系问题上做出了保守解释。法院指出,5名行长委员在市场委员会中只占据少数地位,他们能否决定市场委员会的态度,这一点是不明确的。即使这5名行长委员被由总统提名、参议院批准的委员替换,此后市场委员会是否就会采取不同的政策、

---

[30] *Riegle v. Federal Open Market Committee*, 656 F. 2d 873 (D. C. Cir. 1981).

[31] *Riegle v. Federal Open Market Committee*, 656 F. 2d 873, 881.

使得这些当事人免受经济损失,这一点也是非常不明确的。而且这 800 多名当事人不是市场委员会权力的直接作用对象,他们的损失是由市场委员会的政策间接影响造成。如果允许受到国家权力间接影响的当事人都可以向法院寻求救济,那么法院势必要处理一些非常抽象的政策问题,而这些问题应当留给其他政府机关来判断。基于这些理由,法院再次判定上诉人不具有诉讼资格。法院强调,在里格尔案中,法院只是说相应的当事人"有可能"而不是一定具有诉讼资格。[32]

货币改革委员会案判决后,无论是普通公民还是国会议员质疑市场委员会组成合宪性的渠道实际上都已经被封死。如果法院本身不否定以前的判例,在现有的判例法框架内,任何当事人都不大可能再对市场委员会的合宪地位做出有实质意义的挑战。

三、"法外之地"的形成过程

私有银行对美联储过强的影响力有违美国《宪法》规定的民主政府原则,但是美国的立法机关一直没有修改《美联储法》,堵上这一漏洞。美国司法机关的高度克制态度,又使得对美联储合宪地位的争议,失去了政治问题法治化解决的可能,这些都使得美联储看起来是美国宪法框架内的一块法外之地。但是令人有些意外的是,在带着这种明显的民主正当性瑕疵的同时,美联储却始终获得了美国民众比较高的支持度。在特朗普任期内,当美联储与特朗普在是否要实行宽松的货币政策发生冲突、特朗普一度称美联储是对他最大的威胁的时候[33],美联储依然享受着美国民众很高的支持度,在所有的美国政府机构中排名远远领先,甚至在联邦调查局、美国环保局机构之前。[34] 这种令人困惑现象的产生、这块法外之地的存在,既有着复杂的历史背景,又与美联储运作中的各种实践做法分不开。

(一) 针对美联储的控制机制设想的落空

1913 年美国国会建立美联储时,没有向美联储系统中注入一分钱的预算资金,各地区储备银行的准备金都是来源于各地区储备银行成员银行的投资。[35] 作

---

[32] *Committee for Monetary Reform with Various Other Plaintiffs*, *appellants*, *v. Board of Governors of the Federal Reserve System*, *et al*, 766 F. 2d 538 (D. C. Cir. 1985).

[33] Escalating Attack, Trump Calls the Federal Reserve His "Biggest Threat", https://www.pbs.org/newshour/politics/escalating-attack-trump-calls-the-federal-reserve-his-biggest-threat, 最后访问日期:2020 年 12 月 22 日。

[34] 根据盖洛普的民意调查结果,2019 年 4 月,有 18%的美国民众对美联储的工作不满意,而对美国联邦调查局的不满意度为 20%,https://news.gallup.com/poll/27286/government.aspx,最后访问日期:2020 年 12 月 22 日。

[35] 79 Cong. Rec. 11778 (1935), cited from *Riegle v. Federal Open Market Committee*, 656 F. 2d 873, 876.

为一个拥有深厚的自由市场传统的国家,在私有银行为美联储体系的建立做出了巨大贡献的情况下,不允许私有银行在美联储体系中拥有表述自己利益的制度渠道,这显然将很难为私有银行接受。这就使得美联储在登上历史舞台的时候,就需要在一定程度上扮演银行利益代言人的角色。

至于美联储没有采取其他国家,例如英国的英格兰银行的集中统一的中央银行体系的做法,这也与美国宪法的联邦主义结构有关。美国第二银行的许可无法得到延续,其后近八十年的时间里美国无法效仿瑞典、英国等欧洲国家建立一个中央银行,其中最大的阻碍是各州担心建立一个集权的中央银行,将标志着联邦权力的扩张,阻碍各州银行业的发展。[36] 在没有建立集中管理的中央银行的情况下,国会也就没有理由利用公共资金向中央银行投资,并以此为由获得对中央银行的控制权。

而且在美联储建立之初,采取的是真实票据原则和金本位原则,受到这两项原则的限制,美联储的公开市场操作和再贴现贷款行为都会受制于市场供求情况,极大限制了美联储无中生有创造信用货币的能力[37],使得国会和总统看起来既无必要也无可能直接干涉美联储的活动。实际上,美国国会建立美联储的直接动因,是防止再出现 1907 年的金融危机,希望美联储能够扮演一个在金融危机时刻的最后贷款人角色,以防止美国金融市场的周期性动荡,而不是干涉金融市场的运作。[38] 在这种制度设计初衷中,《美联储法》最初的立法者也不会以限制美联储的权力为主要目的。

但是在美联储成立后美国的金融发展史中,伴随着金融制度的创新和美国国际国内经济形势的变化,真实票据原则和金本位原则都被抛弃。[39] 这两项原则被废除后,通过市场机制来制约美联储权力、尤其是其信用货币发行能力的可能性已经不复存在。

在人事独立之外,美联储还享受着预算独立的地位,不需要依靠国会的拨款来维持自己的运作。当美联储的公开市场操作活动在历史演变中规模越来越大后,美联储也从这些市场活动中获得了大量的收益。这些收益不仅可以覆盖美联储的行政开支,还会形成大量的盈余。

按照《美联储法》的规定,储备委员会可以向各地区储备银行收费以支持美联储系统的行政开支[40],但是没有提及公开市场操作收入的情况,因为当时的立法者

---

[36] 有关建立美联储的过程中的妥协过程,尤其是民主党和共和党在美联储体系的集权程度、地区储备银行的参与权等问题上的拉锯战过程的描述,可以参见:Peter Conti-Brown, supra note ③, pp. 20–22.

[37] Allan Meltzer, supra note ⑩, p. 70.

[38] Peter Conti-Brown, supra note ③, p. 17.

[39] Allan Meltzer, supra note ⑩, p. 688.

[40] Sec. 10 (3) Assessments on Federal Reserve Banks, *Federal Reserve Act* 12 U. S. C. 243.

没有设想在抛弃真实票据原则和金本位原则后,美联储会在公开市场操作领域表现出如此巨大的能量。目前美联储的实践是将这些盈余都交付给美国财政部[41],但是美联储的预算独立地位则在实践中获得了充分的保护,这是在美国政府机构中独一无二的情况。

(二)确立美联储独立地位的政治实践

在美联储登上历史舞台的一个世纪的时间里,最初的制度框架没有发生根本性的改变,使得美联储在带着民主正当性瑕疵的同时,成为了世界上最具有独立性的中央银行之一。美国司法机关在处理美联储民主政治性瑕疵问题的克制和保守态度,与其长期以来奉行的不介入国家政策争议、不扮演政策咨询人的立场有关,在对待美联储的问题上没有表现出特别的不同之处。但是美国国会的视而不见的态度却有些令人困惑。造成这种局面的原因错综复杂,其中很多来自于制度实践的影响。

第一,美国宪法的分权制衡结构为美联储的独立留下了空间。美联储的行动往往影响整个宏观经济环境,而不是对特殊经济活动领域进行调控。美国国会的成员通过选举产生,出于政治利益的考虑,这些国会成员更多地将注意力集中在资源分配问题上,例如为自己所在选区谋取实实在在的利益,对货币政策这种宏观政策问题,他们关注的兴趣有限。[42] 对于美联储的决定,总统要比国会感兴趣得多。而且如果国会决定加强对美联储的控制,势必也会赋予总统对美联储更大的干涉权,对国会而言这意味着总统权力的扩张。面对这种可能性,国会自然更不愿意制定各种限制美联储权力的措施。美国宪法的分权结构,使得美联储有了在各权力机关的博弈缝隙内,寻找到自己独立立脚点的机会。

第二,美联储一直非常小心翼翼地回避会招致国会和总统强烈反应的决定,甚至拒绝扩大自身的权力范围。早在20世纪70年代,当时的国会在讨论如何加强对银行业的监管措施时,有一个方案就是将美国境内银行的监管权都收归美联储的手中,但是美联储强烈反对。因为这种改革方案表面上看将扩大美联储的权力,但是实际上意味着美联储以后会因为银行监管事务而受到国会更多的制约,在损害美联储独立地位的同时,使得美联储表现出更强的政府机关色彩。实际上在2008年的金融危机之后,《多德—弗兰克法案》削减了美联储对银行业的监管权力,使得它需要同其他联邦政府机构共同行使该权力。[43]

为了防止引起国会和总统强烈反应,美联储也尽量不参与对市场资本的直接

㊶ Ben S. Bernanke, *The Federal Reserve and the Financial Crisis*, Princeton: Princeton University Press, 2013, p. 108.

㊷ J. Kevin Corder, *Central Bank Autonomy: The Federal Reserve System in American Politics*, New York: Garland Publishing Inc., 1998, p. 9.

㊸ Lawrence R. Jacobs, supra note ④, Press, 2016, p. 43.

再分配的决策活动。虽然美联储的一些公开市场操作,例如购买美国政府短期债券,会使得这类资产受追捧,也会产生一定的指引市场资本再分配的作用。但是美国政府短期债券流动性强、在不同经济部门间分配资本的作用不明显,而且在进行此类操作时,美联储采取的是公开市场买卖的方式,只会间接影响到市场利率走向,需要其他市场参与主体的配合才能实现其调控目的。这种策略也可以减轻人们对美联储直接干预市场的指责。历史上美联储也从来没有采取过直接规定利率的做法。

国会没有限制过美联储可以购买的金融资产的类型,历史上有些总统曾经劝说美联储购买美国政府债券以外的特定资产,以实现向特定经济领域注资、对市场资本进行再分配[44],但是美联储一直回避采取这样的行动,以免卷入各种利益冲突之中。

面对美联储的这种回避态度,国会创建了许多专门贷款发放机构,例如房地美、房利美,以直接引导信贷走向,起到了绕过美联储引导市场资本分配的作用。在美联储尽量不直接干涉市场资本流向、国会又具有自己的信贷引导渠道的情况下,国会干涉美联储的欲望自然进一步下降。[45]

第三,在国会缺乏对美联储的调控欲望的同时,美联储的决策活动对于总统却经常具有实际利益。美联储的宽松或者紧缩政策,会直接影响到总统经济政策的实现。从制度形式上看,总统没有直接干涉美联储日常决策的权力,但是在实践中,总统与美联储,尤其是美联储主席,实际上保持着重要而频繁的沟通,对美联储的决策施加着很大的影响力。如果美联储与总统公然对抗,会引发政治危机,反过来刺激国会采取行动改变现有的美联储治理结构。但是在实践中,美联储与总统在货币政策上形成了一定的默契,避免了两者的冲突。

第四,美联储的历史表现优秀也使得国会与总统容忍了它的独立地位。1979年卡特总统提名沃尔克担任美联储主席,美联储随后采取强硬手段,将美国多年来居高不下的通货膨胀率降低到5%以下,但也造成了利率大幅上涨和经济短期萧条的后果,其间里根总统所在的共和党在国会中期选举中惨败,但是总统依然容忍了美联储的强硬阵线。[46] 其后在格林斯潘担任美联储主席近二十年的时间内,美国经济无论经历了怎样的波动,其通货膨胀率始终保持在4%以下较小波动,美国的经济活动也享受了币值稳定的各种利益。面对这些历史经验,美国政界在货币政策的核心领域,尤其是保持低通胀率的问题上不存在着实质争议。[47] 所以人们会看到,100年前,当美联储创立的时候,金融危机是一个高度政治化的话题,但是在2012年的总统选举过程中,影响还远未消除的2008年金融危机,却没有成为竞选

---

[44] J. Kevin Corder, supra note [42], 1998, p. 91.

[45] Ibid., p. 147.

[46] Peter Conti-Brown, supra note [3], p. 53.

[47] Lawrence R. Jacobs, supra note [4], p. 65.

活动的核心话题。特朗普总统上台之后,为了创造经济繁荣的表象,不断攻击美联储的各种逆周期调整措施,但是就美联储的治理结构本身还没有提出系统化的改革措施。在新冠疫情之中,美联储的一系列救助举措,又使得双方的关系大大缓解。[48]

第五,美联储本身的政治能量不应被小觑。首先,当美联储有意无意充当美国银行业的领袖而不是它们的监管者的角色时,美国的银行业界自然会全力支持美联储,而银行业在美国政坛上显然具有很强的游说实力。其次,《美联储法》规定 12 家地区储备银行的董事会成员中,应当包括代表公共利益的董事,该规定的本意是要求地区储备银行不能只考虑银行业的自身利益,但是实施的后果却使得地区储备银行能够将银行业之外的社会精英也吸收入董事会,建立了广泛的社会联系网络,扩展了美联储的社会政治支持基础;任何触动既有美联储体制的举措,尤其是像削减地区储备银行发言权的改革,都会招致社会各方面强有力的反对。[49]

第六,美联储主席在与总统的博弈过程中也形成了对自己有利的地位。按照《美联储法》的规定,美联储主席从储备委员会理事中产生。虽然《美联储法》没有赋予美联储主席相对储备委员会其他理事的特殊地位,与美国联邦最高法院的院长一职非常类似。但是与最高法院的法官任职非常稳定的情况不同,储备委员会的其他理事,甚至包括地区储备银行的行长多存在着提前离职的现象,美联储主席一职却是高度稳定的。美联储主席的一届任期虽然只有 4 年,与总统任期长度一致,但却没有任职次数限制,这使得现任主席永远会是总统任命下一届主席的当然人选之一。现任主席代表着美联储正奉行的货币金融政策,主席人选的变动难免会引起金融市场至少是短期的动荡,这使得现任主席往往成为首选人选。于是,自 1935 年美联储改革强化储备委员会地位以来,10 位美联储主席中有 6 位主席被不同的总统续任,其中有 5 位是被来自不同政党的总统续任[50],表现出总统对美联储主席的极大尊重。在这种尊重中,美联储的独立地位也会被爱屋及乌地保护。

第七,美联储在带着民主正当性瑕疵的同时,却有效地维护了自己的独立地位,这或许也与它长期以来看似优秀的表现有关。而且目前无论是在学术研究还是政治讨论中已经形成了共识,认为加强对中央银行的政治控制,会损害一国货币币值的稳定。[51] 对美联储组织结构进行伤筋动骨的改革、消除美联储民主正当性上的瑕疵,这样做一方面很难让美联储的表现锦上添花,另一方面却有可能会对美

---

[48] Trump: Getting "More and More Happy" with Fed Chair Powell during Pandemic, https://www.reuters.com/article/us-usa-fed-trump-powell/trump-getting-more-and-more-happy-with-fed-chair-powell-during-pandemic-idUSKBN242777, 2020-07-05 last visited

[49] Peter Conti-Brown, supra note ③, p. 123.

[50] Ibid., p. 190.

[51] 有关中央银行独立地位对保持经济平衡发展的一个实证研究,可以参见:John Maloney, Andrew C. Pickering and Kaddour Hadri, Political Business Cycles and Central Bank Independence, *The Economic Journal*, Vol. 113, No. 486, Conference Papers (Mar., 2003), pp. C167-C181.

元的币值稳定并最终给经济活动带来动荡。在这种权衡中，国会很难下定决心，对美联储的既有组织结构进行根本性的改革。

四、结　　语

在美国目前充满情绪化的政治活动中，美联储的组织结构与权力行使方式上的民主正当性瑕疵问题却很少触及，使得该问题似乎成为了美国民主政治中的一片盲区。美联储长期以来的确表现优秀，但是人们其实也不应忘记，在美联储不长的历史中它也犯过许多错误：未能阻止1929年美国大萧条的爆发，在20世纪70年代迟迟不能对美国的滞胀局面做出有效回应，对2008年美国金融危机的爆发也有不可推卸的责任。在这些危机的发展过程中，美联储也曾经面对过各种严厉的批评[52]，但是在危机之后，一切又风平浪静。如果说复杂的专业知识和低调的行事作风，使得普通民众即使对美联储不满，也不知道如何切中要害批评，事过境迁就淡忘了其中的问题，那么那些深谙中央银行机制玄妙的政治精英，也一直不染指美联储既有的组织结构，那只能解释为有意为之的结果。

与联邦最高法院的独立地位获得了美国《宪法》的有力保护不同，美联储的独立本身很难找到宪法条文的支持基础，其独立地位的产生，更多的是美国政治实践的产物。这种现象的产生似乎再一次验证了，美国的民主政治和宪法实施过程，不是简单的多数决过程。在一些多数决原则的适用有可能会带来消极影响的领域，适当地排除多数决原则的影响力，由一些“专断的权力”为国家做出决定，似乎对于实现美国的整体国家利益会更有帮助。

但是美联储制度是否属于应当排除多数决原则过度影响的领域，美联储在带着民主正当性瑕疵的同时却能回避实质改革的现象，这究竟是美国政治实践对多数决原则有益限制的结果，还是它在一些触及重大既得利益的问题上无力改革的表现，对于这些问题，人们还需要进一步观察和研究。例如，2020年在新冠疫情之中，美联储的各种举动使得人们感觉它更像是一个政治决策机关而非技术官僚机关，例如美联储同财政部在是否需要对国家经济活动提供大规模救助措施的问题上，表现出了明确的政策分歧。[53] 随着美国国内政治的发展，尤其是近年来美国政治活动中民粹主义倾向的抬头，再考虑到未来美国经济形势的变化，美联储是否还能在带着民主正当瑕疵的同时安享自己的独立地位，这一点也是需要人们继续观察的。

---

[52] 关于反对美联储独立地位的主张的介绍，可以参见〔美〕米什金：《货币金融学》（第11版），郑艳文、荆国勇译，陈雨露校，中国人民大学出版社2016年版，第257页。

[53] Legacy on the Line, Mnuchin Gambles by Ending Fed Programs, https://www.nytimes.com/2020/12/09/us/politics/steven-mnuchin-treasury-fed-programs.html，最后访问日期：2020年12月22日。

乡村振兴背景下的农业政策性银行立法进路

周昌发*

摘要：乡村振兴战略是我国城乡融合发展、实现中国社会主义现代化强国的国家战略，长期以来，囿于我国经济体制、金融体制等影响，城乡发展不均衡，形成二元差距格局。乡村振兴建设离不开金融的鼎力支持，而受金融"逐利性"的特质制约，依赖于商业性金融的自发市场调节很难将农村发展的金融资源配置到位，需要政府通过政策性金融的引领发挥作用。当前，我国农业政策性银行的立法定位、内部组织结构、资金来源、业务范围等都没有立法的保障。本文分析了法律制度持续性、稳定性的引导功能，结合农业政策性银行支农存在的问题，从立法模式的选择、法律地位、业务范围、法律责任等方面提出具体立法建议。

关键词：乡村振兴　农业政策性银行　政策性金融　立法

乡村振兴是推进我国城乡融合发展的重大战略，是实现中国农业现代化发展的重点环节。乡村振兴离不开金融的支持，而商业性金融的"逐利性"决定了其热衷于乡村建设具有天然的缺陷，需要发挥政策性金融的引领和保障作用。在我国，服务乡村振兴的政策性金融机构主要是中国农业发展银行（以下简称农发行）。目前，经济学界、社会学界从各维度研究了农业政策性银行在支持"三农"发展和乡村振兴方面存在的问题，很多学者是从金融学视角提出了一些如何引导资金到农村的建议和意见；也有一些学者是从政治学、行政学角度提出了政策实施的建议。这些研究成果体现了学者们对乡村振兴建设的学术关切，为深入研究农业政策性银行支持乡村振兴的立法问题提供了借鉴参考。如何通过农业政策性银行在立法上的功能引领金融资源向农村回流是一个非常值得研究的主题。

---

* 周昌发，法学博士，云南大学法学院副教授，硕士生导师。

本文系国家社科基金重大项目"开放经济条件下我国虚拟经济运行安全法律保障研究"（项目编号：14ZDB148）、云南省社科规划项目"股权众筹法律规制研究"（项目编号 YB2017035）的阶段性成果。

一、农业政策性银行服务乡村振兴现况及价值

(一) 农业政策性银行服务乡村振兴现况及存在的问题

1. 农业政策性银行服务乡村振兴现况

(1) 机构设置方面。农发行是我国面向农村的唯一一家农业政策性银行,基本都是按照行政区划设置,没有充分考虑不同区域范围内业务的多少及具体的金融需求状况,导致经济欠发达地区的业务不断累积,一年业务量较少;而经济相对发达地区的业务量却无法跟上需求。这种不合理的机构设置严重制约了政策性金融资源的配置。

(2) 资金筹集方面。农发行的资金来源主要是中国人民银行的再贷款。农发行成立以来就面临资金不足问题,后续的资金补足缺失,这种单一性的资金渠道限制了其规模运行。截至 2020 年 1 月,面向市场发行债券成为农发行资金的另一主要来源,连续 5 年发债总额超过 1 万亿元,稳居国内债券市场第三大发债主体。①然而,这种通过债券发行融资的形式,资金周期都比较短,大多不超过 5 年,与农业经营项目、农村基础设施建设投资周期长的特性不相一致,严重影响了农发行的流动性资金,加大了农发行持续经营的难度。

(3) 业务范围方面。目前,农发行从多种渠道为粮棉油收购提供支持,确保收购资金充足,为国家粮食安全做出了巨大贡献,保障了农村种粮户的经济利益。同时,农发行也对一些大型基础设施建设、农村生态环境保护项目、精准扶贫工程等提供了一些贷款支持,但基本都是一些规模较大的项目,而绝大部分的小型工程和项目几乎难以获得支持。

(4) 信贷规模与结构方面。乡村振兴战略实施以来,农发行对"三农"的贷款规模不断增加,仅 2018 年全年累计投放各类农业农村贷款 1.8 万亿元,创历史新高。② 2019 年全年累计投放各类贷款 1.79 万亿元,其中累放粮棉油贷款 6619 亿元,累放基础设施贷款 6272 亿元。③然而,农发行贷款额占中国农村贷款额比重不高,根据中国央行 2019 年 9 月发布的《中国农村金融服务报告 2018》显示,涉农贷款余额 2018 年末为 32.7 万亿元。④说明农发行对中国农村的金融供给资源贡献率

① 参见《农发行召开 2020 年年度工作会议》,http://www.adbc.com.cn/n5/n15/c37372/content.html,最后访问日期:2020 年 2 月 1 日。

② 参见殷久勇:《农发行全力服务乡村振兴 为"三农"贡献力量》,http://oppo.yidianzixun.com/article/OL8XVGzN,最后访问日期:2020 年 2 月 1 日。

③ 参见《农发行召开 2020 年年度工作会议》, http://www.adbc.com.cn/n5/n15/c37372/content.html,最后访问日期:2020 年 2 月 1 日。

④ 参见《涉农贷款余额 2018 年增至 32.7 万亿元》,http://www.chyxx.com/difang/201909/785035.html,最后访问日期:2020 年 2 月 1 日。

还不高。此外,信贷结构不合理,近几年来,农发行涉农贷款中,超过 50%用于粮棉油领域,但对农村科技、农村生态环境等领域的支持力度不够。

2. 农业政策性银行服务乡村振兴存在的问题

(1) 政策性金融功能发挥不到位。目前作为唯一专注于支持"三农"发展的农发行,在粮棉油领域、精准扶贫项目、农村基础设施建设、农村科技发展、农村生态环境保护方面都发挥了一定效能和作用,但仍存在着一些问题。在粮棉油收购方面,农发行在一些大型连片种植的地方确实发挥了重要作用,保障了种粮农民的切身利益,但由于我国国土面积广袤,分布在中西部山区的农民大多都是一些零散的农户,本身农产品的产量就低,规模不大,几乎没有获得农发行的资金支持,在中西部地区的农村,农发行政策性金融的功能在粮棉油收购方面发挥的作用甚小。在农村基础设施方面,由于农村基础设施具有公共物品的属性,利益回报周期长,甚至根本就没有收益,普通的商业性金融不愿意介入,长期以来我国农村基础设施发展受到资金的约束极大,尤其是中西部的农村地区,交通设施、医疗设施、饮水工程、农网改造等都较为落后,基本都需要政府的财政资金支持,农发行发挥作用也还非常有限。在农村科技与生态环境保护方面,我国农村生产生活条件和生态环境较差,很多地方在发展经济的时候,没有充分注重对森林、草原、土地等农村资源的保护,造成资源被过度开发和使用;另外,由于很多农村地区农业信息、农机装备、农业科技方面较为落后,加上农户过多注重增收增产,大量使用化肥、农药等,致使土地遭受破坏和污染,严重危及农民身体健康,这些问题都需要农业政策性金融的大力支持,现在力度还显然不够。

(2) 运营机制不合理。农发行的机构组织设置基本是按照行政区域划分,而不同地区的业务量差异较大,一些地方业务量多,有一些地方开展的业务却很少。而且为了实现政策性目标,农发行的资金基本都要求投向国家重点扶植的涉农项目上。但在实践中,其又进行市场化运作,人民银行、银保监会等监管部门由于监管机制的缺陷在其监管过程中存在一定"真空"地带,导致政策性功能的效能无法充分展现。

(二) 农业政策性金融服务乡村振兴的价值追求

乡村振兴是新时期中国城乡融合发展、城镇化战略的重要部署。中国乡村与城市具有较大差异性,长期以来,城市拥有较为优厚的制度支持,尤其是现行诸多的金融法律制度基本都是围绕着如何发展现代经济展开的,而乡村的发展受制于土地制度、金融体制的困扰,乡村的金融资源较为匮乏。当前,农村的发展、农业经营活动都需要大量资金的注入,在农村服务的金融机构不能充分满足涉农资金的需求,反而像一台台"抽水机"把农村资金往城市输入,导致乡村发展缺乏"血液"。

越是经济落后地区，存贷比越低，资金外流现象越严重。[⑤] 乡村振兴战略于党的十九大提出后，在全国农村已经拉响了建设的号角，但当落实到一个个具体的项目时，却面临着缺钱的尴尬，没有充足的资金支持，很多项目建设无法全面展开。仅仅依赖于普通商业性金融机构的支持已经无法满足复杂多样的乡村金融需求，难以落实庞大的乡村振兴建设蓝图。

乡村振兴战略必须依靠金融的支持。从功能上来看，金融可分为商业性金融和政策性金融两类，乡村振兴是国家从宏观上部署的关系全局性、整体性的重要战略，具有公共性、政策性、整体性的特点，金融对其的支持不仅仅是单纯的市场资源配置问题，更具有政府干预和介入的特点。农业政策性金融具有金融性、公共性、国家信用性等特征。[⑥]其中，公共性是政策性金融的最本质特征，主要体现在目标、活动领域和运作机制上。农业政策性金融合理地配置金融资源，进而保障广大农民、农户、农业经营主体等弱势群体的金融发展权和金融平等权，以此突出其公共性特征。[⑦]农业政策性金融的活动集中于特定的范围，主要是商业性金融活动的"盲点"，如受季节气候影响较大的农业、农村基础设施建设等；另外，农业政策性金融是政府主导下的制度安排，并不排除商业性金融的基础性配置作用。当然，在乡村振兴战略实施中，纯粹依赖于商业性金融配置到农村金融市场，就想使广大农村的资金需求能自动得以配置当然很难实现。为此，金融对乡村振兴的支持既要关注商业性金融的基础作用，也要重视农业政策性金融的引领作用，具体而言，农业政策性金融保障乡村振兴建设体现在如下几点价值。

1. 旨在实现城乡融合发展

乡村振兴建设的目标是实现乡村的全面发展，而乡村的全面发展是一个复杂而艰巨的建设活动和过程。推进乡村振兴，关键是要解决当前城乡经济发展不平衡、金融资源分配不均衡等问题，要在城乡之间形成政府、金融机构、农村经营主体、农户的利益平衡，贯彻好政府引领、多元主体协作发展这一统合理念。农业政策性银行是多元主体中的重要组成部分，是巨大合力中不可或缺的一组力量。

2. 旨在弥补乡村振兴建设中面临的金融资源不足

乡村振兴是一个综合性的伟大战略，需要运用整体性发展思维，建构综合性支持的发展路径。农业政策性银行能够发挥政府资金的优势，通过财政资金的支持，解决乡村振兴中大型农业基础设施、重要农业产业项目的资金需求；通过农业政策性金融的先行引领，鼓励普通商业性金融机构有信心向"三农"提供更强有力的金融服务，进而解决乡村金融服务供给不均衡的现状，甚至可以通过创新农业政策性银行与商业性金融的合作机制，统筹利用市场资源和政府资源各自优势，解决乡村

---

⑤ 参见徐祥临：《乡村振兴呼唤合作金融发展壮大》，载《中国合作经济》2018 年第 6 期。

⑥ 参见《三家政策性银行将进一步明确定位、完善治理——突出公共性 服务大民生》，载《人民日报》（第 2 版），2015 年 4 月 14 日。

⑦ 参见白钦先、张坤：《中国政策性金融的历史演进》，载《国际金融研究》2019 年第 9 期。

建设面临的金融资源不足等问题。

3. 旨在追求乡村能“自身造血”

乡村的发展不能一直仰仗于政府的支持,乡村的全面发展一定是一个自带“造血引擎”的整体,商业性金融机构自身愿意将资源、资金配置到农村才是未来乡村真正发展起来的标志,而现在离这一目标还较为遥远。在这段通往目标的道路上,国家还须主动将农业政策性金融配置到乡村,通过财政资金的支农优势,强化对乡村经济的引领,在农村金融市场失灵背景下发挥政府适度干预的职能,随着良性的农村金融市场的建立,政府干预才能逐渐减少或适时适度退出。由此,形成农业政策性金融引领、商业性金融主体支持的乡村振兴建设模式,可以有效缓解商业性金融过度追求盈利、轻视乡村公共发展的问题,有助于激发农村发展要素,减轻政府全面包办的重任,发挥政府和市场的共治功能。

4. 旨在寻求乡村振兴新发展模式

金融服务乡村振兴是不可或缺的资源配置,而金融本身的“逐利”特性透射了长期以来我国针对农村发展的金融政策多、金融文件多而最终落实效果欠佳的尴尬局面。十多年以来,我国中央一号文件一直将“三农”发展放在各项工作的重中之重,对此也出台了大量政策引领甚至强压金融机构支持“三农”,尽管现在已经取得了很大的突破,尤其是金融机构在农村的覆盖量得到很大改观,但农村仍面临金融资源不足的困境。这种刚性的政策压制始终不能从根本上解决金融机构自愿到农村服务的困局,政府通过农业政策性金融的渗透,率先垂范,主动参与乡村建设,寻求一种“平行带动”的模式,可以缓解政府发号施令带来的对抗情绪,改变政府要求金融机构服务而自身却“躲”在后面的样态。

二、农业政策性银行立法于乡村振兴之保障

农业政策性银行服务乡村振兴战略要在法治的轨道上推进,充分发挥法治的引领和保障作用。

(一) 为乡村振兴建立制度基石

每一个既定社会的经济关系首先表现为利益。⑧推进农业政策性银行服务乡村振兴战略根本在于处理好各类主体的利益关系,形成整体多赢的局面,而这需要一套严谨的规范体系。

首先,立法为农业政策性银行服务乡村振兴提供规范依据。明确农业政策性银行服务乡村振兴的义务、权利和业务范围,是实现农业政策性银行合法经营、大力提供支农服务的坚强基石。为此,通过立法形式确定农业政策性银行的法律地

⑧ 参见《马克思恩格斯选集》第3卷,人民出版社2012年版,第258页。

位、政策性目标、资金来源、运营方式和监管机制等，将成为农业政策性银行展开支农服务的行动指南。

其次，立法为农业政策性银行服务乡村振兴进行角色定位。通过立法界定和处理好农业政策性银行与各地政府、商业性金融机构以及其他政策性金融机构(如国家开发银行等)之间的关系。恰当的制度设计和良好的制度环境能突破集体行动的困境，达成集体行动的计划。[9] 乡村振兴战略的实施需要农民、农户、农村经营主体、各级政府、政策性金融机构、农村合作金融机构、商业性金融机构以及其他主体的共同发力，这就需要协调多元化主体的行为，界分各主体的行动内容，通过法律规则事先明晰各主体间的权利义务，才能有利于各方的合作、分工与融合，才有益于乡村振兴的协调统筹推进。

(二) 为乡村振兴激发规范动能

通过立法可以保障农业政策性银行服务乡村振兴不偏离正确的轨道。农业政策性银行服务乡村振兴需要制度安排为之提供牵引力，只有加强制度设计，才能保证农业政策性银行服务乡村振兴的可预期性，才能最大限度地激发农业政策性银行的积极性、主动性和创造性。通过立法可推动农业政策性银行服务乡村振兴行稳致远。从宏观层面看，一是只有发挥农业政策性银行的基础作用，才能充分利用其财政资金优势，保证乡村振兴所需资金；二是市场经济就是法治经济，市场经济关系是一种蕴含着市场主体自由要求的契约法权关系[10]，要形成统一的农村金融市场，必然要有相应的规则保障参与到乡村振兴建设中的各金融机构地位的平等性，解决各类利益纠纷；三是只有通过立法才能厘清农业政策性银行的法律属性和应尽的责任。同时，立法也为农业政策性银行服务乡村振兴划出一条界分线，乡村建设的金融需求多元而巨大，农业政策性银行不可能全面满足，其只有在法定的业务范围内开展经营活动。立法是在为农业政策性银行提供一种行为模式，在具体服务中，其还要处理好法律的既定性与现实的灵活性之间的关系。

(三) 为乡村振兴提供实现路径

在全面依法治国的当下，在乡村振兴战略的实施过程中，法治是贯穿始终、不可或缺的基本要素。尽管农业政策性银行的诞生源于政府的行政手段，但在经过多年的运行后，立法仍是必走的道路。乡村振兴大背景下，一切都应贯彻法治的价值理念，法治在为乡村振兴注入秩序、公正理念和权利保障机制。乡村振兴是新时代中国城乡融合发展的路径选择，其核心在于城乡多元主体利益格局的突破，这就

---

⑨ 参见石佑启、陈可翔：《粤港澳大湾区治理创新的法治进路》，载《中国社会科学》2019 年第 11 期。

⑩ 参见公丕祥：《当代中国区域法治发展的动力机理——纪念中国改革开放四十周年》，载《江苏社会科学》2018 年第 4 期。

不是简单地进行利益压制和分配,是利益"深水区"的一次变革,必然要冲破长期以来城乡利益固化的藩篱,这就需要强制性的法治做保障。农业政策性银行的资金来源基本属于国家的财政拨付,要将这些资金安排到广大的乡村建设,须于法有据,通过立法推动政策的持续性和稳定性。而且,农业政策性银行已经运行多年,本身已经探索出一些行之有效的经验,通过法律规范将实践证明行之有效的运营经验及时上升为立法,确认和巩固既有成果,实现政策的法制化,进而为当前的乡村振兴建设提供良好的金融法治环境;同时,也为政府转变公共职能营造法治环境,立法后,农业政策性银行依法行为即可,毕竟只有法律才能使每一位主体有合理的预期与安心的行为。

三、我国农业政策性银行的立法现状及存在的问题

(一)我国农业政策性银行的立法现状

1994 年,我国成立了农发行、中国进出口银行和国家开发银行三家政策性银行,二十多年以来我国的金融体制改革取得了显著的进展,金融立法持续推进,金融法治进程不断加快。然而,相关金融法治建设主要是在商业性金融领域,政策性金融立法却严重滞后,其运行基本未受到正式的立法调整。目前,我国对政策性金融的立法规定散见于一些其他法律之中,2003 年修正后的《中国人民银行法》第 52 条将政策性银行与普通商业银行做同等对待⑪,早在 1995 年的《中国人民银行法》单独列出第 35 条对政策性银行的金融业务进行指导和监督。⑫ 2006 年修正实施的我国《银行业监督管理法》第 2 条也将政策性银行同商业性银行一样纳入监管的范围⑬,然而考虑到政策性银行的特殊性,该法第 50 条为政策性银行立法留出了可能的空间。⑭在行政法规层面,还没有关于农业政策性银行的专门规定。现行仅有

---

⑪ 我国《中国人民银行法》第 52 条规定:本法所称银行业金融机构,是指在中华人民共和国境内设立的商业银行、城市信用合作社、农村信用合作社等吸收公众存款的金融机构以及政策性银行。在中华人民共和国境内设立的金融资产管理公司、信托投资公司、财务公司、金融租赁公司以及经国务院银行业监督管理机构批准设立的其他金融机构,适用本法对银行业金融机构的规定。

⑫ 我国 1995 年《中国人民银行法》第 35 条规定:中国人民银行对国家政策性银行的金融业务,进行指导和监督。

⑬ 我国《银行业监督管理法》第 2 条规定:国务院银行业监督管理机构负责对全国银行业金融机构及其业务活动监督管理的工作。本法所称银行业金融机构,是指在中华人民共和国境内设立的商业银行、城市信用合作社、农村信用合作社等吸收公众存款的金融机构以及政策性银行。对在中华人民共和国境内设立的金融资产管理公司、信托投资公司、财务公司、金融租赁公司以及经国务院银行业监督管理机构批准设立的其他金融机构的监督管理,适用本法对银行业金融机构监督管理的规定。国务院银行业监督管理机构依照本法有关规定,对经其批准在境外设立的金融机构以及前二款金融机构在境外的业务活动实施监督管理。

⑭ 我国《银行业监督管理法》第 50 条规定:对在中华人民共和国境内设立的政策性银行、金融资产管理公司的监督管理,法律、行政法规另有规定的,依照其规定。

的是国务院《关于金融体制改革的决定》《关于农村金融体制改革的决定》《关于组建中国农业发展银行的通知》《中国农业发展银行章程》等文件，可见，过去二十多年里，农发行的运行仅依赖于内部章程等文件，专门立法存在缺失。

（二）我国农业政策性银行立法存在的问题

1. 立法定位不清

商业性银行以“逐利”为要旨，在金融市场中遵循自主调节原则，盈亏自负；而农业政策性银行自诞生之日起就具有显著的“政策性”特征，主要在于弥补商业性金融调节农村金融市场失灵之不足，不以营利为核心目的，具有较强的公共性。农业政策性银行将资金投放到商业性银行不愿涉入的三农领域，追求的是社会公共利益。可见，农业政策性银行不是以逐利为目的的普通企业法人。然而，我国现行立法中并没有清晰界定农业政策性银行的法律地位，仅在1994年《关于组建中国农业发展银行的通知》及《中国农业发展银行章程》中做了规定，且只是模糊性地表述为“独立法人”，并未明确属于何种法人。⑮而在现实经营中，农发行落实国家“三农”政策和乡村振兴战略的时候，又以市场主体的角色参与到实际的金融活动中，甚至为了弥补政策性贷款经营的亏损，将部分资金投向利润点较高的一些项目上，与普通商业性金融机构同业竞争。这种不准确的定位，容易导致农发行的资金不能有效配置到“三农”发展之中。农发行本来是国家为了金融服务体系而设，专注于“三农”领域，贯彻国家关于农村、农业的发展政策，但由于法律定位不清，致使其服务农业、农村的政策性目标被弱化。

2. 内容不完善

关于农业政策性银行的相关规定只是散见于一些其他的法律之中，相关的内容要么不完善，要么不适应，甚至根本就没有。譬如，在对政策性金融的监管方面，根据《银行业监督管理法》的规定，仍将农业政策性银行作为普通商业银行进行监管，尽管立法中留出了“例外”，但这种例外根本就没有重新立法规定，也没有建立专门的监管制度，其“政策性”的特殊身份没有体现出来，这对于其运营是不利的。另如，政策性银行在实践中除了经营政策性业务外，常有一些商业性业务，但要防止其利用政策性银行所享有的低利率优势争夺商业银行业务，导致金融领域恶性竞争。为了维护健康有序的金融市场，需要对政策性银行的经营行为作一定的界分，在监管要求上就应分账管理。再如，政策性金融由于其投入领域基本都是农业，风险系数较高，而由此产生的风险如何承担，风险防范的机制却没有规定，造成立法上的缺失。

---

⑮ 我国《中国农业发展银行章程》第2条规定：中国农业发展银行为独立法人，实行独立核算，自主、保本经营，企业化管理。

3. 立法体系混乱

金融业是一个风险传导性极高的行业,各国都会对其严格监管,政策性银行也如此。域外很多国家都是先立法,对政策性金融机构的设立条件、运行机制先在法律上确定,再正式投入运营,从设立到整个运营过程也必须依法进行。而反观我国,目前成立的三家政策性银行基本都是依照国务院的一些决定或政策文件设立和运行,并非是强制性的法律,效力层级低,易变性大,不具备严格的规范性,即使一些内容散见于其他一般性立法中,但也缺乏体系性。

四、我国农业政策性银行的立法进路

(一)我国农业政策性银行的立法模式

关于我国政策性金融的立法模式,国内学者提出过两种意见。有学者提出应对政策性金融共通性的问题制定法律,再根据各政策性金融机构的特殊性颁布单行条例。[16]有学者认为应对政策性金融实行"一行一法"的立法模式,制定多部单行法。[17]从世界上一些国家的做法来看,通常采用"一行一法"的模式,譬如,美国的《联邦农业信贷法》(1916年)、日本的《农林渔业金融公库法》(1945年)和《环境卫生金融公库法》(1967年)、韩国的《产业银行法》等。笔者认为,由于各政策性银行在机构特点、业务领域、设立目标上存在差异,以一部法律就统摄三家政策性银行不太现实也不科学,采用单独立法更突出各政策性银行的特殊价值。但是,根据我国《立法法》的规定,享有立法权的国家机关是全国人民代表大会和全国人民代表大会常务委员会,而且基本法律具有极大的普遍性和重要性,针对农业政策性银行暂无必要以"法律"的形式立法[18],可通过制定"行政法规"进行调整,采用"一行

---

[16] 参见邢会强:《我国政策性银行向开发性金融机构的转型及其立法》,载《法学杂志》2007年第1期。

[17] 参见白钦先、张坤:《中国政策性金融的历史演进》,载《国际金融研究》2019年第9期。

[18] 参见我国《立法法》第8条:下列事项只能制定法律:(一)国家主权的事项;(二)各级人民代表大会、人民政府、人民法院和人民检察院的产生、组织和职权;(三)民族区域自治制度、特别行政区制度、基层群众自治制度;(四)犯罪和刑罚;(五)对公民政治权利的剥夺、限制人身自由的强制措施和处罚;(六)税种的设立、税率的确定和税收征收管理等税收基本制度;(七)对非国有财产的征收、征用;(八)民事基本制度;(九)基本经济制度以及财政、海关、金融和外贸的基本制度;(十)诉讼和仲裁制度;(十一)必须由全国人民代表大会及其常务委员会制定法律的其他事项。

一条例”的模式。[19]这种模式更有助于体现各政策性银行的立法目标,尽管我国有三家政策性银行,出台三部单行条例也暂无必要。当前,重农固本是安民之基、治国之要。我国中央一号文件连续十多年聚焦“三农”工作,把解决好“三农”问题作为全党工作重中之重,尤其是2018年国务院发布《关于实施乡村振兴战略的意见》后,全国上下更凝聚强农惠农富农合力,扎实实施乡村振兴战略,为此,农业政策性银行先行立法就显得格外重要。

(二) 明确农业政策性银行的法律地位

正如前文所析,我国当前经济发展的重要任务决定了农业政策性银行的设立以国家信用做后盾,以财政资金做支撑,区别于商业性金融,利用强有力的财政资金实现国家赋予的使命,体现国家干预金融市场的意图。但其重要性质还在于“金融性”上,其利用金融工具,把资金匹配到粮棉油的收购、农业基础设施建设、农业科技开发、农村生态环境改善等方面,也从中获取低微的利息,在这一过程中充分体现其“信用中介”的角色,核心还是资金的融通。为此,它是一种特殊的金融机构,属于法人的范畴。究竟其属于何种法人?学界持不同见解,有学者认为政策性金融机构是政府为了特殊的目的而设立,最终服务于政府,属于机关法人;也有学者认为政策性金融机构追求的是社会整体利益,属于公益法人;还有学者认为应归属于准机关法人。[20]

理论上,依照不同的分类标准,可将法人分为公法人与私法人、社团法人与财团法人、公益法人与营利法人等。我国的现行立法并没有采用这种分类法。我国1986年《民法通则》对“企业法人”之外法人并没有具体明确为何种法人,只是较为笼统地规定具有法人资格,如《民法通则》第50条规定:“有独立经费的机关从成立之日起,具有法人资格。具备法人条件的事业单位、社会团体,依法不需要办理法人登记的,从成立之日起,具有法人资格;依法需要办理法人登记的,经核准登记,取得法人资格。”可以看出,包括机关、事业单位、社会团体等也没有明确为何种法人。我国2020年通过的《民法典》以是否取得利润、以公益目的或其他非营利目的为区分,将法人分为营利法人和非营利法人,明确有限责任公司、股份有限公司和

---

⑲ 参见我国《立法法》第65条:国务院根据宪法和法律,制定行政法规。行政法规可以就下列事项作出规定:(一)为执行法律的规定需要制定行政法规的事项;(二)宪法第八十九条规定的国务院行政管理职权的事项。应当由全国人民代表大会及其常务委员会制定法律的事项,国务院根据全国人民代表大会及其常务委员会的授权决定先制定的行政法规,经过实践检验,制定法律的条件成熟时,国务院应当及时提请全国人民代表大会及其常务委员会制定法律。我国《宪法》第89条规定:国务院行使下列职权:(一)根据宪法和法律,规定行政措施,制定行政法规,发布决定和命令;……(三)规定各部和各委员会的任务和职责,统一领导各部和各委员会的工作,并且领导不属于各部和各委员会的全国性的行政工作;……(五)编制和执行国民经济和社会发展计划和国家预算;(六)领导和管理经济工作和城乡建设、生态文明建设;……

⑳ 参见王学人:《我国政策性金融法立法中的若干重要问题探讨》,载《天府新论》2007年第2期。

其他企业法人等属于营利法人;事业单位、社会团体、基金会、社会服务机构等属于非营利法人,并对各类法人的取得资格做了列明,尤其对为公益目的以捐助财产设立的基金会、社会服务机构等法人,直接明确为捐助法人。而对机关法人、农村集体经济组织法人、城镇农村的合作经济组织法人和基层群众性自治组织法人,《民法典》做了专条规定,明确为“特别法人”,与营利法人和非营利法人并行。[21]《民法典》对法人的分类基本涵盖了现实经济社会中的全部法人主体。

对于农发行的定位,目前只是在《中国农业发展银行章程》中被规定为独立法人。在笔者看来,农发行没有国家公权力,也不是基层经济组织,不属于《民法典》中“特别法人”的范畴。另外,农发行由国家出资设立,其设立不以取得利润并分配给出资人为目的,所以可排除“营利法人”。农发行运营的立足点和出发点是为了所有社会成员的利益最大化,其产生和存在与国家的存在紧密相关[22],依托于国家信用支持,服务于国家战略。为了与现行立法框架相衔接,可直接将其定位在“非营利法人”范畴。

将农发行定位为非营利法人,就要与以追求利益最大化为目的的普通商业性银行做区分,尽管在经营过程中采用市场化运作,但这仅仅是为了达到政策性目标的手段,而非以利润最大化为目标。为此,在对农发行的考核上就不应以利润的多少或是否盈利作为重要的指标;当然,也要在立法中限定农发行的业务范围,让其聚焦在符合政策目标的业务领域上,防止其利用国家给予的低利率、税收政策等优势去抢占业务,对普通商业性金融机构带来不公,扰乱金融秩序。

(三) 明确农业政策性银行的内外部结构

在外部结构方面,首先要界分农业政策性银行与政府的关系。政府出资设立的目的就在于要求农业政策性银行实现涉农公共性目标,要对其运营有一定的行政指导,主要通过人事的安排实现。但这并非意味着其在经营中就完全不考虑风险,所有可能的亏损均由政府兜底,不以利润最大化为目的,但至少要实现可持续经营才能维系长久的公共性政策目标,所以要体现运营的独立性。其次,既然作为一国金融体系中的组成部分,还需接受监管部门的业务指导和监督,如缴纳存款准备金到央行、向央行再贷款、执行货币政策、接受银保监会的监管等,这都要在立法中加以规定。

㉑　我国《民法典》第 76 条规定:以取得利润并分配给股东等出资人为目的成立的法人,为营利法人。营利法人包括有限责任公司、股份有限公司和其他企业法人等。

第 87 条规定:为公益目的或者其他非营利目的成立,不向出资人、设立人或者会员分配所取得利润的法人,为非营利法人。非营利法人包括事业单位、社会团体、基金会、社会服务机构等。第 96 条规定:本节规定的机关法人、农村集体经济组织法人、城镇农村的合作经济组织法人、基层群众性自治组织法人,为特别法人。

㉒　参见白钦先、王吉献:《论政策性金融机构的法律地位》,载《金融理论与实践》2015 年第 5 期。

在内部结构方面,在立法中应规定农业政策性银行行长的职责以及履行职责的程序,并应规定内部的治理结构。最高决策机关可由财政部选任董事组成董事会,董事长为法定代表人,对国务院负责;在董事会下设监事会,监事会人员由中国人民银行、财政部、国家发改委、农业农村部等部门委任,按照国务院的命令执行监管职责,监督银行的经营管理和内部人员的行为;理事会下可设立专家委员会作为咨询机构,由相关领域或者行业的专家组成。

(四) 规范农业政策性银行的业务范围

我国根据不同的任务需求设立了各类政策性金融机构,承载的职能有所不同,业务经营范围当然也各有差异。每家政策性金融机构的内部章程对各自的业务范围都做了规定。但上升为立法后,就应当将业务范围法定化,避免管理层根据自己的喜好改变具体业务。就农业政策性银行而言,就是要通过业务的法定化保障其服务于国家的农业发展战略,不应与其他的商业性金融机构的业务重叠和交叉。乡村振兴战略背景下,除了长期以来支持的涉农领域外,还需将信贷资金更多地流向农村地区尤其是偏远村镇,甚至要将一些农业科技、农村生态环境类的金融服务范围也固定下来,并结合农业基础设施或涉农项目投资周期长等特点,贷款周期也要做相应的规定。具体包括:

粮棉油保障方面。鉴于粮棉油是国家安全的基础,具有极强的公共性,农业政策性银行应优先履行保障职责,主要包括支持粮棉油等重要农产品收购、储备、调控和调销,配合国家重要战略物资储备、调控,保障和维护国家粮食安全等。

农业现代化发展方面。农业现代化是我国农业发展的根本方向,要将我国建设成为现代化强国,没有农业现代化,就没有整个社会的现代化。农业现代化的基础是农业产业化、农业信息化、农业技术科学化、农业机械化和农业发展可持续化,当前我国加快推进农业现代化发展,就是要大力促进农业发展方式转变和农业产业结构调整。为此,农业政策性银行要大力支持农业现代化建设,具体包括:支持现代农业发展、农业科技、农业综合开发、农业农村基础设施和水利建设,促进农业转型升级和可持续发展,推进农村产业融合,改善农业农村公共服务领域等。[23]

乡村振兴建设方面。包括促进“三农”发展;改善农民生产生活水平;易地扶贫搬迁、贫困地区基础设施建设;特色产业发展及专项扶贫,增强贫困地区内生动力和发展活力的领域;农村生态环境保护;乡村旅游;宜居乡村建设等符合国家发展战略和政策导向的其他领域。

(五) 明确农业政策性银行的法律责任

法律责任是责任的一种,其含义与汉语中“责任”的含义有着密切联系。在现

---

[23] 参见赵海:《金融服务乡村振兴的几点思考》,载《中国农民合作社》2018年第3期。

代汉语中,“责任”一词有两个含义:一是没有做好分内应做的事,因而应当承担的过失,如责任追究;二是分内应做的事,如职责、岗位责任。法律责任通常具有惩罚、救济、预防等功能,惩罚功能可以说是法律责任的首要功能。从法律公正的价值上看,惩罚功能实际是一种消极层面的公正,正如当代中国哲学家赵汀阳所言:“公正从其积极的方面来说是一种互相尊重的合理分配方式,从其消极的方面来说又是一种报应式的惩罚方式。”[24]没有法律责任的惩罚,法律的公正、公平等价值将难以实现。

为此,在农业政策性银行立法中要明确相应的法律责任。首先就是责任主体,农业政策性银行的行长、副行长、监事会主席均由国务院任命,很多其他高管都产生于国家机关[25],对具体业务的管理和决策有重要的职权,如果未按照立法规定的权限开展运营活动,其行为可能会偏离立法目标,甚至导致严重的后果,为此要将这些主体明确为责任主体。其次就是要设定具体的责任形态。一般而言,法律责任分为民事责任、行政责任和刑事责任,根据农业政策性银行的特殊地位,追究民事责任的可能性不大,笔者认为,可从责任主体的行为类型出发,把违法行为分为“不作为”和“滥作为”两类。基于不同的违法行为将承担不同的责任,就不作为而言,应当承担继续履行的责任(如限期达标)、行政处分(如撤销职务)和刑事责任,如有贪污受贿、挪用公款、玩忽职守等行为造成国有资产流失,应当追究刑事责任;而就滥作为来说,应承担行政处分和刑事责任。

---

[24] 赵汀阳:《论可能生活》,三联书店 1994 年版,第 130 页。

[25] 参见周昌发:《金融调控主体法律责任机制研究》,载《西南石油大学学报(社会科学版)》2013 年第 3 期。

超越唯名主义:亚投行应对其成员货币币值变动之策

张西峰*

摘要:金属主义(Metallism)、唯名主义(Nominalism)、价值稳定主义(Valorism)是历史上曾经存在过的对货币价值进行解释的主要理论。现代经济的构成要素都是根据唯名主义原则进行管理并控制自身发展的。唯名主义的作用主要体现在:唯名主义原则赋予货币单位规范性和法律性,偏离唯名主义原则意味着法律标准混乱,经济无法正常运转;唯名主义原则有利于保持商业交往的稳定性,有利于当事人预期权利义务关系的实现。然而,唯名主义原则也存在着不能解决公平与经济稳定之间的矛盾、有时会违背诚实信用原则造成不当得利、无法解决不可抗力造成的货币购买力变化等缺陷。亚投行为了应对其成员货币币值变动,采取了超越唯名主义的应对之策。《亚投行协定》的货币规则主要有:记账本位币规则、股本缴付规则、币值评估与兑换规则、币值变动规则、货币流转规则。《亚投行协定》第6条的规定突破了货币法的唯名主义原则,对于其成员货币高通货膨胀导致急剧贬值的情形,应该说亚投行已经做到了防患于未然,其成员货币币值的大幅贬值或者大幅升值,认定权归属亚投行,但对于币值变动的认定标准,并非具体确定。

关键词:《亚投行协定》 货币规则 币值变动 唯名主义

"一带一路"倡议是我国积极推动全球治理体系变革,构建人类命运共同体的方案。"一带一路"倡议中的政策沟通、设施联通、贸易畅通、资金融通、民心相通五大目标中,设施联通是重要基础,资金融通是重要支撑。2017年5月,习近平主席

---

* 张西峰,法学博士,中国政法大学国际法学院副教授、硕士生导师;中国政法大学金融法研究中心执行主任;中国银行法学研究会学术委员会秘书长;北京市国际经济法学研究会副会长。

本文系2018年度教育部人文社会科学研究规划基金项目"'一带一路'建设中人民币跨境流通法律问题研究"(项目编号:18YJA820031)的阶段性研究成果。

在首届“一带一路”国际合作高峰论坛上指出,“在金融合作方面,要拓展融资渠道,创新融资方式,降低融资成本,打通融资这一项目推进的关键环节。”2019 年 4 月习近平主席在第二届“一带一路”国际合作高峰论坛开幕式上的主旨演讲中指出,“支持多边开发融资合作中心有效运作。我们欢迎多边和各国金融机构参与共建‘一带一路’投融资。”《“一带一路”融资指导原则》中强调,资金融通是“一带一路”倡议的重要支撑,呼吁开发性金融机构考虑为“一带一路”沿线国家提供更多融资支持和技术援助。鼓励多边开发银行和各国开发性金融机构在其职责范围内通过贷款、股权投资、担保和联合融资及其他融资渠道等各种方式,积极参与“一带一路”倡议,特别是跨境基础设施建设。支持多边开发银行与各国开发性金融机构加强协调合作,为沿线国家提供可持续性的融资、机构专有技术和融智服务。

作为我国主导设立的多边开发金融机构,亚洲基础设施投资银行的融资平台将成为实施“一带一路”倡议的金融基础,能够动员沿线各国的资本,推动“一带一路”建设。《亚洲基础设施投资银行协定》(简称为《亚投行协定》)是成立亚洲基础设施投资银行(简称为亚投行)及其投入运营后所遵循的“根本法”。货币乃银行的血液,货币规则犹如血管。深入研究《亚投行协定》的货币规则,探讨亚投行应对其成员货币币值大幅贬值或升值之策,对于深刻理解亚投行的运行,具有重要意义,进而有利于通过亚投行为“一带一路”倡议融通资金。

一、《亚投行协定》货币规则规范分析

梳理《亚投行协定》相关条文,其货币规则主要有:记账本位币规则、股本缴付规则、币值评估与兑换规则、币值变动规则、货币流转规则。

(一) 记账本位币规则

亚投行法定股本的记账本位币为美元。《亚投行协定》规定亚投行法定股本为壹仟亿美元,分为壹佰万股,每股的票面价值为拾万美元。初始法定股本分为实缴股本和待缴股本。实缴股本的票面总价值为贰佰亿美元,待缴股本的票面总价值为捌佰亿美元。协定中凡提及“美元”及“ $ ”符号均指美利坚合众国的法定支付货币。①

亚投行从 2015 年 12 月 25 日诞生之日起就是真正的国际组织,尽管国际组织具有独立于成员的天然倾向,但是我国是成立亚投行的倡议者、主导者,也是最大的股东,对重大决策事项具有事实上的一票否决权。我国应依法行使大股东权利,维护大股东利益。笔者认为,亚投行初创时期,记账本位币规则并不符合我国的根本利益,但是在人民币国际化的初级阶段是可以理解的;随着时间的推移,一旦形成美元、欧元、人民币等多元制衡的国际货币体系,亚投行记账本位币规则应适时修改。

① 详见《亚投行协定》第 4 条。

(二) 股本缴付规则

亚投行的股本缴付,每个成员均须认缴银行的股本,原则上成员在缴付股本时应缴付美元。《亚投行协定》规定,亚投行成员认缴初始法定股本时,实缴股本与待缴股本之间的比例应为2∶8。创始成员初始认缴股本中实缴股本分5次缴清,每次缴纳20%。后加入成员,其初始认缴股份数应由理事会决定;若其认缴将使域内成员持有股本在总股本中的比例降至75%以下时,除非理事会经超级多数投票通过,否则不予批准。理事会可以应某一成员要求,经超级多数投票通过,同意该成员按照确定的条件和要求增加认缴;若其认缴使域内成员持有股本在总股本中的比例降至75%以下时,除非理事会经超级多数投票通过,否则不予批准。理事会每隔不超过五年对亚投行的总股本进行审议。法定股本增加时,每个成员都将有合理机会按理事会决定的条件进行认缴,其认缴部分占总增加股本的比例应与此次增资前其认缴股本占总认缴股本的比例相同。任何成员均无义务认缴任何增加股本。对初始认缴中原始实缴股本的每次缴付均应使用美元或其他可兑换货币。银行可随时将此类缴付转换为美元。如若到期未能完成缴付,则相应的实缴和待缴股本所赋予的权利,包括投票权等都将中止,直至银行收到到期股本的缴付。银行的待缴股本,仅在银行需偿付债务时方予催缴,成员可选择美元或银行偿债所需货币进行缴付。在催缴待缴股本时,所有待缴股份的催缴比例应一致。被认定为欠发达国家的成员在缴付初始认缴中原始实缴股本时可选择以下任一方式完成:其一,可全部使用美元或其他可兑换货币,最多分10次缴付,每次缴付金额相当于总额的10%;其二,每次缴付中,可在部分使用美元或其他可兑换货币的同时,使用本币完成其中不超过50%的缴付。被认定为欠发达国家的成员如果使用本币缴付初始认缴中原始实缴股本,应在规定的缴付时间向亚投行说明其将用本币缴付的金额比例。② 亚投行接受任何成员使用该成员政府或其指定的存托机构所发行的本票或其他债券缴付该成员依照《亚投行协定》规定的以本币缴付金额,前提是亚投行在经营中不需要使用上述金额的成员货币。上述本票或债券应为不可转让、无息并可应银行要求按面值见票即付。

就股本缴付币种而言,亚投行成员原则上应缴付美元;被认定为欠发达国家的成员在缴付初始认缴中原始实缴股本时,亚投行授权这类成员可全部使用美元或其他可兑换货币,同时授权这类成员有权选择使用本币完成其中不超过50%的缴付。就亚投行的待缴股本而言,成员可选择美元或亚投行偿债所需货币进行缴付;被认定为欠发达国家的成员可部分使用美元或其他可兑换货币或者本币缴付。就亚投行这些规定来看,亚投行股本的币种构成包括美元、其他可兑换货币、被认定为欠发达国家成员的本币、亚投行偿债所需货币。这里涉及两个问题:其他可兑换

② 详见《亚投行协定》第5、6条。

货币的认定标准以及欠发达国家的成员的认定标准;《亚投行协定》并没有明确规定这两个标准。就股本缴付币种而言,成员原则上应缴付美元,这项规则其实并不利于我国推进人民币国际化战略;但是这里面也留有余地,对于待缴股本,成员可选择亚投行偿债所需货币进行缴付。在今后的业务运行过程中,根据亚投行的投融资业务的需求,待缴股本的币种视具体情况而定。

(三) 币值评估与兑换规则

被认定为欠发达国家的成员如果使用本币缴付初始认缴中原始实缴股本将面临其货币币值评估的问题。被认定为欠发达国家的成员完成的每次本币缴付金额应由亚投行按照与美元完全等值的金额计算。首次缴付时成员可自行确定应缴付金额,但亚投行可在付款到期日前 90 天内做出适当调整,以使所缴付金额与按美元计算的金额完全等值。③ 当根据《亚投行协定》需要以一种货币对另一货币进行估值,或决定某货币是否可兑换时,该估值或决定应由亚投行做出。④

可见,被认定为欠发达国家的成员如果使用本币缴付初始认缴中原始实缴股本,首次缴付时成员享有本币币值估值权力,但是亚投行有最终决定权。通常情况下,根据国家的货币主权原则,货币发行国具有本币定值权、货币兑换权,但根据《亚投行协定》,在股本缴付方面,成员在一定程度上让渡了其货币主权。

(四) 币值变动规则

被认定为欠发达国家的成员如果使用本币缴付初始认缴中的原始实缴股本,无论何时,只要亚投行认为一个成员的货币已大幅贬值,该成员应在一段合理期限内向亚投行缴付额外的本币金额,以确保亚投行账面持有的该成员以本币认缴股本的价值不变。无论何时,只要亚投行认为一个成员的货币已大幅升值,亚投行应在一段合理期限内向该成员退付一定数量的本币金额,以调整亚投行账面持有的该成员以本币认缴股本的价值。对于成员因货币贬值向亚投行缴付的额外的本币金额,亚投行有权放弃;对于成员因货币升值,亚投行应向其退付的本币金额,成员有权放弃。⑤ 亚投行币值变动规则,突破了货币法中的唯名主义原则,下文将详细讨论。

(五) 货币流转规则

根据货币流转规则,亚投行或任何亚投行款项接受方所接受、持有、使用或转让的货币在任何国家内进行缴付时,成员均不得对此施加任何限制。⑥ 根据本条规定,亚投行排除了成员在缴付股本或发放贷款时,进行外汇管制的权力。

---

③ 详见《亚投行协定》第 6 条第 5 款。
④ 详见《亚投行协定》第 19 条第 2 款。
⑤ 详见《亚投行协定》第 6 条。
⑥ 详见《亚投行协定》第 19 条。

二、《亚投行协定》货币规则对唯名主义原则的突破

《亚投行协定》货币规则中对唯名主义原则的突破,具体体现在该协定第6条的规定中。接下来,本文将详细分析货币唯名主义原则。

在金属货币本位制度下,货币的主要币材是由黄金、白银、铜、铁或锡等金属构成;货币贬值的主要原因,要么是新发现了贵金属,要么是技术创新降低了提炼金属的成本,要么是降低了货币的成色——即用"贱"金属代替了"贵"金属。而在信用货币本位制度下,货币的数量完全靠法律控制。"纸币的数量可以按忽略不计的成本无限的增长,所需的只是在同一张纸上印上较大的数字而已。"⑦"货币价值的稳定性关系到个人财富、市场交易与社会稳定",但是"由于政府对通货膨胀的偏爱,人类历史上从未经历过在信用货币阶段如此多且如此极端的货币贬值,20世纪因此被称为高通胀的百年(a century of high inflation)。"⑧

如果货币价值波动平缓,这一问题并不会引起注意;但当货币波动达到一定程度时,由哪一方承担经济损失则非常重要。⑨ 货币贬值(或升值)无疑会从不同方面对债权人和债务人产生影响。由主权货币的贬值(或升值)所引起的损失分配,通常情况下,法律会遵循唯名主义原则。⑩

唯名主义原则,亦称"货币名目论""名目主义"。该理论是与货币金属论相对立的一种学说,是在同金属主义的论战中发展起来并随着金属本位制度的崩溃而确立起来的关于货币本质的新兴学说。金属主义、唯名主义、价值稳定主义是历史上曾经存在过的对货币价值进行解释的主要理论。根据唯名主义原则,货币只是计量商品价值的一种符号,无须具有内在价值,货币的价值与币材本身的价值无关,而在于国家的信用为国民所接受的程度。⑪ 货币是法律的产物,仅在名目上存在,只是由国家用法律规定的一种符号与票券。只要获得国家法律的支持,没有任何价值的东西也能充当货币。货币不是一定数量的金属或纸张,而是作为抽象的计价单位(an abstract unit of measurement)存在。在此意义上,货币国家理论⑫依然支持唯名主义原则的主要特征——需要支付100个特定货币单位的一项债务,在

---

⑦ 〔美〕米尔顿·弗里德曼:《货币的祸害——货币史片段》,安佳译,商务印书馆2006年版,第183页。

⑧ 单飞跃、何自强:《币值稳定的货币宪法分析》,载《上海财经大学学报》2011年第6期。

⑨ 参见张晓静:《货币债务跨国履行的法律问题研究》,法律出版社2012年版,第101页。

⑩ 关于唯名主义原则的论述,可参阅:F. A. Mann, *The Legal Aspect of Money*, Oxford University Press, 1992, pp. 271-310; Charles Proctor, *Mann on the Legal Aspect of Money*, Seventh Edition, Oxford University Press, 2012, pp. 253-385;韩龙:《国家货币主权的构成与限制问题——兼对美元持续贬值的国际法思考》,载《福建金融管理干部学院学报》2009年第5期;张晓静:《货币债务跨国履行的法律问题研究》,法律出版社2012年版,第65—85页。

⑪ 参见张庆麟:《欧元法律问题研究》,武汉大学出版社2002年版,第103页。

⑫ 关于货币国家理论详见:张西峰:《主权货币国际流通法论》,中国政法大学出版社2015年版,第一章第一节相关内容。

支付 100 个该货币单位之后,债务履行完毕;在合同签订日与支付日期间,货币购买力的变化以及货币对外价值的变化,不予考虑。比如,应支付 1 万瑞士法郎的一笔债务,在到期日,支付了依瑞士有效法律所认可的 1 万瑞士法郎,该债务得以履行。从债务发生日到支付日,瑞士法郎价值的变换不予考虑。换言之,国家建立一种货币,该货币的记账单位在其本国的法律体系内代表独立的价值,与外部因素对该货币的经济影响无关。[13] 有学者举了一个极端的例子,如果应支付 1 英镑的货币债务发生在 1930 年,2000 年如约支付时也应该是 1 英镑,即使在 1930 年 1 英镑比 2000 年能购买更多的黄金。[14]"实践中,1 美元或 1 马克在不同的时期可能有不同的价值,但是对于确立它们的法律来说都是相同的。"[15]用任何国家货币所表示的债务都只涉及支付债务名义数额的义务问题,而不论依据表示债务的货币国的法律(货币国法)在支付时的法偿货币是什么,也不论在债务发生到履行债务这段时间里,表示债务的货币的价值相对于英镑、任何其他货币、黄金或任何商品的任何波动。[16] "所谓的货币内在价值(如货币的本质、相当于黄金或其他物质的平价)与货币的名义价值或者货币债务的数额并没有什么必然联系。"[17]货币债务没有其他价值,仅有表示债务货币的名义价值。偿付货币债务的数额不可能由汇率或者黄金或者其他金属的价值决定。

按照货币主权原则,一国有权放弃金本位,毫无疑问,这将导致货币贬值,某人所持有的金本位废除之前的银行券,由于金本位的废除产生损失,他对货币发行国不享有诉权,因为国家享有管理其货币的主权权利,国家废除金本位的决定并不构成不法行为。[18] 在此意义上讲,唯名主义原则是一项法律原则。但唯名主义原则既不属于强制性规范,也不是公共政策的一部分,所以合同当事人有权通过合同条款规避唯名主义原则的法律效果。法院在裁判案件时,对于当事人的特别约定应予以尊重。考虑到唯名主义原则依赖于当事人或立法者的推定意图,该原则仅能适用于数额确定的货币债务,不能适用于数额不确定的货币债务。唯名主义原则被认为是资本主义经济正常运转的理论基础,在货币法领域处于中心位置,是货币法的关键性特征,可以说该原则在全球范围获得了普遍接受。[19]

《法国民法典》第 1895 条规定:由金钱借贷所发生的义务,通常为偿还契约上所记载的金额。在偿还金额前,如货币价格有涨落时,债务人应返还其所借的金

---

⑬ Charles Proctor, supra note ⑩, pp. 255-257.

⑭ Ibid., p. 257.

⑮ Mr. Justice Holmes touched upon the point in *Deutsche Bank Filiale Nürnberg v Humphrey* (1926) 272 US 517, 519: "Obviously, in effect, a dollar or mark may have different values at different times. But to the law which establishes it, it is always the same."

⑯ *Dicey, Morris & Collins on the Conflict of Laws*, Thomson, Sweet & Maxwell, 2006. para. 36-001R.

⑰ Arthur Nussbaum, *Money in the Law, National and International*, The Press Foundation, 1950, p. 17.

⑱ Charles Proctor, *Mann on the Legal Aspect of Money*, Oxford University Press, 2012, pp. 530-531.

⑲ Charles Proctor, supra note ⑩, pp. 237、261、269、366.

额,并仅负担以偿还时通用的货币支付此项金额的义务。[20] 尽管本条是关于金钱借贷的特别规定,而非关于广义上货币债务的规定,但是在一般意义上,本条被认为是法国法关于唯名主义的基础规范。在法郎迅速贬值的20世纪上半叶,法国法院在很多案件中坚持唯名主义原则。尽管有学者指出,法国的国务委员会(Conseil d' état[21])对唯名主义原则采取相对不太严苛的态度,如果其认为合同签订后发生了未预期到的重大变化,以至于完全打破合同的经济平衡,那么法院可以适当调整合同价格。[22] 事实上,法国的国务委员会也不会轻易否定唯名主义原则。1994年非洲法郎(CFA Franc)[23]贬值50%,导致了具有准国际背景的诉讼。不少法国公民在法国前殖民地度过了职业生涯,他们的养老金是以非洲法郎表示与支付的,非洲法郎的贬值,导致他们的退休收入的价值减半,由于法国也是非洲法郎贬值的决策者之一,一些受影响的养老金领取者起诉了法国政府,请求赔偿损失。法国国务委员会驳回了诉讼请求,理由是,贬值具有广泛效力,而不是专门针对作为原告的养老金领取者。[24]

《意大利民法典》第1277条(金钱之债)规定:金钱之债的消灭,是通过支付在给付时国内的法定流通货币并按其票面价值履行给付义务而实现。如果应付数额的货币是一种给付时已经不再流通的货币,则应当以同原先的货币价值相等的给付时的法定流通货币进行支付。[25]

---

[20] 详见《法国民法典》,李浩培、吴传颐、孙鸣岗译,商务印书馆1979年版。资料来源:http://www.ourtxt.net/down.php? aid=48709。法语原文:L'obligation qui resulte d'un prê d'argent n'est toujours que de la somme numérique énoncée au contrat. S'ily a eu augmentation ou diminution d'espèces avant l'époque du paiement, le débiteur doit rendre la somme numérique prêtée, et ne doit rendre que cette somme dans les espèces ayant cours au moment du paiement. 英语译文:Art1895 state that (i) the obligation that results from a loan of money is always for the numerical amount stated in the contract; (ii) the repayment obligation remains that numerical amount regardless of any change in the value of the currency; and (iii) payment must be made in money which is legal tender at the time of payment.

[21] Conseil d'état,法国政府中的最高行政咨询和司法监督机构,由文官中的精英组成,是法国最高的政府机构之一。

[22] Charles Proctor, supra note ⑩, pp. 276-277.

[23] 西非经济货币联盟统一使用西非法郎(Western African CFA Franc, XOF);中非经济与货币共同体统一使用中非法郎(Central African CFA Franc, XAF),两者合称非洲法郎(CFA Franc)。非洲法郎创设于1945年布林顿森林会议的前夕,最初目的是缓冲法国的非洲殖民地国家所受的法郎剧烈贬值的冲击。1958年,戴高乐向中西非国家引入了Community概念后,非洲法郎正式命名为Franc of French Community of Africa。西非法郎由西非央行(BCEAO)主导发行,中非法郎由中非央行(CEMAC)发行;实践中两者之间可以相互兑换。有关非洲法郎的资料详见:http://en.wikipedia.org/wiki/CFAF。

[24] Decidion of the Conseil d'état in Fronteau, CE Sect-5, September 2003, No. 244/543.

[25] 该条意大利语原文:Article 1277 of the Codice Civile, (Debito di somma di danaro).—I debiti pecuniari si estinguono con moneta avente corso legale nello Stato al tempo del pagamento e per il suo valore nominale. Se la somma dovuta era determinata in una moneta che non ha più corso legale al tempo del pagamento, questo deve farsi in moneta legale ragguagliata per valore alla prima. 英语译文:"Debt of sum of money. Pecuniary debts are to be paid with money which is legal tender in the state at the time of payment, at its face (or nominal) value. If the sum due was indicated in money which is no longer legal tender at the time of payment, such payment shall be made with legal money equal in value to the former."《意大利民法典》(2004年),费安玲等译,中国政法大学出版社2004年版。

德国法院将唯名主义原则作为一项一般原则,予以坚持。[26] 在"爬行式"("creeping")通货膨胀期间,德国法院拒绝任何提高合同约定或法定支付金额的意图。在一个案件[27]中,意大利债权人在德国债务人以贬值后的德国马克偿付债务后,主张应以黄金为基础偿付债务。原告认为,存在按照债务不变的黄金价值为标准对外国债权人进行偿付的国际法规则。然而,在唯名主义原则面前,此主张变得苍白无力。在考察英国及其他国家的相关实践之后,德国最高法院驳回原告的主张。在 20 世纪 30 年代,在通货紧缩导致货币购买力上升时,法院判决不允许债务人减少支付债务金额。[28]

就英国法律而言,唯名主义原则的统治地位从未被严重怀疑过,英国法院不能干预唯名主义的适用,有时为了适用该原则,甚至偏离了公正。[29] 该原则已被英国人接受为生活的一部分。[30] 普通法领域确立了唯名主义原则,中世纪时国王发行货币、决定货币的面额与价值的特权已被确立。爱尔兰枢密院(the Privy Council of Ireland)在一案件(the Case de Mixt Moneys;Gilbert v. Brett)[31]的判决中对于从欧洲大陆发展而来的唯名主义原则进行了充分讨论。该案中,位于伦敦的吉尔伯特(Gilbert)向位于爱尔兰德罗伊达镇(Drogheda)的布雷特(Brett)出售价值 100 英镑的货物,付款地是都柏林。但是在合同签订之后、支付期到来之前,伊丽莎白女王废止了爱尔兰的货币,发行了一种新的、贬值的货币(Mixed Money),并且规定所有的债务人都必须接受该货币的面额或价值,否则会被治罪。布雷特支付了贬值的货币,此时需要考虑其支付是否恰当充分。法官认为有必要说明英联邦关于货币的确定标准,并且承认了发行货币、决定货币形式、实质及其价值的皇家特权。该案的法官将货币价值分为内部价值和外部价值,前者是指货币金属的成色和重量,后者是指货币的面额和特点,并认为货币是人为的法律产物,所以后者才是对货币真实的表述。法官认为在爱尔兰流通的货币(Mixed Money)是英国合法的通用货币,应该以履行债务时面额价值 100 英镑的法偿货币进行支付。该案确立了唯名主义原则在英国的权威地位。[32] 此后对唯名主义原则进行最为清晰论述的当属斯克鲁顿法官(Scrutton),在一案件[33]中该法官认为,如果一个发生在英国废除金本位之前的侵权案件,在废除金本位之后,原告不能主张由于货币购买力的贬值,由发生侵权时实行金本位的英镑价值偿付。在英国 1 英镑就是 1 英镑,其国际价值不

㉖ Horn, Legal Responses to Inflation in the German Law of Contracts, Torts and Unjust Enrichment, in *Deutsche Landesreferate zum Privatrecht und Handelsrecht* , Heidelberg, 1982.

㉗ RGZ 121, 203 and Annual Digest 1927—1928, Case No. 230.

㉘ JW 1932, 3219; January 21, 1933, 1276; JW 1933, 1677.

㉙ Charles Proctor, supra note ⑩, pp. 274-275.

㉚ Charles Proctor, supra note ⑩, pp. 266-267.

㉛ (1604) Davies 18; 2 State Trials 114.

㉜ Charles Proctor, supra note ⑩, pp. 264-265.

㉝ The Baarn (No. 1) (1933) P 251, 265.

予考虑。丹宁法官(Denning)在某个案件判决[34]中对唯名主义原则有过更有特色更为清晰地描述:应支付1英镑的债务人,在债务到期时,必须以偿付时的1英镑履行债务,不论此时1英镑的价值如何;在法律的眼里,英镑是衡量其他一切事物的持久不变的价值单位。商品价格可能上涨或下跌,其他货币可能升值或贬值,但是英镑保持不变。

在美国,唯名主义原则具有统治地位,尽管美国曾出现过法院授权为了适应未预期的价格上涨变更合同条款的判例[35],但这只是一个孤立的个案,并不获广泛支持。[36] 艾奥瓦州高等法院曾出现过在通货紧缩情形下适用唯名主义原则的判例[37],在判决中,法院认为虽然通货紧缩降低了抵押土地的价值,但法院拒绝重新衡量以该抵押土地为担保的债务。

现代经济的构成要素都是根据唯名主义原则进行管理并控制自身发展的。法律关系的主体根据货币的名义价值将不同的债权、债务相互抵销;所有的流通票据都根据货币的名义价值发行。任何对唯名主义的背离都会破坏这种稳定性和连续性,造成经济关系混乱并引发大量的诉讼案件。唯名主义的作用主要体现在:唯名主义原则赋予货币单位规范性和法律性,偏离唯名主义原则意味着法律标准混乱,经济无法正常运转;唯名主义原则有利于保持商业交往的稳定性,有利于当事人预期权利义务关系的实现。然而,唯名主义原则也存在着不能解决公平与经济稳定之间的矛盾、有时会违背诚实信用原则造成不当得利、无法解决不可抗力造成的货币购买力变化等缺陷。[38]

对《亚投行协定》货币规则进行考察,我们发现币值变动规则已突破了唯名主义原则。就多边开发性金融机构而言,国际复兴开发银行更具代表性。其实,《国际复兴开发银行协定》已有类似规定。[39] 只不过国际复兴开发银行创立时,主要的国际货币实行的是金本位制度。国际复兴开发银行创立时的法定资本,以1944年

---

[34] *Treseder-Griffin v. Co-operative Insurance Society* [1965] AC 201, 222.

[35] *Aluminium Co. of America v. Essex Group* Inc. (1980) 499 F Supp 53.

[36] Rosen, *Law and Inflation*, (University of Pennsylvania, 1982), from Charles Proctor, supra note ⑩, p. 276.

[37] *Federal Land Bank of Omata v. Wilmerth* (1934) 252 NW 507.

[38] 参见张晓静,同注⑨引文,第79—82页。

[39] 详见《国际复兴开发银行协定》第2条第9节:银行所持有某种货币价值的维持,(a) 凡(i)某会员国的货币票面价值减低,或(ii)银行认为,某会员国货币的外汇价值在其领土内已大为贬值时,则该会员国应在一合理时间内,向银行增缴一定数量的本国货币,使银行所持有的该会员国货币总数足以保持该国最初认缴时的货币之价值。此项货币或系由该会员国按第二条第七节(i)项原先缴纳给银行的货币、或由第四条第二节(b)款所述之货币、或由按本款追缴的货币而由银行所持有并由此衍生,且尚未为该会员国用黄金或银行可以接受的任何会员国货币予以购回者。

(b) 凡会员国的货币票面价值增高时,银行应在一合理时间内退还该会员国一定数量的该国货币,其数额等于按(a)款所述的该国货币总数所增值的部分。

(c) 当国际货币基金组织对会员国货币票面价值作普遍的按比例的调整时,则银行得放弃上述各款的规定。

7月1日美元的实际含金量和成色为准。亚投行创立时,世界主要的货币均为法定主权信用货币。《亚投行协定》币值变动规则对唯名主义原则的突破,必将引发一系列问题。下文将重点探讨《亚投行协定》币值变动的认定标准。

三、《亚投行协定》币值变动的认定标准

当代货币的价值基础是货币发行国的国家信用。就私法而言,绝大多数案例中,合同当事人以某种货币作为记账单位订立合同,当事人并没有意识到货币价值变化的可能性;如果当事人考虑到这种可能性,他们可在合同中加入恰当的保护性条款。如果当事人没有这样做,则意味着他们必须接受合同履行期间货币币值变化的风险。也就是说,如果合同当事人没有相反的意思表示,则意味着他们接受了唯名主义原则。合同当事人当然可以通过明示条款改变唯名主义原则的法律效果,就此而言,唯名主义原则在合同中起到了一个默示条款的作用。“私法的功能会对唯名主义原则有所背离。私法并不适合用来说明国家货币的权威性及其价值,它必须考虑货币价值的变化,并且为在新的环境中的私人当事方之间寻找公平的解决办法。私法的功能是当货币贬值时,实现私人当事方之间的公平,这就背离了唯名主义原则。但是私法对唯名主义原则的背离并不会对国家货币及其价值形成干涉,其唯一的动机是实现私人当事方之间的公平关系。”“采用外币进行交易的双方可以在合同中约定避免货币贬值风险的条款,增加应对货币贬值的自动调整条款,若没有明确的意思表示,就意味着双双愿意承担货币价值波动的风险。”[40]仅是作为记账单位的外国货币的价值发生了变化,如果当事人没有相反约定,并不影响当事人的货币权利义务。换言之,唯名主义原则将货币贬值的风险分配给债权人承担,货币升值的风险分配给债务人承担。在诉讼中,任何一方主张货币价值波动造成的损失超出预期,都不会被采信。[41]

唯名主义原则主要适用于货币价值缓慢的(slow)、渐进式的(gradual)、温和的(moderate)、爬行式的(creeping)浮动状况,在这种情况下通过法律或政策对唯名主义进行限制会造成很多困难。但是,唯名主义原则并不必然适用于超级通货膨胀的情形,此时的通货膨胀可以说是“飞奔式地”,也就是说,在此状态下,货币贬值的方式非常突然(sudden)、猛烈(violent)、极端(extreme),以至于造成货币体系崩溃,此时不必适用唯名主义原则。历史经验亦表明,在这种情形下,不能严格适用唯名主义原则,立法者或者法官必然会采取措施避免该原则的适用,因为此时的唯名主义会对债权人带来无法承受的负担。[42] 例如,德国在短短25年期间,曾遭受两次货

---

[40] 张晓静,同注⑨引文,第67、265页。

[41] Charles Proctor, supra note ⑩, pp. 271-272.

[42] Ibid., p. 272.

币崩溃的灾难。[43] 1923 年 11 月,1 英镑的价值几乎相当于 200 亿马克。假如一个德国人在 1914 年借了 1 万马克在德国购买财产,该财产仍然保有内在价值,在 1923 年,借款人能通过交付 1 万马克履行其债务吗?此时 1 张邮票价值 100 亿马克。同样,在 1924 年德国引入新马克(1924 年至 1948 年之间流通的德国马克),取代原货币单位旧马克,兑换比率为 100000 亿旧马克兑换 1 新马克。上述债务人此时能否按照"续生联系"原则,支付 1/100000000 新马克履行债务?在这种极端情况下,坚持唯名主义原则既不可行,亦不公正。采取立法和司法措施超越唯名主义原则,允许对货币债务进行部分或全部重新估价,不可避免。[44] 法院重估货币债务的法律依据,2001 年之前为德国《民法典》第 242 条,2001 年之后为该法典的第 313 条。[45]

严格坚持唯名主义原则,在高通货膨胀导致货币急剧贬值时期,会导致不公正的结果。亚投行对此已有预见,并设置了防范措施。《亚投行协定》规定,被认定为欠发达国家的成员如果使用本币缴付初始认缴中原始实缴股本,该成员的货币已大幅贬值(depreciated to a significant extent),或者已大幅升值(appreciated to a

---

[43] 尽管其他国家经受甚至更为糟糕的通货膨胀导致的货币体系崩溃,如 1944 年的希腊、1946 年的匈牙利、1947 年的罗马尼亚,但是德国的经验对于货币法的实践和唯名主义原则的影响最大,此处重点讨论德国的情形。

[44] Charles Proctor, supra note [10], pp. 269-281.

[45] 德国《民法典》第 242 条自 1900 年生效以来,一直保持不变,根据该条规定债务人负有依诚实信用给付的义务。德语原文:§ 242(Leistung nach Treu und Glauben), Der Schuldner ist verpflichtet, die Leistung so zu bewirken, wie Treu und Glauben mit Rücksicht auf die Verkehrssitte es erfordern. 英文译文:Section 242 (Performance in good faith), An obligor has a duty to perform according to the requirements of good faith, taking customary practice into consideration. 德国《民法典》第 313 条是情事变更原则,这是在 2001 年为了实现债法现代化,将以往司法实践中关于情事变更案件的裁判经验加以总结而成,是一个新法条。德语原文:§ 313(Störung der Geschäftsgrundlage):(1) Haben sich Umstände, die zur Grundlage des Vertrags geworden sind, nach Vertragsschluss schwerwiegend verändert und hätten die Parteien den Vertrag nicht oder mit anderem Inhalt geschlossen, wenn sie diese Veränderung vorausgesehen hätten, so kann Anpassung des Vertrags verlangt werden, soweit einem Teil unter Berücksichtigung aller Umstände des Einzelfalls, insbesondere der vertraglichen oder gesetzlichen Risikoverteilung, das Festhalten am unveränderten Vertrag nicht zugemutet werden kann. (2) Einer Veränderung der Umstände steht es gleich, wenn wesentliche Vorstellungen, die zur Grundlage des Vertrags geworden sind, sich als falsch herausstellen. (3) Ist eine Anpassung des Vertrags nicht möglich oder einem Teil nicht zumutbar, so kann der benachteiligte Teil vom Vertrag zurücktreten. An die Stelle des Rücktrittsrechts tritt für Dauerschuldverhältnisse das Recht zur Kündigung. 英语译文:Section 313 (Interference with the basis of the transaction), (1) If circumstances which became the basis of a contract have significantly changed since the contract was entered into and if the parties would not have entered into the contract or would have entered into it with different contents if they had foreseen this change, adaptation of the contract may be demanded to the extent that, taking account of all the circumstances of the specific case, in particular the contractual or statutory distribution of risk, one of the parties cannot reasonably be expected to uphold the contract without alteration. (2) It is equivalent to a change of circumstances if material conceptions that have become the basis of the contract are found to be incorrect. (3) If adaptation of the contract is not possible or one party cannot reasonably be expected to accept it, the disadvantaged party may revoke the contract. In the case of continuing obligations, the right to terminate takes the place of the right to revoke.

significant extent)，亚投行会要求该成员缴付额外的本币金额，或者向该成员退付一定数量的本币金额，以确保亚投行账面持有的该成员以本币认缴股本的价值不变。这里产生的最主要的问题是币值变动的认定标准。《亚投行协定》所提到成员货币的已大幅贬值，或者已大幅升值，目前看来并不是一个十分确定的标准。在创立运行的初始阶段，亚投行还没有发生过因币值变动，让成员缴付额外的本币金额或者退付一定数量的本币金额的实例。

通常认为，由于纯粹的市场原因而导致的货币购买力的变化和汇率变化，不构成依法要求进行赔偿的因素，这一点无论对于本货币区域内的主体还是本货币区域外的主体都是一样的。市场本身是有风险的，任何人都无权针对纯粹的市场因素所导致的损失要求赔偿，否则市场本身也就会失去其配置社会资源的基础性作用。因此，纯粹由市场原因导致的币值变化不具有可诉性。[46]

《亚投行协定》所确立的币值变动的认定标准，并非具体确定，但对于成员货币高通货膨胀导致急剧贬值的情形，应该说亚投行已经做到了防患于未然，这是值得肯定的。就成员货币币值的大幅贬值或者大幅升值，认定权归属亚投行。由于货币币值的大幅贬值或者大幅升值，而让成员额外缴付或者退付的合理期限(within a reasonable time)，属于细节问题，有待于实践中检验。

四、结　　论

当今世界的主要货币均是主权信用货币，其价值基础是货币发行国(或者国家联盟)的信用。主权信用货币是法律的产物，仅在名目上存在，只是由国家用法律规定的一种符号与票券，其价值取决于国家的信用。唯名主义原则在货币法领域处于中心位置，是货币法的关键性特征，现代经济的构成要素都是根据唯名主义原则进行管理并控制自身发展的。然而，唯名主义原则也存在着不能解决公平与经济稳定之间的矛盾、无法解决不可抗力造成的货币购买力变化等缺陷。

货币对于银行的重要性不言而喻，《亚投行协定》所确立的货币规则，对于亚投行的运行具有重要意义。《亚投行协定》第 6 条的规定突破了货币法的唯名主义原则，对于成员货币高通货膨胀导致急剧贬值的情形，应该说亚投行已经做到了防患于未然；就成员货币币值的大幅贬值或者大幅升值，认定权归属亚投行，但对于币值变动的认定标准，并非具体确定，需要亚投行在实践中进一步厘定。

---

[46] 参见张西峰：《国际法中有关货币争端的规则》，载《中国政法大学学报》2015 年第 5 期。

房间里的大象：美国公私合作法律规制中的联邦经济宪法

贾韶琦*

摘要：美国 PPP 法律规制语境下，经济宪法是用来研究政府管理经济机制的一种分析框架。联邦经济宪法的主要结构包括两部分：一是第 1 条第 8 款赋予国会筹集、处置公共资金的广泛的经济权力，二是第 1 条第 9 款施加行政部门提取、使用公共资金的宪法义务。这些在美国 PPP 的应用中得到明显体现，表现为联邦和州层面广泛的 PPP 授权立法和联邦政府依法提供 PPP 项目融资支持。

关键词：经济宪法　PPP　公私合作

美国制度语境下的公私合作通常即是指 Public-Private-Partnership（PPP）。PPP 是一种世界范围内主流的公私合作模式，在我国的官方译名是"政府和社会资本合作"，如今已被广泛应用在基础设施和公共服务领域。从《基础设施和公共服务领域政府和社会资本合作条例（征求意见稿）》的公开到最高人民法院《关于审理行政协议案件若干问题的规定》（法释〔2019〕17 号）对 PPP 协议的定性，足可见 PPP 的法律规制势在必行，而域外经验的考察无疑大有裨益。美国的 PPP 法律治理极具特色，带有鲜明的实用主义，是域外考察不可或缺的重要一极。[①] 特别是国内学者鲜有论及的美国联邦宪法，在事实上对美国 PPP 的影响巨且久矣，成为"房间里的大象"，有待发现与识别。

---

* 贾韶琦，法学博士，湖南工商大学法学院讲师。

① 参见刘海鸥、贾韶琦：《政府和社会资本合作（PPP）立法的美国镜鉴与启示》，载《财经理论与实践》2020 年第 3 期。

一、美国 PPP 与经济宪法的联系

“经济宪法”在我国学界是一个“既熟悉又陌生”的概念,有论者将其定义为“关涉经济的宪法条款”②,也有文章视之为某种比喻,如“反垄断法是现代市场国家的经济宪法”③。追根溯源,经济宪法的概念起源于德国经济法理论,指“国家为了确定经济自由的范围,施行监督或经济统制,所为依据的基本法律原则与宪法规范”④。英美法学界虽然不承认经济宪法的存在⑤,但并不妨碍我们从经济宪法事实中推导出经济宪法概念。

在《经济宪法》这本书中,普罗瑟认为经济宪法是一个框架(framework),并使用这个框架来研究政府管理经济的机制,从而评估其合法性和问责制。⑥ 普罗瑟认为,经济宪法的第一个视角是描述性的,重点是“可能与经济管理相关的关键性宪法原则和制度安排”⑦;另一个视角侧重于其在经济管理过程中促进“特定价值或一套社会价值”的功能。⑧ 除此之外,也有观点将经济宪法视作“新宪政主义”的形式,即一种旨在保护私人资本的制度,限制集体的民主选择。⑨ 无论如何,学者们都承认存在国家调整经济活动的根本法规范,因此本文所论经济宪法更倾向于普罗瑟提出的第一种描述性解释,侧重政府管理经济的机制和相关宪法原则。如此界定的另一个现实原因是美国 PPP 已经成为美国经济生活管理的重要机制,从而与经济宪法发生密切联系。

在美国法律中,PPP 有“横向”“纵向”之分,前者被限定在交通基础设施领域,如公路、桥梁、铁路、港口、机场等;后者则不限于交通基础设施,还包括学校、医院、可再生能源、饮用水和污水处理、垃圾处理、政府建筑、监狱、警察局、消防站和国防等公共基础设施。⑩ 总体上,PPP 在美国被广泛用于描述国家依靠私营部门,而不再是政府雇员向公众提供基础设施和公共服务的方式。在这里,私营部门实际承担了传统公共部门的执行角色,而公共部门则承担了监管角色,须对项目和公共利益负责。通过 PPP,联邦、州、地方政府将设计、建造、融资、运营、维护基础设施的

---

② 黄卉:《宪法经济制度条款的法律适用——从德国经济宪法之争谈起》,载《中外法学》2009 年第 4 期。

③ 金善明:《反垄断法的“经济宪法”定位之反思》,载《江西社会科学》2015 年第 11 期。

④ 施启扬、苏俊雄:《法律与经济发展》,台湾正中书局 1974 年版,第 74 页。

⑤ 参见赵世义:《经济宪法学基本问题》,载《法学研究》2001 年第 4 期。

⑥ See Tony Prosser, *The Economic Constitution*, Oxford University Press, 2014, p. 2.

⑦ See Treasury, A New Approach to Public-Private Partnerships 23; NAO, Savings from Operational PFI Contracts10Treasury, Whole of Government Accounts: Year ended 31 March 2010 (HC 1601, 2011) 88.

⑧ NAO, Review of the VFM Assessment Process for PFI (2013) 5.

⑨ NAO, A Framework for Evaluating the Implementation of Private Finance Initiative Projects: Volume 1, May 2006, p. 15.

⑩ 参见黄卉,同注①引文。

成本转移给私营部门承担,而私营部门通常可以获准从使用者付费中取得回报,从而使政府能够利用市场手段实现其行政目的,减轻相关财政负担。因此,PPP 成为美国从联邦到地方各级政府从事公共管理的重要方式。

同时,PPP 本身的特征使其对宏观经济产生重要影响,成为政府干预市场的具体体现。根据美国学界通说,美国 PPP 的第一个特征是与公共基础设施建设相关,而公共基础设施又对宏观经济产生重要影响。例如采用 PPP 模式建设的学校、医院和高速公路作为经济基础设施,具有影响和决定经济生产力发展的能力,这就是为何政府在这些项目中投入公共资金时会估计其对私人供应的有用性和适用性,以及它们对特定地理区域和社区经济生活的益处。美国 PPP 的第二个特征是政府财政资金的转移,这使其成为政府管理国家经济生活的一种重要手段。政府的 PPP 活动需要向私营部门大量转移财政资金,从而完成对市场的资本注入。具体而言,政府向私人承包商支付统一费用,承包商向在项目中工作的员工支付费用,层层递进,将私营部门引向政府需要其活动的范围。通过 PPP,政府的财政资金以非福利、非补助的方式注入市场,并通过公私部门间的项目合作流入各个私营部门,起到指导、引领的作用。这实质上就是政府对市场的干预。而政府向市场提供资金的经济后果是宏观经济理论的核心问题,也是经济发展的重要决定因素。

总之,政府利用 PPP,通过基础设施建设和向市场注入大量资本,决定国家经济生活的发展前景和性质,在公共部门和私营部门之间建立经济关系。PPP 作为塑造和决定国民经济生活重要方面的工具,非常适合从经济宪法的角度进行探索。此外,选择经济宪法框架进行分析的另一个原因来自 PPP 本身的经济性质。经济宪法分析旨在讨论经济安排和关系。这种经济安排同样适用于 PPP。PPP 的本质是协议,其中公共部门向承包商提供的资金与私人承包商向公共部门和公民提供的服务之间存在交换关系,这种交换关系本质上是经济的。这一事实使得 PPP 能够在宪法框架内找到参照点,分析其经济关系的动态发展和宪法原则,例如公共责任原则。

二、美国联邦经济宪法的基本结构

美国属于联邦制国家,既有联邦宪法,也有州宪法,但州宪法不得违背联邦宪法。限于篇幅,这里着力探讨联邦宪法中与 PPP 相关的经济宪法内容。前文已述,PPP 在美国成为政府对国家经济生活管理的重要机制,易言之,即 PPP 为公共利益从事公共事务,承担公共责任,对应的是联邦宪法中关于经济事项和经济政策事项问责相关内容。

《联邦宪法》第 1 条第 8 款规定:“国会有权规定和征收税收、关税、附加税和消费税,用以偿还债务,并提供美国国防和全民福利(……)以美国的名义举债。”同一款规定还赋予了国会管理州与州之间贸易的广泛公认的权力:“管理与外国的、州与州间的、与印第安部落间的贸易。"《联邦宪法》赋予了国会这些经济权力，以及"为了行使上述各项权力，以及行使本宪法赋予合众国政府或其各部门或其官员的种种权力，制定一切必要和适当的法律。"

《联邦宪法》第 1 条第 9 款紧接着规定了公共款项使用的宪法要求："除依照法律规定拨款外，不得自国库中提取任何款项；所有公共款项收支的定期报表、账目，届时应予以公布。"

上述条款基本概述了国会筹集和处置资金的经济权力。根据宪法赋予国会的权力，国会有权通过征税来筹集资金、以国家名义举债、管理州与州之间的贸易，以及制定法律以确保这些权力得以实现。行政部门有权从国库中提取资金，但必须依据法律规定，并且需要定期告知国会和公众资金的使用情况。对行政机关的类似监督职责还有《联邦宪法》第 2 条第 3 款，该款要求"总统应经常向国会报告国家情况，并向国会提出他认为必要和适当的措施，供其考虑。"

需注意的是，对于第 1 条第 8 款所规定的权力，包括我们已经提到的经济权力，在宪法理论上，意味着除了宪法列举的权力，国会没有其他权力。然而，美国最高法院对第 1 条第 8 款的规定作了扩大解释，认为该款规定允许国会颁布任何法律，只要这些法律对于行使该款列举的国会权力是必要的和适当的。[11] 这些权力可以结合起来，使国会得以就与宪法明确规定的主题在性质上不同的主题进行立法。这里具有里程碑意义的一个判例是 *McCulloch v. Maryland*。[12] 该案中，法院认为，根据《联邦宪法》第 1 条第 8 款中的"必要和适当"条款，国会有权成立一家联邦银行，履行州特许银行所能履行的所有职能，与之直接竞争。国会在宪法上行使这一未经列举的经济权力，是为国会税收和支出、征召和支持军队的权力以及管理州际贸易的经济权力提供必要的支持。如此一来，国会在美国经济宪法中便获得了非常重要和广泛的权力。

国会享有的这种广泛的经济立法权在美国 PPP 的应用中得到了相应的体现。这使得联邦一级的大多数 PPP 背后都有法律支持，与之联动，州一级几乎所有的 PPP 都得到了立法授权，或是针对特定行业 PPP 项目的一般授权，或是针对特定 PPP 项目的具体授权。

与此同时，第 1 条第 9 款对行政部门提取、使用公共资金的宪法义务也反映在 PPP 应用中，表现为联邦政府对 PPP 项目的融资支持必须有相应拨款法案作为依据。以交通基础设施领域为例，在过去的二十多年里，联邦拨款授权法案就有《多式联运地面运输效率法》(The Intermodal Surface Transportation Efficiency Act, ISTEA)、《21 世纪运输公平法》(The Transportation Equity Act for the 21st Century,

---

⑪ See Sedler, Robert Allen, *Constitutional Law in the United States*, Kluwer Law International Press, 2014, pp. 42-46.

⑫ *McCulloch v. Maryland*, 17 U. S. (4 Wheat.) 316 (1819).

TEA-21)、《安全、负责、灵活、有效地运输平等法:使用者的合法权益》(Safe, Accountable, Flexible, Efficient Transportation Equity Act: A legacy for Users, SAFETEA-LU)、《21 世纪进步促进法》(Moving Ahead for Progress in the 21st Century Act, MAP-21)等,可见一斑。

三、美国联邦与州层面广泛的 PPP 授权立法

在联邦宪法赋予立法机关广泛经济立法权的影响下,美国联邦和州层面采用立法的方式授权行政部门管理 PPP 协议。这里体现的不是政府采购的固有能力,而是突出地表现为一种基于经济发展现实需要对传统法律障碍的立法突破。

(一) 对联邦法律障碍的突破

是否开展 PPP 项目以及具体如何开展,属于州内事务,联邦既无权代为立法,也须尊重州的保留权力。但联邦同样拥有自己的 PPP 立法权,且联邦法律的效力位阶还在州法律之上,因此,如要实施 PPP 项目,除了所在地州法律明确授权外,还需联邦法律不予禁止。20 世纪末以来,在部分州尝试 PPP 授权立法的同时,美国联邦政府也通过制定、解释法律等方式开始放开对基础设施建设中公私合作的限制。

联邦法律对 PPP 的限制主要集中在交通运输领域,这在很大程度上归因于 20 世纪 50 年代以来联邦资金在美国公路发展中发挥的重要作用,以及联邦援助公路项目惯用的传统 DBB(design-bid-build)模式。1956 年,艾森豪威尔总统签署了《联邦援助公路法》(the Federal-Aid Highway Act),将国家公路网及支线路网整合,授权建立州际公路系统,并由联邦公路信托基金(Highway Trust Fund, HTF)提供稳定的资金,从而为客运和货运提供可靠、高效的出行路线,一直沿用至今。联邦由此通过资金援助获得了对州际交通的实质性影响力,有时甚至是决定性影响。

《美国法典》第 23 卷第 301 节规定,除《美国法典》第 23 卷第 129 节规定外,所有由联邦政府援助修建的公路"均不得收取任何形式的通行费"⑬。这里的例外情形包括:(1) 新建或改建不属于州际公路系统的收费公路;(2) 改建属于州际公路系统的收费公路;(3) 将桥梁或隧道转换为收费设施;(4) 将不属于州际系统的一部分免费联邦公路转换为收费设施。但是,法律严格禁止美国联邦公路管理局(Federal Highway Administration, FHWA)授权联邦参与收费公路的早期建设,或将作为州际公路系统重建项目部分的存量免费公路转换为收费设施。这种对州际公路收费的普遍禁令⑭在事实上成为对国家和地方政府探索创新融资方式以改善公

⑬ 23 U.S.C. § 301.

⑭ 23 U.S.C. § 129.

路资产的重要限制。

除了在收费设施上对联邦资金援助设置障碍,《联邦援助公路法》还规定了其他限制条件,集中体现在 FHWA 资助项目设计、采购、建设等方面。在传统的联邦援助公路建设承包合同中,成本通常是评标的决定性标准,即“报价低者中标”[15]。联邦法律规定,凡使用联邦公路援助资金的州,必须采用上述竞争性招标程序及其评标标准,除非当地能向 FHWA 证明其他方法更符合成本效益原则或满足紧急情况需要,而这并不容易。对于传统工程服务合同,则被要求基于资质筛选中标者,而不是按最佳价值评标。[16] 事实证明,这些传统的建设承包和工程服务合同安排并不适合 PPP 模式。作为一种创新的合同安排,PPP 将许多成本以外的因素纳入综合考量范围,如工程质量、交付时间、道路使用者影响、全生命周期成本、施工和管理上的创新,技术水平等;与之相应,PPP 项目的采购往往寻求一种法律上的程序例外,以确保灵活采购项目所需的私人合作伙伴。

不仅如此,2021 年被进一步扩大适用范围的《购买美国货法》(Buy American Act)及其配套的行政命令(如拜登政府的“购买美国货”计划)同样被私人部门视为法律障碍,因为他们本可以从更多合格且具有成本竞争力的供应商那里采购材料。例如在公路项目上,只要使用联邦资金或其他援助(例如 TIFIA 融资或私人活动债券),就会触发联邦《购买美国货》的规定。《联邦采购条例》(Federal Acquisition Regulation, FAR)规定,除非 FHWA 主动放弃,否则此类项目中使用的所有钢铁必须是美国生产制造。[17] 对此,政府的解释是确保美国纳税人的钱花在美国货物上,帮助清空国内存货,同时保护国内工人的就业机会。不过这对于私人部门而言并不总是最优选择,因为美国生产的产品质量并不总是令人满意,而且经常使得项目总成本明显增加。

因此,联邦层面的 PPP 法律授权更多地表现为对传统法律桎梏的消减,例如围绕私人资金和联邦资金可否共存的问题,联邦法律规定:私人部门可以通过出资享有设施的所有权,只要公共部门仍然可以基于该设施执行相关的所有联邦规定,就可以向 FHWA 申请获得联邦资金的援助。[18] 此外,公共部门和私人部门必须达成合意:“从收费设施运营中获得的所有收入,应首先用于还本付息,支付项目融资人的合理投资回报以及收费设施正常运营、维护所需费用。”[19]如果相关的州能够每年证明收费设施得到了良好的维护,那么该州便可以将超出第 129(a)(3)款规定的任意金额通行费收入,用于根据《美国法典》第 23 卷(公路)规定有资格获得

---

[15] 23 U.S.C. § 112(b)(1).
[16] 23 U.S.C. § 112(b)(2).
[17] 23 C.F.R. § 635.410(b).
[18] 23 U.S.C. § 129.
[19] 23 U.S.C. § 129(a)(3).

联邦资金援助的其他任何项目。[20] 至于为联邦 PPP 项目直接授权的法律亦有例可循,如美国空军和地标组织公司在得克萨斯州莱克兰的空军基地 DBO 项目所依据的国防授权法案[21]、美国退伍军人事务部和 LCOR 有限公司位于北卡罗来纳州达勒姆的退伍军人管理局医疗中心综合开发 EUL 项目所依据的《美国法典》第 38 章第 8162 节[22],等等。

(二) 对州宪法限制的突破

美国大多数州的宪法限制州政府和地方政府向私营企业提供信贷、捐赠或者投资,从而阻碍了 PPP 的应用。不过法院一般认为,服务公共目的、附带私人利益的项目可以例外。[23] 但是,美国的联邦政体和双轨制法院体系决定了法院在多大程度上接受这一宪法限制的例外情形因地、因事而异,这就使得地方政府对判断每一个项目是否具有公共目的都必须开展大量调查工作。即便如此,由于此举涉嫌法院和政府"合谋"规避宪法,越过民众意见处置税金,引发了巨大的争议乃至诉讼。[24] 因此,各州不约而同采取授权立法的方式,以期在突破宪法禁令的同时避免发生上述争议。从宪法禁止,到司法突破,再到立法确权,反映出地方经济发展对 PPP 的真实需求。下面以极具代表性的华盛顿州为例。

宪法不存在无缘无故的禁令。华盛顿州宪法禁止政府向私营企业赠予公共资金或提供信贷的原因可以追溯到 19 世纪后期。彼时,华盛顿州希望通过铁路促进贸易和增强运输能力,于是与私营铁路公司达成协议,用公共资金补贴铁路发展。补贴的方式很多,包括直接向铁路公司支付现金、提供市政债券、信贷等。尽管这些贷款可能具有公共性,但公众对这些贷款的去向几乎没有控制权。后来,从这些贷款中获得收益的铁路公司又开始以低于市场的价格在东部市场出售那些原本发行给它们的债券,从中赚取差价。[25] 不仅如此,许多由公共资金补贴的铁路始终未能建成,而那些建成的铁路线又因为市场变化或铁路垄断企业财务管理上的严重

---

[20] 23 U.S.C. § 129(a)(3).

[21] National Defense Authorization Act of 1996, Pub. L. No. 104-6, 110 Stat. 186 (1996).

[22] 38 U.S.C. § 8162 (2012).

[23] See *City of Charlottesville v. DeHaan*, 228 Va. 578, 323 S.E.2d 131(1984).

[24] See *CLEAN v. State*, 130 Wash. 2d 782, 928 P.2d 1054 (1997); *King County v. Taxpayers of King County*, 133 Wash. 2d 584, 949 P.2d 260 (1997); *Citizens for More Important Things v. King County*, 131 Wash. 2d 411, 932 P.2d 135 (1997); *CLEAN v. City of Spokane*, 133 Wash. 2d 455, 947 P.2d 1169 (1997).

[25] See David E. Pinsky, State Constitutional Limitations on Public Industrial Financing: An Historical and Economic Approach, *University of Pennsylvania Law Review*, Vol. 111, No. 3, 1963, pp. 265-277.

错误而遭到废弃。[26] 这并不是华盛顿州的个案,而是普遍发生在初入铁路时代的美国各州。最后,很多州出现财政困境,一些州甚至濒临破产。[27] 华盛顿州同样需要面对因补贴铁路留下的巨额欠债。作为亡羊补牢之举,华盛顿州在 1889 年制宪会议上写下第 8 条第 5 款和第 7 款,严格限制了州和地方政府向私人部门借贷或捐赠,并禁止公有制股票的转移[28],从而"免受敌人的攻击,保护弱者免受强势力量的侵害"[29]。彼时,立宪者担心公共资产被转让或出租给私人部门会对公众产生潜在的负面影响,即便不会对政府和私人部门造成任何损害,也被认为是在不当行使政府职能。[30]

当宪法禁令与经济发展需求相悖,法院的态度开始发生转变。更确切地说,早在法院对上述宪法禁令作出反应以前,政府已经态度鲜明地开始规避宪法禁令,如成立公共公司筹集公共资金以公共目的为由进行融资[31];利用联邦住房和城市发展贷款避免宪法审查[32];宣布开发项目为公共紧急状态,从而避免宪法上的公投程序[33];向私人部门提供各种税收补贴等。[34] 对此,华盛顿州法院一开始的态度是严

[26] "我们铁路上发生敲诈勒索的严重性是难以想象的……在我们铁路的建设和运营过程中积累了太多不容易被揭露的弊端。运费和运输服务上的歧视是不公正的,向铁路集团以外的人收取高于内部标准的费用是错误的……不可能全都暴露出来……"See Wharton Baker, *The North American Review*, 1906, p. 717.

[27] See David E. Pinsky, State Constitutional Limitations on Public Industrial Financing: An Historical and Economic Approach, *University of Pennsylvania Law Review*, Vol. 111, No. 3, 1963, pp. 280-281.

[28] Article Ⅶ, Section 1, was enacted in 1930 and provides: "The power of taxation shall never be suspended, surrendered or contracted away. All taxes shall be uniform upon the same class of property within the territorial limits of the authority levying the tax and shall be levied and collected for public purposes only ... " Wa. Const. art. Ⅶ, § 1. This essentially set up the public purpose doctrine originally enacted in *Sharpless v. Mayor of Philadelphia*, 21 Pa. 147 (1853).

[29] Comments of delegate Buchanan at the Constitutional Convention of 1889, printed in Colin Kippen, Article Ⅷ, Sections 5 and 7: An Examination of the Provisions, Their Impact and the Prospects for Change, Seattle City Light, April 18, 1979, at I-8.

[30] Comments of delegate Buchanan at the Constitutional Convention of 1889, printed in Colin Kippen, Article Ⅷ, Sections 5 and 7: An Examination of the Provisions, Their Impact and the Prospects for Change, Seattle City Light, April 18, 1979, at I-9-10.

[31] Wash. Rev. Code § 35.21.730 (1998).

[32] 24 C.F.R. § 570.703 (1994).

[33] The Washington Constitution art. Ⅱ, section 1 (amend. 72) affords the people the right to referendum and provides: The legislative authority of the state of Washington shall be vested in the legislature, ... but the people reserve to themselves the power to propose bills, laws, and to enact or reject the same at the polls, independent of the legislature, and also reserve power, at their own option, to approve or reject at the polls any act, item, section, or part of any bill, act or law passed by the legislature... (b) Referendum. The second power reserved by the people is the referendum, and it may be ordered on any act, bill, law, or any part thereof passed by the legislature, except such laws as may be necessary for the immediate preservation of the public peace, health or safety, or support of the state government and its existing public institutions... Wa Const. art. Ⅱ, § 1.

[34] Article Ⅶ, section 1 of the Washington Constitution provides that all taxes imposed "shall be levied and collected for public purposes only." Wa. Const. art. Ⅶ, § 1.

格遵照宪法条文裁判,尽管有时法官也承认地方政府向私人部门提供资金具有公共目的性,但仍然按字面意义解释第 8 条第 5 款和第 7 款的规定,认为存在违宪情形,如 *Seattle and Lake Washington Waterway Co. v. Seattle Dock Co.* 案[35]和 *Johns v. Wadsworth* 案[36]。然而,随着城市经济的发展,城市发展和交通运输项目对公共资本的需求也随之增加。[37] 面对现实压力,法院开始作出例外判决。在 1963 年 *Miller v. City of Tacoma* 一案中,法院便以公共目的为由替政府辩护。该案中,法院承认存在原告所说的"附带私人利益",但声称私人利益的获取与塔科马当地公共发展目标一致[38],因为"随着社会日益复杂、融合,'公共使用'的概念自然也会同比扩大"。[39] 无独有偶,*Berglund v. City of Tacoma* 案[40]、*Anderson v. O'Brien* 案[41]的案情与 *Miller v. City of Tacoma* 相似,法院同样以具有公共目的为由规避了宪法中的禁止性规定。至此,法院的态度只是从支持违宪到规避宪法禁令,直到 1986 年发生的 *Adams v. University of Washington* 案[42],华盛顿州最高法院的裁判意见彻底突破了宪法限制,宣告公私合作合法,并明确了例外情形的两个认定标准:公共目的和公益回报。这一判例经 *City of Tacoma v. Taxpayers of City of Tacoma* 案[43]得到巩固,形成判例法。

彼时,上述法院的做法被批评是对"宪法的侵蚀",因为公共目的和公益回报的认定没有经过广泛的讨论,实质上是法院(裁判者)和政府(举证者)的意见取代了宪法(公众)的意见,有悖民主。于是,为了规避这一诘难,政府干脆宣布紧急状态以排除公民投票权利,这就使得公民获得救济的唯一途径只剩下法院,也只能服从法院裁判。质疑者称,如果法院像在 *CLEAN, Citizens for More Important Things v. King County* 一案中那样"充分尊重政府的紧急状态声明"[44],那么司法公正就成了空口白话,事实上后来也的确出现了不少利用紧急状态以排除公民投票权利的事件。尽管公众最终可能从中获得经济利益,但有学者和记者指出:这辜负了民众的信任:(1) 阻止民众获取有关这些项目的信息;(2) 剥夺了纳税公民参与影响他们

---

[35] 35 Wash. 503, 77 P. 845 (1904), aff'd, 195 U.S. 624.

[36] 80 Wash. 352, 141 P. 892 (1914).

[37] Comments of delegate Buchanan at the Constitutional Convention of 1889, printed in Colin Kippen, Article Ⅷ, Sections 5 and 7: An Examination of the Provisions, Their Impact and the Prospects for Change, Seattle City Light, April 18, 1979, at I-9.

[38] 61 Wash. 2d 387-88, P. 2d 472 (1963).

[39] 61 Wash. 2d 384-85, P. 2d 470 (1963).

[40] 70 Wash. 2d 475, 423 P. 2d 922 (1967).

[41] 84 Wash. 2d 64, 524 P. 2d 390 (1974).

[42] 106 Wash. 2d 312, 722 P. 2d 74 (1986).

[43] 108 Wash. 2d 679, 743 P. 2d 793 (1987).

[44] CLEAN, 130 Wash. 2d 782, 830, 928 P. 2d 1054, 1077 (1999).

的公共决策的宪法权利;(3) 严重侵犯民众对全民投票的程序性权利。㊺

即便如此,质疑者同样无法无视经济发展需求对 PPP 的强烈呼声,因此他们也认同,唯一的解决办法是通过立法反映大多数人的意见。考虑到为此直接删去州宪法第 8 条第 5 款和第 7 款的规定过于极端,于是华盛顿州和其他许多州选择了在宪法禁令以外通过立法(修正案)增加例外情形的方式解决 PPP 项目的合法性问题。

(三) 对其他州法律约束的突破

除了州宪法,其他州法律对 PPP 同样存在诸多约束,挤压了 PPP 的适用空间,迫使采用 PPP 模式的州不得不就这些被限制或被禁止的事项进行特别法律授权。

以印第安纳州 69 号收费公路项目为例。该项目采用的是 buy-build-operation (BBO)模式。在 BBO 模式下,交易以资产出售合同的形式进行,同时规定了私营部门修复或扩建现有设施的义务。公共部门将资产出售给私营部门,后者则作出设施运作所需要的改善。按照这种模式,印第安纳州的高速公路被一个私营部门从印第安纳州处购买,由该私营部门在 75 年内承担运营、维护和开发高速公路的义务。当时有反对意见认为这是一种变相的私有化。为了使该项目的开展具备合法性,众议院通过了第 1008 号法案,并编入《印第安纳州法典》(IC)第 8 章。《印第安纳州法典》不仅详细地规定了 PPP 的定义,明确外包的范围,为政府开展 PPP 提供了充分权限,同时使立法机关获得问责权力。法律规定包括收费在内的任何涉及 PPP 的决定都必须得到立法机关的授权,特别是关于“69 号州际公路的任何部分”㊻。如果国会依法授权公共部门就一个设施项目签订一项公私协议,则公共部门可就该设施项目签订一项公私协议。”㊼公共部门向私营部门支付的款项也必须得到法规的授权。㊽

该法还提供了问责标准。一个标准是“公共利益”。“如果当局以书面形式确定符合公共利益,则当局可与多个私人实体签订公私协议(……)。”可见,公共利益在这里是缔约的基本标准。㊾ 不仅如此,法律还规定立法机关制定的合同条款须为公共利益服务。㊿ 另一个标准是“合理性”,它既是评估合同期限的标准,也是确定合同条款的重要标准。51 对于设施维持状况和运作标准,法律的预期十分明

㊺ See Nick, Beermann, Legal Mechanisms of Public-Private Partnerships: Promoting Economic Development or Benefiting Corporate Welfare? *Seattle University Law Review*, 1999, p. 175.

㊻ IC § 8-15.5.-1-2 (2015).

㊼ IC § 8-15.5.-1-2 (2015).

㊽ IC § 8-15.5-10-3 (2015).

㊾ IC § 8-15.5-5-5 (2015).

㊿ IC § 8-15.5-1-3 (2015).

51 IC § 8-15.5-10-2.

确:收入足以使"项目处于健康的物理和财务状况,以提供充分、有效的服务"[52]。如此一来,印第安纳州收费公路 PPP 项目就建立在合法的基础上。法律规定了主要标准和行为准则,旨在明确项目参与者的责任,包括:项目是否符合公共利益、商定的条件是否合理、财务结构是否能够确保项目提供"充分和适当的服务"等。这些问责标准是法律规定的多种公共问责机制的一部分,几乎包括 PPP 项目中需要立法授权的一切事项,并保障了立法机构在相当程度上的控制力。

再以加利福尼亚州(简称加州)91 号高速公路项目为例。该项目采用 build-operation-transfer(BOT)模式。公共部门提供设施标准,私营部门负责建造。之后,该私营部门根据与公共部门签订的特许协议或其他合同,在特定期限内经营该设施。最后,在合同规定的期限届满时,私营部门将设施转让给公共部门。鉴于在大多数情况下,私营部门负责融资,因此合同期限必须足够让它为其投资赚取利润。特许经营期满后,公共部门有权将设施的经营业务继续承包给原私营部门或转让给新的私营部门。通过这种 BOT 模式,加州运输部(Caltrans)和加州私人运输公司(CPTC)在加州租赁的土地上合作开发了 91 号高速公路。该公路由 CPTC 负责开发、建设。完工后,CPTC 将项目所有权转让给 Caltrans,再租用 35 年。[53] 同上一个案例一样,加州 PPP 为获得合法性,进行了专门的授权立法。1989 年通过的第 680 号法案的第 1 节:"(c) 一个重要的备选方案是私人出资建造—经营—转让(BOT)项目,即私营部门取得特许经营协议,用私人资金为加州公民建造全部或部分公共交通项目。"[54]现行加州街道和高速公路法规(SHC)则规定了采购的主要标准——"最低出价"和"最佳价值":"(2) 公共部门或者地区运输代理机构对承包单位或者承租单位提出的建议书进行评估时,可以按照最低出价或者最佳价值授予合同。"[55]立法特别界定了"最佳价值":"'最佳价值'指由下列客观标准确定的价值,包括但不限于价格、特征、功能、生命周期成本以及该部或区域运输署认为适当的其他标准。"[56]对此,法律规定明确了立法机关应当进行必要的审查,并举行公众听证会。[57] 在长期监管方面,法律规定公共部门应定期检查设施,并要求缔约的私营部门按照适当标准完成设施的维护。与之相适应,该条款也规定私营部门可以收取过路费以获得投资回报。[58]

可见,加州的授权立法成为 PPP 合同有效的必要依据,并直接规定了 BOT 模式。不仅如此,立法还规定了投标评估所依据的标准,以及项目负责部门的监督方

---

[52] IC § 8-15.5-7-4.

[53] Department of Transportation-Federal Highway Administration, Excellence in Highway Design: Category 8-Public/Private Participation, 2003.

[54] 'Assembly Bill No. 680' (1989).

[55] SHC § 143 (2) (West 2015). See also SHC § 143 (g)(1)(C).

[56] SHC § 143 (a)(1).

[57] SHC § 143 (c)(5) (West 2015). See also SHC § 143(c)(2).

[58] SHC § 143 (h)(2).

式。加州的立法在选择私营部门签订合同的标准上更加侧重于“最佳价值”，这也成为公共部门的责任。负责采购的运输部门必须向立法机关解释采购计划安排，包括项目是否根据“最佳价值”或是“最低出价”选择、有关成本费用是否“合理”等。而基于这些概念及其形成的标准，运输部门同样会要求下属的项目实操人员在与私营部门的谈判中取得上述成果，承担责任。

对比前述印第安纳州 69 号收费公路项目和加利福尼亚州 91 号高速公路项目，两个项目背后都有州层面为开展项目专门制定的授权法案。立法间既有类同的地方，也有明显区别。例如两部立法都提及行政意义上的“合理性”标准，但没有明确界定。区别则在于，在加州的立法中，“最佳价值”和“最低出价”标准都有明确定义，其中“最佳价值”由法律规定其判断要件，确定其性质；“最低出价”虽然没有法律定义，但其本身的含义清晰，指具有最低数学价值的单一出价。这些标准经立法或其本身内容确定，与印第安纳州立法中的模糊标准形成对比。更进一步说，加州立法提出的“最佳价值”和“最低出价”标准与印第安纳州立法提出的“公共利益”和“合理性”标准在性质上具有明显差别。这是因为“最佳价值”和“最低出价”来自经济领域，“公共利益”和“合理性”的概念则来自公共行政领域。所以，加州立法在规定“最优价值”标准的构成要素时，不得不关注经济学和金融学的理论与方法。如此处理的好处是显而易见的，因为这比抽象的公共行政概念更易于操作和把握。这也反映出一个重要趋势，即 PPP 立法在定义公共行政标准时，越来越重视从经济学科中汲取养分，将抽象的公共行政概念具体化为可操作的财务要求。

当然，并非只有州层面的 PPP 授权立法，这类联邦和州层面为 PPP 项目提供授权立法的例子还有许多，具有一些共同特点，包括批准公共部门与私营部门合作或批准个别具体项目、提供采购评估和问责的判断要求等。究其根本，都是通过立法赋予 PPP 项目开展的合法性基础和明确必要的运作标准。

四、美国联邦政府依法提供 PPP 项目融资支持

联邦宪法对行政部门使用公共资金的限制直接影响美国联邦政府对 PPP 项目的融资支持。有必要首先简要介绍美国 PPP 项目的融资情况。以交通设施为例，联邦政府的财政支持是任何一个交通 PPP 项目都不可忽视的重要资金来源。众所周知，美国的高速公路系统建设在很大程度上依赖联邦公路信托基金，事实上这个基金是根据 1956 年的《联邦援助公路法》设立的。该法的第 1 条即明确了州级高速公路系统总里程 4.1 万英里的建设目标，并规定相关经费由联邦政府承担 90%。除却公路，联邦政府对轨道和公交系统的财政支持同样引人注目。1964 年的《联邦城市大运量公交法》就曾专门拨款 3.75 亿美元支持大规模公交系统建设。到 1982 年《高速公路资金法》颁布后，这一财政支持成为常态，因为法律允许公路信托基金里开设专门的大规模公交账户。再以高税收、高福利闻名的“美国北

欧"——明尼苏达州(简称明州)为例,在金融危机爆发前的2003年,整个明州约30亿美元的交通设施开支里,就有约20%的资金来自联邦政府。综上可见,联邦经济宪法深刻影响着美国PPP的应用。

根据联邦宪法,联邦政府对PPP项目融资的财政支持同样须有法律依据,下面主要介绍若干对美国PPP影响深远的授权法案,分别是《多式联运地面运输效率法》(ISTEA)、《运输基础设施融资与创新法案》(The Transportation Infrastructure Financeand Innovation Act,TIFIA)和《水基础设施融资和创新法案》(The Water Infrastructure Finance and Innovation Act,WIFIA)。

1991年通过的ISTEA被誉为美国水陆运输史上的转折点,被称作"里程碑立法"。ISTEA致力于为高速公路和公交设施间的资金转移提供更大便利,强调州政府和地方政府在交通发展规划中的重要性。虽然1997年该法便宣告过期,但颁布以来,ISTEA在美国促成了数千项旨在帮助实现法律目标的改革,引发交通行业经营方式的巨大变化。"灵活性""创新""参与""协作"开始成为交通发展规划的流行语。1992—1997财政年度期间,该法案授权了1550亿美元给联邦公路基金,改变了联邦政府与各州、各地方在资助运输项目方面的关系,重组了联邦援助公路项目,使得各州和地方得以通过该项目获得资金。与此同时,ISTEA给予州和地方政府更大灵活性来决定运输解决方案,为包括缓解交通拥堵、提供安全性和有助于达到空气质量标准的各类新项目提供资金。一言以蔽之,ISTEA意味着各州可以获得联邦政府更多的资金支持,从而带动项目和项目质量发生巨大变化。

接力ISTEA的是TEA-21(1997—2003),其中的TIFIA极大促进了美国交通基础设施建设。TIFIA信贷计划由美国交通部建筑局管理,为地面运输项目的建设提供长期低息贷款和其他类型的信贷援助。[59] 2015年通过的《美国地面运输修复法案》(The Fixing America's Surface Transportation Act,FAST)重新授权了TIFIA计划,使之延续至今。TIFIA对交通领域PPP项目的融资支持显而易见。"重点是通过提供补充和从属资本,吸引大量私人和其他非联邦的共同投资,并在运输领域PPP投资中发挥重要作用。在许多情况下,资金成本较低和TIFIA提供的灵活条件是决定PPP项目是否可行和成本效益的关键因素。"[60]从2008年到2013年,TIFIA的援助约占PPP项目总价值的23%,占PPP债务的35%。[61] 符合条件的TIFIA联邦援助申请人包括州和地方政府、运输机构、铁路公司和私营部门。

TIFIA特别关注PPP交通运输项目,明确规定:"州、地方政府、公共主管部门、PPP或任何其他承担项目并经部长授权的法律主体,应提交部长可以接受的项目

---

[59] 23 U.S.C. § 601 et seq.

[60] U.S. Department of the Treasury—Office of Economic Policy, Expanding our Nation's Infrastructure through Innovative Financing, 2014, p.9.

[61] Ibid.

申请。”[62]TIFIA 提供给 PPP 的联邦政府资助有两种形式。第一种是担保贷款，这些有担保的贷款可用于“为符合条件的项目提供成本资金”“为符合条件的项目成本提供临时建设融资”“为农村基础设施项目提供现有的联邦信贷工具”或“为项目的完成、增强或扩大提供额外的长期项目债务或联邦信贷工具再融资”[63]。这类贷款最高可达项目合理预期费用的 49%[64]，并且还款期限最多可达 35 年。[65] 另一种资助方式是贷款担保。在部长认为两种方式的预算成本相同的情况下，可以选择为贷款提供担保而不是直接提供担保得来的贷款，条件与担保贷款相同。[66] 两种信贷的偿还范围包括“通行费、使用费、在 PPP 下应付给债务人的款项或其他用于保证或资助项目义务的专用收入来源”[67]。此外，TIFIA 还允许联邦政府提供信贷额度以参与到 PPP 项目中。信用额度与上述信贷方式的区别有二：一是联邦政府将提供直接贷款附加于某些事件的发生或特定日期的到来，即附条件、附期限；二是信贷额度总额不能超过合理预期项目成本的 33%。不过，除了其他法律提供的联邦援助外，只要总额不超过项目预期费用的 49%，就可以获得信贷额度。信贷额度的偿还方式与前述信贷方式类似，包括过路费、用户费、PPP 项下的付款和其他专用收入来源。

除了交通运输领域，水基础设施领域的 PPP 项目同样是联邦财政资助的重点对象。2014 年，美国国会颁布了 WIFIA，作为 2014 年《水资源改革和发展法》的一部分，为水基础设施项目建立了一个新的联邦信贷计划，由环境保护局负责管理。WIFIA 项目加快了对具有国家和区域意义的水基础设施的投资，在规定的条件下提供长期、低成本、补充性的信贷援助。与大型运输项目类似，大型水基础设施项目的融资问题同样可以通过使用几种融资工具和技术来解决。这些工具和技术结合在一起，可以产生一个高效的资本结构，最大限度地减少对参与者的财务影响。WIFIA 的目的就是降低私营部门参与项目的成本，促进 PPP 在这一领域的应用。曾有人提出 WIFIA 会对市政债券市场产生影响，事实上这种影响十分有限。2014 年，美国市政债券发行总额为 3149 亿美元，其中水基础设施占 10%。即使 WIFIA 能够每年提供 10 亿美元的援助，它也将占水基础设施债券市场大约 3%的份额，因此 WIFIA 并不会对市政债券市场造成冲击。

WIFIA 将向提出申请符合条件的项目提供联邦援助。这些与水有关的项目包括“任何可以减少洪水损失、减少飓风和风暴破坏、恢复环境、改善沿海或内陆港口航运、改善内陆和内河航道航行的，且部长认为在技术上是可行的、经济上合理的、环境上可以接受的项目”“提高公共供水系统或公共污水处理工程中能源效率的

---

[62] 23 U. S. C. § 602 (2012).
[63] 23 U. S. C. § 603(a)(1).
[64] 23 U. S. C. § 603(b)(2).
[65] 23 U. S. C. § 603(a)(3).
[66] 23 U. S. C. § 603(e).
[67] 23 U. S. C. § 602(6).

项目”“修理、修复或更换污水处理工程、社区供水系统、老化的供水或废物收集设施(包括为印第安人保留地的人口或社区服务的设施)的项目”“咸水或海水淡化项目、管理含水层补给项目或水循环项目”[68]。

WIFIA 的援助形式是担保贷款，与 TIFIA 相同，担保贷款的金额不能超过合格项目合理预期成本的49%。[69] 如果担保贷款没有得到投资级评级，则贷款不能超过项目的高级债务数额。如果 WIFIA 联邦援助与其他联邦援助一起提供，则总额不能超过项目总费用的 80%。[70] 贷款的还款期限同样很长，若项目使用年限不小于 35 年，则还款期限为 35 年；若项目使用年限小于 35 年，则还款期限等同项目使用年限。[71]

概言之，联邦层面具有代表意义的融资法律有三：ISTEA、TIFIA 和 WIFIA，第一个是拉开联邦资助 PPP 项目帷幕的起点，第二个是标志交通 PPP 项目联邦信贷计划成熟的顶点，第三个是联邦信贷计划从交通运输行业延伸到其他行业的拐点。

五、结　　语

联邦宪法与美国 PPP 并非无涉，反而联系密切。通过经济宪法的分析框架，可以清楚地发现美国 PPP 受联邦宪法影响的脉络，为美国联邦和州层面广泛的 PPP 授权立法和联邦政府必须依法对 PPP 项目提供融资支持找到宪法上的根由，同时比较清晰地彰显出美国法律的实用主义，具有鲜明的按需立法特色，可以为我国 PPP 治理镜鉴。其一，正视法律与政策的关系。此前相当一段时间内我国的 PPP 推行主要依靠密集出台的政策文件，面对传统法律的限制大多数场合采取了回避态度，但改革须于法有据，PPP 立法的必要性有增无减：通过法律的确定性、权威性和可预见性来解决政策与政策间、政策与法律间的冲突问题，明确 PPP 的合法性边界，在此基础上构建具有中国特色的 PPP 规制体系。其二，明确权责清晰的政府财政关系。美国各州拥有财政独立性，大部分州 PPP 项目主要还是受到地方财政支持，联邦与地方在 PPP 项目上的财政合作是比较清晰的。我国 PPP 项目实施要防控政府财政兜底风险，尤其是要防范化解地方债务风险。因为大量案例证明，体量巨大的基础设施项目一旦做成伪 PPP 项目，会产生大量隐性债务，可能引发地方债务危机。因此，PPP 立法应当明确规定 PPP 项目上各级政府的财政权责关系，从而在法律规范意义上避免 PPP 项目中的债务风险从社会资本向政府部门、从地方政府向中央政府进行不当转移。

---

[68] 33 U.S.C.A. § 3905. Please note that we cite the United States Code Annotated (U.S.C.A.) because the provisions of WIFIA, which came in force in 2014 are not included in the latest official edition of the United States Code which was published in 2012.

[69] 33 U.S.C.A. § 3908 (b)(2).

[70] 33 U.S.C.A. § 3908 (b)(9).

[71] 33 U.S.C.A. § 3908 (a)(5).

全覆盖型与部分覆盖型金融申诉专员机构研究

岳金禄*

摘要：从金融申诉专员机构在一个国家或地区的覆盖情况来看，金融申诉专员机构可以分为全覆盖型金融申诉专员机构与部分覆盖型金融申诉专员机构。全覆盖型金融申诉专员机构是指一个国家或地区设立的金融申诉专员机构完全覆盖了银行业、保险业、证券业等三大金融领域。部分覆盖型金融申诉专员机构是指一个国家或地区设立的金融申诉专员机构只覆盖了银行业、保险业、证券业等三大金融领域中的一个或两个领域。我国应从统合+分散型金融申诉专员机构过渡到统合型纯金融申诉专员机构。

关键词：金融申诉专员机构　全覆盖型金融申诉专员机构　部分覆盖型金融申诉专员机构　统合型金融申诉专员机构

一、问题的提出

《法律科学》《政法论坛》《比较法研究》《法学评论》在2013年分别发表了杨东教授的大作《日本金融ADR制度的创新及其对我国的借鉴》[①]《政府主导型金融申诉专员制度评介》[②]《论我国证券纠纷解决机制的发展创新——证券申诉专员制度之构建》[③]《金融申诉专员制度之类型化研究》[④]。拜读四文后，本人有两点感触：一是杨东教授的文章理论联系实际，呼应了中国大陆金融消费纠纷多元化解决机制建设的社会实践；二是杨东教授的文章囿于文献资料与研究方法，有一些值得商榷

* 岳金禄，经济学博士，陕西轩冕律师事务所高级顾问、高级经济师。

① 参见杨东：《日本金融ADR制度的创新及其对我国的借鉴》，载《法律科学》2013年第3期。

② 参见杨东：《政府主导型金融申诉专员制度评介》，载《政法论坛》2013年第3期。

③ 参见杨东：《论我国证券纠纷解决机制的发展创新——证券申诉专员制度之构建》，载《比较法研究》2013年第3期。

④ 参见杨东：《金融申诉专员制度之类型化研究》，载《法学评论》2013年第4期。

的地方。这些值得商榷的地方一方面导致了理论研究的误区，另一方面误导或制约了金融申诉专员制度在中国大陆的实践和发展。因此，通过大数据分析，对现存的金融申诉专员机构进行类型化的研究，不但可以弥补相关理论研究的缺陷与不足，具有极为重要的理论意义，而且可以对中国大陆正在如火如荼进行的金融消费纠纷解决机制建设提供必要的理论指导，因而具有广泛的社会实践价值。

对金融申诉专员机构进行类型化研究的前提是对金融申诉专员机构进行大数据分析。本文收集到了全球 115 个金融申诉专员机构的数据，并对这 115 个机构进行了分类统计。这 115 个机构既包括两大金融申诉专员国际组织的成员机构，也包括既不属于 INFO 网络⑤也不属于 FIN-NET⑥ 成员的机构。

从这 115 个机构的情况来看，金融申诉专员机构依据不同的标准可以分为不同的类别。从这些机构的名称来看，金融申诉专员机构可以分为"纯金融申诉专员"机构与"准金融申诉专员"机构。"纯金融申诉专员"机构是指不但具有金融申诉专员机构的特点与功能，而且其名称中包含"Ombudsman"的机构；"准金融申诉专员"机构是指与纯金融申诉专员机构具有相同的特点与功能，但其名称不叫"Ombudsman"的机构。

从金融申诉专员机构在一个国家或地区的覆盖情况来看，可以分为全覆盖型金融申诉专员机构与部分覆盖型金融申诉专员机构。全覆盖型金融申诉专员机构是指一个国家或地区设立的金融申诉专员机构完全覆盖了银行业、保险业、证券业

⑤ INFO 网络，即金融申诉专员机构国际网络，是为金融服务业消费者提供外部争议解决的全球网络。INFO 网络成立于 2007 年，其总体目标是为会员共同开发其在解决争端的专业知识，在金融申诉专员下属领域交换经验和信息：(1) 计划/机构的结构、功能和管理模式；(2) 计划/机构的行为守则；(3) 信息技术的利用；(4) 系统性问题的处理；(5) 跨境投诉的转办；(6) 员工培训和继续教育。INFO 网络是一个全球性的金融申诉专员计划网络，秉公处理案件以求结果公正。INFO 网络提供了所有成员的金融申诉专员的网络链接，告诉那些没有找到相应纠纷解决机制或机构办公室的消费者应到哪去投诉。INFO 网络本身并不提供争议解决服务。纠纷解决是 INFO 网络成员计划/机构的职责。金融服务业的消费者若对有关金融服务投诉，消费者需要直接与所在国家或地区的相关计划/机构联系。For more Details about the International Network Financial Services Ombudsman Schemes, see its website http://www.networkfso.org/

⑥ FIN-NET，即欧洲跨境金融纠纷网络，是一个涵盖欧洲经济区(欧洲联盟成员国加上冰岛，列支敦士登和挪威)的法院外投诉机构(the out-of-court complaint scheme)的金融纠纷解决网络(Financial Dispute Resolution Network)，负责处理消费者和金融服务提供商(即银行、保险公司、投资公司等)之间的纠纷。该网络由欧盟委员会于 2001 年推出。FIN-NET 致力于为消费者的跨国案件提供易获得的法院外投诉程序。如果消费者在一国与另一国的金融服务提供商发生纠纷，FIN-NET 的成员将会帮助消费者联系相关的法院外投诉机构，并为此提供相关的必要信息。FIN-NET 的目的是至少要使消费者使用金融合同中的语言或使用与金融服务提供商日常联系的语言提交跨境投诉成为可能。许多机构同样使用其他语言。FIN-NET 成员每年与欧盟委员会会晤两次，以便：(1) 交换有关他们处理的案件的信息；(2) 向欧盟委员会介绍与改善金融服务市场有关的问题；(3) 欧盟委员会通报即将出台的指令和其他举措。FIN-NET 机制具有便捷性与经济性，为消费者投诉提供了高效、便捷与廉价的权利救济平台，成为欧洲金融服务市场持续发展的强大助推器。For more details about the FIN-NET network, see its website https://ec.europa.eu/info/business-economy-euro/banking-and-finance/consumer-finance-and-payments/consumer-financial-services/financial-dispute-resolution-network-fin-net_en

等三大金融领域。部分覆盖型金融申诉专员机构是指一个国家或地区设立的金融申诉专员机构只覆盖了银行业、保险业、证券业等三大金融领域中的一个或两个领域。

二、全覆盖型金融申诉专员机构

依据一个司法管辖区金融申诉专员机构数量的多少及其行业覆盖情况,全覆盖型金融申诉专员机构可以分为四类:统合型金融申诉专员机构;统合+分散型金融申诉专员机构;相对分散型金融申诉专员机构;高度分散型金融申诉专员机构。

(一) 统合型金融申诉专员机构

统合型金融申诉专员机构是指一个司法管辖区只设立了一个申诉专员机构,且该机构覆盖了全部金融领域。统合型金融申诉专员机构依据其职责是否以金融领域为限,可以分为统合型纯金融申诉专员机构与统合型准金融申诉专员机构两个小类。

1. 统合型纯金融申诉专员机构

统合型纯金融申诉专员机构是指一个国家或地区在全金融行业设立统一的申诉专员机构,该机构覆盖了全部金融领域,且其职责仅限于金融领域。采用该类型的国家或地区包括英国、爱尔兰、亚美尼亚、马耳他、挪威、荷兰、新加坡、马恩岛、海峡群岛、秘鲁、特立尼达和多巴哥等 11 个司法管辖区。

(1) 英国。英国 2000 年《金融服务和市场法案》(FSMA)采纳了政府的建议,将金融服务行业的 8 个现有申诉专员机构合并为世界上最大的申诉专员服务机构之一——英国金融申诉专员服务(FOS UK)。[7] 英国金融申诉专员服务[8]管辖的金融机构包括:银行、抵押贷款银行、抵押贷款中介机构、信用社、保险公司、保险中介机构、投资机构、投资中介机构、养老金机构、养老金中介机构、证券中介机构。覆盖的金融产品或服务包括:支付、存款、信贷与贷款、抵押贷款、寿险、非寿险、投资、养老金、证券。[9]

(2) 爱尔兰。爱尔兰金融服务申诉专员局(Financial Services Ombudsman's

---

[7] P. Giddings, Whither the Ombudsman? (2001) 16 (2) *Public Policy and Administration* 1.

[8] For more Details about the Financial Ombudsman Service of UK, see its website http://www.financial-ombudsman.org.uk/

[9] The FIN-NET Network, *FIN-NET Members in United Kingdom*, *at* http://ec.europa.eu/info/business-economy-euro/banking-and-finance/consumer-finance-and-payments/consumer-financial-services/financial-dispute-resolution-network-fin-net/fin-net-network/members-fin-net-country/fin-net-members-united-kingdom_en, last visited on April 18, 2020

Bureau)[10]又名"爱尔兰金融服务申诉专员"(FSO),管辖的金融机构包括:银行、抵押贷款银行、抵押贷款中介机构、信用社、保险公司、保险中介机构、投资机构、投资中介机构、证券中介机构、部分养老金机构、部分养老金中介机构。覆盖的金融产品或服务包括:支付、存款、信贷与贷款、抵押贷款、寿险、非寿险、投资、证券、部分养老金。[11]

(3) 亚美尼亚。亚美尼亚金融体系调解员办公室(Office of Financial System Mediator)[12]是一个知识渊博和专业的专家团队,旨在解决个人(individuals)和金融机构(financial institutions)之间的纠纷。其纠纷解决是免费的、高效的。[13]

(4) 马耳他。马耳他金融服务局消费者投诉管理人(Consumer Complaints Manager, Malta Financial Services Authority, MFSA)[14]管辖的金融机构包括:银行、保险公司、保险中介机构、投资机构、投资中介机构、证券中介机构。覆盖的金融产品或服务包括:支付、存款、信贷与贷款、抵押贷款、寿险、非寿险、投资、证券。[15]

(5) 挪威。挪威金融服务投诉委员会(Norwegian Financial Services Complaints Board)[16]管辖的金融机构包括:银行、抵押贷款银行、保险公司、大部分养老金机构、部分投资机构。覆盖的金融产品或服务包括:支付、存款、信贷与贷款、抵押贷款、寿险、非寿险、支付、养老金、证券。[17]

---

⑩ For More Details About the Financial Services Ombudsman's Bureau of Ireland, see its website http://www.financialombudsman.ie/

⑪ The FIN-NET Network, *FIN-NET Members in Lreland*, at http://ec.europa.eu/info/business-economy-euro/banking-and-finance/consumer-finance-and-payments/consumer-financial-services/financial-dispute-resolution-network-fin-net/fin-net-network/members-fin-net-country/fin-net-members-ireland_en, last visited on April 18, 2020

⑫ For More Details About the Office of Financial System Mediator of Armenia, see its website http://fsm.am/en-us/Who-we-are

⑬ 根据《亚美尼亚共和国金融体系调解员法》(the Republic of Armenia Law on Financial System Mediator),调解员办公室自 2009 年 1 月 24 日起开始运作。其创办人是亚美尼亚中央银行(the Central Bank of Armenia)。调解员办公室致力于实现以下目标:(1) 保护金融市场中的消费者权益和利益;(2) 快速、有效和自由地审查和处理客户索赔(client claims);(3) 提高公众对金融部门的信心。

⑭ For More Details About the Consumer Complaints Manager of Malta Financial Services Authority, see its website http://mymoneybox.mfsa.com.mt/

⑮ The FIN-NET Network, *FIN-NET Members in Malta*, at http://ec.europa.eu/info/business-economy-euro/banking-and-finance/consumer-finance-and-payments/consumer-financial-services/financial-dispute-resolution-network-fin-net/fin-net-network/members-fin-net-country/fin-net-members-malta_en, last visited April 18, 2020

⑯ For more Details about the Norwegian Financial Services Complaints Board, see its website http://www.finkn.no/

⑰ The FIN-NET Network, *FIN-NET members in Norway*, at http://ec.europa.eu/info/business-economy-euro/banking-and-finance/consumer-finance-and-payments/consumer-financial-services/financial-dispute-resolution-network-fin-net/fin-net-network/members-fin-net-country/fin-net-members-norway_en, last visited on April 18, 2020

(6) 荷兰。荷兰金融服务投诉中心(Financial Services Complaints Institute)⑱又名"荷兰 Kifid 投诉中心"(Kifid, Dutch Complaints Institute),管辖的金融机构包括:银行、保险公司、保险中介机构、大部分抵押贷款银行、大部分抵押中介机构、大部分信用社、部分投资机构、部分投资中介机构、部分养老金中介机构、部分证券中介机构。覆盖的金融产品或服务包括:支付、存款、信贷与贷款、抵押贷款、寿险、非寿险、投资、养老金、证券。⑲

(7) 新加坡。新加坡金融业纠纷解决中心有限责任公司⑳(Financial Industry Disputes Resolution Centre Ltd, FIDReC)㉑是一个独立的、公正的机构,专门解决金融机构与消费者之间的纠纷,其法律性质是一个担保有限责任公司。截止到 2014 年 10 月 16 日,FIDReC 的签约金融机构共有 526 家。其中银行与财务公司(Banks and Finance Companies)131 家,人寿及综合保险公司(Life and composite Insurers)21 家,一般及综合保险公司(General and composite Insurers)41 家,资本市场持牌服务商(Capital Markets Services Licensees)222 家,持牌财务顾问(Licensed financial advisers)与保险中介人(Insurance Intermediaries)111 家。㉒

(8) 马恩岛、海峡群岛、秘鲁、特立尼达和多巴哥等 4 个司法管辖区均设有统合型金融申诉专员机构:马恩岛金融服务申诉专员机构(Financial Services Ombudsman Scheme, Isle of Man)㉓、海峡群岛金融申诉专员(Channel Islands Financial Ombudsman)㉔、秘鲁金融申诉专员[Financial Ombudsman Peru (Defensor del Cliente Financerio)]㉕、特立尼达和多巴哥金融服务申诉专员办公室(Office of

---

⑱ For more Details about the Financial Services Complaints Institute of Dutch, see its website http://www.kifid.nl/overkifid/jaarverslagen/

⑲ The FIN-NET Network, *FIN-NET members in Netherlands*, *at* http://ec.europa.eu/info/business-economy-euro/banking-and-finance/consumer-finance-and-payments/consumer-financial-services/financial-dispute-resolution-network-fin-net/fin-net-network/members-fin-net-country/fin-net-members-netherlands_en, last visited on April 18, 2020

⑳ 邢会强先生将 FIDReC 翻译成"金融业争议调解中心",参见邢会强:《金融消费纠纷的多元化解决机制研究》,中国金融出版社 2012 年版,第 68—72 页。本文与邢会强先生对 FIDReC 翻译的不同在于对"Resolution"翻译的差异。"Resolution"的含义是"[U, sing.] the act of solving or settling a problem, dispute, etc.(问题、纠纷等的)解决,消除"(《牛津高阶英汉双解词典(第六版)》,商务印书馆 2004 年版,第 1477 页)。邢会强先生对 FIDReC 的翻译一方面是对"Resolution"的误解,一方面也是对 FIDReC 运作的误解。FIDReC 解决纠纷的方式不仅有调解,还有裁决。

㉑ For more Details about the Financial Industry Disputes Resolution Centre Ltd of Singapore, see its website www.fidrec.com.sg/.

㉒ 参见岳金禄:《新加坡金融业纠纷解决中心的运作及启示》,载《西部金融》2015 年第 11 期。

㉓ For more Details about the Financial Services Ombudsman Scheme in Isle of Man, see its website http://www.gov.im/oft/ombudsman/

㉔ For more Details about the Channel Islands Financial Ombudsman, see its website https://www.ci-fo.org/

㉕ For more Details about the Financial Ombudsman Peru (Defensor del Cliente Financerio), see its website http://www.dcf.com.pe/

the Financial Services Ombudsman, Trinidad & Tobago)。[26]

2. 统合型准金融申诉专员机构

统合型准金融申诉专员机构是指一个国家或地区在全金融行业设立统一的申诉专员机构,该机构覆盖了全部金融领域,且其职责不限于金融领域。采用该类型的国家或地区包括瑞典和立陶宛。

瑞典全国消费者投诉委员会(National Board for Consumer Complaints)[27]管辖的金融机构包括:银行、抵押贷款银行、抵押贷款中介机构、信用社、保险公司、保险中介机构、投资机构、投资中介机构、养老金机构、养老金中介机构、证券中介机构。覆盖的金融产品或服务包括:支付、存款、信贷与贷款、抵押贷款、寿险、非寿险、投资、养老金、证券。[28]

立陶宛国家消费者权益保护局/中央银行(State Consumer Rights Protection Authority / Central Bank of Lithuania)[29]管辖的金融机构包括:银行、抵押贷款银行、抵押贷款中介、信用社、部分保险公司、部分保险中介、部分投资机构、部分投资中介机构、部分养老金机构、部分养老金中介机构、部分证券中介机构。覆盖的金融产品或服务包括:支付、存款、信贷与贷款、大部分抵押贷款、部分非寿险、部分投资、部分养老金、部分证券。[30]

(二) 统合+分散型金融申诉专员机构

统合+分散型金融申诉专员机构是指一个司法管辖区设立多个申诉专员机构,这些机构虽然是相互独立的,但是其中的某个机构发挥了统一平台的作用,将自身与其他申诉专员机构进行了整合,某种程度上达到了统合型金融申诉专员机构的效果;或者一个申诉专员机构覆盖了全部金融领域,其他申诉专员机构只覆盖了一个或两个金融领域。该类型机构依据分散型金融申诉专员机构的不同类型可以分为9个小类:(1) 以芬兰为代表的统合+银行+保险+证券+消费类;(2) 以澳大利亚

[26] For more Details about the Office of the Financial Services Ombudsman in Trinidad & Tobago, see its website http://www. ofso. org. tt/

[27] For more Details about the National Board for Consumer Complaints of Sweden, see its website http://www. arn. se/other-languages/english-what-is-arn/

[28] The FIN-NET Network, *FIN-NET Members in Sweden*, *at* http://ec. europa. eu/info/business-economy-euro/banking-and-finance/consumer-finance-and-payments/consumer-financial-services/financial-dispute-resolution-network-fin-net/fin-net-network/members-fin-net-country/fin-net-members-sweden_en, last visited April 18, 2020

[29] For more Details about the State Consumer Rights Protection Authority / Central Bank of Lithuania, see its website http://www. vvtat. lt/en/about-authority. html

[30] The FIN-NET Network, *FIN-NET Members in Lithuania*, *at* http://ec. europa. eu/info/business-economy-euro/banking-and-finance/consumer-finance-and-payments/consumer-financial-services/financial-dispute-resolution-network-fin-net/fin-net-network/members-fin-net-country/fin-net-members-lithuania_en, last visited on April 18, 2020

为代表的统合+银行证券+保险类;(3) 以新西兰为代表的统合+银行+保险银行类;(4) 以南非和波兰为代表的统合+银行+保险类;(5) 以比利时和克罗地亚为代表的统合+保险类;(6) 以匈牙利和奥地利为代表的统合+银行类;(7) 以我国台湾地区和葡萄牙为代表的统合+证券类;(8) 以波斯尼亚和黑塞哥维那为代表的联邦统合+成员分散型;(9) 以加拿大为代表的联邦分散+成员统合型。

1. 统合+银行+保险+证券+消费类

芬兰是该类型的代表。芬兰设有 5 个申诉专员机构:芬兰金融申诉专员局(Financial Ombudsman Bureau, FINE)[31]、芬兰银行投诉委员会(Finnish Banking Complaints Board)、芬兰保险投诉委员会(Finnish Insurance Complaints Board)、芬兰证券投诉委员会(Finnish Securities Complaints Board)、芬兰消费者纠纷委员会(Consumer Disputes Board)。[32] 其中芬兰金融申诉专员局发挥了统一平台的作用,将自身与 4 个委员会进行了整合,一定程度上达到了统合型金融申诉专员机构的效果。

其他 4 个委员会的职责基本独立,又有一定的联系。芬兰银行投诉委员会管辖的金融机构包括:银行、抵押贷款银行、抵押贷款中介机构、信用社。覆盖的金融产品或服务包括:支付、存款、信贷与贷款、抵押贷款。芬兰保险投诉委员会管辖的金融机构包括:保险公司、大部分保险中介机构、大部分养老金机构。覆盖的金融产品或服务包括:寿险、非寿险、大部分(私人)养老金。芬兰证券投诉委员会管辖的金融机构包括:银行、抵押贷款银行、抵押贷款中介机构、证券中介机构、大部分投资机构、大部分投资中介机构。覆盖的金融产品或服务包括:抵押贷款、大部分投资、大部分证券。芬兰消费者纠纷委员会管辖的金融机构包括:银行、抵押贷款银行、抵押贷款中介机构、信用社、保险公司、保险中介机构、部分投资机构、部分投资中介机构、部分养老金机构、部分养老金中介机构。覆盖的金融产品或服务包括:支付、存款、信贷与贷款、抵押贷款、寿险、非寿险、部分投资、部分养老金。[33]

2. 统合+银行证券+保险类

这种类型以澳大利亚为代表。根据澳大利亚 2001 年《公司法》,金融服务提供

---

[31] 芬兰金融申诉专员局因承办 2015 年 INFO 年会而声名远扬。2015 年 INFO 年会于 9 月 13 日至 16 日在芬兰赫尔辛基举行,共计来自全球 33 个国家或地区的 55 个会员约 80 名代表参加。会议讨论议题主要系强调"信任",以加强会员之间的互动及意见交流。通过分组讨论,探讨申诉专员的未来发展趋势及金融纠纷处理等重要领域,并将跨境争议、绩效衡量、金融读写能力及危机处理等议题,列为本次会议的主题,进行与会人员间的脑力激荡。For more Details about the Financial Ombudsman Bureau (FINE) of Finland, see its website https://www.fine.fi/en/frontpage.html

[32] For more Details about the Consumer Disputes Board of Finland, see its website http://www.kuluttajariita.fi/fi/

[33] The FIN-NET Network, *FIN-NET Members in Finland*, *at* http://ec.europa.eu/info/business-economy-euro/banking-and-finance/consumer-finance-and-payments/consumer-financial-services/financial-dispute-resolution-network-fin-net/fin-net-network/members-fin-net-country/fin-net-members-finland_en, last visited on April 18, 2020

者(FSP)需要将其争议提交给外部纠纷解决(EDR)组织,而在实践中,扮演外部纠纷解决组织角色的是申诉专员。第一个外部纠纷解决组织是金融业投诉服务(Financial Industry Complaints Service, FICS);随后,它与几个其他申诉专员、外部纠纷解决组织合并。澳大利亚在金融领域设有3个申诉专员机构:澳大利亚金融申诉专员服务(Financial Ombudsman Service, FOS),具有统合性,其履职范围涉及全金融领域[34];澳大利亚信贷和投资申诉专员(Credit and Investments Ombudsman, CIO),具有相对的统合性,其履职范围涉及银行业与证券业[35];澳大利亚养老金投诉审裁处(Superannuation Complaints Tribunal, SCT),其履职范围仅限于保险业。[36]根据2001年《公司法》,澳大利亚证券和投资委员会(the Australian Securities and Investment Commission, ASIC)对前两个申诉专员拥有监管和监督权力。[37]

3. 统合+银行+保险银行类

这种类型以新西兰为代表。新西兰现有3家经批准的纠纷解决机构:新西兰金融服务投诉有限公司(Financial Services Complaints Ltd, FSC)、新西兰银行业申诉专员机构(Banking Ombudsman Scheme, BOS)[38]、新西兰保险和金融服务申诉专员机构(Insurance & Financial Services Ombudsman Scheme, IFSOS)[39]。3家机构的业务有一定的分工,又有一定的交叉,相互之间形成了一定的竞争关系。

FSC的服务涉及全金融领域。[40] FSC的成员机构包括非银行贷款人和财务公司、信用社、住房抵押贷款互助会、保险公司、抵押经纪人、保险经纪人、财务顾问、受托人、基金经理、证券发行人、交易服务提供者、发卡机构等等。

BOS专注于银行业,提供免费和独立的服务,帮助人们解决与银行服务提供者之间的未决问题。包括:(1)注册银行;(2)由储备银行监管的,拥有高质量的内部纠纷解决服务的吸收存款的非银行机构。BOS只处理对银行服务提供者中BOS成员机构的投诉。

IFSOS的前身是新西兰保险和储蓄申诉专员机构(Insurance and Savings

---

[34] For more Details about the Financial Ombudsman Service of Australian, see its website http://www.fos.org.au/

[35] For more Details about the Credit and Investments Ombudsman of Australian, see its website http://www.cio.org.au/

[36] For more Details about the Superannuation Complaints Tribunal of Australian, see its website http://www.sct.gov.au/

[37] *Corporations Act 2001* (Cth), s 794C. See also the *Australian Securities and Investments Commission Act 2001* (Cth).

[38] For more Details about the Banking Ombudsman Scheme of New Zealand, see its website https://www.bankomb.org.nz/

[39] For more Details about the Insurance & Financial Services Ombudsman Scheme of New Zealand, see its website http://www.iombudsman.org.nz/

[40] For more Details about the Financial Services Complaints Ltd of New Zealand, see its website http://www.fscl.org.nz/

Ombudsman Scheme, ISOC),其职责主要涉及保险业与银行业。

4. 统合+银行+保险类

这种类型以南非与波兰为代表。

(1) 南非。南非在金融领域设有 6 个申诉专员机构:统合型的申诉专员——南非金融服务提供者申诉专员(Ombudsman for Financial Services Providers)㊶;银行业申诉专员——南非银行服务申诉专员(Ombudsman for Banking Services)㊷;南非信用申诉专员(Credit Ombud)㊸;保险业申诉专员——南非长期保险申诉专员(Ombudsman for Long-Term Insurance)㊹;南非短期保险申诉专员(Ombudsman for Short Term Insurance)㊺;南非养老基金审裁官(Pension Funds Adjudicator)。㊻

(2) 波兰。波兰有 4 个申诉专员机构,其中 3 个纯金融申诉专员机构,1 个准金融申诉专员机构。申诉专员机构在各金融行业分布不太均衡。其中 2 个涉及全金融领域,1 个仅涉及银行业,1 个仅涉及保险业。4 个机构的主要情况如下㊼:

波兰金融监管局仲裁庭(Arbitration Court at the Polish Financial Supervision Authority)㊽管辖的金融机构包括:银行、抵押贷款银行、抵押贷款中介机构、信用社、保险公司、保险中介机构、投资机构、投资中介机构、养老金机构、养老金中介机构、证券中介机构。覆盖的金融产品或服务包括:支付、存款、信贷与贷款、寿险、非寿险、投资、养老金、证券。

波兰金融申诉专员(Financial Ombudsman)㊾管辖的金融机构包括:银行、抵押银行、大部分抵押中介机构、保险公司、一些保险中介机构、大多数投资机构、大多

㊶ 南非金融服务提供者申诉专员覆盖的金融服务提供者包括:(1) 产品提供者,例如长期保险公司、短期保险公司或银行;(2) 金融中介,例如长期或短期保险行业中的保险经纪人;(3) 投资经理,或向客户或客户代表提供金融服务的代理人。For more Details about the Ombudsman for Financial Services Providers of South Africa, see its website http://www.faisombud.co.za/

㊷ For more Details about the Ombudsman for Banking Services of South Africa, see its website http://www.obssa.co.za/

㊸ For more Details about the Credit Ombud of South Africa, see its website http://www.creditombud.org.za/

㊹ For more Details about the Ombudsman for Long-Term Insurance of South Africa, see its website http://www.ombud.co.za/

㊺ For more Details about the Ombudsman for Short Term Insurance of South Africa, see its website http://www.osti.co.za/

㊻ For more Details about the Pension Funds Adjudicator of South Africa, see its website http://www.pfa.org.za/

㊼ The FIN-NET Network, *FIN-NET Members in Poland*, *at* https://ec.europa.eu/info/business-economy-euro/banking-and-finance/consumer-finance-and-payments/consumer-financial-services/financial-dispute-resolution-network-fin-net/fin-net-network/members-fin-net-country/fin-net-members-poland_en, last visited on April 18, 2020

㊽ For more Details about the Arbitration Court at the Polish Financial Supervision Authority, see its website http://www.knf.gov.pl/regulacje/Sad_Polubowny/index.html

㊾ For more Details about the Financial Ombudsman of Poland, see its website http://rf.gov.pl/tekst.php? kategoria=english

数投资中介机构、一些养老金机构、一些养老金中介机构、一些证券中介机构。覆盖的金融产品或服务包括:大多数支付、大多数存款、大多数信贷和贷款、大多数抵押贷款、人寿/非人寿保险、一些投资、一些养老金、一些证券。

波兰银行申诉专员/波兰银行协会(Banking Ombudsman/ Bank Association)[50]管辖的金融机构包括:大部分银行、大部分抵押贷款银行。覆盖的金融产品或服务包括:支付、存款、信贷与贷款、抵押贷款、投资、证券。

波兰保险申诉专员(Insurance Ombudsman)[51]管辖的金融机构包括:保险公司、保险中介机构、养老金中介机构、大部分养老金机构。覆盖的金融产品或服务包括:寿险、非寿险、大部分养老金。

5. 统合+保险类

这种类型以比利时和克罗地亚为代表。

比利时有两个申诉专员机构,均为纯金融申诉专员机构。申诉专员机构在各金融行业分布不太均衡。其中1个涉及全金融领域,1个仅涉及保险业。[52] 两个机构的主要情况如下:比利时金融申诉专员(Ombudsfin)[53]又名"比利时金融冲突申诉专员"(Ombudsman in Financial Conflicts),管辖的金融机构包括:银行、抵押贷款银行、信用社、投资机构、投资中介机构、证券中介机构;覆盖的金融产品或服务包括:支付、存款、信用及贷款、抵押贷款、投资、证券、部分寿险与非寿险、部分养老金。比利时保险申诉专员(Insurance Ombudsman)[54]管辖的金融机构包括:保险公司、部分抵押贷款中介机构、部分养老中介机构。覆盖的金融产品或服务包括:寿险、非寿险、大部分养老金。

克罗地亚有两个申诉专员机构,均为准金融申诉专员机构。申诉专员机构在各金融行业分布不太均衡。其中1个涉及全金融领域,1个仅涉及保险业。两个机构的主要情况如下[55]:克罗地亚经济联合会调解中心(Mediation Centre at the

---

[50] For more Details about the Banking Ombudsman/ Polish Bank Association, see its website http://zbp.pl/dla-konsumentow/arbiter-bankowy/dzialalnosc

[51] For more Details about the Insurance Ombudsman of Poland, see its website http://www.rzu.gov.pl/

[52] The FIN-NET Network, *FIN-NET Members in Belgium*, *at* http://ec.europa.eu/info/business-economy-euro/banking-and-finance/consumer-finance-and-payments/consumer-financial-services/financial-dispute-resolution-network-fin-net/fin-net-network/members-fin-net-country/fin-net-members-belgium_en, last visited on April 18, 2020

[53] For more Details about the Ombudsfin of Belgium, see its website http://www.ombudsfin.be/

[54] For more Details about the Insurance Ombudsman of Belgium, see its website http://www.ombudsman.as/

[55] The FIN-NET Network, *FIN-NET Members in Croatia*, *at* http://ec.europa.eu/info/business-economy-euro/banking-and-finance/consumer-finance-and-payments/consumer-financial-services/financial-dispute-resolution-network-fin-net/fin-net-network/members-fin-net-country/fin-net-members-croatia_en, last visited on April 18, 2020

Croatian Chamber of Economy)[56]管辖的金融机构包括所有机构;覆盖的金融产品或服务包括所有产品与服务。克罗地亚保险局调解中心(Mediation Centre at the Croatian Insurance Bureau)[57]管辖的金融机构包括:保险公司、保险中介机构;覆盖的金融产品或服务包括:寿险、非寿险。

6. 统合+银行类

该类型以匈牙利和奥地利为代表。

(1) 匈牙利。匈牙利有两个申诉专员机构,均为准金融申诉专员机构。申诉专员机构在各金融行业分布不太均衡。其中 1 个涉及全金融领域,1 个仅涉及银行业。两个机构的主要情况如下[58]:

匈牙利金融仲裁委员会(Financial Arbitration Board, FAB)[59]管辖的金融机构包括:银行、抵押贷款银行、抵押贷款中介机构、信用社、保险公司、保险中介机构、投资机构、投资中介机构、养老金中介机构、证券中介机构、大部分养老金机构。覆盖的金融产品或服务包括:支付、存款、信贷与贷款、抵押贷款、寿险、非寿险、投资、证券、大部分养老金。

布达佩斯仲裁委员会(Arbitration Board of Budapest)[60]管辖的金融机构包括:部分投资中介机构。覆盖的金融产品或服务包括:部分支付。

(2) 奥地利。奥地利有两个申诉专员机构,均为准金融申诉专员机构。申诉专员机构在各金融行业分布不太均衡。其中 1 个涉及全金融领域,1 个仅涉及银行业。两个机构的主要情况如下[61]:

奥地利消费者事务仲裁委员会(Arbitration Board for Consumer Businesses)[62]管辖的金融机构包括:抵押中介机构、保险公司、保险中介机构、投资中介机构、养老

---

[56] For more Details about the Mediation Centre at the Croatian Chamber of Economy, see its website http://www.hgk.hr/

[57] For more Details about the Mediation Centre at the Croatian Insurance Bureau, see its website http://www.huo.hr/

[58] The FIN-NET Network, *FIN-NET Members in Hungary*, *at* http://ec.europa.eu/info/business-economy-euro/banking-and-finance/consumer-finance-and-payments/consumer-financial-services/financial-dispute-resolution-network-fin-net/fin-net-network/members-fin-net-country/fin-net-members-hungary_en, last visited on April 18, 2020

[59] For more Details about the Financial Arbitration Board of Hungary, see its website https://felugyelet.mnb.hu/en/customer_service/complaints/comphand_process

[60] For more Details about the Arbitration Board of Budapest in Hungary, see its website http://www.bekeltet.hu/

[61] The FIN-NET Network, *FIN-NET Members in Austria*, *at* http://ec.europa.eu/info/business-economy-euro/banking-and-finance/consumer-finance-and-payments/consumer-financial-services/financial-dispute-resolution-network-fin-net/fin-net-network/members-fin-net-country/fin-net-members-austria_en, last visited on April 18, 2020

[62] For more Details about the Arbitration Board for Consumer Businesses of Austria, see its website http://www.verbraucherschlichtung.at/

金中介机构、部分银行、部分抵押银行、部分信用合作社、部分投资机构、部分养老金机构。覆盖的金融产品或服务包括:人寿保险、非人寿保险、部分信贷与贷款、部分抵押贷款、部分投资、部分养老金、部分证券。

奥地利银行业调解委员会(Conciliation Board of the Austrian Banking Industry)[63]管辖的金融机构包括:抵押贷款银行、支付机构、投资机构、大部分银行、大部分信用社。覆盖的金融产品或服务包括:支付、大部分存款、大部分信贷与贷款、大部分抵押贷款、大部分投资。

7. 统合+证券类

该类型以我国台湾地区和葡萄牙为代表。

(1) 我国台湾地区。我国台湾地区金融领域的申诉专员机构有两个:金融消费评议中心(Financial Ombudsman Institution, FOI)和证券投资人及期货交易人保护中心(简称投资人保护中心)。金融消费评议中心的履职范围涵盖了全金融领域,以保险业为主,以银行业与证券业为辅。[64]投资人保护中心系依《证券投资人及期货交易人保护法》设立的财团法人保护机构,除负责提供投资人证券及期货相关法令的咨询及申诉服务、买卖有价证券或期货交易因民事争议的调处外,亦得为投资人提起团体诉讼或仲裁求偿;另针对证券商或期货商因财务困难无法偿付的问题,明订设置保护基金办理偿付善意投资人的作业。[65]

(2) 葡萄牙。葡萄牙有两个申诉专员机构,均为准金融申诉专员机构。申诉专员机构在各金融行业分布不太均衡。其中 1 个涉及全金融领域,1 个仅涉及证券业。两个机构的基本情况如下[66]:

里斯本消费者冲突仲裁中心(Lisbon Arbitration Centre for Consumer Conflicts)[67]管辖的金融机构包括:银行、抵押贷款银行、抵押贷款中介机构、信用社、保险公司、保险中介机构、部分投资机构、部分投资中介机构。覆盖的金融产品或服务包括:支付、存款、信贷与贷款、抵押贷款、寿险、非寿险、部分投资。

---

[63] For more Details about the Conciliation Board of the Austrian Banking Industry, see its website http://www.bankenschlichtung.at/

[64] FOI 于 2012 年 1 月 2 日正式营运,是依《金融消费者保护法》设立,由政府百分之百捐助基金的财团法人。其宗旨在于协助金融消费者及金融服务业迅速解决纷争,并办理金融消费教育倡导,以增进金融消费者对金融服务业的信赖,促进金融市场的健全发展。For more Details about the Financial Ombudsman Institution of Taiwan, see its website https://www.foi.org.tw/

[65] For more Details about the Securities and Futures Investors Protection Center of Taiwan, see its website http://www.sfipc.org.tw/MainWeb/Article.aspx? L=1&SNO=I6M+rmmp+ncCQmZoO7Z28g==

[66] The FIN-NET Network, *FIN-NET Members in Portugal*, at http://ec.europa.eu/info/business-economy-euro/banking-and-finance/consumer-finance-and-payments/consumer-financial-services/financial-dispute-resolution-network-fin-net/fin-net-network/members-fin-net-country/fin-net-members-portugal_en, last visited on April 18, 2020

[67] For more Details about the Lisbon Arbitration Centre for Consumer Conflicts of Portugal, see its website http://www.centroarbitragemlisboa.pt/

葡萄牙证券市场委员会(Portuguese Securities Market Commission,CMVM)[68]管辖的金融机构包括:银行、信用社、投资机构、投资中介机构、证券中介机构、大部分保险公司。覆盖的金融产品或服务包括:投资、证券、部分寿险、部分非寿险。

8. 联邦统合+成员分散型

该类型以波斯尼亚和黑塞哥维那为代表。该国设有联邦层面统合的金融申诉专员机构——波斯尼亚和黑塞哥维那联邦金融申诉专员(Federation Financial Ombudsman for the Federation of Bosnia and Herzegovina),在联邦的成员——塞族共和国设有分散型的申诉专员机构:塞族共和国银行体系申诉专员(Ombudsman for the Banking System of the Serb Republic)、塞族共和国保险申诉专员(Insurance Ombudsman for the Serb Republic)。[69]

9. 联邦分散+成员统合型

该类型以加拿大为代表。加拿大在联邦层面设有 3 个金融申诉专员机构:银行服务和投资申诉专员(Ombudsman for Banking Services and Investments, OBSI),其服务覆盖了银行业与证券业[70];生命和健康保险申诉专员服务(Ombud Service for Life and Health Insurance, OLH)[71]和一般保险申诉专员服务(General Insurance Ombud Service, GIO)[72],其服务仅涉及保险业。此外,联邦成员魁北克省还设有统合型的准金融申诉专员机构——魁北克金融市场管理局客户服务及补偿部(Client Services & Compensation Division of the Autorité des marchés financiers, Québec)。[73]

(三)相对分散型金融申诉专员机构

相对分散型金融申诉专员机构是指一个司法管辖区设立了两个申诉专员机构,其中一个申诉专员机构的职责涉及了银行业、保险业、证券业中的两个领域,另外一个涉及了剩下的一个金融领域。该类型依据机构涉及金融领域的不同,可以分为两个小类:银行证券+保险类;银行保险+证券类。

1. 银行证券+保险类

该类型中的一个申诉专员机构涉及银行业与证券业,另外一个涉及保险业。

---

[68] For more Details about the Portuguese Securities Market Commission (CMVM), see its website http://www.cmvm.pt/cmvm/Pages/default.aspx

[69] For more Details about the Insurance Ombudsman for the Serb Republic in the Federation of Bosnia and Herzegovina, see its website http://www.azors.rs.ba/azors/lat/ombudsman.html

[70] For more Details about the Ombudsman for Banking Services and Investments of Canada, see its website https://www.obsi.ca/

[71] For more Details about the Ombud Service for Life and Health Insurance of Canada, see its website http://www.oapcanada.ca/

[72] For more Details about the General Insurance OmbudService of Canada, see its website http://www.giocanada.org/

[73] For more Details about the Client Services & Compensation Division of the Autorité des marchés financiers, Québec of Canada, see its website http://www.lautorite.qc.ca/en/file-complaint-conso.html

该类型有希腊、冰岛、卢森堡等三个国家。

希腊金融领域有两个申诉专员机构，其中一个为纯金融申诉专员机构，其职责涉及银行业与证券业，另外一个为准金融申诉专员机构，其职责仅涉及保险业。[74] 两个机构的基本情况如下：希腊银行—投资服务申诉专员（Hellenic Ombudsman for Banking—Investment Services）[75]，管辖的金融机构包括：证券中介机构、大部分银行、大部分投资机构、部分投资中介机构、部分养老金机构，覆盖的金融产品或服务包括：支付、存款、信贷与贷款、证券、大部分投资、部分养老金。开发部保险企业和精算师董事会（Directorate of Insurance Enterprises and Actuaries of the Ministry of Development），管辖的金融机构包括：保险公司、保险中介机构，覆盖的金融产品或服务包括：寿险、非寿险。

冰岛金融领域有两个申诉专员机构，均为准金融申诉专员机构。其中一个的职责涉及银行业与证券业，另一个的职责仅涉及保险业。[76] 两个机构的基本情况如下：金融公司交易投诉委员会（Complaints Committee on Transactions with Financial Firms）[77]，管辖的金融机构包括：银行、投资机构、投资中介机构、证券中介机构、支付服务机构，覆盖的金融产品或服务包括：支付、存款、信贷与贷款、抵押贷款、证券。保险投诉委员会（Insurance Complaints Committee），管辖的金融机构包括：保险公司；覆盖的金融产品或服务包括：寿险、非寿险。

卢森堡金融领域有两个申诉专员机构，均为准金融申诉专员机构。其中一个的职责涉及银行业与证券业，另外一个的职责仅涉及保险业。[78] 两个机构的基本情况如下：金融业监督管理委员会（Commission de Surveillance du Secteur Financie）[79]，管辖的金融机构包括：支付、存款、信贷与贷款、大部分抵押贷款、部分

---

[74] The FIN-NET Network, *FIN-NET Members in Greece*, at http://ec. europa. eu/info/business-economy-euro/banking-and-finance/consumer-finance-and-payments/consumer-financial-services/financial-dispute-resolution-network-fin-net/fin-net-network/members-fin-net-country/fin-net-members-greece_en, last visited on April 18, 2020

[75] For more Details about the Hellenic Ombudsman for Banking—Investment Services (H. O. B. I. S.), see its website http://www. hobis. gr/

[76] The FIN-NET Network, *FIN-NET Members in Lceland*, at http://ec. europa. eu/info/business-economy-euro/banking-and-finance/consumer-finance-and-payments/consumer-financial-services/financial-dispute-resolution-network-fin-net/fin-net-network/members-fin-net-country/fin-net-members-iceland_en, last visited on April 18, 2020

[77] For more Details about the Complaints Committee on Transactions with Financial Firms of Iceland, see its website http://en. fme. is/supervision/consumer-affairs/the-complaints-committee-on-transactions-with-financial-firms/

[78] The FIN-NET Network, *FIN-NET Members in Luxembourg*, at http://ec. europa. eu/info/business-economy-euro/banking-and-finance/consumer-finance-and-payments/consumer-financial-services/financial-dispute-resolution-network-fin-net/fin-net-network/members-fin-net-country/fin-net-members-luxembourg_en, last visited on April 18, 2020

[79] For more Details about the Commission de Surveillance du Secteur Financie of Luxembourg, see its website http://www. cssf. lu/en/

非寿险、部分投资、部分养老金、部分证券,覆盖的金融产品或服务包括:支付、存款、信贷与贷款、抵押贷款、投资、证券。保险调解(Insurance Mediation),管辖的金融机构包括:大部分保险公司、大部分中介机构,覆盖的金融产品或服务包括:非寿险、大部分寿险。

2. 银行保险+证券类

该类型中的一个申诉专员机构涉及银行业与保险业,另外一个涉及证券业。该类型以马来西亚为代表。马来西亚在金融业设有两个申诉专员机构:金融调解局(Financial Mediation Bureau)的职责范围包括银行业与保险业[80];证券业纠纷解决中心(Securities Industry Dispute Resolution Center)的职责仅涉及证券业。[81]

(四) 高度分散型金融申诉专员机构

高度分散型金融申诉专员机构是指一个司法管辖区设立了三个及三个以上申诉专员机构,没有一个机构的职责涉及全金融领域。该类型包括德国、丹麦、西班牙、法国、意大利等五个司法管辖区。

1. 德国

德国有 11 个申诉专员机构[82],其中纯申诉专员机构 6 个[83],准金融申诉专员机构 5 个。[84] 11 个机构在银行业、保险业、证券业都有分布。其中银行业 6 个,保险业 2 个,证券业 3 个。各纯金融申诉专员机构与准金融申诉专员机构的职责各有不同,但相互之间形成了一个严密的体系。

(1) 银行业有 6 个申诉专员机构。各自的基本情况如下:

公共部门银行申诉专员(Ombudsman of German Public Sector Banks)[85],管辖的金融机构包括部分银行,覆盖的金融产品或服务包括:支付、存款、信用与贷款、抵押贷款、投资、部分证券。

---

[80] For more Details about the Financial Mediation Bureau of Malaysia, see its website http://www.fmb.org.my/en/

[81] For more Details about the Securities Industry Dispute Resolution Center of Malaysia, see its website http://www.sidrec.com.my/Web/Home.aspx

[82] The FIN-NET Network, *FIN-NET Members in Germany*, at http://ec.europa.eu/info/business-economy-euro/banking-and-finance/consumer-finance-and-payments/consumer-financial-services/financial-dispute-resolution-network-fin-net/fin-net-network/members-fin-net-country/fin-net-members-germany_en, last visited on April 18, 2020

[83] 即公共部门银行申诉专员、私人商业银行申诉专员机构、德国合作银行申诉专员、保险申诉专员、私人医疗和长期护理保险申诉专员、投资基金申诉专员机构。

[84] 即私立住房储蓄银行协会—客户投诉系统、德国储蓄银行协会—消费者投诉办公室、德意志联邦银行仲裁委员会、德国封闭性基金仲裁委员会、投资法仲裁委员会。

[85] For more Details about the Ombudsman of German Public Sector Banks, see its website https://www.voeb.de/de/verband/ombudsmann

私人商业银行申诉专员机构(Ombudsman Scheme of the Private Commercial Banks)[86],管辖的金融机构包括:大部分银行、大部分抵押贷款银行,覆盖的金融产品或服务包括:支付、存款、信用与贷款、投资、养老金、证券。

合作银行申诉专员(Ombudsman of German Cooperative Banks)[87],管辖的金融机构包括:大部分银行、部分抵押贷款银行,覆盖的金融产品或服务包括:支付、存款、信用与贷款、抵押贷款、投资、部分证券。

私立住房储蓄银行协会—客户投诉系统(Association of Private Building Societies—Customer Complaints System)[88],管辖的金融机构包括私立住房储蓄银行(只有私立住房储蓄银行协会的会员与其客户之间的纠纷才能受理),不包括公立住房储蓄银行,覆盖的金融产品或服务包括成员私立住房储蓄银行提供的所有产品与服务。

储蓄银行协会(German Savings Banks Association)[89],管辖的金融机构仅限于德国储蓄银行,覆盖的金融产品或服务包括:支付、存款、信用及贷款、抵押贷款、投资、养老金、证券。

德意志联邦银行仲裁委员会(Arbitration Board at the Deutsche Bundesbank)[90],管辖的金融机构包括:抵押贷款中介机构、投资机构、投资中介机构、证券中介机构、部分银行、部分抵押贷款银行、部分信用社,覆盖的金融产品或服务包括:大多数支付产品、部分存款、部分信贷和贷款、部分抵押贷款、部分投资、部分证券。

(2)保险业有两个申诉专员机构。其基本情况如下:保险申诉专员(Insurance Ombudsman)[91],管辖的金融机构包括:保险公司、保险中介机构,覆盖的金融产品或服务包括:寿险、非寿险。私人医疗和长期护理保险申诉专员(Ombudsman Private Health and Long-term Care Insurance)[92],管辖的金融机构包括部分保险公司,覆盖的金融产品或服务包括:私人健康保险、私人长期护理保险、部分非人寿保险。

(3)证券业有3个申诉专员机构。其基本情况如下:投资基金申诉专员机构

---

[86] For more Details about the Ombudsman Scheme of the Private Commercial Banks of Germany, see its website https://bankenombudsmann.de/ombudsmann

[87] For more Details about the Ombudsman of German Cooperative Banks of Germany, see its website http://www.bvr.de/

[88] For more Details about the Association of Private Building Societies—Customer Complaints System of Germany, see its website http://www.bausparkassen.de/

[89] For more Details about the German Savings Banks Association, see its website http://www.dsgv.de/en/index.html

[90] For more Details about the Arbitration Board at the Deutsche Bundesbank, see its website http://www.bundesbank.de/schlichtungsstelle/schlichtungsstelle.php

[91] For more Details about the Insurance Ombudsman of Germany, see its website http://www.versicherungsombudsmann.de/

[92] For more Details about the Ombudsman Private Health and Long-term Care Insurance of Germany, see its website http://www.pkv-ombudsmann.de/

(Ombudsman Scheme for Investment Funds)[93],管辖的金融机构包括:部分投资机构、部分银行、部分受托公司,覆盖的金融产品或服务包括:部分投资、部分证券。封闭性基金仲裁委员会(Arbitration Board of Closed-End Funds)[94],管辖的金融机构包括:替代性投资基金经理人(AIFM)、封闭式基金机构、信托公司、替代性投资基金、封闭式基金,覆盖的金融产品或服务包括:替代性投资基金(AIF)、封闭式基金。投资法仲裁委员会(Arbitration Board under the Investment Code)[95],管辖的金融机构包括部分投资机构,覆盖的金融产品或服务包括部分投资产品。

2. 丹麦

丹麦有 5 个申诉专员机构,均为准金融申诉专员机构。[96] 在各金融行业分布较为均衡。其中银行业 2 个,保险业 1 个,证券业 2 个。各机构的基本情况如下[97]:

抵押信用投诉委员会(Danish Mortgage Credit Complaint Board)[98],管辖的金融机构包括:抵押贷款银行,覆盖的金融产品或服务包括抵押贷款。银行服务投诉委员会(Danish Complaint Board of Banking Services)[99],管辖的金融机构包括:银行、大部分投资中介机构、部分养老金机构,覆盖的金融产品或服务包括:投资、存款、信贷与贷款、证券、大部分投资、部分抵押贷款、部分养老金。

保险投诉委员会(Insurance Complaints Board)[100],管辖的金融机构包括:保险公司、大部分养老金机构,覆盖的金融产品或服务包括:寿险、非寿险、大部分养老金。

证券及中介公司投诉委员会(Complaint Board of Danish Securities and Brokering Companies)[101],管辖的金融机构包括大部分投资中介机构,覆盖的金融产品或服务

---

[93] For more Details about the Ombudsman Scheme for Investment Funds of Germany, see its website http://www.ombudsstelle-investmentfonds.de/

[94] For more Details about the Arbitration Board of Closed-End Funds of Germany, see its website http://www.ombudsstelle.com/

[95] For more Details about the Arbitration Board under the Investment Code/ Arbitration Board at BaFin of Germany, see its website https://www.bafin.de/EN/Verbraucher/BeschwerdenAnsprechpartner/Ansprechpartner/Schlichtungsstelle/schlichtungsstelle_artikel_en.html

[96] 这 5 个机构均是 FIN-NET 的成员。

[97] The FIN-NET Network, *FIN-NET Members in Denmark*, at http://ec.europa.eu/info/business-economy-euro/banking-and-finance/consumer-finance-and-payments/consumer-financial-services/financial-dispute-resolution-network-fin-net/fin-net-network/members-fin-net-country/fin-net-members-denmark_en, last visited on April 18, 2020

[98] For more Details about the Danish Mortgage Credit Complaint Board (Realkreditankenævnet), see its website http://www.ran.dk/default.asp

[99] For more Details about the Danish Complaint Board of Banking Services (Pengeinstitutankenævnet), see its website http://www.pengeinstitutankenaevnet.dk/da

[100] For more Details about the Insurance Complaints Board of Denmark (Ankenævnet for Forsikring), see its website http://www.ankeforsikring.dk/

[101] For more Details about the Complaint Board of Danish Securities and Brokering Companies, see its website http://www.fondsmaeglerforeningen.dk/ankenaevnet.aspx

包括大部分投资产品。投资基金投诉委员会(Danish Complaint Board of Investment Funds)[102],管辖的金融机构包括大部分投资机构,覆盖的金融产品或服务包括部分投资产品。

3. 西班牙

西班牙有3个申诉专员机构,均为准金融申诉专员机构。在各金融行业分布非常均衡。其中银行业1个,保险业1个,证券业1个。各机构的基本情况如下[103]:

市场行为与索赔部门(Market Conduct and Claims Department)[104],管辖的金融机构包括:银行、储蓄银行、信贷合作社、支付机构等。覆盖的金融产品或服务包括:支付、存款、信贷和贷款、抵押。

保险及养老基金投诉服务总局(Complaints Service of the Directorate-General of Insurance and Pension Funds)[105],管辖的金融机构包括:保险公司、保险中介机构、养老金机构、养老金中介机构,覆盖的金融产品或服务包括:寿险、非寿险、养老金。

投资者援助办公室—CNMV投资部(Investor Assistance Office—Investors Department of the CNMV)[106],管辖的金融机构包括:银行、投资机构、投资中介机构、保险中介机构,覆盖的金融产品或服务包括:投资、证券。

4. 法国

法国有3个申诉专员机构,其中1个纯金融申诉专员机构,2个准金融申诉专员机构。申诉专员机构在各金融行业分布较为均衡。其中银行业1个,保险业1个,证券业1个。各机构的主要职责如下[107]:

---

[102] For more Details about the Danish Complaint Board of Investment Funds, see its website http://www.investering.dk/anken-vnet-for-investeringsfonde/

[103] The FIN-NET Network, *FIN-NET Members in Spain*, at http://ec.europa.eu/info/business-economy-euro/banking-and-finance/consumer-finance-and-payments/consumer-financial-services/financial-dispute-resolution-network-fin-net/fin-net-network/members-fin-net-country/fin-net-members-spain_en, last visited on April 18, 2020

[104] 其前身为西班牙银行投诉服务(Complaints Service of the Bank of Spain),又名"西班牙银行投诉机构"(Complaints Scheme of the Bank of Spain),管辖的金融机构包括:银行、抵押贷款银行、信用社。覆盖的金融产品或服务包括:支付、存款、信贷与贷款、抵押贷款。For more Details about the Market Conduct and Claims Department (Banco de España), see its website http://www.bde.es/bde/es/secciones/servicios/Particulares_y_e/Servicio_de_Recl/

[105] For more Details about the Complaints Service of the Directorate-General of Insurance and Pension Funds (DGSFP) of Spain, see its website http://www.dgsfp.mineco.es/reclamaciones/index.asp

[106] For more Details about the Investor Assistance Office-Investors Department of the CNMV of Spain, see its website http://www.cnmv.es/portal/Inversor/Indice.aspx

[107] The FIN-NET Network, *FIN-NET Members in France*, at http://ec.europa.eu/info/business-economy-euro/banking-and-finance/consumer-finance-and-payments/consumer-financial-services/financial-dispute-resolution-network-fin-net/fin-net-network/members-fin-net-country/fin-net-members-france_en, last visited on April 18, 2020

专业金融公司协会调解员(Mediator of the French Association of Specialised Finance Companies)[108],管辖的金融机构包括:大部分信用社、部分银行、部分抵押贷款银行,覆盖的金融产品或服务包括:大部分信贷与贷款、大部分抵押贷款。

保险调解员(Insurance Mediator)[109],管辖的金融机构包括:保险公司、部分信用社、部分保险中介机构、部分养老金机构,覆盖的金融产品或服务包括:寿险、非寿险、大部分支付、大部分存款、大部分投资、部分养老金。

AMF 申诉专员(AMF Ombudsman)[110],管辖的金融机构包括:投资机构、大部分投资中介机构、大部分证券中介机构、部分养老金机构,覆盖的金融产品或服务包括:大部分投资、部分证券、部分养老金。

5. 意大利

意大利有 3 个申诉专员机构,其中 1 个纯金融申诉专员机构,2 个准金融申诉专员机构。申诉专员机构在各金融行业分布不太均衡。其中 1 个仅涉及银行业,1 个仅涉及保险业,1 个涉及银行业与证券业。各机构的主要职责如下[111]:

银行与金融申诉专员(Banking and Financial Ombudsman)[112],管辖的金融机构包括:银行、抵押贷款银行、抵押贷款中介机构、信用社、支付机构、电子货币机构、意大利邮政 S. p. A. ,覆盖的金融产品或服务包括:支付、存款、信贷与贷款、抵押贷款银行。

保险监管机构(Supervisory Body for Insurance)[113],管辖的金融机构包括:保险公司、保险中介机构,覆盖的金融产品或服务包括:寿险、非寿险。

银行申诉专员(Banking Ombudsman)又名"意大利金融服务申诉专员"(Banking Ombudsman (Giuri Bancario))[114],管辖的金融机构包括:银行、投资机构、投资中介机构,覆盖的金融产品或服务包括:寿险、非寿险、投资、部分存款。

---

[108] For more Details about the Mediator of the French Association of Specialised Finance Companies, see its website http://www.asf-france.com/mediation/default.aspx

[109] For more Details about the Insurance Mediator of France, see its website http://www.ffsa.fr/sites/jcms/c_33694/assurance-le-recours-au-mediateur? cc=p1_82064

[110] For more Details about the AMF Ombudsman of France, see its website http://www.amf-france.org/en_US/Le-mediateur-de-l-AMF/Presentation.html

[111] The FIN-NET Network, *FIN-NET Members in Italy*, at http://ec.europa.eu/info/business-economy-euro/banking-and-finance/consumer-finance-and-payments/consumer-financial-services/financial-dispute-resolution-network-fin-net/fin-net-network/members-fin-net-country/fin-net-members-italy_en, last visited on April 18, 2020

[112] For more Details about the ABF—Banking and Financial Ombudsman of Italy, see its website http://www.arbitrobancariofinanziario.it/

[113] For more Details about the ISVAP—Supervisory body for Insurance of Italy, see its website https://www.isvap.it/

[114] For more Details about the Banking Ombudsman of Italy, see its website http://www.conciliatorebancario.it/

三、部分覆盖型金融申诉专员机构

依据申诉专员机构在金融行业的覆盖情况,部分覆盖型金融申诉专员机构可以分为覆盖两个金融领域的申诉专员机构与覆盖一个金融领域的申诉专员机构两类。

(一) 覆盖两个金融领域的申诉专员机构

覆盖两个金融领域的申诉专员机构是指覆盖银行业、保险业、证券业中的两个金融领域的申诉专员。该类型依据覆盖金融领域的不同可以分为两类:覆盖银行业证券业类与覆盖银行业保险业类。

1. 覆盖银行业证券业类

该类型依据机构数量及覆盖金融领域的不同可以分为两类:(1)以列支敦士登为代表的银行证券+银行类;(2)以中国香港和捷克为代表的银行证券类。

(1)银行证券+银行类。该类型以列支敦士登为代表。列支敦士登有两个申诉专员机构,其中一个纯金融申诉专员机构,其职责涉及银行业与证券业;一个准金融申诉专员机构,其职责仅涉及银行业。两个机构的主要情况如下[115]:银行申诉专员(Bank Ombudsman)[116],管辖的金融机构包括:银行、抵押贷款银行、抵押贷款中介机构、信用社,覆盖的金融产品或服务包括:支付、存款、信贷与贷款、抵押贷款、投资、证券。跨境信用结算纠纷仲裁委员会(Arbitration Board for the Settlement of Disputes Concerning Cross-border Credit Transfers)[117],管辖的金融机构包括:银行、抵押贷款银行、抵押贷款中介机构、信用社,覆盖的金融产品或服务包括:部分支付、部分存款。

---

[115] The FIN-NET Network, *FIN-NET Members in Liechtenstein*, at http://ec.europa.eu/info/business-economy-euro/banking-and-finance/consumer-finance-and-payments/consumer-financial-services/financial-dispute-resolution-network-fin-net/fin-net-network/members-fin-net-country/fin-net-members-liechtenstein_en, last visited on April 18, 2020

[116] For more Details about the Bank Ombudsman of Liechtenstein, see its website http://www.bankenombudsmann.li/index_en.html

[117] For more Details about the Arbitration Board for the Settlement of Disputes Concerning Cross-border Credit Transfers of Liechtenstein, see its website http://www.llv.li/

(2) 银行证券类。该类型以中国香港和捷克为代表。

中国香港特区金融纠纷调解中心(Financial Dispute Resolution Centre, FDRC),管理及营运的调解计划,要求所有由金管局认可或证监会发牌/注册(只提供信贷评级的机构除外)的金融机构必须成为该计划成员,并须循“先调解,后仲裁”的方式去解决合资格争议。现在已有超过两千家金融机构成为调解计划的成员。[118]

捷克共和国金融仲裁者(Financial Arbiter of the Czech Republic)[119]又名“捷克金融仲裁员”(Czech Financial Arbitrator),管辖的金融机构包括:银行、抵押贷款银行、信用社、大部分贷款中介机构、大部分投资机构、其他支付服务机构(外资银行、外资金融机构、国家及外国电子货币机构、小规模的电子货币发行机构、外国及本国支付机构、小型支付机构),覆盖的金融产品或服务包括:支付、存款、部分信贷和贷款、某些抵押贷款、部分投资、部分证券。[120]

2. 覆盖银行业保险业类

该类型依据申诉专员机构的多少可以分为两类:银行保险类和银行+保险类。

(1) 银行保险类。银行保险类是指一个申诉专员机构同时覆盖了银行业与保险业。该类型以爱沙尼亚为代表。消费者纠纷委员会(Consumer Disputes Committee)[121],管辖的金融机构包括:银行、抵押贷款银行、抵押贷款中介机构、信用社、保险公司、保险中介机构、养老金机构、养老金中介机构,覆盖的金融产品或服务包括:支付、存款、信贷与贷款、抵押贷款、寿险、非寿险、养老金。[122]

(2) 银行+保险类。银行+保险类是指两个申诉专员机构分别覆盖银行业与保险业。该类型以瑞士、哈萨克斯坦为代表。

---

[118] For more Details about the Financial Dispute Resolution Centre of Hong Kong, see its website http://www.fdrc.org.hk/en/html/aboutus/aboutus_welcome.php

[119] For more Details about the Financial Arbiter of the Czech Republic, see its website http://www.finarbitr.cz/cs/

[120] The FIN-NET Network, *FIN-NET Members in Czech Republic*, at http://ec.europa.eu/info/business-economy-euro/banking-and-finance/consumer-finance-and-payments/consumer-financial-services/financial-dispute-resolution-network-fin-net/fin-net-network/members-fin-net-country/fin-net-members-czech-republic_en, last visited on April 18, 2020

[121] For more Details about the Consumer Disputes Committee of Estonia, see its website http://www.ttja.ee/en/consumer-disputes-committee

[122] The FIN-NET Network, *FIN-NET members in Estonia*, at http://ec.europa.eu/info/business-economy-euro/banking-and-finance/consumer-finance-and-payments/consumer-financial-services/financial-dispute-resolution-network-fin-net/fin-net-network/members-fin-net-country/fin-net-members-estonia_en, last visited on April 18, 2020

瑞士在银行业与保险业设有专职的纯申诉专员机构：银行申诉专员（Banking Ombudsman）[123]和保险申诉专员（Ombudsman of Insurance）。[124]

哈萨克斯坦在银行业与保险业分别设立纯申诉专员机构：银行申诉专员（Banking Ombudsman）[125]和保险申诉专员（Insurance Ombudsman）。[126]

（二）覆盖一个金融领域的申诉专员机构

该类申诉专员依据覆盖金融领域的不同，可以分为两类：覆盖银行业类与覆盖保险业类。

1. 覆盖银行业类

此类金融申诉专员机构仅覆盖银行业，以斯洛伐克、美国、印度、巴基斯坦、黑山和博茨瓦纳为代表。

斯洛伐克银行业协会银行申诉专员（Banking Ombudsman of Banking Association）[127]，管辖的金融机构包括：大多数银行、大多数抵押银行、大多数支付服务提供者，覆盖的金融产品或服务包括：大多数支付、大多数存款、大多数信贷和贷款、大多数抵押贷款、大多数投资、一些证券。[128]

美国货币监理署申诉专员办公室（Office of the Ombudsman）[129]，是美国联邦货币监理署（Office of Comptroller of Currencies）的 Ombudsman 部门，主管第二阶段之消费者申诉，但其作成的决定，并非对消费者作出民事补偿，而系对金融业者是否违反告知义务、适合性原则或其他行政法规且情节重大者作成报告，由自己或移送其他有权机关作出进一步行政强制措施，与一般的申诉专员机构不同。

---

[123] For more Details about the Swiss Banking Ombudsman, see its website http://www.bankingombudsman.ch/english/

[124] For more Details about the Swiss Ombudsman of Insurance, see its website http://www.ombudsman-assurance.ch/typo3/index.php? id=165

[125] For more Details about the Banking Ombudsman of Kazakhstan, see its website http://bank-ombudsman.kz/? lang=en

[126] For more Details about the Insurance Ombudsmanof Kazakhstan, see its website http://insurance-ombudsman.kz/

[127] For more Details about the Banking ombudsman of Slovak banking association (SBA), see its website http://www.bankovyombudsman.sk/

[128] The FIN-NET Network, *FIN-NET members in Slovakia*, at https://ec.europa.eu/info/business-economy-euro/banking-and-finance/consumer-finance-and-payments/consumer-financial-services/financial-dispute-resolution-network-fin-net/fin-net-network/members-fin-net-country/fin-net-members-slovakia_en_en, last visited on April 18, 2020

[129] For more Details about the Office of the Ombudsman of the Office of Comptroller of Currencies in United States, see its website http://www.helpwithmybank.gov/

印度、巴基斯坦、黑山和博茨瓦纳在银行业均设有申诉专员机构——印度银行业申诉专员机构(Banking Ombudsman Scheme)[130]、巴基斯坦银行申诉专员(Banking Ombudsman)[131]、黑山银行申诉专员(Banking Ombudsman Montenegro)[132]、博茨瓦纳银行审裁官办公室(Office of the Banking Adjudicator)。[133]

2. 覆盖保险业类

斯洛文尼亚、智利和沙特阿拉伯属于该类型。

斯洛文尼亚保险协会调解中心(Mediation Centre of Slovenian Insurance Association),管辖的金融机构包括:所有保险公司、大多数养老金提供者,覆盖的金融产品或服务包括:所有人寿和非人寿保险、大多数养老金。[134]

智利和沙特阿拉伯在保险领域分别设有纯申诉专员机构与准申诉专员机构——智利保险申诉专员(Insurance Ombudsman)[135]和沙特阿拉伯保险纠纷与侵权解决委员会总秘书处(General Secretariat of the Committees for Resolution of Insurance Disputes & Violations)。[136]

全覆盖型金融申诉专员机构与部分覆盖型金融申诉专员机构的具体类型及其分布情况,详见表1。

[130] For more Details about the Banking Ombudsman Scheme of India, see its website https://www.rbi.org.in/SCRIPTs/bs_viewcontent.aspx? Id=164

[131] For more Details about the Banking Ombudsman (Mohtasib) of Pakistan, see its website http://www.bankingmohtasib.gov.pk/

[132] For more Details about the Banking Ombudsman Montenegro, see its website http://www.bankarskiombudsman.org/eng/index.php

[133] For more Details about the Office of the Banking Adjudicator of Botswana, see its website http://www.banking-adjudicator.org.bw/

[134] The FIN-NET Network, *FIN-NET Members in Slovenia*, at http://ec.europa.eu/info/business-economy-euro/banking-and-finance/consumer-finance-and-payments/consumer-financial-services/financial-dispute-resolution-network-fin-net/fin-net-network/members-fin-net-country/fin-net-members-slovenia_en, last visited on April 18, 2020

[135] For more Details about the Insurance Ombudsman of Chile, see its website http://www.ddachile.cl/v5/Inicio.aspx

[136] For more Details about the General Secretariat of the Committees for Resolution of Insurance Disputes & Violations of Saudi Arabia, see its website http://www.sama.gov.sa/en-us/Pages/default.aspx

表 1 金融申诉专员机构的类型及其分布

一级分类	二级分类	三级分类	四级分类	典型国家与地区	申诉专员机构
全覆盖型金融申诉专员机构	覆盖三个金融领域	统合型金融申诉专员机构	统合型纯金融申诉专员机构	英国	金融申诉专员服务(Financial Ombudsman Service)
				爱尔兰	金融服务申诉专员局(Financial Services Ombudsman's Bureau)
				亚美尼亚	金融体系调解员办公室(Office of Financial System Mediator)
				马耳他	金融服务局消费者投诉管理人(Consumer Complaints Manager, Malta Financial Services Authority, MFSA)
				挪威	金融服务投诉委员会(Norwegian Financial Services Complaints Board)
				荷兰	金融服务投诉中心(Financial Services Complaints Institute)
				新加坡	金融业纠纷解决中心有限责任公司(Financial Industry Disputes Resolution Centre Ltd, FIDReC)
				马恩岛	金融服务申诉专员机构(Financial Services Ombudsman Scheme, Isle of Man)
				海峡群岛	金融申诉专员(Channel Islands Financial Ombudsman)
				秘鲁	金融申诉专员[Financial Ombudsman Peru (Defensor del Cliente Financerio)]
				特立尼达和多巴哥	金融服务申诉专员办公室(Office of the Financial Services Ombudsman)
			统合型准金融申诉专员机构	瑞典	全国消费者投诉委员会(National Board for Consumer Complaints)
				立陶宛	国家消费者权益保护局/中央银行(State Consumer Rights Protection Authority/Central Bank of Lithuania)

(续表)

一级分类	二级分类	三级分类	四级分类	典型国家与地区	申诉专员机构
全覆盖型金融申诉专员机构	覆盖三个金融领域	统合+分散型金融申诉专员机构	统合+银行+保险+证券+消费类	芬兰	金融申诉专员局(Financial Ombudsman Bureau,FINE)、银行投诉委员会(Finnish Banking Complaints Board)、保险投诉委员会(Finnish Insurance Complaints Board)、证券投诉委员会(Finnish Securities Complaints Board)、消费者纠纷委员会(Consumer Disputes Board)
			统合+银行证券+保险类	澳大利亚	金融申诉专员服务(Financial Ombudsman Service)、信贷和投资申诉专员(Credit and Investments Ombudsman)、养老金投诉审裁处(Superannuation Complaints Tribunal)
			统合+银行+保险银行类	新西兰	金融服务投诉有限公司(Financial Services Complaints Ltd.)、银行业申诉专员机构(Banking Ombudsman Scheme)、保险和金融服务申诉专员机构(Insurance & Financial Services Ombudsman Scheme)
			统合+银行+保险类	南非	金融服务提供者申诉专员(Ombudsman for Financial Services Providers)、银行服务申诉专员(Ombudsman for Banking Services)、信用申诉专员(Credit Ombud)、长期保险申诉专员(Ombudsman for Long-Term Insurance)、短期保险申诉专员(Ombudsman for Short Term Insurance)、养老基金审裁官(Pension Funds Adjudicator)
				波兰	金融监管局仲裁庭(Arbitration Court at the Polish Financial Supervision Authority)、金融申诉专员(Financial Ombudsman)、银行申诉专员/银行协会(Banking Ombudsman/Bank Association)、保险申诉专员(Insurance Ombudsman)
			统合+保险类	比利时	金融申诉专员(Ombudsfin)、保险申诉专员(Insurance Ombudsman)
				克罗地亚	经济联合会调解中心(Mediation Centre at the Croatian Chamber of Economy)、保险局调解中心(Mediation Centre of the Croatian Insurance Bureau)

（续表）

一级分类	二级分类	三级分类	四级分类	典型国家与地区	申诉专员机构
全覆盖型金融申诉专员机构	覆盖三个金融领域	统合+分散型金融申诉专员机构	统合+银行类	匈牙利	金融仲裁委员会（Financial Arbitration Board，FAB）、布达佩斯仲裁委员会（Arbitration Board of Budapest）
				奥地利	消费者事务仲裁委员会（Arbitration Board for Consumer Businesses）、银行业调解委员会（Conciliation Board of the Austrian Banking Industry）
			统合+证券类	我国台湾地区	金融消费评议中心（Financial Ombudsman Institution，FOI）、证券投资人及期货交易人保护中心
				葡萄牙	里斯本消费者冲突仲裁中心（Lisbon Arbitration Centre for Consumer Conflicts）、证券市场委员会（Portuguese Securities Market Commission CMVM）
			联邦统合+成员分散型	波斯尼亚和黑塞哥维那	波斯尼亚和黑塞哥维那联邦金融申诉专员（Federation Financial Ombudsman for the Federation of Bosnia and Herzegovina）、塞族共和国银行体系申诉专员（Ombudsman for the Banking System of the Serb Republic）、塞族共和国保险申诉专员（Insurance Ombudsman for the Serb Republic）
			联邦分散+成员统合型	加拿大	银行服务和投资申诉专员（Ombudsman for Banking Services and Investments，OBSI）、生命和健康保险申诉专员服务（Ombud Service for Life and Health Insurance，OLH）、一般保险申诉专员服务（General Insurance Ombud Service，GIO）、魁北克金融市场管理局客户服务及补偿部（Client Services & Compensation Division of the Autorité des marchés financiers，Québec）
		相对分散型金融申诉专员机构	银行证券+保险类	希腊	银行—投资服务申诉专员（Hellenic Ombudsman for Banking-Investment Services）、开发部保险企业和精算师董事会（Directorate of Insurance Enterprises and Actuaries of the Ministry of Development）

(续表)

一级分类	二级分类	三级分类	四级分类	典型国家与地区	申诉专员机构
全覆盖型金融申诉专员机构	覆盖三个金融领域	相对分散型金融申诉专员机构	银行证券+保险类	冰岛	金融公司交易投诉委员会(Complaints Committee on Transactions with Financial Firms)、保险投诉委员会(Insurance Complaints Committee)
				卢森堡	金融业监督管理委员会(Commission de Surveillance du Secteur Financie)、保险调解(Insurance Mediation)
			银行保险+证券类	马来西亚	金融调解局(Financial Mediation Bureau)、证券业纠纷解决中心(Securities Industry Dispute Resolution Center)
		高度分散型金融申诉专员机构		德国	公共部门银行申诉专员(Ombudsman of German Public Sector Banks)、私人商业银行申诉专员机构(Ombudsman Scheme of the Private Commercial Banks)、合作银行申诉专员(Ombudsman of German Cooperative Banks)、私立住房储蓄银行协会—客户投诉系统(Association of Private Building Societies-Customer Complaints System)、储蓄银行协会(German Savings Banks Association)、德意志联邦银行仲裁委员会(Arbitration Board at the Deutsche Bundesbank);保险申诉专员(Insurance Ombudsman)、私人医疗和长期护理保险申诉专员(Ombudsman Private Health and Long-term Care Insurance);投资基金申诉专员机构(Ombudsman Scheme for Investment Funds)、封闭性基金仲裁委员会(Arbitration Board of Closed-End Funds)、投资法仲裁委员会(Arbitration Board under the Investment Code)

（续表）

一级分类	二级分类	三级分类	四级分类	典型国家与地区	申诉专员机构
全覆盖型金融申诉专员机构	覆盖三个金融领域	高度分散型金融申诉专员机构		丹麦	抵押信用投诉委员会（Danish Mortgage Credit Complaint Board）、银行服务投诉委员会（Danish Complaint Board of Banking Services）、保险投诉委员会（Insurance Complaints Board）、证券及中介公司投诉委员会（Complaint Board of Danish Securities and Brokering Companies）、投资基金投诉委员会（Danish Complaint Board of Investment Funds）
				西班牙	市场行为与索赔部门（Market Conduct and Claims Department）、保险及养老基金投诉服务总局（Complaints Service Directorate-General of Insurance and Pension Funds）、投资者援助办公室—CNMV 投资部（Investor Assistance Office—Investors Department of the CNMV）
				法国	专业金融公司协会调解员（Mediator of the French Association of Specialised Finance Companies）、保险调解员（Insurance Mediator）、AMF 申诉专员（AMF Ombudsman）
				意大利	银行与金融申诉专员（Banking and Financial Ombudsman）、保险监管机构（Supervisory Body for Insurance）、银行申诉专员（Banking Ombudsman）
部分覆盖型金融申诉专员机构	覆盖两个金融领域的申诉专员机构	覆盖银行业证券业类	银行证券+银行类	列支敦士登	银行申诉专员（Bank Ombudsman）、跨境信用结算纠纷仲裁委员会（Arbitration Board for the Settlement of Disputes Concerning Cross-border Credit Transfers）
			银行证券类	中国香港	中国香港特区金融纠纷调解中心（Financial Dispute Resolution Centre, FDRC）
				捷克	捷克共和国金融仲裁者（Financial Arbiter of the Czech Republic）

(续表)

<table>
<tr><th>一级分类</th><th>二级分类</th><th>三级分类</th><th>四级分类</th><th>典型国家与地区</th><th>申诉专员机构</th></tr>
<tr><td rowspan="12">部分覆盖型金融申诉专员机构</td><td rowspan="3">覆盖三个金融领域</td><td rowspan="3">覆盖银行业保险业类</td><td>银行保险类</td><td>爱沙尼亚</td><td>消费者纠纷委员会(Consumer Complaint Committee)</td></tr>
<tr><td rowspan="2">银行+保险类</td><td>瑞士</td><td>银行申诉专员(Banking Ombudsman)、保险申诉专员(Ombudsman of Insurance)</td></tr>
<tr><td>哈萨克斯坦</td><td>银行申诉专员(Banking Ombudsman)、保险申诉专员(Insurance Ombudsman)</td></tr>
<tr><td rowspan="9">覆盖一个金融领域的申诉专员机构</td><td rowspan="6">覆盖银行业类</td><td rowspan="6"></td><td>斯洛伐克</td><td>银行业协会银行申诉专员(Banking Ombudsman of Banking Association)</td></tr>
<tr><td>美国</td><td>货币监理署申诉专员办公室(Office of the Ombudsman)</td></tr>
<tr><td>印度</td><td>银行业申诉专员机构(Banking Ombudsman Scheme)</td></tr>
<tr><td>巴基斯坦</td><td>银行申诉专员(Banking Ombudsman)</td></tr>
<tr><td>黑山</td><td>银行申诉专员(Banking Ombudsman Montenegro)</td></tr>
<tr><td>博茨瓦纳</td><td>银行审裁官办公室(Office of the Banking Adjudicator)</td></tr>
<tr><td rowspan="3">覆盖保险业类</td><td rowspan="3"></td><td>斯洛文尼亚</td><td>保险协会调解中心(Mediation Centre of Slovenian Insurance Association)</td></tr>
<tr><td>智利</td><td>保险申诉专员(Insurance Ombudsman)</td></tr>
<tr><td>沙特阿拉伯</td><td>保险纠纷与侵权解决委员会总秘书处(General Secretariat of the Committees for Resolution of Insurance Disputes & Violations)</td></tr>
</table>

四、与杨东教授商榷

杨东教授将金融申诉专员机构分为三大类:一是以英国、澳大利亚、马来西亚、新加坡为代表的完全统合型;二是以加拿大和我国台湾地区为代表的准统合型;三是以德国为代表的行业型。[137] 本文认为杨东教授的分类有三点值得商榷:一是分类对象的涵盖问题;二是分类的标准;三是每个类型下的典型国家的匹配程度。

首先,杨东教授的分类没有完全涵盖被分类的对象。杨东教授所谓的三大类型的金融申诉专员机构只涵盖了金融申诉专员机构中的部分,而不是全部。杨东教授所谓的金融申诉专员机构的三个类型均属于本文提出的全覆盖型金融申诉专员机构的范畴,而本文提出的部分覆盖型金融申诉专员机构不在杨东教授的分类范围内。

其次,杨东教授对金融申诉专员机构的分类标准值得商榷。杨东教授三分法的具体标准不得而知,但是从其每个类型下的典型国家的金融申诉专员机构(FOS)的介绍可以发现,杨东教授所谓的完全统合型 FOS 是指本文所称的统合型金融申诉专员机构,杨东教授所谓的准统合型 FOS 是指本文所称的统合+分散型金融申诉专员机构,杨东教授所谓的行业型 FOS 对应本文所称的相对分散型金融申诉专员机构和高度分散型金融申诉专员机构。杨东教授的三分法同时使用了两个分类标准:一是金融申诉专员机构的行业覆盖程度;二是金融申诉专员机构的成立受行业资助的程度。依据金融申诉专员机构的行业覆盖程度,本文将金融申诉专员机构分为两大类(全覆盖型金融申诉专员机构和部分覆盖型金融申诉专员机构),并将全覆盖型金融申诉专员机构分为四个中类(统合型金融申诉专员机构、统合+分散型金融申诉专员机构、相对分散型金融申诉专员机构和高度分散型金融申诉专员机构)。而依据成立时受行业资助的程度,金融申诉专员机构可以分为行业型金融申诉专员机构与非行业型金融申诉专员机构。[138]

使用一个标准进行分类,从分类学的角度来说是成立的。而同时使用两个分类标准可能导致分类的不周延。杨东教授的三分法同时使用了上述两个标准。完全统合型 FOS 和准统合型 FOS 的说法是使用第一个标准的结果,而行业型 FOS 是使用第二个标准的结果。

最后,杨东教授的三分法与其列举的典型国家不完全匹配。杨东教授认为完全统合型 FOS 包括英国、澳大利亚和新加坡。将英国和新加坡归入全统合型没有问题,但是将澳大利亚归入完全统合型是不成立的。由本文前面的分析可以看出,完全统合型 FOS 所在国家或地区只有一个金融申诉专员机构,而澳大利亚有三个金融申诉专员机构,属于统合+分散型金融申诉专员机构的范畴。

---

[137] 参见杨东:《金融消费者保护统合法论》第十三章《金融 ADR 的提出》第二节《FOS——金融 ADR 中的奇葩》,法律出版社 2013 年版,第 288 页。

[138] 行业型与非行业型的分类标准因不是本文的重点,此处不展开,将专门撰文讨论。

五、结　　语

2015 年 10 月 13 日,习近平总书记主持召开中央全面深化改革领导小组第十七次会议,审议通过了《关于完善矛盾纠纷多元化解机制的意见》,要求人民银行要牵头组织金融监督管理机构,建立金融消费纠纷非诉第三方解决机制。我国许多学者认为,应该以《关于完善矛盾纠纷多元化解机制的意见》为契机,借鉴英国通过立法推行统合型金融申诉专员制度,建议我国一步到位,也通过立法推行统合型金融申诉专员制度。[139] 但是该建议在现阶段不具有可行性。[140] 在我国全面引入金融申诉专员制度不能一步到位,需要采取两步走的方式。

第一步,尊重我国金融申诉专员机构试点的现实情况,借鉴以芬兰为代表的"统合+银行+保险+证券+消费类"模式,完善我国"统合+分散型"金融申诉专员机构。我国现有的金融申诉专员机构与芬兰模式极为相似,中国人民银行推动成立的金融申诉专员机构具有统合型的特征,而证监会、银监会、保监会推动成立的金融申诉专员机构具有分散型的特征,其推动成立的金融申诉专员机构与消费者协会(委员会)的组合模式完全符合"统合+银行+保险+证券+消费类"模式的外在特征。而我国模式与芬兰模式的差别在于,一行三会成立的金融申诉专员机构与消费者协会(委员会)没有芬兰模式下各机构之间的相互协作与融合。[141] 因此,当务之急是借鉴芬兰模式的优势,使中国人民银行推动成立的金融申诉专员机构发挥统一平台的作用,并与三会推动成立的金融申诉专员机构、消费者协会(委员会)进行整合,一定程度上达到统合型金融申诉专员的效果。[142]

---

[139] 参见向超:《论统合型金融申诉专员制度之构建》,载李昌麒、岳彩申主编:《经济法论坛》(第 18 卷),法律出版社 2017 年版,第 179—182 页。

[140] 参见岳金禄:《金融申诉专员机构运作的基本原则及其启示》,载郭锋主编:《金融服务法评论》第 8 卷,法律出版社 2016 年版,第 137—138 页。

[141] 根据芬兰金融申诉专员局(Financial Ombudsman Bureau, FINE)与保险投诉委员会、银行投诉委员会、证券投诉委员会之间相关运作的一份书面请求声明,FINE 会在其他三个机构处理的客户和服务提供者之间的纠纷中发布建议声明。在许多保险和银行事务中,FINE 也可以应消费者纠纷委员会的要求发布声明。这四个委员会作为彼此的替代处理案件;这意味着保险投诉委员会和银行投诉委员会不会启动消费者纠纷委员会尚待处理的案件。消费者纠纷委员会不处理涉及证券(如股票,参与证单(participation certificates)或债券)或投资连接险(investment-linked insurance)的事项。The Financial Supervisory Authority, *Financial Ombudsman Bureau* (*FINE*), at http://www. finanssivalvonta. fi/en/Financial_customer/Customer_protection/Assistance/Fine/Pages/Default. asp, last visited on Sept 28, 2020

[142] 2017 年 7 月召开的全国金融工作会议决定成立国务院金融稳定发展委员会,其办公室设在中国人民银行。金融稳定发展委员会的成立,是对 2013 年 8 月成立的金融监管协调部级联席会议制度的升级,预示着我国在防控系统性金融风险,加强金融宏观审慎监管等方面迈出了实质性的步伐,突出了中国人民银行在金融监管体制中的牵头作用。中国人民银行牵头作用的强化,为我国"统合+分散型"金融申诉专员机构的完善奠定了坚实的基础。

第二步，等到金融申诉专员机构在我国深入人心后，人们的认识基本统一，金融监管体制发生较大变革（比如银监会、保监会与证监会合一）时[143]，就可以考虑借鉴英国 FOS（或澳大利亚 FOS 与澳大利亚金融投诉管理局，Australian Financial Complaints Anthority）的模式，通过统一立法（或监管指引）的方式推行统合型金融申诉专员机构。[144]

---

[143] 2018 年 4 月 8 日，中国银行保险监督管理委员会（以下简称中国银保监会）新牌在鑫茂大厦南楼揭牌。这意味着，2003 年 4 月成立的银监会和 1998 年 11 月成立的保监会，在相伴前行多年之后，正式退出历史舞台。与此同时，“一行三会”监管模式也正式进入“一行两会”时代。银监会与保监会的合并预示着我国向统一监管的道路上迈进了坚实的一步，但是并没有从根本上改变目前分业监管的格局。

[144] 参见杨东：《金融申诉专员制度之类型化研究》，载《法学评论》2013 年第 4 期。

市场规制法

互联网时代的社会共治：嬗变与启示

侯利阳*

摘要：在短短三十年的发展过程中互联网不但正在深刻影响我们的经济生活，而且也开始逐步展示其改造社会治理结构的巨大潜能。互联网作为信息革命的核心不但加强了社会个体的独立人格，而且创造了内生性的网络信任机制，还改变了社会个体参与社会治理的方式。互联网的繁荣为解决现代国家的系统性危机提供了新的思路。互联网平台不能再被简单看作是一般意义的企业，而应当被视为辅助国家进行社会共治的伙伴。鉴于此，未来的互联网法治转型应当被定位于塑造互联网平台的社会管理职能、解除互联网平台的传统企业责任、确立互联网平台的中立义务、建设安全高效的配套设施。

关键词：互联网平台　社会变迁　共治　法治转型

引　　言

纵观人类历史，文明的发展始终与科技革命密切相关。每次科技革命在激发人类自身潜力的同时，更带来了社会管理制度的变迁：以蒸汽机为代表的第一次产业革命将人类社会从古代农业社会带入近代工业社会，以内燃机为代表的第二次产业革命造就了延续至今的现代工业社会。如今，人类社会又在经历着第三次产业革命的洗礼，此即以互联网经济为核心的信息革命。“信息革命增强了人类脑力，带来生产力又一次质的飞跃，对国际政治、经济、文化、社会、生态、军事等领域发展产生了深刻影响。”①鉴于互联网带来的机遇与挑战，继 2015 年“互联网+”的概念被提出之后②，2017 年党的十九大报告中再次强调互联网与实体经济的深度

---

* 侯利阳，上海交通大学凯原法学院教授、博士生导师。

① 习近平：《在网络安全和信息化工作座谈会上的讲话》，载《人民日报》2016 年 4 月 26 日。

② 参见国务院《关于积极推进“互联网+”行动的指导意见》（国发〔2015〕40 号）。

融合是我国今后经济发展的着力点之一。互联网时代已经呼之欲来,那么由此引发的终极性社会思考是:互联网能否像蒸汽机与内燃机一样成为深刻影响人类社会变迁的科技性力量,以及如何影响我们的法治进程。

长久以来,学界对互联网法律规制的研究大都在部门法的层面展开。虽然已经产生了大量的研究成果,但依然还是建立在“头痛医头、脚痛医脚”的研究思路之上,较为缺乏互联网法律规制顶层设计方面的研究。顶层设计的缺乏使得目前的互联网规制呈现立法碎片化、简单搬用现实社会管理方法、规定执行效果差、规定与现实严重脱节等问题。③ 这与我国开始引领世界互联网产业发展的国际地位不相称。鉴于此,本文拟以互联网时代的社会变迁与法治转型之间的有机联系为题开展研究,梳理总结互联网为现代社会带来的转变,并从顶层设计的视角提出互联网社会规制所应当遵循的原则、方法与路径。

一、互联网的历史发展

互联网的商业化应用虽然只有不到三十年的历史,但互联网自出现之后就开始深刻地影响经济社会的发展。不过,互联网对于社会的影响与第一次和第二次产业革命迥异。前两次工业革命都发生在制造业领域,带来的是生产力的直接提升;而互联网的发展则表现为通信技术的创新,与生产力的提升无直接关联。因此,相对于前两次产业革命来说,互联网对于社会的改变是间接的、潜移默化的。鉴于互联网对于社会的影响蕴含于这种通信技术本身,因此在探讨互联网引发的社会变迁之前我们有必要首先了解互联网的历史发展。

(一)第一阶段——Web 1.0 阶段

互联网的端倪源于 20 世纪 60 年代末美国国防部开发的“分组交换”(packet-switching)项目。在此之前通讯网络的信息交换所采用的是“电路交换”技术。简言之,电路交换要求网络运营商在呼叫用户和被叫用户之间建立一条虚拟的或者真实的专线,随后在这条专线上进行各种信息的交换。而分组交换技术则是将呼叫用户需要发送的信息分拆成数据包(data packets),与其他呼叫用户的数据在同一条线路上同时进行传输,在数据包到达被叫用户之后进行重新整合,最后由被叫用户获取。④ 传统的电路交换构建的是一个高度中心化的体系,网络运营商控制着网络的方方面面,既包括网络可以提供的服务也包括网络可以提供的内容,比如传统的电视网络。与之相比,分组交换大大降低了网络运营商作为网络核心的作用。在分组交换中,网络运营商承担的只是数据包的运输服务,无须管控数据包承

③ 参见周汉华:《论互联网法》,载《中国法学》2015 年第 3 期。

④ 参见王骏:《电路交换与分组交换》,载《现代通信》1996 年第 11 期。

载的服务和内容。这种去中心化的技术逻辑意味着互联网上的创新(也被称为应用或APP)可以独立于网络运营商,从而带来了无限的可能。[⑤] 互联网的后续发展证明了正是分组交换这种点对点(end-to-end principle)的连接逻辑构成了互联网改变社会的技术基础。

分组技术仅为互联网的出现提供了基础技术支持,互联网商业化的真正标志是蒂姆·伯纳斯·李在1990年发明万维网协议及同年开发的史上第一款浏览器。从此,Web 1.0时代被正式开启,并延续至2000年前后。这个阶段的主要特征是传统信息的数字化。在互联网商业化之后,传统数据开始被数字化并上传到互联网。海量信息的上传引发了互联网的首个具有历史意义的创新,即在线搜索引擎。信息的数字化以及在线搜索引擎的出现改变了人们获取信息的方式。但Web 1.0时期的互联网所实现的主要是传统信息的数据化,因此互联网上的内容与服务也主要以信息的单向传输(展示)为主。[⑥] 这个时期最具代表性的产品为门户网站,我国的新浪、搜狐、网易等也都是在这个时期出现。除了搜索引擎与门户网站之外,Web 1.0时期代表性应用还有Email、即时通讯软件、BBS平台等。这个时期在2001年前后因互联网经济泡沫的爆发而终止。

彼时的互联网尚未对社会产生广泛的影响。学界对于互联网的社会影响也没有形成共识,有学者认为互联网是改变社会的新型力量[⑦],也有学者认为互联网会诱使个体做出非理性化的选择。[⑧] 此时的互联网对社会的影响主要表现在信息传播技术方面。我国法学界对于互联网的初步关注主要表现在其对国家安全[⑨]、言论自由以及知识产权侵权[⑩]等方面的挑战。这个时期的研究基本上都是朴素的、预测性的。

(二)第二阶段——Web 2.0阶段

2001年互联网经济泡沫的爆发让人们开始重新思考互联网单向信息展示的传统媒体发展模式。在随后的探索中,互联网作为"平台"的意义开始被提出;申言之,互联网除了作为信息中心向用户单方向提供信息之外,还应当鼓励用户参与信息的提供与创造,即促生用户创造内容。[⑪] 用户创造内容的出现与倡导使得Web

---

⑤ See J. Scott Marcus, Evolving Core Capabilities of the Internet, *Telecomm. & High Tech. L. J.*, Vol. 3.

⑥ See Rogelio Martinez Perea, *Internet Multimedia Communications Using SIP*, San Francisco: Morgan Kaufmann, 2008, pp. 21-22.

⑦ 参见瞿世镜:《信息时代与我国发展战略》,载《毛泽东邓小平理论研究》1998年第3期。

⑧ 参见郑荣双、严全治:《互联网的信息超载、虚拟性与PIU》,载《自然辩证法研究》1999年第5期。

⑨ 参见李永刚、张硕:《互联网与国家安全》,载《社会科学》1999年第9期。

⑩ 参见张广荣:《互联网络中的法律问题》,载《外国法译评》1996年第4期。

⑪ See Tim O'Reilly, What Is Web 2.0: Design Patterns and Business Models for the Next Generation of Software, *Communications & Strategies*, No. 65.

2.0阶段的用户不再是互联网服务的对象,而成为互联网内容的创造者与传播者;互联网则逐渐演变为提供信息交换的渠道,与用户共同促进互联网的发展。[12] Web 2.0阶段对于互联网的重新定义具有非常重要的承上启下的意义。这个阶段与Web 1.0阶段最大的区别在于互联网成为信息交互而非信息展示的工具,并且用户对于互联网的主体意义被充分展现出来。互联网的Web 2.0阶段对于互联网平台概念的推崇最终将互联网打造成为用户合作共享的社交网络(social networking)或者社交媒体(social media)。[13] 此时的用户可以突破传统媒体的中心化管控,通过互联网创造和发布各种作品,大大提升了个体的社会参与度。[14] Web 2.0阶段在我国大致延续至2010年前后。这一时期浮现的具有历史意义的互联网平台有电子商务平台、社交平台、视频分享平台、网络发表平台、各种爱好者信息共享平台等。

Web 2.0阶段的互联网开始脱离早期的电子图书馆概念,成为信息传播领域的重要生产力工具。互联网在这个时期对我国经济法律的影响主要表现在知识产权和电子商务领域,我国法学界主要讨论了新时期信息网络传播权[15]以及电子商务[16]中的新型法律问题。这与国际学界的研究基本保持一致,但国际学界在这个时期探讨的法律问题并不限于此。此时的国际学界还着重分析了互联网对于电信行业、传统媒体行业(新闻、出版等行业)的冲击。前者形成了网络中立(network neutrality)的概念,[17]后者衍生出技术中立(technological neutrality)的原则。[18] 但由于我国当时对电信以及媒体行业的严格管控,我国学者在这个时期并未就两个话题与西方学者形成对接。

在互联网发展的前两个阶段中,我国网民的总体数量始终不高,直至2009年也只有人口总数的20%左右。[19] 这一方面源于当时不完善的互联网基础设置及高

---

⑫ See Russell Newman, Victor Chang, Robert John Walters and Gary Brian Wills, Web 2.0: The Past and the Future, *International Journal of Information Management*, Vol. 36.

⑬ See Carlisle George and Jackie Scerri, Web 2.0 and User-Generated Content: Legal Challenges in The New Frontier, *Journal of Information*, *Law and Technology*, Vol. 2.

⑭ 参见高恩新:《互联网公共事件的议题建构与共意动员——以几起网络公共事件为例》,载《公共管理学报》2009年第4期。

⑮ 参见王迁:《论"网络传播行为"的界定及其侵权认定》,载《法学》2006年第5期;冯晓青、胡少波:《互联网挑战传统著作权制度——兼论著作权合理使用制度在网络空间中的新形式》,载《法律科学》2004年第6期。

⑯ 参见李适时:《关于我国电子商务立法的思考》,载《中国法学》2003年第3期;张剑文:《电子商务消费者保护法律制度研究》,载《法学》2001年第11期。

⑰ Tim Wu, Network Neutrality, Broadband Discrimination, *J. on Telecomm. & High Tech. L.*, Vol. 2.

⑱ Peggy Valcke and Marieke Lenaerts, Who's Author, Editor and Publisher in User-Generated Content? Applying Traditional Media Concepts to UGC Providers, *International Review of Law*, *Computers & Technology*, Vol. 24.

⑲ 参见中国互联网络信息中心:《中国互联网发展状况统计报告》(第25次),载《中国互联网络信息中心》网站,http://www.cnnic.net.cn/hlwfzyj/hlwxzbg/,最后访问日期:2020年11月4日。

额的上网费用,另一方面也是因为在这两个阶段中上网用户的主要上网工具为个人电脑。个人电脑作为上网工具时具有非便携性与非独享性的天然缺陷,因此互联网企业只能通过用户名和密码来识别用户,无法精准地与用户随时随地进行互联。用户规模不高及上网工具的限制将互联网服务限定在具有高端需求的人群之中,大大阻碍了互联网与实体经济的进一步结合。总之,Web 2.0 时期的互联网依然只是信息通信技术的载体,所影响的社会经济领域主要还是和信息传播相关,尚未与其他传统实体经济进行实质性融合。

(三) 第三阶段:"互联网+"阶段

互联网对社会发展真正产生实质性影响主要发生在 2010 年之后。新时期互联网的发展在经济形式上表现为"脱虚入实",也即不再只是单纯的信息通信技术,而与其他传统实体经济进行融合。我国在 2015 年提出的"互联网+"概念正是对这一阶段互联网发展的高度抽象化总结。具体而言,我国互联网经济"脱虚入实"的快速发展主要得益于两个外在因素和两个内在因素。

两个外在因素是移动通信技术与移动智能设备的快速发展以及快递行业的放松规制。首先,移动通信技术与移动智能设备的快速发展是互联网"脱虚入实"的硬件基础。自 2008 年 3G 移动网络在我国运营开始,上网用户的数量以年均七千万的增速急速发展;到 2019 年 6 月,我国上网用户总量为 8.54 亿,约占人口总数的 61%;其中移动上网用户为 8.47 亿,占总上网用户的 99.1%。[20] 智能移动设备的便携性及其广泛使用让互联网企业最终发现了与用户随时互联的解决方案;同时,移动设备附带的全球定位系统(GPS)又可以让互联网企业适时确定用户的位置。如此,上网用户的规模化以及随时随地的互联化为互联网与实体经济的融合奠定了基础。[21] 其次,快递行业的放松规制及其随后的迅猛发展是互联网"脱虚入实"的实施途径。互联网自身只能实现信息的交换;当与实体经济进行融合的时候,互联网必须要借助其他方式才能与用户进行"实体接触",而这在绝大多数情况下只能通过快递行业来实现。我国在 2009 年《邮政法》的修订中首次在法律上明确了快递企业的法律地位,并通过市场准入制度给予平等的发展机会,解决了互联网"脱虚入实"的后顾之忧。

两个内在因素是在线信用评价机制与互联网第三方支付体系的确立与完善。传统信息的数字化降低了信息收集和传播成本,同时也大大改善了交易前信息不对称的情形。但互联网用户之间的陌生性以及非实体接触性又使得用户面临交易过程中信息不对称的困境。同时,现代社会的法律体系在面对以小额交易为主的

---

⑳ 参见中国互联网络信息中心:《中国互联网发展状况统计报告》(第 44 次),载《中国互联网络信息中心》网站,http://www.cnnic.net.cn/hlwfzyj/hlwxzbg/,最后访问日期:2020 年 11 月 4 日。

㉑ See Terry Flew, *New Media: An Introduction* (3rd ed.), Melbourne: Oxford University Press, 2008, p. 19.

互联网经济时又存在执法成本过高的尴尬。㉒ 因此互联网还需要建立其他信任机制才能保障交易的顺利进行,此即在线信用评价机制与互联网第三方支付。在线信用评价机制允许交易双方在交易完成之后对相对方做出信用评价,每个用户收到的评价分数累加起来就得到自己的总体互联网信用度。相关研究表明用户好评总数和累计评价总数都会显著提高消费者的购买意愿。㉓ 在线信用评价机制虽然能够概括性地保障交易的进行,但却无法消除特定交易主体之间一次性的、偶发性的欺诈行为。这就需要第三方支付体系的保障。第三方支付体系在交易双方达成协议后由第三方支付机构为卖方临时保管买方支付的货款;若履行无误则将货款转移给卖方,若履行存在瑕疵则将货款返还给买方。㉔ 虽然这两个机制在Web 2.0阶段就已出现,但其全面发展和完善却发生在2010年。如淘宝在2010年前后最终完善了延续至今的信用评价机制㉕;又如,我国在2010年才正式认可了第三方支付机构的合法地位。㉖

互联网发展的规模化以及随时随地互联网的实现为互联网的创新发展提供了无限的可能,而互联网内生性保障机制的出现则又进一步推进了互联网的繁荣。至此,互联网才真正实现与实体经济的融合。当与实体经济融合之后,互联网作为信息与通信技术的意义被迅速放大,并又深刻影响着实体经济在新时期的互联网化发展。㉗ 在与实体经济融合的过程中,互联网企业充分发挥了已在Web 2.0阶段中对于互联网作为平台的重新定义,将互联网降低交易成本的优势发挥到了极致。这一方面巩固和完善了传统的互联网商业模式,另一方面也造就了以互联网为核心的各种新型"互联网+"商业模式的出现。我国在同期的法学研究也开始呈现了多样化发展的趋势,在多个领域(如互联网金融㉘、共享经济㉙、数据保护㉚、人工智能㉛等)中齐头并进。这个时期的研究与国际研究基本保持一致,甚至某些领域开始出现领先。

㉒ 参见吴德胜:《网上交易中的私人秩序——社区、声誉与第三方中介》,载《经济学(季刊)》2007年第3期。

㉓ 参见周敏、陈奥、寇宗来:《用户评价如何影响在线市场购买?》,载《消费经济》2018年第3期。

㉔ 参见任曙明、张静、赵立强:《第三方支付产业的内涵、特征与分类》,载《商业研究》2013年第3期。

㉕ 参见殷红:《网络交易中的私人秩序——声誉、可执行契约与信用评价体系》,载《华东师范大学学报(哲学社会科学版)》2013年第1期。

㉖ 参见《非金融机构支付服务管理办法》(中国人民银行令〔2010〕第2号)。

㉗ See Hamid Etemad, Ian Wilkinson & Leo Paul Dana, Internetization as the Necessary Condition for Internationalization in the Newly Emerging Economy, *J Int Entrep*, Vol. 8.

㉘ 参见杨东:《互联网金融的法律规制——基于信息工具的视角》,载《中国社会科学》2015年第4期。

㉙ 参见蒋大兴、王首杰:《共享经济的法律规制》,载《中国社会科学》2017年第9期。

㉚ 参见程啸:《论大数据时代的个人数据权利》,载《中国社会科学》2018年第3期。

㉛ 参见季卫东:《人工智能时代的法律议论》,载《法学研究》2019年第6期。

二、前互联网时代的社会变迁

人类社会无时无刻不在经历着技术革新。若是一般的技术进步,作为社会体制底层的法律制度只需要做调整即可;只有在技术进步导致社会结构发生变迁的情况下,法律才需要转型。虽然互联网在产生之后就开始改变人类社会,但互联网究竟有没有改变社会结构并引发法律体制的转型则存在争议,学界一直有互联网规制是否是"马法"[32]的争议。因此,为了研究互联网是否引发法治转型,我们必须对现有的社会结构进行研究。总体而言,人类社会在18世纪末进入工业社会至今一共经历两次社会变迁,此即第一次产业革命中"从身份到契约"的变迁及第二次产业革命中"从契约到身份"的变迁。

(一)"从身份到契约"的近代社会

第一次产业革命使得人类社会从古代农业社会发展到近代工业社会。古代社会的商品交换以农产品为主要标的、以村落为主要交易场所、以物物交换为主要特征,较少体现劳动分工。[33] 在这种经济条件下,对于经济的调整必然要受到血缘关系(包括地缘关系)的支配。古代社会对于经济的治理正是以将血缘关系抽象化之后所形成的"熟人社会"为依托。熟人社会中的经济调整制度具有三大特征。第一,在熟人社会中,"所有人与人之间的关系都可以归结为家庭关系"。[34] 换言之,古代社会中的个体必须依附于家庭才能产生个体人格,才能产生交易所必需的信任机制,这正是"身份"的主要由来。第二,熟人社会中的交易是长期的、连续的[35],因此熟人社会中并不特别强调单次交易的对等,而是注重长期交易的平衡。第三,熟人社会主要以舆论作为交易顺利进行的保障机制或者惩罚手段,其处罚影响的不仅仅是个人声誉,更是整个家庭的声誉。[36] 此外,古代社会中的国家受制于信息获取的困难,不可能对于每一笔交易所涉及的所有信息都进行衡量;或者即便可以衡量,也需要投入较高的社会成本。因此,古代农业社会构建的身份体系调整制度较好地适应了这种信息不对称以及商品交换大多发生在熟人之间的经济环境,既可以保证商品交换能够按照大致等价的方式进行,又可以保障单笔交易可以综合

---

[32] See Frank Easterbrook, *Cyberspace and the Law of the Horse*, University of Chicago Legal Forum, 1996;戴昕:《超越"马法"?——网络法研究的理论推进》,载《地方立法研究》2019年第4期。

[33] See Eliana Ferrara, Kin Groups and Reciprocity: A Model of Credit Transactions in Ghana, *American Economic Review*, Vol. 93.

[34] 〔英〕亨利·萨姆纳·梅因:《古代法》,郭亮译,法律出版社2016年版,第91页。

[35] 参见王德福:《论熟人社会的交往逻辑》,载《云南师范大学学报(哲学社会科学版)》2013年第3期。

[36] 参见贺雪峰:《熟人社会的行动逻辑》,载《华中师范大学学报(人文社会科学版)》2004年第1期。

考量弱势交易主体的利益。在这种体制之下,家族成为辅助国家治理的社会中介性组织,较好地弥补了国家治理技术的不足。因此,古代农业社会建立了一个国家、家族、个体的三元社会结构,其中家族作为国家与个体的中介性社会机制存在。

虽然熟人社会中的经济调整之法对于农业社会的稳定与和谐起到了积极的作用,但在工业社会来临之后就面临着被瓦解的危机。这种危机的根源是社会关系开始向陌生人关系转变。这种变化主要来自于工业生产引发的两大转变。第一,工业生产使得商品交换必须发生在陌生人之间。其次,工业生产是人流、物流、资金流、信息流的汇集,由此必然形成了以陌生人为主体的都市经济。[37] 农业社会中的家族关系在以陌生人为主的都市中变得无法适用,从而要求新社会制度的出现。在古代社会中国家可以通过家族对社会个体进行间接控制;当身份社会消失之后,国家不得不直接管理社会个体。因此,近代社会的形成过程也是国家逐步直接规制社会个体的过程。但在家族这个创制身份信任的中介性社会机制消失之后,近代社会也必须面对重构社会信任机制的难题。

由于契约在工业社会广泛存在,18 世纪后的社会先贤都普遍使用契约来解释所有的社会关系,此即社会契约论。[38] 社会契约论在纵向上解读国家与个体之间的政治关系,在横向上构建个体之间的社会经济关系。该理论的基础出发点是"假定存在一个人人平等和自由的自然状态"[39]。但现实中的个体总是不平等的,因此近代社会不得不将个体进行政治上的拟制,形成了以契约关系为隐喻的抽象平等人格。这种政治上的抽象平等人格推动了现代经济学中"理性经济人"基本假设的形成。申言之,每个个体都是利益最大化之主体,同时也都能对自己的行为做出准确的判断。[40] 既然每个人都能对利益最大化做出准确的判断,那么每个人也都可以对其行为负完全的、独立的责任。只有通过国家干预将每个个体都设定为平等的理性经济人之后,契约的社会合理性才能得以保障。在通过民商法构建起一系列的社会体制(如平等人格、物权神圣、合同自由等)之后,国家就只需充当守夜人(Watchdog)的角色即可保障社会的顺利运行。如此,近代社会成功实现了"从身份到契约"的社会变迁,同时也成功构建了国家与社会个体的二元社会治理结构。不过值得注意的是,在近代社会中国家与个体之间还存在一个非实体的中介性社会机制,此即市场机制。国家在经济生活中的消极角色其实是建立在市场机制这个看不见的手之上的。

㊲ 参见洪银兴:《城市功能意义的城市化及其产业支持》,载《经济学家》2003 年第 2 期。

㊳ 社会契约论并非是当时唯一的社会思想理论。亚里士多德的国家自然发生论、柏拉图的国家社会分工论以及中世纪的神权理论都在社会契约论占统治地位之前有很大影响。参见苏力:《从契约理论到社会契约理论——一种国家学说的知识考古学》,载《中国社会科学》1996 年第 3 期。

㊴ 同上。

㊵ 参见许华安、李建伟:《"理性经济人":一个批判性考察》,载《哲学动态》2007 年第 6 期。

(二)“从契约到身份”的现代社会

近代社会所创立的平等人格具有非常强烈的绝对性。作为平衡,近代社会只能将这种抽象人格置于无人能够干预的市场机制之中,进行无为而治。这种完全不考虑个体资源禀赋等实质差别的社会假设在产生之初就饱受争议,马克思就严厉批评近代社会“扯断人的一切类联系,代之以利己主义和自私自利的需要,使人的世界分解为原子式的相互敌对的个人的世界”[41]。随着第二次工业革命到来,近代社会的基本原则开始面临严峻的挑战。

在这次社会变迁中,企业(尤其是大型企业)作为一种新型的社会力量开始登上历史舞台。企业是理性经济人的终极产物。理性经济人假设社会个体存在的目的是实现个体利益的最大化。私人利益最大化的原则决定了个体为了实现成本最小化的最终目的必然选择联合其他个体形成企业来组织生产活动,此即企业的本质。[42] 因此,企业不仅不被近代社会禁止,反而是这种社会制度运行到极致的必然结果。这也表现在后续民商法中法人制度的产生上,我们传统上认为法人制度的设立“使构成财产集合体的资本与投资人的其他财产相分离,通过一种抽象的拟制方法,赋予具备特定条件(包括拥有界限分明的独立财产、能够产生其成员的共同意志亦即独立意志)的团体以一种与投资人相区分的法律地位,使之成为财产权利、义务和责任的独立承担者,借以限制投资人风险,鼓励投资积极性”[43]。因此,企业在民商法体系中被认为具有与其他自然人同等的享受权利和承担义务的市场主体资格。但企业的出现打破了近代社会建立之初的种种社会假设,使得近代社会濒临破产。

总体而言,企业对于近代社会的破坏主要表现在如下三个方面。首先,在政治组织层面,企业的出现破坏了近代社会国家与个体的二元社会体制。近代社会构建了国家通过市场机制直接管理社会个体的制度。但企业的出现却将市场机制中的外部交易关系转变为企业内部的管理关系。企业作为法人被假定与自然人(社会个体)具有同等的权利和义务,因此近代社会中的国家无法干预企业的内部组织管理关系。随着企业力量的扩张,社会个体就失去了与企业抗衡的能力,只能以劳务合同的形式成为企业的附庸,蜕变成为劳动者,[44]从而脱离市场机制的管控。事实证明企业对于现代社会二元体制的破坏是非常剧烈的,并在19世纪下半叶逐渐转变为社会的主要矛盾,甚至诱发了政治革命。其次,在市场组织层面,企业的出现破坏了社会个体在经济上的抽象平等人格。近代社会中的平等人格也体现在契约身份的互换上,或者说生产者与消费者身份的互换;简言之,甲契约中的生产者

---

[41] 《马克思恩格斯文集》第1卷,人民出版社2009年版,第54页。

[42] See Ronald Coase, The Nature of the Firm, *Economica*, Vol. 4.

[43] 尹田:《论法人人格权》,载《法学研究》2004年第4期。

[44] 参见常凯:《论不当劳动行为立法》,载《中国社会科学》2000年第5期。

可以是乙契约中的消费者。[45] 这种身份的互换假设至少在哲学层面保证了市场交易的最终和谐。但在具有市场力量的企业出现之后,绝大多数的个体再也无法转变为生产者,而被迫成为消费者。社会个体一旦蜕变为消费者之后就只能依赖生产者提供的信息来购买商品,从而导致生产者与消费者实质不平等的契约关系(或者说消费关系)。[46] 再次,在社会组织层面,企业过度追求个体利益最大化又会破坏社会利益。虽然近代社会提倡个体的绝对自由,但这并不意味着近代社会完全忽视社会利益,只是近代社会假设个人利益最大化与社会利益最大化趋同。[47] 这个假设得以满足的主要途径有二:竞争机制与契约的内部化机制。但第二次工业革命一方面造成了垄断,破坏了竞争机制;另一方面又使得契约负外部性的问题[48]开始凸显,这其中最为严重的即是工业污染问题。[49]

历史事实证明无管制状态中的企业对社会的破坏是巨大的。面对企业之于近代社会的冲击,现代社会应运而生。现代社会对于近代社会经济方面法律制度的调整主要表现在六个方面:(1) 规制企业竞争关系的法律;(2) 保护消费者权益的法律;(3) 保护劳动者及弱势群体权益的法律;(4) 规制特殊行业企业的法律;(5) 防止企业破坏环境的法律;(6) 规制宏观经济活动的法律。仔细审视这些经济法律制度就会发现这些制度都是围绕企业这个特殊的"身份"展开的,其实质是通过国家干预给企业施加额外的法律义务,从而恢复市场机制作为社会规制的中介性力量。从这种意义而言,现代社会实现了"从契约到身份"的社会变迁,形成了国家、企业、社会个体(劳动者、消费者等)的三元社会治理结构。同时,从维护市场机制的自我运行这个目的而言,现代社会与近代社会一脉相承。

三、"从身份又到契约"的互联网社会

从近代社会到现代社会的近三百年间,以平等主体为基础而构建的国家与个体的二元结构演变为以规制企业为核心的国家、企业与个体的三元结构。而互联网的商业化虽然至今也只有不到三十年的历史,但互联网已经开始逐步展示其社会改造与重组的巨大威力。

(一) 契约型的互联网熟人社会

纵观社会变迁,如果说近代社会实现了个体从身份向契约的转变,那么现代社

[45] 参见梁慧星:《从近代民法到现代民法——二十世纪民法回顾》,载《中外法学》1997 年第 2 期。

[46] 参见谢晓尧:《欺诈:一种竞争法的理论诠释——兼论〈消费者权益保护法〉第 49 条的适用与完善》,载《现代法学》2003 年第 2 期。

[47] 参见丁晶、袁志刚:《政府干预和自由放任经济思想的演变与现实意义》,载《经济研究导刊》2012 年第 9 期。

[48] 参见张维迎:《经济学原理》,西北大学出版社 2015 年版,第 302 页以下。

[49] 参见肖晓丹:《法国城市工业污染管制模式溯源(1810—1850)》,载《世界历史》2017 年第 2 期。

会的演变则体现了个体从契约向身份的螺旋形转变。而互联网的生态环境从某种意义上来说正在构建个体从身份向契约的又一次转变。这主要表现在如下三个方面。

第一,互联网改变了现代社会中个体只能与企业进行交易的状态,重现了近代社会关于生产者与消费者身份可以互换的社会假设。现代社会中的企业是个体相互协作的结果。这种协作的实施降低了交易成本,从而可以实现个人利益的最大化。但经过这个转变之后,个体成为企业的成本也被大大提升[50],从而沦为企业的附庸,只能成为劳动者和消费者。互联网经济是建立在点对点连接技术逻辑之上的经济形态,以用户(个体)之间的直接沟通作为目的。建立在这样逻辑之上的互联网不但降低了交易成本,而且也降低了企业的运营成本。借助这些优势,个体可以通过互联网获得了有效利用闲置资源(过去因交易成本过高而无法参与交易)和闲暇时间(过去因附属于企业而无法自己生产)进行生产的可能。[51] 互联网中的个体既可是互联网服务的提供者,又是互联网服务的消费者。如此,互联网重塑了个体与个体之间的直接契约关系,让个体重新获得了已经丧失一个多世纪的生产者身份。

第二,互联网重构了"类熟人社会"的场景。以抽象交易关系为基础构建的陌生人社会加剧了个体之间的敌对状态,而互联网在交易关系这个单一维度之上增加了个体与个体相互协作的维度,尤其是在线信用评价机制正在深刻改变传统陌生人社会的交易模式。在前互联网时代,交易影响的范围主要限于具体的交易主体之间,某一交易的主体与其他交易的主体处于相互割裂的状态。在互联网时代,个体在交易前可以通过浏览已经发生的交易评价来做出决策,这种交易模式被称为"社交商务"(Social commerce)。[52] 如此,互联网在交易关系之外,也给个体提供了相互合作的机会。互联网促进合作的新功能建立了"一种虽然不是面对面、却彼此熟悉、信任、相互依赖的'虚拟社区'或'半熟社会'"[53]。但"互联网熟人社会"与传统熟人社会依然存在重大区别。传统熟人社会依赖的是血缘信任,以长期交易的连续性补偿作为保障基础,从而构建了血缘型的熟人社会;而"互联网熟人社会"依赖的则是通过信息分享而产生的契约信任,其保障基础是大量一次性交易的集合,因此构建的是契约型的熟人社会。

第三,互联网经济改变了社会个体参与社会治理的方式。现代社会的间接交

---

[50] 虽然在现代社会中个人型的企业(或者说小微企业)依然存在,但已经不能成为社会中的主导性经济力量,并且生存环境较为恶劣。参见"我国小微企业发展状况研究"课题组:《小微企业发展状况的中外比较研究》,载《调研世界》2016年第3期。

[51] 参见唐清利:《"专车"类共享经济的规制路径》,载《中国法学》2015年第4期。

[52] See Andrew Stephen and Olivier Toubia, Deriving Value from Social Commerce Networks, *Journal of Marketing Research*, Vol. 47.

[53] 王迪、王汉生:《移动互联网的崛起与社会变迁》,载《中国社会科学》2016年第7期。

易模式降低了人与人之间的直接交互关系,而互联网经济的出现则会扭转这个局面。互联网经济使得社会生产呈现了从企业向个体转移的趋势,并在这个过程中提高了社会个体的独立性。人的尊严、幸福和自我实现在与他人的相互依存关系中得到了表现和确证。[54] 互联网的这种直接交易模式不但加强了人与人之间的信任[55],而且也进一步推动和促进了人们对自我呈现与社会表达的渴望。[56] 这种经济上的自主性的建立,也开始反映在社会治理层面。在前互联网时代,个体更多的是企业和国家的附庸,是信息的消费者和决策的接受者;而在互联网时代个体可以直接参与信息的创造与传播,并越来越多地成为社会治理中的构建者,这"可能预示着一种走向实质民主的趋势"[57]。

(二) 平台化的互联网中介组织

企业与市场是一对既统一又对立的概念。当从市场获得的生产成本和交易成本变高,企业则自己生产;当从市场获得的生产成本和交易成本变低,企业则通过市场获取产品。[58] 前互联网时代的交易成本普遍高于互联网时代。因此,互联网时代的企业会更倾向于从市场中购买而非自己生产。而当越来越多的企业选择从市场购买而非自己生产之后企业的门槛就开始降低。互联网一方面让个体重新获得生产者的地位,另一方面也逐渐瓦解传统企业垂直一体化的组织模式。前互联网时代的市场主体除了生产者和消费者之外,还存在大量的中介机构(包括销售者、代理人等)。在一些传统行业中,生产者无法降低与消费者直接交易的成本,因而形成了发达的中介机构,如房屋租赁行业。而在另外一些传统行业中,生产者为了降低交易成本可以将中介机构内部化(比如传统的媒体行业、出租车行业、酒店业等),从而形成了垂直一体化的组织模式。互联网降低交易成本的优势可以让这些内部化的中介机构脱离生产者,变成外部化的中介机构。外部化的中介机构形成之后,就可以同时为多个生产者提供服务,并最终形成互联网平台。互联网平台的出现不但进一步降低了交易成本,而且也使得经济重心从生产者向互联网平台转移。[59] 分享经济的繁荣正是互联网平台突破传统企业组织模式的结果。

现代社会中的企业本可以作为国家与个体的中介性社会力量,但企业利益最大化的本性使得企业无法真正承担这种社会责任。互联网平台的繁荣预示着互联

---

[54] 参见贺来:《伦理信任与价值规范基础的转换》,载《中国社会科学》2018年第3期。

[55] See Nick Hajli, Julian Sims, Arash H. Zadeh and Marie-Odile Richard, A Social Commerce Investigation of the Role of Trust in a Social Networking Site on Purchase Intentions, *Journal of Business Research*, Vol. 71.

[56] 参见王迪、王汉生,同注[53]引文。

[57] 张康之、向玉琼:《网络空间中的政策问题建构》,载《中国社会科学》2015年第2期。

[58] See Ronald Couse, supra note [42].

[59] See Thomas Malone and Joanne Yates, Electronic Markets and Electronic Hierarchies, *Communications of the ACM*, Vol. 30.

网时代中介性社会力量的出现。由于生产者与劳动者和消费者之间不可调和的矛盾,现代社会的目的之一是降低企业对于劳动者和消费者的剥削。互联网平台的出现大大降低了企业与劳动者和消费者之间的冲突。首先,互联网平台作为中介机构改变了生产者与消费者直接交易的商业模式,让交易必须在平台的监督下进行,从而大大削弱了生产者对于消费者的剥削。其次,互联网降低了企业的门槛,使得生产者与消费者的身份互换成为可能,这又降低了劳动者对于企业的人身依附性。再次,互联网平台具有中立性,他们虽然能够控制用户,但也受制于用户。互联网平台具有交叉网络外部性的特征。[60] 为了实现自己的利益最大化,互联网平台必须最大化地平衡两边用户的利益。因此,在互联网时代平台、生产者与消费者之间形成了一种三方共赢、共同制约的良性交互机制。

(三)互联网与国家的社会共治

现代社会中的国家在进行社会治理时缺乏可资信赖的实体性中介性机制,而市场机制这个非实体性的机制又存在失灵的风险,因此现代社会中的政府经常面临经济泡沫、财政危机等系统性社会风险。[61] 互联网的出现为缓解现代政府的治理危机提供了思路。这主要表现在如下两个方面。第一,互联网可以辅助国家共建社会信用体系。互联网平台基于在线信用评价机制与第三方支付体系已经重新构建了一套信用体系。这套自创的机制产生的社会效果丝毫不亚于政府信用,甚至在参与度和时效性等方面还有所超越。此外,由于交叉网络外部性的制约,互联网平台也有完善互联网信任机制的动力。因此,在已经形成完善的互联网信任机制的行业中,国家可以逐步将构建信用机制的职能交由互联网平台来处理,而将国家职能聚焦在对互联网平台的监管上。第二,互联网除了瓦解传统企业垂直一体化的组织模式之外,也推出了一些创新性平台,提供原先只能由政府提供的公共服务。其中,共享单车平台最为典型。我国的地方政府自 2012 年起开始提供公共自行车服务来解决城市公共交通系统中的“最后一公里”问题,但始终未获得成功;而 2015 年出现的共享单车在短时间内就较好地解决了这个问题。[62] 不过共享单车平台自出现至今始终面临着缺乏盈利模式的问题[63],甚至共享单车的创始企业 OFO 已经因经营不善而退出市场。考虑到共享单车平台提供的是不具有盈利性的公共交通服务,国家应当通过各种方式与平台开展合作来解决相关问题。[64]

---

[60] 交叉网络外部性是指平台一边用户数量的增加会引发另一边用户的数量的增加。参见侯利阳、李剑:《免费模式下的互联网产业相关产品市场界定》,载《现代法学》2014 年第 6 期。

[61] 参见何秉孟:《美国金融危机与国际金融垄断资本主义》,载《中国社会科学》2010 年第 2 期。

[62] 参见郭鹏、林祥枝、黄艺、涂思明、白晓明、杨雅雯、叶林:《共享单车:互联网技术与公共服务中的协同治理》,载《公共管理学报》2017 年第 3 期。

[63] 参见周芬、胡成玉:《共享单车成本管理与盈利模式研究文献综述》,载《现代商业》2017 年第 32 期。

[64] 参见诸大建:《搞好共享单车需要理论探索》,载《文汇报》2017 年 4 月 19 日。

此外,互联网发展也为新时代中国特色社会主义建设提供了新的思路。在社会主义初级阶段我们应当坚定不移地发展市场经济,但“无论是理论还是实践,社会主义公有制与市场机制能否有效结合都是未解的难题”[65]。我国当前坚持的“以公有制为主体”和“更好发挥政府作用”也只是从市场经济发展的深度和广度上进行限制来保证社会主义发展的大方向,但这严格说来是回避了社会主义公有制与市场经济私有制的本质冲突。我国现阶段社会的主要矛盾是人民日益增长的美好生活需要和不平衡不充分的发展之间的矛盾,回避该问题确实具有时代意义,但却无法对“两个一百年”之后的社会主义的进一步发展提供指导。互联网为社会主义建设在理论上的突破提供了契机。其一,互联网自出现以来就始终坚持以用户为中心,在其后的发展中也展示了提升个体主观积极性的良好的效果。其二,互联网平台为国家与企业的冲突提供一种中介性社会力量。若运行妥当的话,互联网平台一方面可以较好地平衡生产者与消费者之间的利益,另一方面也可以协助国家提供公共服务。因此,在未来的社会主义建设中,我们完全可以借助互联网打造共建、共治、共享的社会治理格局,充分发挥互联网平台的社会管理功能,推动社会治理重心从国家向基层下移。

四、互联网法治转型的基本原则

平台在互联网的发展进程中开始对社会结构产生非常深刻的影响,并且已经展示出成为社会治理中的重要角色的趋势。未来的互联网社会必将会是国家、互联网平台、企业、社会个体所形成的四元社会结构。在互联网社会,互联网平台将会成为国家管理企业和社会个体的中介性社会机制,辅助国家来承担部分的社会管理职能。但当前的法律体系并未将互联网平台作为一种特殊的社会主体进行区别对待,而是将互联网平台简单地视为特殊行业的企业,并以此对之进行规制。因此,笔者认为互联网社会的法治转型必将是一个深入认知互联网平台社会管理能力的进程,也是一个逐步打造互联网平台的中介性社会机制职能的过程。为了顺利迎接互联网社会的来临,我们应当至少从如下四个方面重新塑造互联网平台的法律主体地位。

(一) 逐步树立互联网平台的社会管理职能

现代社会中的国家成为社会运转的核心,但这也蕴含着现代社会的种种系统性风险。互联网的最大贡献是市场自创的信任机制,这套机制已经在多个层面可以替代政府信用。第一,各个互联网平台均已根据所在行业的特征制定了自发的

[65] 刘伟:《中国经济改革对社会主义政治经济学根本性难题的突破》,载《中国社会科学》2017 年第 5 期。

行业准入规则。第二,互联网平台的信用评价机制可以较好地保证用户遵守互联网交易规则。第三,基于第三方支付体系互联网平台也具备了替代性纠纷解决的功能。因此,从长远来看国家可以充分发挥互联网平台的信用机制,逐步赋予他们一定的社会管理职能,并最终将互联网平台打造成为互联网管理平台。为了达到这个目的我们可以按照如下步骤进行改革。

第一步,建立政府监督机制,促进互联网信用体系的自我完善。互联网信用机制的建立主要依赖两个手段:在线信用评价体系与第三方支付体系。互联网平台负有保证在线信用评价体系公平、公正、公开的义务,这包括制定更为合理的评价体系、防止通过不良手段伪造评分、建立针对虚假评分的调解机制等。此外,互联网平台也必须保证第三方支付体系的顺利运行,自己或者联合第三方设置快速有效的替代性争议解决机制。[66] 在此基础之上,政府可以设置定期和不定期的评估机制,对互联网平台信用体系进行外部监督。

第二步,逐步开放市场,推动互联网经济的深入发展。迅猛发展的互联网经济已经开始与传统的线下经济产生冲突,这在受管制的行业中尤为明显。比如,网约车在我国经过一段无管制的发展之后就立刻引发了与传统巡游车的冲突。为此,我国在2016年有限度地承认了网约车的合法地位,并形成了网约车与巡游车差异化竞争的格局。[67] 但北京和上海等市以“本地户籍”和“本地车牌”作为市场准入要件的合法性被诸多学者质疑。[68] 当然,如何妥善解决传统线下行业多年以来形成的既得利益确实是一个棘手的社会问题,但从长远来看政府应当顺应互联网的发展趋势,进一步开放相关行业,推动线下经济与线上经济融合与竞争。

第三步,随着互联网信用机制的成熟以及市场的完全开放,政府可以逐步、适度地将部分公共服务职能下放给互联网平台。这其中较为重要的有两个方面。其一,政府可以将企业营业执照登记、个体执业资格证明等涉及资格审查的公共服务交由互联网平台处理。此后,政府可以组建公共服务平台,允许适格的互联网平台登录造册。其二,对于业务涉及公共服务的适格互联网平台,政府可以通过政府采购、政府补贴或者税收减免等方式予以支持。如此,一方面可以构建共治共享的社会治理格局,另一方面也可以作为优秀互联网平台的奖励机制,从而扭转现代社会中国家无中介性社会力量辅助的局面。

(二) 解除垂直一体化的传统企业责任

当互联网平台被视为中介性管理平台之后,我们就不能将互联网平台再作为

---

[66] 参见高薇:《互联网争议解决中的执行问题——从司法、私人到去中心化数字执行》,载《法商研究》2018年第6期。

[67] 参见刘振琳:《中国网约车规制政策的演变及其原因探析》,载《中国市场》2019年第25期。

[68] 参见黄锫:《共享经济中行政许可设定的合法性问题研究——以〈上海网约车新规〉为分析对象》,载《政法论丛》2017年第4期。

企业进行对待。因此,现代社会中以垂直一体化的组织模式为基础构建的传统企业责任体系也应当进行变革,从而进一步解放互联网平台,激发互联网行业的创新活力。解除互联网平台垂直一体化的企业责任要求意义深远,只有首先改革责任体系,才可以随后解决互联网与其他传统法律制度的冲突,如税收、保险等。目前,现代社会构建的传统企业责任体系与互联网平台经济模式的冲突主要表现在两个方面:一为不真正连带责任,一为劳工责任。

首先,由于经营的垂直一体化,现代社会中的企业必须承担商品从生产到销售所有环节中的责任。同时,这种传统的立法逻辑也影响着诸多外部化环节的责任体系构建,此即不真正连带责任。[69] 在不真正连带责任中,生产者和中介性机构被"拟制"为同一个市场主体承担同等的外部责任,比如生产者与销售者对产品缺陷的连带责任。互联网平台的出现瓦解了现代社会中的垂直一体化运营模式,也削弱了不真正连带责任的社会基础。不真正的连带责任假定中间责任人对最终责任人的侵权行为具有事先审查义务,因而对之施加严格责任。[70] 传统行业的中间责任人仅面临数量有限的最终责任人;但互联网行业的用户数量极为庞大,平台在技术上并不具备事先审查的可能,往往只能在侵权行为发生之后才能知晓。因此,在互联网社会我们应当改革平台的不真正连带责任,将之转化为过错责任。我国在一些互联网领域已经开始限缩不真正连带责任的实施范围。比如,在电子商务领域中将平台责任限定为"不能提供销售者或者服务者的真实名称、地址和有效联系方式"或者"明知或者应知销售者或者服务者利用其平台侵害消费者合法权益"等具有主观过错的情形。[71] 又如,在互联网媒体行业中仅要求平台在收到侵权通知后立即移除侵权内容,并只有在"未及时采取必要措施"时才承担连带责任。[72] 但在其他互联网行业中,平台不真正连带责任的解除则须在未来的立法中逐步确认。比如,对于"顺风车"业务已有学者主张平台应当只为司机的侵权行为承担过错责任。[73]

其次,劳工关系在近代社会由合同法自治。劳工关系在现代社会被细分为劳务合同关系与劳动合同关系,前者继续由私法自治,后者则由劳动法调整。这其中的主要社会变化是劳动者失去独立人格变为企业的附庸,从而需要外部化力量对之进行干预以保护其利益。互联网让生产重心发生了从企业向个体的转移,从而使得个体重新拥有了生产者的地位。因此,劳动法存在的社会基础在互联网社会也被大大弱化。此外,在互联网经济中,互联网平台与用户之间更多的是中介关

---

[69] 参见杨立新:《论不真正连带责任类型体系及规则》,载《当代法学》2012 年第 3 期。

[70] 参见李中元:《不真正连带债务理论的反思与更新》,载《法学研究》2011 年第 5 期。

[71] 参见我国《消费者权益保护法》第 44 条。

[72] 参见崔国斌:《论网络服务商版权内容过滤义务》,载《中国法学》2017 年第 2 期。

[73] 参见张新宝:《顺风车网络平台的安全保障义务与侵权责任》,载《法律适用(司法案例)》2018 年第 12 期。

系,而非传统雇佣关系;互联网经济中的用工也呈现出就业关系灵活化、工作碎片化、工作安排去组织化的特征。这些现代社会的诸多差异预示着劳动法变革的必然。对此,我们应当在互联网领域建立不同于劳务合同与劳动合同的第三类劳动规范,以此来放松劳动法对于劳动时间、工资支付、休息休假、解雇保护方面的限制,从而更好地顺应互联网的发展。[74]

(三)确立互联网平台的中立义务

有权利即有义务。我们在解放互联网平台的同时,也必须对"赢者通吃"的互联网垄断保持清醒的头脑,严防第二次产业革命后垄断企业对于市场机制破坏的再现。因此,我们在打造互联网管理平台的同时,也必须对于互联网企业滥用其市场地位谋取利益的行为进行管制。在互联网领域,除了变通地执行《反垄断法》之外[75],还应当考虑设立平台中立义务。平台中立义务的滥觞是早期普通法系国家的公共承运人制度,也即要求公共事业(如电、水、交通等)的运营人不得拒载;后在21世纪初被引入电信行业,形成网络中立义务。平台中立的起因是为大众提供公共服务的主体应当具备比其他行业从业者更高的责任感。[76] 此外,互联网时代是算法主导的年代。由于算法黑箱的存在,普通人并不能随时感知互联网平台不中立的行为。但即便在互联网发展的有限时间内,我国已经出现"魏则西事件"[77]等负面社会问题,欧盟也对谷歌公司不中立的行为处以创纪录的反垄断行政罚款。[78]

针对电信运营商的网络中立义务包含三大原则:(1) 及时披露网络服务信息,不得刻意隐瞒、扭曲或者提供虚假信息;(2) 禁止对特定用户进行封堵或者截流;(3) 禁止运营商出于商业利益需要对特定群体进行价格歧视。[79] 我们可以据此构建平台中立义务。申言之,平台中立义务至少应当包含如下三方面的内容。第一,透明度要求。平台应当向政府公布相关排名或者评分机制的算法,并接受政府监督。第二,开放性要求。平台应当向所有用户开放,不得随意拒绝用户加入或者查封账号,不得任意修改、操纵用户创造的数据。同时,平台应当建立替代性纠纷解决机制,随时接受并及时处理用户的投诉。第三,无歧视要求。平台不得在用户不知情的情况下优先推荐自营产品或者付费用户的产品。当平台进行"歧视性推荐"时必须注明相关细节。比如,搜索引擎应当显著区分自然搜索(organic search)与付费搜索(sponsored search)产生的结果。

---

[74] 参见涂永前:《应对灵活用工的劳动法制度重构》,载《中国法学》2018年第5期。

[75] 参见焦海涛:《论互联网行业反垄断执法的谦抑性——以市场支配地位滥用行为规制为中心》,载《交大法学》2013年第2期。

[76] 参见高薇:《互联网时代的公共承运人规制》,载《政法论坛》2016年第4期。

[77] 参见余瀛波:《魏则西事件的十大法律问题》,载《法制日报》2016年5月6日。

[78] Case AT. 39740, *Google Search (Shopping)*, Decision of European Commission, June 27, 2017.

[79] 参见吴亮:《网络中立管制的法律困境及其出路——以美国实践为视角》,载《环球法律评论》2015年第3期。

(四) 建设安全高效的互联网配套设施

互联网的发展离不开互联网基础设施的保障。尽管近年来我国互联网基础设施发展速度很快,但与世界其他国家相比,依然处于非常低的水平。根据世界宽带速度联盟的统计,我国 2019 年的平均网速仅为 2.69 Mbps,世界排名 152,远远低于世界平均水平的 11.03 Mbps。[80] 此外,网速提升与国民生产总值提升之间存在正相关性。[81] 因此,我们应当继续深化电信行业的改革,扩大互联网基础设施的覆盖范围、提高网速、降低电信服务价格,为互联网经济的进一步发展铺平道路。但有些学者将电信行业改革简单等同于民营化[82]还是有失偏颇的。随着互联网时代的来临,互联网基础设施已经成为整个互联网运营的承载工具,其在国家安全方面的重要性不言而喻。[83] 为此,我们应当充分发挥社会主义公有制的优势,将互联网基础设施视为社会公共服务体系的一部分,维持互联网基础设施国有化的地位,从而可以从根本上防范互联网平台的异化。在此基础之上,我们才可以在电信业务零售环节引入民间资本,打造竞争机制。

与电信基础设施相关的另外一个概念是数据安全。数据在互联网出现之前已经存在,互联网只是改变了数据的搜集和传输方式,并未改变数据本身。我国有学者认为数据是信息科技发展的产物[84],这是不准确的。自古以来,人与人的交往就是搜集和利用数据的过程;滥用个人数据侵犯隐私也并非互联网时代所特有的。但与近现代社会中个体被哲学式的抽象化不同,互联网社会中个体则是被数字式的抽象化,因此数据与人格才紧密结合起来。在近现代社会中大数据的控制者往往都是政府,而在互联网社会数据的控制者开始向互联网平台转移。这也诱发了平台能否像政府一样妥善地拥有和使用数据的疑问。我国目前主要在两个层面解决数据的负外部性问题:第一个层面是防范数据搜集和使用中产生的侵权问题;第二个层面是将重要数据视为国家战略物资,并要求必须在境内存储。[85] 我们正处于大数据的初步探索阶段,当前的主要矛盾应当是如何鼓励更多的企业参与大数据的搜集和开发,因此至少在现阶段不宜对大数据设定过多限制。不过,鉴于企业利益最大化的本性,在今后大数据的发展中政府可以逐步确定数据开发的广度和

---

[80] 参见 Worldwide Broadband Speed League 2019,载《cable. co. uk》网站,https://www.cable.co.uk/broadband/speed/worldwide-speed-league/,最后访问日期:2020 年 11 月 4 日。

[81] 学界对于二者之间的具体比例有争议,但均认可二者之间的正相关性。See Kongaut Chatchai and Bohlin Erik, Impact of Broadband Speed on Economic Outputs: An Empirical Study of OECD Countries, *Economics and Business Review*, Vol. 3.

[82] 参见何源:《垄断与自由间的公用事业法制革新:以电信业为例》,载《中外法学》2016 年第 4 期。

[83] 参见陈越峰:《关键信息基础设施保护的合作治理》,载《法学研究》2018 年第 6 期。

[84] 参见梅夏英:《数据的法律属性及其民法定位》,载《中国社会科学》2016 年第 9 期。

[85] 参见我国《网络安全法》。

深度,并择机以负面清单的形式进行限制,即明确哪些数据不能被搜集以及哪些领域不能被大数据商业开发。

五、余　论

“互联网+”的迅猛发展势头预示着未来世界的万物互联。简言之,所有的人和物都可以被数字化并通过互联网进行信息的交互。互联网的发展以及在此基础上的大数据以及人工智能的推进将会使得人类社会进入无所不知且又无所不能的信息年代。互联网的出现赋予了我们领先的契机。今后,我们应当在继续发扬当前优势的基础之上,着力打造互联网时代的法治转型,在政治、经济、社会、文化等方面解除互联网行业的后顾之忧,从而早日实现中华民族伟大复兴的中国梦。

数字经济时代数据竞争反垄断问题探究

丁国峰*

摘要：随着数字经济的不断发展，数据的经济价值和市场竞争地位也受到越来越多的关注。数据在推动经济发展的同时，也引发了诸多竞争法问题，当下数据不正当竞争行为已经受到执法和司法实务的广泛关注，但数据相关的垄断行为规制目前仍处于薄弱环节。基于数据以及数据权益的特殊性，数据垄断问题的探索应当关注到数据与信息的表里关系、数据的生产要素地位和私人物品属性，进而准确把握企业数据权益的产权化方向以及数据与竞争的关系。在此基础上，应当注意应对潜在的跨界竞争、优势传导、数据集中、抄袭式开发、优势滥用、数据控制权争夺等反垄断问题。同时，反垄断执法监管的基本态度和重点方向也应在包容审慎原则的基础上有所拓展，以发展和动态的眼光全程参与并维护数据公平竞争的市场秩序。

关键词：数据经济　数据竞争　数据优势　数据集中　反垄断

一、引　　言

随着科技与互联网经济的不断发展，数字经济时代已拉开帷幕，数据在经济发展中的重要地位和推动性作用越来越受到推崇。据有关数据显示，在 2019 年我国数字经济规模已经达到 35.8 万亿元，占 GDP 比重达到 36.2%，其中名义增长 15.6%。① 各大平台企业也都在数据获取、数据开发、数据分享等活动中投入更多的资源，以获取更多的数据资源并攫取更多的经济利益，数据经济问题已成为市场发展

---

* 丁国峰，安徽大学法学院教授，博士生导师。

① 参见中国信息通信研究院：《中国数字经济发展白皮书（2020 年）》，载中国信通院网站，http://www.caict.ac.cn/kxyj/qwfb/bps/202007/P020200703318256637020.pdf，最后访问日期：2020 年 8 月 3 日。

中的热门话题。数字经济在不断改变着中国经济和世界经济的发展,而且发挥着越来越重要的作用。因此,如何提升数据的开发和利用效率是促进数字经济以及整体经济发展的重要问题,也是社会各界讨论较多的一个问题。

同时,数字经济迅猛发展也引发消费者个人信息保护、数据不正当竞争、数据控制权争夺、数据垄断等问题。当下,对数据不正当竞争行为的规制已得到理论和学术界的关注、认可,即企业的数据获取、共享及利用行为应当遵从商业道德、公序良俗等,不得未经允许随意爬取、不正当使用其他企业的数据。但是,对数据垄断行为的规制却存在较大争议。一方面,因数据本身的公共物品属性,以及数据对企业竞争的影响关系及逻辑的特殊性,数据垄断行为的存在与否仍存在质疑;另一方面,在情势不清晰的情况下,我国《反垄断法》是否以及如何进行规制也存在较大疑问,《反垄断法》在数据竞争中的功能定位也并不明确。然而,随着数字经济不断壮大,数字经济在市场经济中的比重不断提升,数据在经济发展以及企业竞争中的地位越来越重要,数据的聚集化现象也逐渐浮现。依托数据而实施的企业竞争策略,以及企业之间的数据控制权争夺现象,都不断挑战着竞争法的规制框架。而且,数据经济价值的日益凸显,也意味着市场主体围绕数据的封锁与获取、保护与使用的竞争纠纷将日趋激烈,市场主体对于数据的不正当竞争行为和垄断行为将不断涌现。② 当前,数据资源的权属问题缺乏明确的法律规定。对于数据资源商业化开发过程中,信息提供主体、数据采集主体、数据产品开发主体相互间权利边界应如何划分,以及由此延伸出来的数据资源商业化开发行为正当性应如何判断,已成为审判机关审理涉数据资源侵权纠纷案件需要面对的难点问题。在此背景下数据及其权益的竞争法意义应当被重新审视,对企业数据行为的市场竞争影响及其规制也应当进行更加全面客观的评估;《反垄断法》应当保有其基本适度的介入空间,在企业利用数据寻求垄断或滥用其数据支配地位时,仍应发挥其维护市场竞争秩序的重要作用。

2017年6月6日,日本公平贸易委员会公平竞争研究中心发布了《数据与竞争政策研究报告书》(以下简称《报告书》),该《报告书》是基于公平贸易委员会公平竞争研究中心内设立的竞争政策数据研究小组六次会议的讨论情况而编写的,目的是为公平贸易委员会今后的政策制定与法律执行提供参考。在该份《报告书》中,明确了运用《竞争法》(日本称之为《独占禁止法》)对“数据垄断”行为进行规制的主要原则和判断标准。③

首先,明确了数据产业适用《竞争法》的基本原则,包括市场新进入者在内的所有规模以及所有行业的经营者,均不得采用不正当手段收集数据,或者对数据进

② 参见李安:《人工智能时代数据竞争行为的法律边界》,载《科技与法律》2019年第1期。

③ Act against Restraints of Competition (Competition Act-GWB) (Ninth edition)-Chapter 2, § 18 Market Dominance (2a) The assumption of a market shall not be invalidated by the fact that a good or service is provided free of charge.

行不当垄断,妨碍正常数据市场竞争的行为;其次在考察现实已经发生的数据垄断行为后,认为竞争政策、竞争法应该充分考虑数据特征即数据产业发展的特点,在此基础上具体分析行为对数据市场整体的竞争秩序、数据市场新进入者壁垒、中小企业的公平竞争权利以及最终消费者权益的影响程度,综合平衡在促进数据充分利用、自由交易的同时,保障其他市场参与者的合法权利。最后,通过对数据垄断行为的违法要件和判断标准的分析,认为在大量数据和解析技术等高度集中于部分经营者的现实之下,如果对竞争产生阻碍,且最终导致其他经营者和消费者利益受损,则有必要根据竞争法对数据垄断行为进行规制,并发挥法律应有的调节和规制作用。④

发展大数据是我国的国家发展战略,如何为数据产业打造有保障可预期的司法营商环境,司法实践需积极探索创设相关规则。在司法政策的把握上,既要鼓励网络数据信息的流通传播,也要防止个人信息的不当披露;既要考虑有利于数据产业的发展,赋予网络运营者相应的权利,也要适当增加网络运营者保护个人信息权的义务。2018 年终审判决的安徽美景信息科技有限公司与淘宝(中国)软件有限公司不正当竞争案作为大数据背景下的新型案件,为如何审理数据资源侵权纠纷提供了思路。该案判决首次为构建数据资源权属规则、厘清各类数据资源权利边界及其司法保护路径提供了有益的启示,为相关立法的完善提供了可借鉴的司法例证,对于数据产业行业规则的建立也将起到规范与指引作用。该案涉及了网络运营者在数字经济发展中所面临的三个基本法律问题:一是关于网络运营者收集并使用网络用户信息行为之正当性的判断;二是关于网络运营者对其所投入市场的网络大数据产品是否享有法定权益;三是被诉侵权行为是否构成不正当竞争行为。⑤

诚如西方反垄断领域的研究者所言,竞争一直既是上帝又是魔鬼。一方面,价格竞争推动经济进步与财富积累;另一方面,价格垄断又不断冲击人工智能时代的市场竞争秩序。⑥ 本文将以数据与竞争的关系为出发点探究数字经济时代数据竞争反垄断问题,以菜鸟裹裹和顺丰数据之争为例说明数据驱动与创新导向下的新型垄断行为比技术垄断更难突破,容易形成信息孤岛,因此数据经济时代下,数据

---

④ Act against Restraints of Competition(Competition Act-GWB(Ninth edition)-Chapter 2, § 18 Market Dominance(3a) In particular in the case of multi-sided markets and networks, in assessing the market position of an undertaking account shall also be taken of: 1. direct and indirect network effects, 2. the parallel use of services from different providers and the switching costs for users, 3. the undertaking's economies of scale arising in connection with network effects, 4. the undertaking's access to data relevant for competition, 5. innovation-driven competitive pressure.

⑤ 参见张建文:《网络大数据产品的法律本质及其法律保护——兼评美景公司与淘宝公司不正当竞争纠纷案》,载《苏州大学学报》2020 年第 1 期。

⑥ 〔美〕戴维 · J. 格伯尔:《二十世纪欧洲的法律与竞争:捍卫普罗米修斯》,冯克利、魏志梅译,中国社会科学出版社 2004 年版,第 1 页。

垄断行为更具有隐蔽性和其他特殊性。企业滥用市场优势争夺数据的控制权依法应受到反垄断法的规制。基于此提出了相关建议来改进立法和优化执法机构配置,执法机构需要智慧执法,加强专业性人才配置,才能更好地规制大数据市场的各类垄断行为。

二、数据与竞争的关系

(一) 企业数据权益的基本特性

在数字经济下,数据的经济价值和生产要素地位越来越受到重视,数据在企业的生产运营及市场竞争中的作用也越来越大,这与数据背后隐藏的信息价值紧密相关。此外,尽管数据在使用上具有公共物品的特征,而且基于数据流动性和鼓励创新的考量,数据公共物品属性是必然存在的,但对数据创造投入的鼓励必然要求数据资源及其收益具有相当程度上的专属性,由此企业数据权益的产权化势在必行。

企业的数据权益的定性适宜采取物权说,因为物权说最能体现企业数据权益的根本特征,也比较符合数字经济发展的基本规律,但同时该学说仍需进行一定的修正,妥善处理好外部限制的定性问题以及其与企业数据权益之间的关系。具体而言,企业数据权益在基本性质上定位为物权中的财产权,具有物权的占有、使用、收益、处分等基本权能,但是这些基本权能的具体内容存在客观限制。从数据权益产生的角度看,企业的数据权益产生于其与消费者之间的数据许可使用协议,通过合同授予企业使用消费者的个人信息数据及浏览、使用数据的权利,同时对企业的获取行为、使用行为及数据共享约定一定的限制。企业与消费者直接的许可协议系债权行为,实现的是基于合同的双方约束,合同的内容系物权的变动;而消费者主动输入个人信息数据的行为以及企业就消费者的浏览和使用的数据的记录行为,则是消费者数据物权变动的物权行为,物权行为的内容是将数据有关权益许可给企业,并由企业享有整体上完整的数据财产权益。企业与消费者之间的物权行为与债权行为同时存在、相互独立并彼此区分,由于消费者数据权益所涉事项众多且协议规定的内容相对概括、片面,尚存在很多空白、模糊不清甚至不当的地方需要法律制度、行业惯例、法律原则等进行修正和补充。尤其是企业数据获取和共享中存在的“OPT-OUT”模式,企业相对方(消费者或其他企业)一般只能被动接受企业所制定的数据规则,而不能参与该规则的制定或变更,由此潜藏了数据持有企业的消费者权益侵害及相对优势滥用问题,企业所制定的规则的正当性及合理性也值得推敲。类似地,当下数字经济所形成的行业惯例也隐含类似问题,因为惯例的形成往往是数据持有企业作为主要的驱动力量。另外,其他企业的数据共享权对数据持有企业的限制,则是基于数字经济的发展特点,是数据流动与数据保护的平衡协调的结果,反映的是数据流动的基本要求。有效保障数据资源的顺畅流通是推动数据产业创新发展的重要前提,政府应当制定激励数据开放流通的相关政策。⑦ 当然,其他企业未经允许而获取数据的行为必须遵守数据持有企业的规则、竞争法规则、商业道德等。

(二) 数据与竞争的关系

基于数据的生产要素属性,其与市场竞争之间必然存在十分紧密的联系。百度可以通过关联程度排列网站,腾讯 QQ、抖音能推荐我们可能认识的人,淘宝能几乎准确地为我们推荐想要买的物品,数据在不同的地方让我们惊诧它的能量,但在不同的企业经营模式下,数据在生产、经营中的地位和功能及作用各有差异,因此数据的竞争意义也会各不相同,《反垄断法》的执法关注内容及接入条件、方式也应具有针对性和差异性。根据数据在企业生产和竞争中的功能差异,可以将数据的竞争作用类型分为三类:第一类情况下,企业将数据作为企业生产的产品本身或提供服务的内容,即数据的获取和提供为企业经营业务的主要内容和最终目的,因此数据本身就构成了企业竞争的直接且主要的内容。例如,电商平台服务、搜索引擎服务等。第二类情况下,企业是以数据为原材料产出数据或信息产品及服务,企业的数据分析能力和有关技术与企业所持有的数据本身共同决定企业所产出的产品或提供的服务的质量和市场竞争力,数据本身虽不能单独决定企业产出结果的质量和竞争力,但却是居于基础性地位。例如,大数据分析业务、比价服务等。第三类情况下,数据对于企业而言并不具有产品生产或提供服务的功能,而主要在企业决策和战略实施中发挥作用,使企业能够更准确、全面地理解和分析产业发展方向、消费者偏好、经济特征等,进而帮助企业做出更优的决策和战略部署,因此数据在企业市场竞争中居于辅助地位。例如,即时通信服务、线上视频服务等。显而易见,数据在前两类情形中属于企业竞争的核心内容,对于企业的发展和市场优势获取而言也具有十分关键的意义,数据可能成为行业的新型进入壁垒。而在第三类情形中,数据虽不能在企业的市场竞争中发挥直接影响作用,但也能通过辅助功能的发挥,而强化企业的市场竞争能力,进而维持和促进企业的市场优势。但需要指出的是,前述分类是建立在静态的市场体系上的,以市场上现有的行业和商业模式为基础进行分类,缺乏动态变化的视角,因此是在特定时间点上的横向分析。以时间轴为根据的纵向分析,则需进一步考虑行业和商业模式的动态变化,而变化的原因就是创新。如前所述,数据的充分流动、相互碰撞与组合有利于新产品、新商业模式等方面的创新,而创新对于旧的产品、技术和商业模式等具有替代作用,即创新在企业的市场竞争中同样发挥着巨大的促进作用。在此意义上,对数据共享的

⑦ Manyika J., Chui M., Brown B., et al., Big Data: The Next Frontier for Innovation, Competition, and Productivity, Mckinsey Digital, 2011.

抑制和阻碍,都降低了数据的流动性、数据利用的充分性以及数据之间碰撞、结合的可能性,由此也抑制了数据创新的可能性,继而削弱了数据竞争所产生的竞争推动作用。相反,促进数据共享则能够促进创新,进而使市场竞争变得更加充分、激烈,数字经济市场的发展也能够得到进一步的提升。

三、数字经济下特殊垄断问题及其规制思路

围绕市场优势的获得、维持和强化,在追求数据优势和利用数据优势的过程中,数字经济下潜藏了一些特殊的垄断问题,企业通过利用其市场优势规避竞争、控制竞争威胁,不仅扭曲了市场竞争机制,而且阻隔了创新对在位企业及现行经济结构、技术体系的革新升级作用,严重削弱了创新的竞争刺激作用以及创新激励机制。

(一)跨界竞争与优势传导

基于信息内容的相似性,数据可以被划分为若干类型,每一类型项下的数据之间相互竞争、相互替代,而信息内容的相似性则构成数据范围的特征边界。在不同企业的业务下,信息需求是多样而复杂的,可能在存在差异性的同时也存在相同性。数据的需求也是如此,不同业务虽然在经营内容和特点上存在不同,但仍会在部分数据上存在相同性,而这部分相同性源于所需信息的相同性需求,而且业务之间的相同点越多,数据需求的重合性也就越高。比如:绝大部分互联网企业都存在对消费者个人信息数据的需求;第三方点评类平台和外卖服务平台大都需要大量的商家信息、产品信息、消费者点评以及消费者偏好等数据。在此意义上,在某一业务领域具有市场优势的企业,能够利用其已经形成的数据优势向相关业务进行开拓,进而实现跨界竞争,而企业的竞争优势也产生了跨界传导的现象。在大多数反垄断法领域生产者是被规制的对象,消费者是被保护的对象,因而消费者剩余往往会成为判断垄断行为的标准。⑧ 数据只是企业生产要素的一种,因此数据优势的传导本身并不能保证企业能够在被传导产业建立具有市场优势地位的企业,判断数据优势传导的实际作用如何还需进一步探讨企业对新型业务的掌控能力。

在数字经济领域,易模仿性也是一个始终避不开的话题。由于模仿成本较低,往往一种技术、产品、服务、商业模式等的成功,就伴随着众多模仿者的跟随,类似模仿品也接踵而至,创新所带来的专属性优势和经济利益并不持久,因此企业若想长久保持市场优势状态必须不断进行创新。进言之,创新本身并不能给企业带来

---

⑧ ICN. Competition Enforcement and Consumer Welfare—Setting the Agenda, Conference May 17-20, 2011, available at https//eulawenforcement. com/wp-content/uploads/2019/01/Competition-Enforcement-and-Consumer-Welfare-Setting-the-Agenda. pdf

长久的竞争优势和市场地位,模仿能够较为轻易地打破市场竞争中的进入壁垒,致使行业的进入壁垒很低,市场竞争呈现严重的同质化。但是,在实践中,各个行业往往呈现寡头垄断的趋势,行业中往往只有一家或少数几家大型企业占据大部分市场,其他中小型企业的市场占有率和市场竞争能力则与之相差甚巨。基于网络效应和正反馈效应理论,所有互联网平台类企业基本上都具有网络效应,平台使用者的数量越多,平台的价值也就越大,平台对用户的吸引力也就越强,但是在多平台同时进行竞争的情况下,能够形成"强者恒强"的马太效应的企业并不多,只有形成相当规模(往往是很大规模)的企业才能实现自我的正反馈作用,得以不断自我强化和市场扩张,而其他企业只能在较小规模的层次上勉强度日甚至是退出市场。数据垄断比技术垄断更难突破,容易产生数字鸿沟,形成信息孤岛。

相当规模的形成也意味着企业在已有竞争中能够脱颖而出,并且拥有大量的使用者,即企业在该市场中已居于领先地位。但实际上,企业"从零开始"往往很难获取领先地位,因为用户和数据的获取和积累是一个漫长的过程,而且外部激烈竞争的存在也会产生较大的不确定性。特别是数据驱动型的企业,他们的生存和发展十分依赖于数据资源的获取和积累,企业所持有的数据资源是决定其价值的重要内容,而数据获取能力是决定企业未来发展趋势的重要标志。因此,通过数据共享和流量引入往往见效更快、成功率也更高,能够迅速突破数据规模壁垒和企业发展瓶颈问题,而且基于数据的易复制性、边际成本递减等特征,企业在新领域获取竞争优势的成本也更低,相对具有更大的成本优势。同时,作为企业数据获取方式的一种,数据输入本身也构成了企业数据获取能力的一部分,数据输出企业的数据获取能力以及其对外部数据共享所做的限制内容共同促进了数据输入企业的数据获取能力,而且在数据输入企业获得网络效应并形成相当规模前,这种数据获取方式或能力将成为数据输入企业的数据获取的主要构成。因此,数据输出企业的市场竞争优势和数据优势也能借助数据的传输而传导至数据输入企业,进而推动数据输入企业的规模壮大和市场优势形成。此外,数据输入企业在获取数据后基于关联关系很可能向数据输出企业共享其获取的数据,特别是当数据输入企业形成相当规模时,数据输入企业向数据输出企业的数据共享形成了反向的优势强化功能。需要指出的是,即使数据输入企业并不共享数据,其对数据的管控或选择性共享亦能对数据输出企业形成优势强化功能,因为数据输出企业的竞争对手的市场优势将会相对降低。

综上,在跨界竞争下,企业通过数据共享能够实现数据优势的传导效应,使企业在新行业所经营的业务能够迅速扩大并形成市场优势地位。而这种数据优势的传导具有潜在的竞争损害风险,在执法查处过程中值得执法机关关注。当数据持有企业在向数据输入企业共享数据的过程中,需要判断其对于其他与数据输入企业具有直接或潜在竞争关系的对象是否存在歧视性数据共享问题,即是否拒绝在相同条件下共享相同数量和质量的数据。如果存在这种歧视性问题,且该数据构成此类企业正常生产经营、市场竞争的必要资源，则需要进一步考察所共享的数据在相当规模的意义上是否存在竞争性数据可供替代，若不存在这种替代或替代不具有可行性，则歧视性数据共享可能会形成新的行业壁垒，涉嫌构成滥用市场支配地位的行为。相应地，如果数据输入企业获得了数据优势地位，而且缺乏相当规模意义上的竞争数据存在，则其向数据输出企业反向共享数据的行为应当受到同样的关注。另外需要强调的是，在所共享的数据具有可行的替代品时，对企业的歧视性数据共享行为的定性则应审慎对待，除非可替换数据也存在类似的歧视性共享问题，否则宜将其作为正常企业行为，即企业自由行使其对数据享有的排他性权益。

（二）数据驱动与创新导向下的新型垄断行为

在数字经济领域，创新是驱动企业发展、促进市场竞争的重要手段。根据熊彼特的“创造性破坏理论”，创新会破坏旧有的经济结构、淘汰落后的技术和生产体系，并建立起新的生产和发展体系。[⑨] 因此，创新对于在位大企业以及现行的市场结构而言具有巨大的潜在威胁和激励作用，一方面企业的当下市场优势可能随创新而被削弱，另一方面企业为了持续享有并强化竞争优势也会不断进行创新。但是，当下却存在两种十分特殊的市场现象，不少大企业意图通过企业合并和搭便车的方式，攫取中小企业的创新成果及潜在经济价值，以绕过自主创新的成本投入和不确定性问题。但是，受制于现行反垄断执法规制体系，这两类行为一直都未获得反垄断执法机关的关注，而且实践中识别上的隐蔽性和定性上的模糊性问题也阻碍了执法介入。然而，两类行为的反竞争影响确是显而易见的，市场创新和潜在竞争压力都被人为地进行了限制和隔离，创新所产生的现实和潜在市场效益也被不当损害。下文将分别分析和阐述两类行为的作用逻辑和竞争影响。

第一，数据驱动型企业并购。数据的潜在价值和市场优势强化功能为大型企业所看重，为尽早将数据及其潜在经济价值纳入控制范围，数据驱动型企业并购应运而生。此类并购往往针对的是初创型企业，这类企业尽管在短时间内并未具备现实的收益获取能力，也未形成较大的经济规模，但是却已经掌握了大量的用户和数据或者拥有创新的商业模式或技术，具有巨大的潜在经济价值，因此收购方愿意开出高价进行收购，而这种收购战略可以被称为“防御型收购”[⑩]。这种数据驱动型收购，不仅为收购方带来新的数据资源，而且还带来了新型的数据获取方式和能力，在企业财力、技术和其他有关资源的加持下，未来将可能会带来更多缺乏竞争性的数据，由此这种收购方式也隐含了未来数据的集中。在此意义上，数据驱动型

---

⑨ 参见白明、李国璋：《市场竞争与创新：熊彼特假说及其实证检验》，载《中国软科学》2006 年第 11 期。

⑩ 参见曾雄：《数据垄断相关问题的反垄断法分析思路》，载《竞争政策研究》2017 年第 6 期。

收购存在数据集中问题,而数据集中则会进一步产生数据优势地位、市场壁垒、消费者隐私保护等潜在问题。同时,这类收购也可能是基于消除潜在竞争者威胁的考虑,抑制创新及创新所带来的潜在竞争威胁,并购的目的正当性就不复存在,因而更应受到执法机关关注。

第二,抄袭式开发或反向的创新搭便车。数据具有巨大的潜在价值,而且蕴含了创新的无限可能,尤其是在数据与不同类型的数据、商业模式和技术等的结合之下,但潜在价值的识别和转化并不容易,创新本身也存在巨大的市场不确定性风险。因此,为了避免或尽量降低前述风险,数据持有企业与第三方开发者展开数据共享合作,第三方开发者可以借助数据持有企业的数据和用户资源迅速打入市场并扩大规模。而数据持有企业则会约定对第三方开发者所持有的数据享有一定权益并拥有监测和分析开发者的应用和服务的权利,而这一安排实际上为其数据侵夺和后期的抄袭式开发埋下了伏笔,比如脸书对色拉布和家庭派对的复刻行为就使其深陷抄袭式开发的争议当中。⑪ 当第三方开发者证明这一商业模式可行、存在巨大的潜在经济价值,则平台可能会采取抄袭式开发的方式进行业务拓展,同时也可能会就已有的数据共享进行限制甚至禁止,抑或是在设立数据共享协议之初就已经明确规定或隐含了类似规定内容,诸如时间限制、内容限制等条款,为企业未来抄袭式开发奠定基础。这种抄袭式开发,实际上也是反向的创新搭便车,通过数据共享吸引第三方开发者试验各种商业模式、要素组合方式、新技术、新服务等的可行性。在可行性得以证实时,数据持有企业再进行模仿,由于第三方开发者的数据和用户基础源自数据持有企业且基本掌握了开发过程及所产生的数据,加之数据持有企业具有更加雄厚的财力和技术支持,数据持有企业能够快速模仿、超越并形成相当规模和市场优势。此时,对于第三方开发者而言,除非其具有脱离数据共享并独立经营的能力,而且能够形成网络效应和正反馈效应,否则在巨大的模仿竞争压力之下,将难以应对,最终只能选择被收购或干脆退出市场。

前述两种行为都会产生竞争固化的问题,企业虽然也在积极应对创新所带来的竞争压力,但所采取的手段难言正当,都是采取不适当的手段维持或强化自身的市场优势,并且阻隔了破坏性创新者对旧市场结构和技术体系的冲击,因而也对市场机制产生扭曲的影响。尤其是第二种行为,企业与第三方开发者之间的数据共享关系及协议安排,实际上赋予了企业相对于第三方开发者的纵向不公平地位,数据共享对于第三方的数据开发而言居于基础性的重要地位,可供替代的竞争性数据也很难存在,因为此时第三方已被数据持有企业"套牢"。在市场准入比较容易的情况下,或是在高市场份额源于经营者提供了更优异的产品或具有更高的市场效率,以及市场外其他产品对经营者形成了较强竞争约束等情况下,高的市场份额

⑪ 参见陈兵:《竞争法治下平台数据共享的法理与实践——以开放平台协议及运行为考察对象》,载《江海学刊》2020 年第 1 期。

并不能直接推断出经营者拥有市场支配地位,特别是互联网环境下企业之间的竞争存在高度动态性,相关市场的边界远不像传统领域那样清晰。[12]

针对这两类行为,反垄断法的介入目的都是要恢复正常的创新竞争机制,使市场的创新激励功能正常运转,但具体规制思路仍存在不同。对于数据驱动型企业并购行为,基于数据的生产要素地位和私人物品属性,将其作为独立的合并审查条件及标准是适当的,但是应同时注意合并审查不可能关注到所有的数据驱动合并案件,且被合并企业的竞争影响更大意义上是未来的、潜在的而非现实的,因此依赖合并审查难以全面有效规制。此时,应当将规制环节向后延伸,在并购发生一段时间后,从企业的数据集中状况以及市场所受影响出发,直接依据数据集中本身进行执法规制,可以采取数据库剥离、降低数据共享要求、强制数据许可等方式降低数据集中带来的数据流动性降低和市场效率损失。针对抄袭式开发行为,应当重点规范数据开发和共享规则,抑制不公平数据开发和共享协议安排,并严格区分正常的委托开发、业务创新与抄袭式创新,严厉打击企业不正当的搭便车行为。同时,也应考虑适用滥用市场支配地位、纵向垄断协议、经营者集中审查等规定,对企业的搭便车行为、不公平协议安排等进行反垄断打击。

(三) 市场优势滥用与数据控制权争夺

基于数据的生产要素地位,数据资源的聚集相当于经济价值的聚积,能够为企业的发展提供新动力和新的经济增长点,因此数据资源的获取也成为数字经济下各个企业的关注重点。依照来源的不同,数据资源的获取途径可以分为外源式和内生式两种,前者指企业通过数据共享自其他企业获取所需要的数据,而后者则是指企业通过业务经营来主动搜集、记录和储存数据。内生式数据获取因企业业务范围而具有类型和信息内容上的局限性,即使是意图通过业务拓展来扩充企业所持有和自主获取的数据类型,也存在经济可行性和市场可行性的双重制约。因此,内生式数据获取很难满足企业多样化的需求,尤其是伴随着业务整合趋势的到来,企业所需的数据类型不断增加,外源式数据获取也成为企业获取数据的重要手段。外源式数据获取也就是前面所说的数据共享,双方基于合同和意思自治自由约定数据共享的范围、内容、期限等。《反垄断法》对滥用相对优势地位进行调整的原因在于,滥用相对优势地位的行为破坏了上游或下游市场的竞争环境,剥夺了市场主体的机会公平。同时,滥用相对优势地位与《反垄断法》上的滥用市场支配地位在表现形式上具有关联性,它们都是描述企业市场力量的状态,都是市场优势的表现形式。广义的市场支配地位包括通常意义上的相关市场支配地位和交易中的相对

---

⑫ 参见侯利阳、Félix E. Mezzanotte:《中国反垄断私人诉讼中市场支配地位推定制度的地位》,王继荣译,载王先林主编:《竞争法律与政策评论》(第二卷),上海交通大学出版社 2016 年版,第 70—91 页。

优势地位,它相当于市场优势地位。[13] 比如:淘宝购物平台通过数据共享协议,从各大快递公司获取商品物流信息,并整合至淘宝平台和支付宝、菜鸟裹裹,以方便用户及时查询快递信息,同时提升企业的综合价值。然而,在数据共享的实践中,数据需求企业虽然处于数据弱势地位,但基于其他方面的市场优势,而且可能是具有市场支配属性的优势地位,仍然能够使其处于相对的优势地位,继而反过来夺取数据持有企业的数据控制权并用以强化自身的数据优势和企业综合市场优势、整体价值,由此也产生了垄断问题。

在纵向意义上,一般而言,企业的市场优势都是指其所经营的业务在市场竞争中的有利态势,通常指企业销售的商品或服务的市场优势,比如:电商平台的电商辅助服务、华为公司的手机产品、科研公司的知识产权授权或转让(以研发和知识产权授权、转让为经营业务的公司)等。除此之外,企业的市场优势还可源于其生产要素上的优势,即其对稀缺资源的控制,比如数据优势、知识产权优势(知识产权构成企业产品、服务业务的基础条件和要素)。企业的市场优势可能源于前述内容中的一种或多种,而无论是哪种优势都能赋予企业相对于弱势方的权利,弱势方在缺乏力量抗衡的情况下只能被动接受。在企业之间进行优势比较时,通常在同一类优势下容易得出哪一企业更优的结论,当企业的各自优势并不局限于单一类别时,企业优势的比较则较为复杂,通常要比较和分析各类优势组合下的综合市场优势。

以淘宝平台和快递企业为例,作为产业链中的上游,淘宝在电商平台行业占据市场优势地位,而下游的快递企业则具有数据优势,但因快递运输服务行业中相当的竞争对手数量众多,各大快递公司都并不占据市场优势地位。在快递业务主要依赖于电子商务的情况下,淘宝对于快递企业而言难以替代且不可或缺;而对于淘宝而言快递企业则存在较大的选择空间,即淘宝所需求的数据存在较多的可替代竞争者。因此,淘宝相对于快递企业而言具有市场优势,而快递企业在业务的依赖性和企业联盟缺失的情况下并无能力与之对抗,在淘宝提出不公平的数据共享要求时,快递企业往往只能被迫接受,否则淘宝将采取手段把快递企业从商家合作范围内移除。但是,若快递企业与淘宝之间不具有强依赖关系而且有能力对抗则情况大不相同,比如 2017 年发生的菜鸟和顺丰数据之争,最终演变为淘宝甚至阿里系和顺丰之间的争斗,淘宝等阿里系平台将顺丰从物流选项中移除并封杀了第三方平台接口,而争议的结束则是两企业在国家邮政局居中调和下恢复了业务合作和数据传输。[14] 其中,顺丰之所以能“硬扛”,是因为顺丰在生鲜以及电子产品运输

---

[13] 参见郭学兰、昆波拉提:《相对优势地位理论的反垄断法适用研究》,知识产权出版社 2016 年版,第 32 页。

[14] 温婧:《菜鸟顺丰之争:京东、美团、网易、腾讯全都支持顺丰》,载中国经济网,http://m.ce.cn/cj/gd/201706/03/t20170603_23405238.shtml,最后访问日期:2020 年 8 月 3 日。

等方面享有优势，生鲜电商包括天猫平台上的生鲜产品商对顺丰高品质的物流服务都有一定的依赖性，菜鸟很难在短时期内找到一家可以替代或者很难在短时期内组建一支运送服务可以媲美顺丰的物流队伍，且这一过程也存在着天猫平台上某些生鲜产品商户因此转向其他电商平台的风险。[15] 而且顺丰的电商快递件所占业务收入并不多，因此淘宝的电商平台优势地位及其封杀手段并不具有足够的威胁。但值得注意的是，基于淘宝在电商平台行业的市场优势地位及其对顺丰采取的封锁行为，能够看出淘宝已作出优势地位滥用行为及其行为所造成的潜在市场竞争损害，只是顺丰具有足够的能力与之抗衡，在国家邮政局的介入和调停后并未产生实际的严重后果，但不影响行为的定性问题。菜鸟与顺丰开战，遭殃的却是公众，他们是数据的提供者，这些数据的去向关系到他们的信息安全以及由此引发的一系列安全问题，但这些问题在这次事件中却没有引起足够的关注和重视。数据分享涉及用户数据安全方面的问题，具体还包括共享过程中数据是否会被盗用和篡改，隐私是否会被侵犯，用户数据的使用范围和透明性如何保证，用户如何收回对数据共享的授权，如何确保授权被收回后数据被共享方真正永久删除，客户在共享数据的隐私和安全受损后如何补救等问题，在这些问题不能得到很好的解决之前，数据分享会让消费者利益受到极大的潜在威胁。

企业之间的数据争夺，不仅是当下数据及其内含信息的共享、传输，在更深层次上隐含了数据获取能力和方式的共享，而这种共享往往是单方面且不平等的。换言之，企业之间的数据共享演变成了数据控制权的争夺，而背后则是经济利益之争。在这一过程中，常常会涉及企业优势地位滥用、不当数据集中等问题，反垄断执法尤其需要关注这些问题。尤其是企业之间的市场优势滥用问题，因为在市场优势地位的作用下，基于数据控制权的争夺，企业之间不再是平等、自愿的相互合作关系，而是一家独大的不平等关系，市场竞争机制将受到严重损害。同时，在位企业利用市场优势地位获取数据上的优势，实际上也存在优势传导的问题，只是传导的方向和方式与前面的有所不同。此外，需要再次强调的是，无论优势方的滥用行为是否实际产生竞争损害的后果，其滥用行为均应得到规制，应坚持以行为而非结果为导向。在实际执法规制的过程中，应当重点关注企业之间数据共享协议的公平性问题，并结合双方的依赖关系和优势地位滥用问题进行综合考虑，避免企业利用其他方面的市场优势谋求数据优势，将其他方面的市场优势传导至数据领域。

（四）规制数据竞争行为的举措

1. 立法中明确数据竞争中的垄断行为和限制竞争行为的界限范围

目前，我国数字经济发展迅速，但与数据权益以及数据竞争有关的法律问题仍

---

[15] 黄思倩：《数据分享的反垄断法规制——以菜鸟顺丰大战事件为分析样本》，西南政法大学2018年硕士学位论文，第24页。

存在很大的立法空白,当前的立法体系并不能准确、有效地应对实践问题。因此,面临实践中频繁复杂的数据共享和竞争争议,只能寻求司法机关以及有关执法部门发挥主观能动优势进行灵活处理。但同时,由于这一块可供比照、参考的法律规定不多且原则性、模糊性较大,理论研究也未能形成统一、体系化的意见,司法机关以及有关执法部门不仅面临较大的决策困难,而且所形成的裁判或执法决定往往会成为数字经济领域的权威性规则,可能引起巨大的争议,由此司法裁判和执法介入都趋于审慎和保守,尽量避免在情势不太明朗的情况下对市场产生不适当的诱导。垄断协议成立的前提是排除、限制竞争,现行民事诉讼法律制度还未针对民事诉讼做出具体的举证责任的安排,因此仍需遵循谁主张谁举证的举证分配责任原则。在对限制最低转售价格行为性质的分析判断中,相关市场竞争是否充分、被告市场地位是否强大、被告实施限制最低转售价格的动机和竞争效果是最重要的裁量根据。目前主要证据均是围绕垄断协议的达成和实施来收集和证明的。德国和欧盟相关条例均以限制竞争目的和效果为前提,所谓限制竞争目的,非指当事人主观之意图,而是由该等协议客观表现之形式或属性表现。数据竞争中的垄断行为难以界定,将成为司法者在司法实务中处理案件的一个难题。近些年来,数据不正当竞争相关的执法和司法案件频发,但是数据垄断相关的司法和执法监管案例则尚未出现。然而基于数据的生产要素地位和私人物品属性,企业利用数据实施的垄断行为存在现实可能性,特别是在数字经济向全行业深入和升级的过程中,数据资源的经济价值和要素地位将不断受到人们的重视,数据竞争的有关问题也将会日益凸显。而且,国外 Facebook/WhatsApp 合并案、谷歌/双击并购案、海库诉领英数据封锁案等产生的数据垄断争议,已经揭示出数据垄断的存在及其规制的现实性和必要性。合理原则和本身违法原则确定反垄断法禁止的是不合理的排除、限制竞争的垄断协议,这样可以给案件带来合理和稳定的预期,提高执法或司法效率。此外,需要指出的是,现下我国许多大型企业都在进行着数字经济有关的战略布局,对数据资源控制权的争夺也在同时展开,因此围绕数据资源共享而实施的市场优势滥用行为已然产生,由此产生的数据资源的集中也很有可能演变成接下来的数据垄断。

2. 审慎地运用反垄断监管

反垄断执法介入并不能仅仅基于垄断行为或市场竞争损害的可能性,因此就我国目前的国情来看包容审慎原则仍应是数据经济领域反垄断执法的主基调。在其垄断行为还不具有现实性或紧迫威胁的情况下,反垄断主管部门及其执法机构不应过早介入,而应持续跟进、审慎分析企业行为是否存在排除或限制竞争的影响因素,注重发挥市场机制的自发调节作用,避免过度行政干预产生不当的市场替代的消极影响。但是对于已经具体查明的垄断行为,比如前述的滥用市场优势地位争夺数据控制权、基于数据优势地位实施歧视性共享等行为,反垄断执法机构也应及时进行执法查处,确立企业竞争行为边界和垄断行为禁区,并规范市场竞争秩序。首先,拒绝交易大数据行为可能带来严重的竞争损害与效率损害,也不利于保护消费者利益与公共利益,因此与反垄断法的价值目标存在冲突,有必要采取反垄断方法规制该行为。其次,尽管大数据具有不同于一般商品和知识产权的特点,但是有关“拒绝交易”的一般反垄断分析方法依然有效和适用。实践中判断拒绝交易大数据行为是否违法,一方面需要判断在何种情况下大数据构成“必要设施”,另一方面需要重视考察当事人的垄断意图,以减轻不当行政或司法干预的影响。[16]需要强调的是,执法机关一定要牢牢把握“保护竞争而非竞争者”这一基本规则,严格区分企业利益与公共利益、集体利益与公共利益,审慎判断并决定反垄断执法的介入。此外,执法机关可以重点关注具有准基础设施的大型平台企业,而对于其他的中小型平台企业则可以放松监管,以提高执法工作的效率。

另外,包容审慎原则是在情势不清晰、不明朗情形下的最佳选择,留给企业和市场更多的时间去发展和检验。但市场情势不可能永远模糊、混沌下去,反垄断执法也应在数据经济企业限制竞争行为情势明朗时及时介入,以有效抑制垄断行为及其所产生的损害市场竞争的后果。在此意义上,包容审慎原则实际上也隐含了执法规制的后移,反垄断执法机构并非要放弃执法,而是将执法查处前的事先调查和分析过程拉长,将执法查处的时机向后移至更为合适的情势下,即先采取宽松的执法态度鼓励企业参与数据共享和创新活动,在实际产生市场竞争损害时再对不当行为收紧执法,甚至严格执法。因此,在审慎包容原则的基础上,反垄断执法机构还应保有乐观、发展、动态的态度,在将执法介入的时间点后置的同时,仍应继续关注争议行为的发展和变化,以始终保证反垄断执法机构能以适当的方式全程参与。

3. 强化人才队伍建设并优化执法机构

国家需要建立更完善的执法系统从根源上防治大数据下的新型垄断行为,引进智慧执法的理念和方式,在做到执法必严、违法必究的同时也要符合比例原则。人才是保障各项法律制度有效运行的基石,数字经济时代下大数据、物联网、人工智能等层出不穷,给司法执法的工作人员及法律服务从业人员带来了挑战,需要他们不断更新知识库,加强对知识的学习和运用的能力。在数据竞争方面的反垄断执法如果缺乏专业知识和技能进行指导,很可能没有办法准确切中问题的要害。判断是否存在数据不正当竞争、数据控制权争夺、数据垄断和监督垄断企业执行相关规定、识别市场壁垒等,都需要有专业人员的知识储备来支撑。未来《反垄断法》定然会明确执法部门的分工,并且会配备具备专业知识技能的反垄断执法团队。因此,复合型、创新型人才队伍的建设便迫在眉睫。

---

⑯ 参见付雅欣:《大数据背景下拒绝交易行为的反垄断规制》,载《新经济》2020年第8期。

四、结　语

透过大数据对市场影响的分析可以看出,大数据为企业快速升级转型提供了便利,为信息产业创造了持续增长的新态势,能够为企业的发展提供新动力和新的经济增长点。但是数字经济时代大数据使用不当也会带来垄断行为的风险,如通过垄断协议等形成垄断地位,滥用市场优势地位争夺数据的控制权,这些限制、排除竞争的行为损害了市场竞争秩序。我国虽然制定了《反垄断法》,对垄断协议、滥用市场支配地位和排除、限制竞争等行为进行了反垄断规制,在一定范围内广泛适用并取得了较好效果,但对于大数据信息产业这种比较新兴的市场,《反垄断法》的具体实施细则还没有出台。数字经济还在迅速发展中,数据分享和数据垄断在竞争法和反垄断法上可能带来的问题还没有完全显露。《反垄断法》要恢复正常的创新机制和竞争机制,使市场的创新激励功能正常运转,防止企业滥用市场优势地位来争夺数据的控制权,执法机构应配备专业知识技能的人才队伍,智慧执法,以包容审慎为原则,抓大放小,提高执法效率,以发展和动态的眼光全程参与并维护数据公平竞争的市场秩序。这样才能建立更加完善的法律制度和解决数字经济时代的数据竞争问题。

巨型平台企业双轮垄断的生成机理、规制困境与未来改进

段宏磊*

摘要:互联网平台企业经营者利用其在已有互联网领域的垄断地位向外延伸,在新领域形成新的垄断力量,这被称为双轮垄断。双轮垄断与传统反垄断法理论中所描述的垄断力量的传导、延伸过程并无本质差别。但在数字经济背景下,双轮垄断呈现出明显的加速累积效应,这显著限制了数字经济领域的竞争活力,进而威胁互联网创新创业,也将侵袭互联网消费者的合法权益,有必要予以规制,继而防止资本无序扩张。传统的反垄断方法论在应对巨型平台企业双轮垄断问题时,既存在市场支配地位认定之困境,又具有滥用市场支配地位行为甄别之困境。据此,应当适度调适反垄断方法论,使其更加适应数字经济的时代要求,在市场支配地位判定方面,应当引入"数据基数"与"互联网必要设施"标准;在违法行为规制方面,则要更多地适用公共管制工具规制平台企业的竞争行为。

关键词:平台企业　双轮垄断　杠杆理论　数字经济　反垄断法

近年来,我国数字经济蓬勃发展,互联网平台企业发展规模迅速扩大,以百度、阿里巴巴、腾讯为代表的巨型平台企业凭借着在互联网市场中"先到先得"的优势,不仅在平台基础业务市场维持着稳定的话语权,同时也借助着海量的数据资源积极向其他市场领域拓展业务,试图将在基础业务市场的垄断势力延伸至其他市场。这一现象被学界形象地称为"双轮垄断",即"利用基础服务能力形成的流量优势、数据集中优势等,通过运用'杠杆',推动其垄断地位延伸到其他领域,从而在

---

* 段宏磊,湖北经济学院法学院副教授,湖北省行政复议研究院常务副院长。
中央财经大学法学院 2021 级硕士研究生蒋楷郁同学对此文的撰写亦有贡献。

多个新领域形成第二轮垄断”①。

双轮垄断现象令互联网巨型平台企业呈现出无序扩张的情势,这日渐被视为对数字经济领域的竞争活力、消费者保护乃至社会公共利益等层面的潜在威胁。在这一背景下,2020 年 12 月 11 日召开的中共中央政治局会议明确提出要“强化反垄断和防止资本无序扩张”,这被视为我国未来将在互联网反垄断领域有所突破的信号。在此后的 12 月 14 日,市场监管总局发布了就阿里巴巴投资收购银泰商业、腾讯控股企业阅文收购新丽传媒、丰巢网络收购中邮智递三起未依法申报案件的处罚情况。② 这一现象表明,巨型平台企业的垄断行为将在未来受到执法部门更多的关注。在这一背景下,有必要对数字经济背景下平台企业双轮垄断的生成机理、规制困境与未来反垄断法的制度改进进行系统探讨,从而为未来我国互联网领域反垄断执法的突破和改进提供智识参考。

一、双轮垄断的生成机理:杠杆理论的“老调重弹”

(一) 双轮垄断的“前身”:被遗忘的杠杆理论

双轮垄断描述了数字经济领域中的这么一种现象:经营者利用其在已有互联网领域的垄断地位向外延伸,在新领域形成新的垄断力量;由于数字经济“先到先得”与“赢者通吃”的产业发展特征,巨型平台经营者在新领域的垄断力量呈现出“加速累积”的效应。③ 吸引“消费者注意”是从事消费业务的平台在经营中最为关注的内容,而在数字经济时代,对“数据”的分析、利用已成为锁定“消费者注意”的重要工具。“通过集中数据和消费者注意力,大型平台将能够将其垄断能力向多个垄断市场延伸”,这也成为双轮垄断现象在市场中实践的一般逻辑。相较于传统工业经济中经济体垄断势力的形成,平台经济在双轮垄断过程中的动机、动力、方式都存在特殊性,不仅在大多数扩张中呈现出略显被动的防御型杠杆,也利用已有数据形成了效用更为显著的垄断动力,并在具体行为方式上突破了价格竞争这一传统方式,呈现出以初始垄断阶段累积的经济优势、数据优势为基础,新型的算法限制型手段与传统“杀手收购”“价格竞争”等竞争手段并用,在新领域中加速累积竞争优势的第二轮垄断趋势。超级平台的双轮垄断正让秉持传统工业经济逻辑的反垄断监管无所适从,若对这一垄断趋势不加管控,将有可能产生抑制市场创新创业

---

① 参见李勇坚、夏杰长:《数字经济背景下超级平台双轮垄断的潜在风险与防范策略》,载《改革》2020 年第 8 期。

② 参见蔡恩泽:《反垄断剑指资本无序扩张》,载《中国审计报》2020 年 12 月 21 日。

③ 参见段宏磊:《应重视互联网平台企业“双轮垄断”加速累积效应》,载《第一财经》网站,https://www.yicai.com/news/100837079.html,最后访问日期:2021 年 1 月 10 日。

活力、侵蚀消费者福利、威胁数据安全等有损社会公共利益的危害。④

在数字经济迅捷发展的背景下，双轮垄断确实在反垄断法学术研究中风靡一时。但公允地说，双轮垄断所描述的竞争现象却并不是一个新问题，它甚至陈旧到快为反垄断学界所“遗忘”了。双轮垄断所描述的现象并非数字竞争环境所独有，甚至不是一个新现象，在反垄断理论与制度创制早期即有“杠杆理论”对此予以描述和规制。而在互联网平台企业崛起之前，反垄断领域的“杠杆理论”实际上已是一个行将就木的理论。

（二）美国反垄断实践中的杠杆理论回顾

杠杆理论最初被用于分析搭售行为的反竞争性，用于证明企业垄断势力在不同市场间传导的可能性，如若经营者已经在某一市场上取得了垄断地位，该经营者将可以借助搭售这一行为，将其在前一市场上获得的垄断势力传导至搭售商品所在的第二市场，从而不合理地获得后一市场的垄断力量。⑤ 后来，杠杆理论被日渐延伸应用至经营者集中案件中，旨在防止经营者将其优势地位从一个经济领域“传导”至其他经济领域。在20世纪60年代，以大法官沃伦为代表时期的美国法院在处理反垄断案件，尤其是并购案件时曾多次援引这一理论，其基于法律现实主义的立场，将杠杆理论的适用从纵向关系中的捆绑行为扩展至横向并购之中，目的在于遏制并购。杠杆理论的核心强调垄断势力的“传导性”，在前一个市场中具有垄断势力的主体，在并购之后可以便捷地将其在前一个市场中积累的资金、技术等要素优势，通过“并购”行为传导至其他市场，并迅速建立起优势的市场地位，从而可能对后一市场的竞争产生不利影响。沃伦法官正是在此理论的基础之上叫停了多起并购案件，其裁判理据大多基于“贸易者的自由”“有道德的竞争”等观念，很少考察市场结构对竞争者的影响。⑥ 整体而言，在杠杆理论兴盛的时期，“反垄断执法还未全面引入经济分析，对市场竞争的分析渗透了更多的公正、平等观念，不重视企业的规模经济效应、反感大企业，对企业垄断力量的延伸、传导更为排斥。”⑦

进入20世纪80年代后，伴随芝加哥学派对美国反垄断实践的影响加深，杠杆理论却受到了芝加哥学派的强烈抨击。与哈佛学派要求政府实施严格的企业合并控制的观点相反，芝加哥学派非常信赖市场机制，其竞争理论并不承认在市场结构、市场行为和市场运行结果之间存在某种联系，而信奉企业规模与企业效率之间

---

④ 参见李勇坚、夏杰长，同注①引文。与之相类似的分析，亦可参见尹锋林、王晓卉：《双轮垄断的成因、影响与规制》，载《检察风云》网站，http://www.sh.jcy.gov.cn/jcfy/gdgc/64613.jhtml，最后访问日期：2020年1月10日。

⑤ See Ward S. Bowman Jr., Tying Arrangements and the Leverage Problem, *Yale L. J.*, Vol. 67.

⑥ 参见邓峰：《传导、杠杆与中国反垄断法的定位——以可口可乐并购汇源反垄断法审查案为例》，载《中国法学》2011年第1期。

⑦ 段宏磊，同注③引文。

存在着正相关联系,因而反对政府对企业合并进行过分干预。[⑧] 芝加哥学派认为,杠杆理论在市场行为性质认定上的适用并不恰当,尤其是利用该理论对于垄断势力在不同市场之间的"传导"性的论证过于武断,反垄断司法实践对市场主体市场行为的分析需要考量行为的最终经济效益,而非一味被法官个人的公平、正义等抽象的思想观念裹挟。在受到芝加哥学派的猛烈抨击后,杠杆理论的适用式微,已不再是一个主流反垄断理论。[⑨]

(三) 杠杆理论在中国

在我国,在《反垄断法》甫一实施的 2008 年,商务部审查可口可乐收购汇源案中,也曾援引过杠杆理论。彼时商务部认为,如果收购成功,"可口可乐公司有能力将其在碳酸软饮料市场上的支配地位传导到果汁饮料市场,对现有果汁饮料企业产生排除、限制竞争效果,进而损害饮料消费者的合法权益。""集中完成后,可口可乐公司通过控制'美汁源'和'汇源'两个知名果汁品牌,对果汁市场控制力将明显增强,加之其在碳酸饮料市场已有的支配地位以及相应的传导效应,集中将使潜在竞争对手进入果汁饮料市场的障碍明显提高。"[⑩]这一认定结果在学界遭受了广泛批评,主要的批评意见集中于本案十分粗糙、单薄地援引了杠杆理论中的所谓"传导"效应,论证草率、模糊。[⑪]

在此之后,伴随着我国反垄断法律制度的日臻完善,杠杆理论并未受到大范围的适用。直至 2020 年,在数字经济的反垄断法规制问题和巨型平台企业无序扩张逐渐受到关注后,杠杆理论又以"双轮垄断"的名义再度回到了我们的视野。

二、巨型平台企业双轮垄断的加速累积效应与隐忧

(一) 双轮垄断加速累积效应之表现

从发生原理上来看,双轮垄断除了载体(互联网)有所不同之外,与杠杆理论所描述的垄断力量的传导、延伸过程无任何差别。那么,既然杠杆理论已然是一个在反垄断执法实践中近乎被舍弃的分析工具,这是否意味着,对互联网平台企业双轮垄断的隐忧也是多余的?笔者对此持否定态度,这是因为,在数字经济发展背景下,巨型平台企业的双轮垄断现象呈现出明显的加速累积效应,这对数字经济的竞

⑧ 王晓晔:《反垄断法》,法律出版社 2011 年版,第 16 页。

⑨ 邓峰,同注⑥引文。

⑩ 中华人民共和国商务部公告[2009 年]第 22 号《商务部关于禁止可口可乐公司收购中国汇源公司审查决定的公告》,载中华人民共和国商务部网站,http:fldj. mofcom. gov. cn/aarticle/ztxx/200903/20090306108494. html,最后访问日期:2021 年 1 月 10 日。

⑪ 对本案较为代表性的批评意见,可参见邓峰,同注⑥引文。或尹超:《企业合并行为之反垄断判定——可口可乐并购汇源案的理论与技术分析》,载《湘潭大学学报(哲学社会科学版)》2014 年第 4 期。

争活力产生了日渐紧迫的威胁。

互联网时代,数据扮演着平台与使用者之间、市场与市场之间的“纽带”作用。一方面,人们为了更好地实现互联网的工具作用,需要在使用过程中提供属于自己的一些数据,例如身份信息、通讯信息等,而互联网平台也正是通过对于这些数据的处理、分析,实现用户使用互联网的目的。而随着大数据技术的发展,平台对于个人信息数据的处理也更为精进,不仅能通过数据对用户进行精准的定位,提供个性化服务以满足不同特征的使用者,先一步进入市场,接触到更多用户的平台,更可以通过持续性地提供基础服务累积流量,培养使用者惯性,使用户对平台形成使用黏性。这一演进过程中,超级平台凭借着“先到先得”的优势积累了大量数据与流量,获得了初步的垄断势力。另一方面,超级平台也能够极为方便地利用自己基于本基础平台所获得的流量、数据优势发展、推广其他市场领域的业务,并在这一过程当中呈现出加速累积的效应。

所谓累积性,是指在“网络效应”的影响下,使用量广、用户基数大的平台能够极为方便地利用自己基于本基础平台所获得的流量、数据优势发展、推广其他市场领域的业务,吸引大量用户使用平台产品,并在开拓新市场的过程当中又吸引更多用户,如此反复,从而扩张平台的市场势力。而所谓加速性,则是指基于数字经济和传统工业经济发展模式的差异,互联网领域中超级平台以前述方式扩张、累积市场势力时的速度、效率要远高于传统工业经济时代。与工业经济时代相比,数字经济时代中的经营者很少需要考虑在发展到某一临界点时,因自然资源的有限性而必然面临的规模不经济,以及由此招致的边际成本上升、边际收益递减的客观问题;由于信息产品的复制和传输成本基本为零,数据经济环境下巨型平台企业的双轮垄断实施成本极低、效率极高,且可以不断累积、叠加,呈指数型加速发展,边际收益将始终保持递增状态,使其市场力量获得具有持续性和永久性,市场支配地位得以不断强化。⑫ 尤其是对用户黏性强、数据基数大、社交属性浓郁的平台而言,其加速累积效应尤甚,换言之,数据资源已成为驱动数字经济发展的关键要素。超级平台进入任意领域都能利用原平台的基础流量、数据分析形成的用户画像等资源和技术支持,大幅度降低了进入其他市场的成本,从而加快了超级平台的市场势力累积速度。

以微信为例,其在社交平台基础之上拓展的支付功能、购物功能、短视频功能等,所需要支付的成本仅仅是多增加一个功能界面,而对于这些业务所在之市场的其他经营者而言,影响却是巨大的。对于初创企业而言,如何吸引流量、获取用户数据直接关系到企业能否在市场上立足,也决定着企业下一步发展的规模与潜力。而超级平台便天然拥有海量数据,这使得其基于本平台所积累的数据优势进入其

---

⑫ 参见刘佳:《互联网产业中滥用市场支配地位法律问题研究》,人民出版社 2018 年版,第 36 页以下。

他业务领域时极为便利,很少需要再使用传统工业经济时代中的掠夺性定价等手段,避免了支付高昂的经济成本以及面临严格的经营者集中审查。显著的数据优势使得超级平台的垄断势力得以快速延伸与传递,不仅在超级平台的基础服务市场之中为其市场支配地位提供了稳定支持,也为超级平台进入其他市场并形成新一轮垄断提供了捷径。

(二) 双轮垄断加速累积效应之隐忧

从杠杆理论到双轮垄断,尽管不同时代的学术词汇均描述了一个类似的竞争状态,但由于市场业态的变化,其具体表现、社会风险完全不属于同一量级。在工业经济时代,经营者想要撬动所谓"杠杆",传导其垄断势力,需要实施一系列复杂的策略行为。一般情况下,除了具有高度互补性的产品(如打印机与墨盒、相机与胶卷)之外,并不存在真正意义上的杠杆效应。⑬ 而在数据竞争时代,对于当下的巨型平台企业来说,垄断力量的延伸、传导却可以几乎毫无技术含量,它可能仅需设计一行算法、增加一个界面、封禁一个链接,即有翻云覆雨之效。⑭ 也正是由于这种极为便利的传导垄断势力之环境,双轮垄断在当前的互联网反垄断议题中充满了隐忧与挑战。

首先,双轮垄断的加速累积效应会显著限制数字经济领域的竞争活力,进而威胁互联网创新创业。超级平台为了实现双轮垄断,在其他业务市场上传导垄断势力往往会采取两种方式:其一为平台内部开发,并借助平台庞大的数据流量优势对本平台业务进行推广;其二便是收购,即将市场上经营目标业务的企业编入麾下。在第一种方式中,平台可以凭借先期优势轻易地进入绝大部分的市场,并基于平台数据和流量优势高效率地开发和推广新服务。除此之外,平台还可以通过拒绝为平台外同类业务提供可接入的数据端口,以达到限制竞争对手的目的。比如在疫情期间,微信平台即封禁了与本公司"腾讯会议"功能相近的"飞书"业务链接。⑮ 由于用户对超级平台的使用黏性极大,超级平台的这一行为将很大程度上增加初创企业获取数据、流量的难度,提高了同类业务的市场进入壁垒。而在第二种方式中,拥有雄厚资金的超级平台经常通过"扼杀式收购"的方式减少竞争对手数量,将市场上初具规模的企业收入麾下,直接获取其既有用户群,继而在此之上加持超级平台拥有的数据资源,达到高效率拓展平台业务的目的。统计数据显示,当谷歌、脸书等大型互联网平台企业对相关领域初创型企业收购后,同一领域对初创型企业的投资下降 40%以上,而在收购行为发生后的三年内,同一领域内的交易数量

---

⑬ 参见李剑:《反垄断法中的杠杆作用——以美国法理论和实务为中心的分析》,载《环球法律评论》2007 年第 1 期。

⑭ 参见段宏磊,同注③引文。

⑮ 参见焦立坤:《微信疑似屏蔽飞书"头腾大战"为何硝烟再起》,载《中国商报》2020 年 3 月 3 日。

也下降了20%以上。[16]

其次,双轮垄断也将侵袭互联网消费者的合法权益。超级平台在实施双轮垄断的过程中可能不同程度地侵害包括知情权、自主选择权、公平交易权、隐私权在内的各项用户权利。通过不断开拓各类业务的市场,超级平台将逐步形成封闭的服务生态。例如,微信平台已从原来具有单一的社交功能,发展成为了集支付、购物、短视频、信息搜索功能为一体的综合性平台。在利用平台搜索信息时,平台可能通过算法就在搜索结果最终展示之前进行一轮内部筛选,或者是通过竞价排名的方式陈列信息,支付给平台更多推广费的其他经营者信息更有可能显示在搜索列表的靠前位置,获得消费者更多的关注;或者将与平台有利益联系的信息选择性展示给用户,而将与平台自身利益冲突的经营者信息选择性屏蔽。这一隐藏的信息筛选过程将侵犯消费者的知情权。除此之外,超级平台对于用户数据的利用还有可能侵犯用户的隐私权和公平交易权。用户在使用平台服务的过程中不可避免地需要提供有关自身的一系列信息,包括姓名、联系方式、证件号码等,这些信息是用户获得目标服务所必需的,同时也构成了平台的重要资源。但近年来平台未经授权使用、分析用户信息数据的事情却常有发生,例如脸书收集整合用户在其他设备上生成的个人数据行为、亚马逊使用其欧洲独立零售商相关数据的行为等。[17]平台如若不能保证用户的个人信息安全,将有可能侵犯消费者的隐私权,并有可能对用户的财产与人身安全构成威胁。此外,近年来各大超级平台上利用大数据算法进行的"杀熟"行为也很大程度上在用户之间产生了"歧视性定价"的效果,实质上侵害着用户的公平交易权。

三、双轮垄断的规制困境:"过时"的反垄断方法论

在传统的反垄断逻辑中,杠杆效应的规制无须受到特别对待,这一判断显然与双轮垄断的加速累积效应相悖。现如今,不管是反垄断领域的从业者还是一般社会大众,均能显著感知到巨型平台企业无序扩张对我们的商业竞争环境所产生的潜在影响。这一矛盾本质上反映出:在数字经济时代,传统的反垄断方法论可能"过时"了。

传统的反垄断方法论是工业经济时代的产物,受到芝加哥学派的影响颇深,主张引入经济分析综合考虑企业市场行为的合理性,而非基于企业的市场地位对企

---

⑯ See Subcommittee on Antitrust, Commercial and Administrative Law of the Committee on the Judiciary, *Investigation of Competition in the Digital Markets*, 2020, p. 49.

⑰ 参见詹馥静:《大数据领域滥用市场支配地位的反垄断规制——基于路径检视的逻辑展开》,载《上海财经大学学报》2020年第4期。

业市场行为做出评判。其认为政府对于市场主体的行为也应当少加干涉,方能够最大程度地维持市场的自由竞争。在传统反垄断分析当中,对市场支配地位的认定一般遵循的逻辑是:从相关市场界定出发,基于产品替代理论、假定垄断者测试等方法对经营者市场支配地位所涉及的市场范围展开分析,以市场份额作为认定市场支配地位的重要参考标准,以价格要素作为分析经营者市场行为的重要标尺。但是,数字经济时代的企业发展模式较之传统工业经济时代产生了极大变革,不仅开辟了多边市场这一互联网时代特有的经营模式、诞生了"数据"这一互联网时代最具价值的生产要素,作为数字经济新组织物种的数字经济平台更是在海量数据、精密算法的基础上,驱动了平台、数据、算法等三维结构的市场竞争新格局,从而对传统反垄断方法论提出了挑战。[18]

(一) 市场支配地位认定之困境

市场支配地位的认定通常要以相关市场的界定为逻辑起点。互联网打破了时间空间的局限性,很大程度上也打破了工业经济时代相对泾渭分明的市场界限,在互联网市场中只要掌握了数据这一核心资源,进入任意市场的壁垒将大大降低。此外,数据时代互联网企业的经营模式也对传统的相关市场分析方法提出了挑战,在工业经济领域较常使用 SSNIP 分析法,这一分析方法在应用中主要依赖价格要素作为分析工具。而互联网平台的营业模式却是以多边市场经营为特色,为获取数据、流量资源往往对用户边市场采用免费策略,从而极大程度地消弭了价格因素的存在感,使得 SSNIP 分析方法因为欠缺关键数据而难以展开。

即便能明确一个较为精准、清晰的相关市场,如何在数字经济领域判断市场支配地位亦是一个疑难问题。在对传统产业中经营者的市场支配地位进行分析的过程中,市场份额承担着稳定、重要的角色,但在互联网企业市场地位的认定中,市场份额对于前者市场力量的反应能力却十分有限。这主要是由于数字经济背景下市场环境因企业创新频繁、外围企业竞争约束具有不确定性而被赋予了高度动态性,这一特性使得数字经济时代下企业市场份额可能具有滞后性,无法充分反映市场竞争状况。[19] 在以动态竞争为主要特色的数字经济时代,市场份额已成为了一项变动幅度较大的指标,且由于平台之间、软件之间一般很少存在互斥性,用户就同一类型服务同时使用多个软件的现象极为普遍。这类现象的存在很大程度上增加了企业市场份额认定的复杂程度。与此同时,超级平台在互联网时代的新型商业

---

⑱ 参见杨东:《论反垄断法的重构:应对数字经济的挑战》,载《中国法学》2020 年第 3 期。

⑲ 参见吴韬:《互联网反垄断案件中的市场份额与经营者市场地位评估》,载《网络信息法学研究》2017 年第 2 期。

行为消弭了价格要素的存在感，更使得营业额这一传统反垄断分析方法中的重要计量标尺逐渐失去说服力，也使得产品可替代性这一传统工业经济时代反垄断分析的典型分析方法难以适用。

（二）滥用市场支配地位行为甄别之困境

数字经济的发展带来了经营者经营模式的多样化创新，其限制竞争行为的具体表现也发生了重大变化，对于这些行为的性质，试图仅立足于工业经济的反垄断理论对其展开分析都显得有些捉襟见肘。比如，超级平台利用与传导其在基础服务市场的垄断势力，捆绑推荐旗下其他领域服务的行为，本质上是“搭售”这一工业经济时代就存在的滥用市场支配地位行为。但在数字经济时代，超级平台的“捆绑销售”行为往往更为隐蔽，并不以凭借搭售行为从其他领域获取直接的经济利益作为捆绑销售的目的，因此，超级平台往往是在基础平台提供的服务之上，免费地提供捆绑的商品与服务，以期潜移默化地影响用户习惯，攻占相关市场。此种行为表面所见似乎使得消费者更为便利地获得服务，且有益于平台通过整合功能实现技术创新，根据传统反垄断理论下反托拉斯机构在评价案件时对资源配置效率和生产效率、规模经济、交易成本等要素的评价方式[20]，这类行为并无不妥。早在20世纪末，微软即多次同时绑定安装旗下的IE浏览器与Win95等业务，美国对于微软涉嫌垄断的搭售行为分别在1994年、1996年、1998年提起了三次诉讼，但均未对其进行实质性惩罚；而与美国对微软的暧昧态度相反，欧盟对微软捆绑软件行为的处罚却更为坚定和严厉[21]，认为该项行为具有显著的反竞争性。欧盟、美国对于微软处理方式上截然不同的态度凸显了数字经济时代下平台滥用市场支配地位行为之复杂。

除此之外，通过设计算法，超级平台可以隐蔽且高效地实施许多新型的垄断行为，例如拒绝为其他企业的服务提供数据端口接入，使之在本平台上无法打开。由于平台与其他非平台提供的服务商之间本身不存在交易关系，因此即使平台单方面封禁了后者的服务，也很难将超级平台的行为定义为传统反垄断理论中的“拒绝交易”这一滥用市场支配地位行为加以规制。此外，掌握着庞大的数据资源的超级平台近年来利用“大数据”杀熟的现象也时常发生，这些做法实际上也在新老用户之间造成了歧视性定价的后果。

---

⑳ 参见王晓晔，同注⑧引书，第15页。

㉑ 参见郑鹏程：《论搭售的违法判断标准》，载《中国法学》2019年第2期。

四、巨型平台企业双轮垄断规制的未来改进策略

（一）市场支配地位判定之改进："数据基数"与"互联网必要设施"标准的引入

不论国内外，建立在工业经济时代的反垄断法已越来越难以应对当下的数字竞争环境。依照传统的反垄断方法论，通过商品价格变化所引发的商品替代性分析来界定相关市场通常是反垄断工作的第一步。然而，在数据竞争环境下，经营者通常不是依靠对基础服务收费的方式进行盈利，这就令价格要素在界定相关市场上的作用失灵了；由于各平台的安装和使用过程通常不具有排他性，用户可以同时使用多个 APP，这便很难判断哪一平台企业具有排斥竞争对手的垄断地位；各类平台服务的内容既具有一定的相关性，又体现出明显差异，这又令产品的替代性分析十分困难。简言之，在传统反垄断范式下，数据竞争的相关市场易于被界定得过宽或过窄，从而导致规制有失精准。应对数据竞争时代的反垄断法律制度，应当实现从"产品替代性标准"向"数据基数标准"的过渡。申言之，互联网平台企业是否占据了足量的数据基数，以及是否具有极高比例的用户对该平台养成了使用惯性，从而使其易于在此基础上不断传导、延伸、叠加市场优势，应该成为互联网反垄断工作的"元问题"，而不应再囿于失灵的产品替代性分析。此时，一个平台的使用是否在互联网用户群中占据压倒性地位，以及是否因此而形成了强烈的用户锁定效应，将成为判断是否具有市场支配地位的"元标准"，而该平台具体是否在市场份额比例上占优，反而不再具有重要性。只有在反垄断立法层面实现了这种思维范式的转化，我国的互联网反垄断工作才可能有所突破。

一旦平台企业占据了足够可观的数据基数，即意味着此平台可以以此为跳板，便利地向任何数字经济领域传导其垄断势力，此时，该平台企业即有必要界定为"互联网必要设施"，其经营手段和竞争行为即要依照具有市场支配地位经营者的标准，受到更多的控制。信息社会中，一些超级平台凭借自身所掌握的海量数据资源，以及庞大、稳定的用户群体，在发展过程中形成了从产品（或服务）到兼具产品、市场二重属性的角色转变。[22] 此种情形下，平台本身已如同工业经济中的桥梁、道路、水电企业等，成为各类经营者不可或缺的必要设施。平台本身作为一个整体，既是市场也是产品，兼具平台市场的管理者和平台产品的规制者双重身份。[23] 而从另一个角度而言，超级平台所掌握的数据与流量极大程度上影响着其他互联网软件的推广与使用效果，可以凭借算法轻易决定其他竞争对手软件的"生死"。

㉒ 参见陈兵：《因应超级平台对反垄断法规制的挑战》，载《法学》2020 年第 2 期。

㉓ 参见陈永伟：《平台经济的竞争与治理问题：挑战与思考》，载《产业组织评论》2017 年第 3 期。

例如,微信作为一款社交软件,已经成为中国数字生活中不可或缺的工具,绑定在微信之上的不仅是个人的数据信息,更是与个人工作生活息息相关的整个社交圈。如若微信突兀地中止服务提供,也将给个人的生活、工作带来毁灭性打击。此时,一旦微信平台封禁一类软件,例如限制其在微信平台上的端口接入服务或者链接分享,毫无疑问将提高了这类软件进入市场的难度。考虑到微信这类平台在互联网经济中的"关键性",有必要引入必要设施理论对其行为进行一定限制,以使超级平台更多地承担起包括维持市场竞争、保护用户权益在内的公共责任。

但需要注意的是,引入必要设施理论对超级平台双轮垄断进行规制时不应当采取绝对的"一刀切",而需要调适至使理论符合市场竞争的一般逻辑。在传统反垄断方法中,必要设施理论的实施经常面临非议,如设施是否必要、重建该设施是否可行、拒绝开放设施是否存在正当理由等,均存在诸多隐晦和不确定之处,有可能会被滥用。[24] 而在数字经济背景下,认定互联网必要设施时除了须考虑是否有碍有效竞争的标准,还应当考虑如下问题:设施是否占据了足量的数据基数,设施对其他服务的封禁或限制措施是否存在正当理由,是否符合平台的自身定位与消费者的利益诉求,等等。引入互联网必要设施标准对超级平台行为进行限制,并非要求超级平台对其他软件提供无条件的支持服务。比如,在以提供通畅、便捷信息为核心服务的社交网络平台上,却以封禁的形式阻滞与其他平台有关的信息的分享,这就不但限制了有效竞争,还直接影响了该平台的核心用户体验,就更应界定为违法行为。但如果要求超级平台对于这些新兴企业利用本平台资源丝毫不加管理,对拥有与新兴企业同类型服务的平台来说未免有失公允,且利用平台随意跳转链接也不利于平台用户的数据信息安全,因此平台在提供相应服务时,通常依照其允诺的格式条款,承担一定的安全保护和维护隐私的义务。此时,平台不允许直接在设施内部打开相关信息,但允许通过"在浏览器打开"的方式予以跳转,或在要求超级平台容忍外部软件在本平台存在的同时,允许超级平台对此类企业收取合理的商业费用;这些行为也具有一定的正当性,不应当视之为违法行为。

(二) 违法行为规制之改进:公共管制工具的引入

在判断巨型平台企业的行为是否违法时,除了需要从反垄断经济分析的角度考量是否属于滥用市场支配地位行为之外,还需要引入公共管制的方法,从消费者权益保护、公共利益维护等多方面的角度共同促成对巨型平台企业不当行为的有效规制。换言之,在数字经济环境下,反垄断执法与公共管制应当成为相互组合配套的两种实施工具,通过综合调动竞争法与产业法的形式,共同促进巨型平台企业竞争行为的有效规制。

---

[24] 参见王中美:《必要设施原则在互联网反垄断中的可适用性探讨》,载《国际经济法学刊》2020年第1期。

首先,应当在规制超级平台违法行为过程中给予互联网消费者权益更多的考虑权重。消费者在互联网领域从事消费活动时的个人信息及由此汇集而成的消费数据,是各平台经营者着力获取、分析利用的关键资源,顺应网络经济发展时代需求,保护消费者个人信息数据安全在内的多项权益成为关键。[25] 我国《消费者权益保护法》中对于经营者在收集、使用消费者个人信息时应遵循的义务及经营者违背义务,违规收集、处理消费者数据时的处理方式均有明确规定。在规制超级平台双轮垄断、维护消费者个人信息安全的过程中,还需要通过完善具体制度的形式,加大对于相对弱势一方的消费者的保护力度。比如,可考虑通过完善公益诉讼制度的形式应对超级平台对用户数据的非法利用,这有利于集中零散的个体用户,提高诉讼效率,并合理引入政府力量填补被诉超级平台与被侵权用户之间的地位不平等。再比如,可以通过举证责任倒置,对平台企业在提供服务时侵犯消费者权益的行为施加更多的证明义务。考虑到普通用户面对数据算法分析的复杂性以及从超级平台处获取数据使用记录的困难,证明数据未被非法利用或泄露的证明责任施加给更具技术、资金优势,且能便捷查询、提供数据使用记录的超级平台,并要求其承担不利的证明后果,更加具备合理性。类似公共管制工具的实施可以弥补用户在数字经济时代面对超级平台时存在的天然劣势,有利于加大对于用户信息安全的保护力度。

其次,应当增强对于平台服务内容的管控。即便不考虑反垄断问题,如今的巨型平台企业也在互联网空间中具有了极强的公共性,对其经营模式、算法设计和竞争活动施加更多的控制,自是题中之义。[26] 在这方面,我国的《电子商务法》已针对电子商务平台做出了有意义的探索。但长远来看,对各类社交网站平台企业进行管制的重要性尤甚,毕竟,电子商务平台仍然围绕一定市场交易行为展开,这意味着反垄断法中的产品替代性分析依然未完全失灵。但是,在社交网站平台中,除了涉及复杂的市场竞争问题以外,更关切到我们的互联网言论自由、安全秩序等公共利益问题,管制的作用更应受到重视。如今,"社交化"俨然已成为数字经济发展的重要趋势,不论从事何种服务定位的互联网平台,都更倾向于提高平台的社交属性,在主打一款互联网服务的同时,亦会逐渐增加有关实时通信、自媒体、文化娱乐等功能,以借此提高用户的数据黏性,这已成为互联网经济发展的潮流。平台社交化属性越强,将越有更多的竞争手段脱离市场交易的中心过程,传统反垄断方法论的适用性就越差,就越需要调动公共管制方式来应对其双轮垄断现象。[27] 比如,为

---

[25] 参见陈兵:《改革开放 40 年消费者法嵌于市场经济发展的嬗变与展望》,载《学术论坛》2018 年第 5 期。

[26] 参见刘权:《网络平台的公共性及其实现——以电商平台的法律规制为视角》,载《法学研究》2020 年第 2 期。

[27] 参见段宏磊:《适应变化着的数字竞争手段 反垄断法亟待"二次革命"》,载《第一财经日报》2020 年 12 月 11 日。

了保护用户的信息通畅与安全、捍卫言论自由,即便平台封禁特定信息和链接的行为不是为了延伸、传导其垄断力量,也应立法禁止。很显然,诸如此类的公共管制及其立法,我们需要改进的还有很多,这必然将经历一个长远的制度完善历程。

五、结　　语

数字经济的发展日渐繁荣。而超级平台凭借着强大的资金、技术实力与数据资源,正试图以双轮垄断的方式改写在本平台基础服务之外的市场格局,这一过程中,互联网企业的有效竞争以及消费者保护问题也都将面临新一轮困境与挑战。而目前传统的反垄断理论与制度在面对数字经济时代中的新型垄断行为的加速累积效应时已日渐乏力。因此,本文认为,有必要重新审视经典杠杆理论对于分析和规制超级平台双轮垄断行为模式的价值,并在此基础之上,通过调适反垄断规制的思维范式、适当引入必要设施理论、完善用户隐私保护制度等方式,完善我国互联网时代的反垄断规制方式,从而促进中国数字经济之发展。

法治化营商环境的理论构成与实践举措

刘　旭*

摘要：法治化营商环境是用以调整商事准入、交易及经营各类活动所必备的制度内容，它是营商环境整体规则体系中权威化、公开化、执法化的部分。法治化营商环境涵盖了权益平等保护的原则，政府与市场关系法治化的主线，以及完善的法规制度建设的具体内容。营商环境建设内在地以扩大对外开放为改革推动力，以严厉的执法惩戒为重要手段，通过法治来统领营商环境各系统，进而达成营商环境法治目标。法治化的营商环境必然要从投资兴业、交易安全、企业创新、信用监管、解决争议等多个方面完善体制机制建设，构筑完备的营商参与主体产权保护、营商交易信用保障以及营商活动秩序维护的法治化平台。

关键词：法治化营商环境　理论构成　实践举措

营商环境是以营商法律制度为重要构成内容的制度化环境，营商法治在营商环境中带有基础性和权威性，对构筑优质营商环境不可或缺。营商法治从规范政府对营商活动的监管，以及维护营商主体间的交往信用两方面发挥作用，通过将政府监管纳入法律规定和法律程序，规范政府监管权力的行使，促成政府监管的合理适度和透明高效，通过对营商主体的经营行为加以调整，促使营商主体切实履行质量、环保等法律责任；同时，也通过搭建公正高效的权益维护和信用平台，有力保障营商参与主体的合法权益，构建良性优质的营商环境和营商秩序。

一、法治化营商环境的基本涵义

法治化营商环境是将营商环境所必备的国家监管规则以公开明确的方式固定

* 刘旭，河南省社会科学院法学研究所副研究员。

下来,是将营商交易活动双方应当遵守的具有法律约束力的部分固定下来,用以调整营商环境参与各方的权利义务,奠定营商环境和营商秩序良性发展的制度保障。所谓法治化营商环境是企业从设立到退出整个过程中所需要的国家政策、法律、制度、规则等具体制度环境。[①] 这其中,法治是营商环境不可或缺的制度构成,它奠定了商事准入、交易及经营各类活动所必备的制度内容,它是营商环境规则体系中权威化、公开化、执法化的部分。

(一) 营商环境制度构成的权威化

营商环境法治化内容是营商环境制度体系中带有正式性和权威性的部分,是通过代议制协商的渠道、行政立法的渠道以及司法确认的渠道所形成的,用以约束营商主体,具有法律效力的制度规则。有研究认为,营商法治建设中的监督问责、规范执法和争议解决等法治构成部分最能够产生降低企业制度性成本的功效。[②] 当然,营商环境法治化并不意味着创造营商环境全部以法律为内容,法治化是营商环境中必要、适度且恰当的构成部分。营商环境中法律部分是达成营商活动所要实现的最低标准,是营商环境中的底线规则,因而是依靠国家信用保证实现的权威性规则内容。

(二) 营商环境制度构成的公开化

明确性和公开性是法治的内在根本属性。营商环境法治化围绕明确、清晰、可预期法律规则的创制,旨在向营商主体及社会公众发布易于理解和接收、内容边界准确及稳定的规则,从而为公众普遍认知和理解,并就营商流程及标准形成清晰的预期。习近平总书记在 2017 年 7 月 17 日召开的中央财经领导小组第十六次会议上,提出营造稳定公平透明、可预期的营商环境,这其中,公开透明就是营商环境的重要特质。[③] 营商环境的法治化要针对的便是规则暗箱操作及封闭管理,规则模糊及内容含糊,以及规则间的冲突抵触等问题,要消除的便是营商制度中传播障碍、易知障碍、接近障碍等各种损害法治公开性的弊端。

(三) 营商环境制度构成的执法化

营商环境法治化要使营商制度基础构成内容可以操作及执行,并能够诉诸司法渠道解决。因此,其法治化部分必然要伴随相应的责任设计,要配置专门的执法机构,制定相应的投诉机制,形成反馈及处理机制。围绕营商活动中的各类登记、

---

① 参见韩业斌:《我国法治化营商环境的区域差异及其影响因素》,载《领导科学》2019 年第 8 期。

② 参见解洪涛、张薇、张建顺:《法治政府建设降低了企业制度性成本吗——基于世界银行营商环境调查数据的实证研究》,载《财经科学》2018 年第 10 期。

③ 参见习近平:《营造稳定公平透明的营商环境 加快建设开放型经济新体制》,载《人民日报》2017 年 7 月 18 日。

准入及服务,还要允许利益关系主体就营商权利的维护向法院提起诉讼,通过接近法院及保障诉权的制度设计,畅通营商主体透过司法维护权益的渠道。世界银行《营商环境报告》使用"法律得分指标"来作为对各国营商环境中诸如保护投资人法律权利的重要衡量标准,相关事项的法律规定越完备、法律保护力度越有力,相应得到的分数也就越高。不存在相应法规或者法规得不到落实的情况则表明相关指标执行得不到位,而相应的分数也就越低。

二、法治化营商环境的主要构成

习近平总书记在2019年2月25日召开的中央全面依法治国委员会第二次会议上的讲话中,强调"法治是最好的营商环境",提出了全面加强营商环境法治建设的改革方向,包括以平等保护统领营商环境法治建设各系统,以法治来厘定营商环境边界、手段及利益关系,以具体的制度建设来实现营商环境法治目标等。营商环境法治就是以平等保护为原则指引,以政府与市场关系法治化为主线,以扩大开放为重要改革推动力,以完善的法规制度建设为主要内容的法治构成体系。

(一) 平等保护是营商环境法治的基本原则

习近平总书记在中央全面依法治国委员会第二次会议上提出"要把平等保护贯彻到立法、执法、司法、守法等各个环节,依法平等保护各类市场主体产权和合法权益"。平等保护是立法部门开展营商环境规则制定的指导原则,要在立法议题征集、立法讨论、立法表决等多个流程中贯彻平等保护精神。立法部门征集立法选题及立法意见不仅要面向政府机关,还要面向市场主体,不仅要对内征集,还要对外征集;立法讨论过程要平等地、开放性听取各类市场主体的意见。立法机关人员构成及立法参与中,要体现各类市场主体成分的平等参与。执法过程中的平等保护是指执法部门要平等地保护国有、民营、外资等各类市场主体的财产权、经营权等权利,包括平等地重视、执法反馈和执法保护,要平等地贯彻国家土地供应、税费减免、奖补资金、资质许可、项目申报等方面的法规和政策规定,保护各类市场主体在土地使用权及其他自然资源、金融信贷、技术使用、人力资源等方面的平等权利。尤其要防范各种形式的歧视性规定,避免在市场准入、经营监管等方面形成执法上的差别对待,保障各类市场主体获得公平的机会和权利。

(二) 规范政府与市场的关系是营商环境法治发展的主线

习近平总书记指出,要用法治来规范政府和市场的边界,尊重市场经济规律,通过市场化手段,在法治框架内调整各类市场主体的利益关系。把握政府与市场的边界是法治政府建设及营商环境法治的关键。④ 对政府与市场之间边界的明确，表明我国对营商环境法治建设内在规律的准确把握，表明对法治在营商环境缔造中的地位和角色的清晰认知。随着我们对市场基础性作用向决定性作用认识的转换，市场决定性作用的范围和方式需要法治来加以确定，尤其是政府职能与市场决定作用之间的关系，需要法治来进行调适。市场决定作用要求在土地、矿产等自然资源配置以及人力资源、金融资源等各类资源的配置方面全面发挥市场的决定作用，由市场调整供需及按照市场竞争规律办事。政府职能即体现精简效能的原则，杜绝对市场不应有的干预和介入，着力于维护市场资源的配置功能，依照法治的办法开展市场监管，在法治的轨道上构筑公平透明的市场竞争环境和竞争秩序。政府对市场的监管是法治化的监管，即政府监管的职能由法律明文确定，监管的手段由法律明确并及时公开，监管不当要受到相应的法律责任的追究。

（三）明晰而完善的制度是营商环境法治的实践抓手

营商环境建设的工作重点是完善制度环境，尤其体现在健全法规制度体系和相应的标准体系。健全的制度环境表现为完善明确的制度规定和制度标准。强化制度的明确性，就是要杜绝制度建设中的模糊、冲突和抵触现象，提升制度的明细性、一致性和连贯性，做到规则标准清楚明确，包括办理流程、办理时间、办理费用等在内的相关的规定和标准均简明易懂，易于把握和遵循。防范制度建设中的冲突，要着眼于加强各部门规章制度的统筹协同，加强对各地方各部门规章制度的备案审查，建立相应的制度衔接和配套工作机制。标准是制度建设中的基础性问题，具体而明细的标准是推进制度建设需要把握的关键。营商环境建设中简易性、快捷性、稳定性、透明性等特性要求，以及质量和效率管控等要求，都要求确立更加明确、可操作性的标准，对这些标准的阐释及明确，是未来营商环境法治建设中的重点和难点。

（四）严厉的执法惩戒是营商环境法治的重要手段

营商环境中的消费者权益保障、市场信用环境维护等诸多领域，日益呈现出加大执法惩戒、严厉责任追究的发展动向。引入刑事惩戒，引入惩罚性赔偿机制，以及引入联合综合性惩戒举措，成为这一动向的主要内容。⑤ 在信用执法领域，信用惩戒不断涵盖到失信者的经济活动、社会活动、生活消费、职业发展等多个领域，并且，信用惩戒执法化的要求越发强烈。以信用执法为基础、与信用惩戒相结合的执法惩戒机制建设已经成为营商环境执法的重要取向。习近平总书记指出，对食品、

---

④ 参见李赞、刘学谦：《新时代建设良好营商环境的着力点》，载《智库理论与实践》2019 年第 6 期。

⑤ 参见王伟：《失信惩戒的类型化规制研究（下）——兼论社会信用法的规则设计》，载《中国信用》2019 年第 9 期。

药品等领域的重大安全问题,要拿出治本措施,对违法者用重典,用法治维护好人民群众生命安全和身体健康。营商环境法治要适应执法惩戒发展的新动向,引入信用惩戒、联合惩戒等惩戒手段和方法,提升执法惩戒严厉度和严密度,更好地运用执法惩戒推动营商环境建设。

(五)主动开放是推动营商环境法治的内生动力

习近平总书记在2017年7月17日召开的中央财经领导小组第十六次会议上对开放作为法治建设动力的原理进行了深刻阐释。习近平提出:“我们提出建设开放型经济新体制,一个重要目的就是通过开放促进我们自身加快制度建设、法规建设,改善营商环境和创新环境”。因此,开放型经济体制的缔造有着推行制度自我革命的重要意义,通过经济的开放引入更加多元的市场和投资主体,实现与国外各类经济体相互间规则的交流、借鉴和对接,这个过程同时也是以开放自加压力、以开放促动改革、以开放完善法治的过程。我们的法规政策就要始终以贸易投资自由化、便利化和市场资源的优化配置为导向,在开放性的环境中加以审视和改革,使之适应我国缔造全方位对外开放新格局的要求。习近平强调,要清理涉及外资的法律、法规、规章和政策文件,凡是同国家对外开放大方向和大原则不符的法律法规或条款,要限期废止或修订。因此,主动扩大开放,将使我国的法律法规规则体系得到进一步的更新,使一些不符合法治和时代要求的落后规则得以清除,使我国的法治在开放中不断与时俱进。

三、构建法治化营商环境的关键举措

营商环境法治保障涵盖到投资兴业、交易安全、企业创新、信用监管、解决争议等多个方面,这些领域中营商参与主体产权的保护、营商交易信用的搭建以及营商活动秩序的维护均需要强化法律制度的供给。尤其要重视对营商投资者权益的保护,规范财产征收、征用以及投资流程中的税收,将对资本及其收益的扣减进一步纳入法治轨道。国家要把握好监管与自律、法律介入与企业自主的关系,设置科学、合理、适当的法律监管底线,确立张弛有度的法律实施及运行机制。

(一)法治化投资保障机制

开放性地吸引域外和民间投资,是营商环境建设的重要目标。对于投资而言,关键的是确立对资金及产权有力有效的保障规则,防范非理性财产征收或征用,以及恣意税收政策给投资带来直接减损,打破妨碍资本流动的各类障碍,打消投资人的思想顾虑。因此,投资法治化保障首先在于完善产权保障规则,提升国家征收征用的法治化水平,稳定税收政策,健全税率协商及听证制度。投资法律保障还在于投资领域的开放性、投资流程的便利化,要保障国内外、国有及私营各类资本在机会、权利及规则上的平等,还要改进投资项目审批权限和流程,进一步优化额度投资审批的领域和范围。

(二) 法治化营商监管机制

国家市场监管的限度和强度反映出国家干预与经济自由的关系,其中有关介入领域和介入手段的问题,也是法治建设面临的重大课题。营商环境法治化以自由、公平、秩序为价值导向,以科学立法、依法行政、公正司法、市场主体守法为四大维度。⑥ 营商环境优化就表现在法治平衡监管理念及运行机制的确立,法律制度要在正当适度有效监管与市场主体自由自律之间保持好平衡。市场监管法治体现政府职能转变的要求,政府应加大对群众切身利益相关领域的监管执法,尤其应针对影响市场和营商环境的各类消费欺诈行为,强化罚则和责任追究,增加执法手段,健全相应的信用监管执法体系。

(三) 法治化信用维护机制

现代市场监管体系是以信用监管为统领,以信用执法为主线,并围绕市场准入信用和市场交易信用而展开的。信用监管是近年来我国在执法监管领域推行的创新举措。2019 年 7 月 16 日国务院办公厅发布《关于加快推进社会信用体系建设构建以信用为基础的新型监管机制的指导意见》,提出创新监管理念、监管制度和监管方式,构建以信用为基础的新型监管机制。在具体的信用监管举措方面,《意见》提出了与信用记录和信用承诺相挂钩的新型行政审批机制改革,以信用评价结果及信用分级为依据的行政执法检查机制建设,以及推行市场性、行业性及行政性的信用联合惩戒举措。信用监管无疑是对先行市场监管体系的创新,对行政许可、行政检查、行政处罚等多项行政执法监管内容提出了创新要求,推动了以信用为基础的有信者先行快捷准入及低频率执法检查的出现,同时形成了以信用执法为先导的执法监管体系。在现有的信用惩戒举措之外,还要进一步推动信用的执法化建设,健全失信执法处罚制度,试行失信公益诉讼制度,推行失信惩罚性赔偿举措。

(四) 法治化营商治理机制

法治化营商环境是现代化营商治理体系的具体表现。在国家治理体系和治理能力现代化的背景下,营商环境自身必然带有治理性的架构和内容。营商环境在其导向上便有激发及鼓励多元社会力量参与经济活动的治理意义,通过扩大经济参与主体来提升经济规模及质量;同时,营商环境中的政府治理也处在多元经济力量的环境中,政府决策的好坏有赖于多元社会力量有效参与的治理运行机制。治理本身的协商、多元参与、协同互补等内涵同样是缔造优质营商环境的重要取向。

---

⑥ 参见张盼:《我国企业营商环境法治化保障路径研究》,载《人民法治》2018 年第 19 期。

多元经济主体是形成有效市场竞争环境、促成经济包容性增长的前提条件。因此，公平、开放的营商准入便成为营商治理机制的应有之义。多元市场主体基于自治自律发展的治理活动，是对国家市场监管治理的有益补充，它是国家与社会协同治理的主要体现。自治性的营商治理活动在营商社会规则创制、营商活动纠纷调处等方面发挥相应的治理功能。政府与市场主体在法规制定、法规执行等方面亦有赖于搭建相应的协商参与平台，透过定期的座谈会、听证会等形式，促使政府决策部门及时听取市场主体的意见，使法规内容更加贴近营商活动实际。

新发展格局下竞争法的域外适用及其限制问题

张　建*

摘要：在我国当前加快构建以国内大循环为主体、国内国际双循环相互促进的新发展格局的背景下，深入探讨国内经贸立法尤其是竞争法的域外适用问题，具有迫切的现实意义。经济全球化的展开使竞争活动跨国化，引起了剧烈的法律冲突，亟待国际私法予以调整。作为最早推行本国竞争法域外适用的国家，美国在域外适用的标准方面经历了从严格属地主义原则到国籍原则、效果原则再到合理管辖原则的演变。为了抵制美国单方面扩张其竞争法的域外适用，部分国家出台了阻断立法，以此为本国国家利益及公民利益构筑"保护伞"。我国在国内法域外适用法律体系构建方面，要确立攻防并举的双重思路，既要在内外一致的基础上适当拓宽本国法的域外效力，又要对他国法律的不合理域外适用予以阻断，国际礼让观念的完善对于缓和相应的竞争法律冲突颇有裨益。

关键词：竞争法　域外适用　阻断立法　国际私法

一、问题的提出

（一）构建国内法域外适用体系的现实意义

当今世界正处于百年未有之大变局，我国发展的外部环境日趋复杂。随着"走出去"战略和"一带一路"倡议的深入推进，我国与世界各国的经济联系日益紧密，海外利益在国家利益中的占比越来越突出。在全球化不断深化的背景下，如何有

* 张建，法学博士，首都经济贸易大学法学院副教授，硕士生导师。

本文系国家社科基金重大项目"我国法域外适用法治体系构建研究"（项目编号：20ZDA031）的阶段性成果。

效维护国家利益尤其是日益庞大的海外利益,是时代提出的重要命题,对这一问题展开研究具有深刻的理论与现实意义。① 法者,治之端也。在法治轨道上推进国家治理体系和治理能力现代化,凭据国际法治推进全球治理体制向更加公正、更加合理的方向发展,是顺应时代潮流、符合各国利益的必然选择。正如习近平总书记所言,强化法治思维,运用法治方式,可以有效应对挑战、防范风险,坚决维护国家主权、尊严和核心利益。② 作为全面依法治国的重要组成部分,坚持统筹推进国内法治和涉外法治已成为当下我国法治现代化建设的重要方向。③ 具言之,在国际层面,要积极融入国际规则的制定,提高中国在国际规则制定中的话语权和参与度,为全球治理提出更多的中国方案。在国内层面,要加快建设我国法域外适用的法律体系,梳理现有立法,从实体和程序两方面完善我国法域外适用的立法。尤其是,在涉外经贸、投资等领域,我国法律的域外适用体系亟待健全和完善。为此,党的十九届四中全会通过的中共中央《关于坚持和完善中国特色社会主义制度、推进国家治理体系和治理能力现代化若干重大问题的决定》明确指出,要加快推进我国法域外适用的法律体系建设,健全现行法律域外适用的标准和程序,这对强化涉外执法实践,提升我国司法实践的国际影响力具有重要意义。

(二) 国内法域外适用的理论意涵

所谓国内法的域外适用,系相对于国内法的域内适用而言的。概言之,任何法律,无论是国际法抑或国内法,公法抑或私法,其均具有特定的适用范围,包括时间、空间、主体、客体、行为等各个方面。通常认为,划分域内效力与域外效力时,应以被规制的行为发生地与立法者所属国家的关系为标准。④ 国内法的地域效力范围,亦即空间效力范围,特指该法律在什么空间领域内使用。⑤ 所谓域内效力,其据以立足的根基是法律的属地主义,指的是各国将其本国制定的法律仅适用于本国领土范围之内的人、物和行为。与此相对,域外效力立足于属人主义,指的是国家将具有域外效力的法律适用于管辖范围之外的人和行为。就历史而言,人类的文明进步与对外贸易的演进在一定程度上昭示了法律(尤其是私法)由属地主义转向属人主义,由封闭迈向开放的过程。例如,荷兰学者胡伯所提出的国际礼让说一方面述明主权国家制定的法律仅在其境内有效并且约束其领土上的一切臣民,另一方面又允许国家给予礼让原则维持外国法的效力,直观地印证了法律属地主

① 参见漆彤:《加强国内法域外适用法律体系建设和法理研究》,载《人民法院报》2021 年 2 月 22 日。

② 参见李林:《坚持在法治轨道上推进国家治理体系和治理能力现代化》,载《暨南学报(哲学社会科学版)》2021 年第 1 期。

③ 参见沈德咏、刘静坤:《加强涉外法治工作》,载《人民日报》2021 年 2 月 19 日。

④ 参见霍政欣:《国内法的域外效力:美国机制、学理解构与中国路径》,载《政法论坛》2020 年第 2 期。

⑤ 参见黄薇主编:《中华人民共和国民法典总则编释义》,法律出版社 2020 年版,第 39 页。

义与属人主义在早期的张弛关系。[⑥]

在国际经贸领域，因各国国内法的域外效力系由本国立法者自我划定，故而常常存在不同国家的法律规定不同，但均主张适用于同一跨境交易的问题，从而导致在法律适用上互有抵触的现象。作为独立的部门法，国际私法恰恰旨在协调此类法律冲突现象，进而为处理法律选择问题提供了一套可供遵循的准则。就其运作而言，法官在审理及裁断某一涉外经贸争议时，通常需根据国际私法中冲突规范的指引，确定案件实体纠纷所应当适用的准据法。就国际私法的适用结果而言，其要么指引法官导向法院地国内法的适用，要么指引法官导向某一外国法律或其他非国内法的适用。如果受理涉外案件的法官根据国际私法的指引最终适用了法院地法，此种情形属于法院地国内法适用于域外事件；反言之，如果某一案件与法院地及外国均有联系，而国际私法指引法官适用外国法作为准据法，则属于该外国法跨领域适用于我国，亦属于广义上的国内法域外适用。当然，前述两类情况属于国际上处理此类问题的常见方式，从法院地的视角审视，国内法的域外适用并不意味着主权上的让步，也并不意味着对他国法律在本国境内效力的无条件承认，而仍属适用国内法的结果（即适用国内法中冲突规范的结果）。[⑦]

事实上，由立法者赋予国内法以域外效力，并由司法者及行政部门适度进行国内法的域外适用，能够为海外中国公民和企业的合法权益提供完整的法律保护链，构筑起我国海外利益的法律保障体系。同时，鉴于部分国家动辄滥用长臂管辖权，毫不顾忌国际礼让及国际法上的合理性要求，运用单边主义对我国公民和企业实施经济制裁，并强行扩张其国内法的域外适用，客观上对我国的领土主权及正常的国际商事交易活动形成不利影响。[⑧] 为阻却他国不法干预并形成有效反制，适时扩充我国法律的域外效力，完善我国法律的域外适用体系，也是履行国际责任，维护国际法治的需要。[⑨]

正是基于上述背景，本文立足于当前我国加快构建以国内大循环为主体、国内国际双循环相互促进的新发展格局这一现实背景，以竞争法的域外适用及其限制作为研究对象，结合贸易法与竞争法二者的互动，就国内法域外适用的动因、路径与边界进行探讨。

---

⑥ 参见方杰：《国际私法学说史》，中国法制出版社2017年版，第97页。

⑦ 参见罗昌发：《贸易与竞争之法律互动：国际经贸法研究（三）》，中国政法大学出版社2003年版，第107页。

⑧ 参见肖永平：《"长臂管辖权"的法理分析与对策研究》，载《中国法学》2019年第6期。

⑨ 参见陈文婧：《加快推进我国法域外适用的法律体系建设》，载《学习时报》2020年7月1日。

二、竞争法的发轫及其域外适用的内在理据

(一) 竞争法的产生背景

自由竞争是近代市场经济的基本精神,也是市场调节的前提与基础。但自由竞争在促进经济繁荣的同时,也通过优胜劣汰导致经济实力的分化,少数竞争者逐步获得支配、控制市场的垄断地位,不仅限制和剥夺了中小经营者的竞争自由,客观上也损害了消费者的利益,造成社会经济结构的失调,严重者可能引发供需失衡、市场运行阻滞,进而扭曲正常的市场竞争秩序。为此,自19世纪末20世纪初以来,随着资本主义进入垄断阶段,国家与经济生活的关系发生了转变,开始从过往自由放任的经济政策转变为市场竞争与国家调控相结合的二元体系,并触动了公法私法化现象的产生。[10] 作为国家调控市场竞争的法律依据,竞争法应运而生。通常认为,竞争法是指用以规范市场竞争秩序的法律制度,广义上的竞争法包括反垄断法与反不正当竞争法,从而将所有可能影响一国之内或国际竞争条件或竞争环境的活动及行为均纳入调整对象。[11] 就其适用范围而言,竞争法的规制重点针对垄断协议、滥用市场支配地位、具有或者可能具有排除及限制竞争效果的经营者集中或企业间联合、低价倾销、滥用知识产权排除或限制竞争以及其他有害于公平竞争的行为。[12]

(二) 竞争法域外适用的理据

在竞争法诞生之初,由于市场主体主要在本国市场内部与其他商人开展竞争,故而竞争法的适用仅限于制定者的领土范围内。相应地,竞争法对不公平竞争及垄断行为的调整也限于属地范围内,较少涉及域外适用的问题。随着经济全球化的展开,一国生产商及销售商不仅可能与本国内部的商人开展竞争,也可能与来自其他国家的厂商进行国际竞争,由此便引发了国际竞争的法律冲突及法律适用问题。厂商在竞争过程中,既可能采取公平的竞争方法以获得优势地位,如技术创新、产品换代、拓宽市场、加大宣传等,也可能采取不公平竞争乃至限制竞争的方法增强自身的市场力量以谋求竞争优势,还可能通过滥用优势地位不合理地抬高价格从而排除新的市场主体进入。固然,针对本国市场主体在本国境内的行为,属于国内竞争法的域内适用范畴,但对于来自不同国家的市场主体间的跨国竞争行为,则涉及国内竞争法的域外适用乃至法律选择问题,由此便对国际私法提出了新的

---

[10] 参见许光耀:《竞争法视角下的公法冲突》,载《中国国际私法与比较法年刊》2002年(第5卷),法律出版社2002年版。

[11] 参见王晓晔:《竞争法的基础理论问题》,载《经济法论坛》2004年第1期。

[12] 参见王晓晔:《滥用知识产权限制竞争的法律问题》,载《中国社会科学》2007年第4期。

挑战。[13]

（三）竞争法与贸易法的二元互动

为了应对以上挑战，不能忽视对贸易法与竞争法二者之间关系的探讨。所谓国际贸易法，主要是为了促进及保证贸易自由化的实现，要求各国削减乃至消除国际贸易障碍的法律，其不仅包括以世界贸易组织一系列文件为代表的多边贸易体制，也包括国家之间或经济体之间的区域性及双边自由贸易协定，还包括各国国内的贸易管制法。[14] 在传统上，贸易法与竞争法各有不同的调整范围，彼此间较少发生重叠。但随着国际贸易活动的持续增加及反垄断立法规制范围的扩张，跨国商事交易同时产生贸易法与竞争法适用竞合的问题逐渐受到重视，竞争法与贸易救济法的功能开始被重构。[15] 对于同一事实或制度，贸易法与竞争法体系可能产生不同的法律评价，例如以“两反一保”为核心的贸易救济制度旨在从消极角度保护竞争者免于遭受因外来进口引发的产业损害，但竞争法则以积极角度促进和鼓励竞争。再如，对于低价销售，由竞争法视角审视，若无掠夺性，则属正常的市场竞争手段而应予以容许，但贸易法却认为可通过征收反倾销税的方式予以反制。鉴于此，以 WTO 为代表的多边贸易体制试图协调并统合各成员方的竞争政策，避免因各国奉行不同的竞争执法标准而对国际贸易自由化形成障碍或不合理的限制，遗憾的是，这一构想始终未能如愿以偿。[16]

事实上，贸易法与竞争法既有差异，又不乏交叉及重叠之处。一方面，国际贸易法以国家的贸易管制行为作为规范对象，如政府所实施的进口数量限制、征收关税、设置技术性贸易壁垒等，竞争法则以从事竞争活动的生产者、销售者等私人的行为作为规范对象，如价格联盟、滥用市场支配地位等，二者表面上似乎各有不同的适用范围。但另一方面，当国际贸易法适用于一国之内并予以转化时，往往针对具体的私人贸易行为设定救济权利或者约束性措施，如规制倾销、补贴等行为，而随着竞争事务的跨国化，其便从单纯的国内交易演变为国际商务，以至于需要国家间协作应对有关事务。从制度的实际运行状况来看，开放对外贸易的国家往往可以借助于竞争法的执行来影响自身的国际贸易地位。例如，国家如减弱竞争法的执行力度或在立法层面创设较多豁免及例外，则可创设相对宽松自由的营商环境，使外国贸易商有更为广泛而灵活的空间以制定并实施其竞争策略。反言之，国家如过度适用并严格执行竞争法，则有可能造成吓阻乃至遏制国际贸易交往（尤其是

---

[13] 参见刘玉勉、姜发根：《私人反竞争行为的国际法规制》，载《经济法论丛》2014 年第 1 期。

[14] 参见蔡高强等：《国际贸易争端解决诉讼机制研究》，哈尔滨工业大学出版社 2012 年版，第 30 页。

[15] 参见王晨竹：《竞争法与反倾销法的功能性冲突及协调路径》，载《法学》2020 年第 9 期。

[16] 参见聂孝红：《WTO 框架内协调竞争政策的制约因素分析》，载《经济法研究》2019 年第 2 期。

进口贸易)的效果。[17] 由是观之,合理框定竞争法域外适用的边界,对于有序促进国际贸易交往的正常进行和国际商业活动稳步展开颇为重要。

三、美国竞争法域外适用的历史演进及其启示

(一)判例法视角下美国竞争法域外适用的演变

在国际法层面论及管辖权时,通常涵盖立法管辖权、司法管辖权、执行管辖权三个方面。[18] 所谓立法管辖权,特指一国立法机关制定法律,以适用于特定的人、事物及行为;所谓司法管辖权,即一国将特定之人或行为引起的纠纷纳入其司法程序的权限;所谓执行管辖权,指一国利用政府之力量迫使其法律被遵守的权限。这种对管辖权的划分方式,有助于理解竞争法的域外适用问题。一国国内制定的竞争法在何种情形下可适用于域外,尤其是适用于外国人所从事的国际贸易行为上,原则上应由立法者所设定,此即行使立法管辖权的结果,而立法管辖权的行使必须符合相关的国际法规范。竞争法的域外适用之所以尤为重要,原因在于部分国家对于垄断行为或不正当竞争行为并未予以必要的规制和规定严格的执法措施,以至于贸易商可借助于执法疏漏,在国内将产品价格提高,并以价格提升所获取的收益为基础,在外销时以低价倾销方式谋求市场扩张。为此,以美国为典型代表的进口国家便采取将本国竞争法扩张适用于域外的方式予以因应,藉此缓解因出口国竞争执法不力所引发的不公平贸易现象。然而,此种将本国竞争法强行适用于域外的行为,对于行为发生地及商人的本国而言,颇具司法主权上的冒犯性,故而如何从法律上对域外适用加以设限,必须审慎考量。

如前文所言,原则上一国制定的法律仅能适用于其领土之内,但作为补充,国际法在属地管辖之外逐步发展了属人管辖、保护性管辖等原则。究其实质而言,竞争法的域外适用是对传统属地原则的突破,而这种突破建立在对另一种法益提供优先保护的基础之上。美国竞争法的域外适用旨在追求两大目的:其一,保护美国的国内竞争及美国消费者;其二,保护美国商人的出口计划及投资。为此,美国竞争法不仅可适用于美国境内的行为,还可适用于那些虽发生在领土之外但对美国消费者福祉或出口机会具有消极影响的行为。实践中,竞争法的域外适用及其自我限制的标准是通过判例法确立起来并不断修正的。

---

[17] 参见罗昌发:《贸易与竞争之法律互动:国际经贸法研究(三)》,中国政法大学出版社2003年版,第5页。

[18] 参见霍政欣:《论全球治理体系中的国内法院》,载《中国法学》2018年第3期。

表 1 美国竞争法域外适用的典型判例及其裁判要旨

判例名称	案号	裁判要旨	后续影响
American Banana Company v. United Fruit Co.	213 U. S. 347 (1909)	本案采领土标准,否定了《谢尔曼法》对外国当事人在美国领土之外实施的不正当竞争行为。	美国竞争法对外国公司的适用严格限制于其在美国领土内发生的行为。
United States v. American Tobacco Company	221 U. S. 105 (1911)	本案肯定了美国反托拉斯法的域外适用,判定美国公司与英国公司划分市场的协议违反《谢尔曼法》。	美国竞争法能否适用于外国企业被视为一国司法权能的范畴,此种权能包括规定权与执行权。
United States v. Aluminum Company of America	148 F. 2d 416 (1945)	本案采效果原则,认定外国人在外国从事的商业行为,若其旨在损害美国商务活动,且实际已发生此类效果,美国法应予适用。	美国竞争法适用于域外行为时,需考察该行为是否对美国商务产生直接且相当程度的影响或冲击,以限制效果原则的过度扩张。
Timberlane Lumber Co. v. Bank of America	549 F. 2d 597 (1977)	本案确立了合理管辖原则,也称利益衡量方法,要求法院审查美国与外国对案件的联系点及利益大小,以决定基于公平及礼让,可否合法管辖。美国竞争法的域外适用以被诉行为对美国商务产生影响为前提,且对美国商务的抑制或造成的负担大于对原告的损害,案件所涉的美国利益及关联强于其他国家。	1982 年美国《对外贸易反托拉斯改进法》对《谢尔曼法》和《联邦贸易委员会法》第 5 条做了修正,要求发生在领土之外的行为对美国国内商务产生“直接、实质、可合理预见的影响”,或对美国的出口商务造成此类影响时,美国法律方可予以适用,由此对效果原则进行限制。
Timberlane Lumber Company et al. v. Bank of America	749 F. 2d 1378 (1984)	本案仍采取合理管辖原则,分析与案件有关的外国利益,认定在本案中适用美国反托拉斯法将与洪都拉斯的法律和政策产生潜在冲突,发生在境外的不法行为对美国产生的效果远小于在洪都拉斯产生的效果,合理的投资者不会预见该行为对美国进口商的微小效果,故拒绝管辖。	因 1982 年美国《对外贸易反托拉斯改进法》并未否定 1977 年 Timberlane 案的观点,故此后仍有若干案例采纳利益衡量方法,并否定美国竞争法的域外适用。

(续表)

判例名称	案号	裁判要旨	后续影响
McElderry v. Cathay Pacific Airways. Ltd	678 F. Supp. 1071 (1988)	该案涉及国泰航空公司超额收取自香港至台湾的行李费用,该收费标准与英国法及英国政策相符,但与美国的费用估算方式不符,法院基于对两政府政策的冲突分析拒绝管辖。	美国竞争法的域外适用不及于并未在美国营业的外国当事人的境外行为。
O. N. E. Shipping Ltd. v. Flota Mercante Grancolombiana, S. A., Andino Chemical Shipping, Inc., and Maritima Transligra, S. A.	830 F. 2d 449 (1987)	该案原告就哥伦比亚的载货保留法律提出挑战,指出该法赋予其本国船公司以优惠待遇,致使美国公司无法参与该国的航运贸易。法院认定哥伦比亚对制定保护主义立法具有国内利益,如对其行使管辖权,将对美国的外交关系产生负面影响,故拒绝管辖。	美国竞争法的域外适用需考虑行为发生地国的法律是否具有特殊利益及政策,为避免美国法的过度域外适用对外交关系产生消极影响,应予合理限制。
Laker Airways Ltd. v. Sabena, Belgian World Airlines	731 F. 2d 909 (1984)	本案涉及英国与美国所签发的禁诉令冲突与协调问题,美国法院认定保护国内经济利益的立法可以合理延伸至发生在领土之外但意在领土内对被保护的利益造成损害的行为,只要对领土内的影响并非过于微不足道以致低于国际法所设定的合理标准,即属合法的域外适用。	在判定美国《谢尔曼法》及《克莱顿反托拉斯法》的域外适用时,法院拒绝采取合理管辖原则和利益衡量方法,只要行为的目的及其结果在美国有相当程度之影响,美国法律即可予以管辖。
F. Hoffman-La Roche Ltd. v. Empagran S. A. et al.	542 U. S. 155 (2004)	本案认为法院必须采取限制,使美国的管制仅针对那些严重影响美国利益的事务,减少美国与其他国家的贸易摩擦,最终拒绝管辖。	本案将国际礼让原则确定为美国竞争法域外适用的重要基础,否定美国竞争法旨在管制整个世界市场,随着超国家行为体的兴起,法院应将礼让纳入到域外适用的分析中,构筑互利合作的国际关系。

(二) 美国竞争法域外适用的理论依托

如案例所示,美国司法实践对竞争法域外适用的态度经历了多重演变,从最初的保守立场到逐步认可,并不断拓展其适用的外延,到晚近开始呈现出收缩与限制的趋势,其背后隐含的是理论基础的变迁。具言之,美国竞争法域外适用的理论基础主要包括国籍原则、效果原则、合理原则。

根据国籍原则,内国的竞争法可以适用于发生在域外的本国自然人和法人的行为,其适用对象主要是本国在国外的公司。一般而言,各国之所以依照国籍原则赋予本国竞争法以域外效力,主要是为了防止本国公司或者其他组织(如银行)利用其在国外的分支机构在境外从事某些对本国不利的商业行为,如控制产品的价格或转移资金。此外,该原则还经常适用于一国对另一国实施经济制裁时,国家所颁布的法令对域外的本国人发生域外效力,例如美国为了对伊朗和伊拉克实施制裁而颁布的《国际经济紧急权力法案》。此法案适用于美国境外的美国人,包括冻结在美国海外银行的伊朗和伊拉克的资产,以及禁止美国海外公司与伊朗和伊拉克的商务往来。随着属人原则的扩大,住所及经常居所等也成为一国扩张其本国法律域外适用的属人法连结点,这从美国经济制裁立法中所用的术语即可管窥。1917 年美国《对敌贸易法》所适用的主体是"美国境内的人",第二次世界大战后颁布的 1941 年《第一战争权力法》则采取"美国管辖下的人"这一表述,1979 年《出口管制法》采用实际控制标准将域外适用的对象限定为"美国人",但《古巴资产管制条例》则将"特别指定的国民"纳入规制范围。⑲ 由此可见,依托于属人原则实现竞争法域外适用的路径具有多元化,而其连结点的选取及其限定受到本国对外经济政策的深刻影响。

所谓效果原则,是指发生在一国域外的行为如果对本国经济产生影响,那么受影响国可据此对该行为行使管辖权。该原则由美国所首创,当下已被诸多发达国家广泛接受为主张竞争法域外适用的主要理由。1982 年美国《对外贸易反托拉斯改进法》第 4 条及第 7 条明文规定,反托拉斯法可以适用于美国域外的行为,只要该行为对美国的商业产生了"直接、实质和可合理预见的效果"。在美国提出效果原则之初,诸多国家对此表示反对,并公开抵制或拒绝此类域外适用。但各国在颁布阻断立法反制美国法域外适用的同时,又相继采取了同样或类似的措施以支持其本国竞争法的域外适用。目前,德国、法国、奥地利、瑞士、澳大利亚、瑞典、日本、希腊等国家都在本国竞争法立法中以效果原则作为域外适用的根据。⑳

相比之下,合理原则是对效果原则主观判断的纠正,即在决定本国竞争法具有域外效力时以结果的合理与否作为判断标准。该原则最大的特点是考虑到本国利

---

⑲ 参见杜涛:《国际经济制裁法律问题研究》,法律出版社 2015 年版,第 109 页。

⑳ 参见林燕萍:《贸易与国际竞争法》,上海人民出版社 2005 年版,第 110 页。

益与外国利益的平衡,如外国利益明显大于本国利益,则不宜予以域外适用。实践中,合理原则在竞争法中的适用滥觞于前文所述及的1977年Timberlane案。在该案中,法院明确指出:仅仅依据效果原则确定竞争法的域外适用太过狭隘,确定重大影响是判定得以行使管辖权的最低要求,但法院在确定是否行使管辖权时,应当考虑礼让原则和其他国家的要求。具言之,应特别顾及:与外国法律和政策的冲突程度;案件当事人的国籍或企业法人的主营业地;判决的可执行性;与其他国家相比该行为对美国的影响及效果;该行为的目的是否明显损害美国商业及其程度;该种效果的可预见性;与美国境内违法行为相比,该行为被处分是否具有相对重要性。㉑

(三)限制美国竞争法域外适用的考虑因素

通过判例的不断丰富与完善,美国关于竞争法域外适用的标准随着时代的变迁和对外交往的现实需要而得以适时调整。1988年,美国司法部发布的《国际经营反托拉斯执法指南》指出,只有在履行礼让原则并确证具有合理管辖权时,方可将美国竞争法适用于外国主体的域外不法行为。在分析时,尤为重要的是平衡美国政府在确保竞争市场及保护美国消费者方面的利益同被影响的外国主权在促进其法律及政策方面的利益。㉒ 由此可见,美国司法部在审查与判定是否对发生在美国领土之外的个人及行为行使域外管辖时,具有一定的裁量空间,而裁量权的行使重点围绕着若干因素而展开(详见图1)。

鉴于竞争法的域外适用可能对法院地国的外交关系产生影响,有必要将促进国际交往、维护国际秩序作为判定域外适用的目标之一。落实到实践当中,即使一国根据属地原则或国籍原则对某一案件取得了管辖权,但如果该管辖权的行使涉及其他国家,且其他国家比法院地国具有更为密切的联系和更为关切之利益,则毫无顾忌地将本国竞争法扩张适用于域外并不合理。在确定合理域外适用与不合理域外适用的界限方面,1986年修订的美国《第三次对外关系法重述》提供了若干参考要素(详见图2)。

㉑ 参见黄勇:《国际竞争法研究:竞争法实施中的国际冲突与国际合作》,中国友谊出版公司2003年版,第11页。

㉒ 2017年美国司法部《国际经营反托拉斯执法指南》延续了这一总体思路,总结了反垄断法域外效力中的效果原则与合理原则的实践运用,并将反垄断法的域外效力问题解释为美国法院对案件的事项管辖权,即如果境外发生的垄断行为对美国境内产生直接、实质和可合理预期的影响,美国法院即拥有管辖权。See US Department of Justice and Federal Trade Commission, Antitrust Enforcement Guidelines For International Operations 2017, available at https://www.justice.gov/atr/internationalguidelines/download, last visited on February 25, 2021

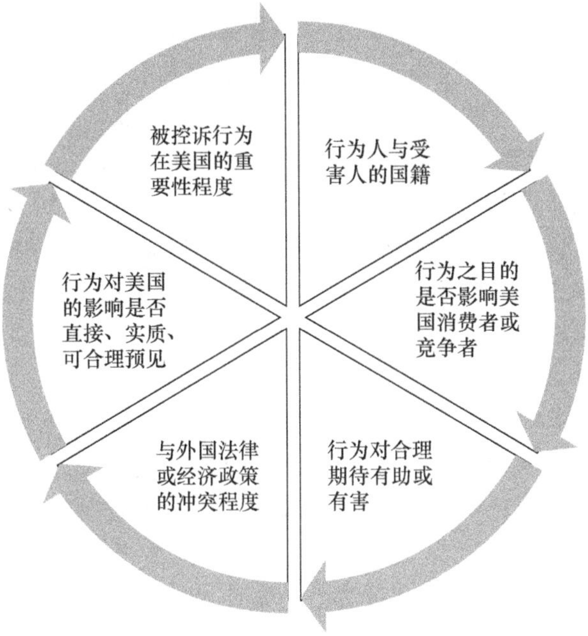

图1 美国司法部在确定竞争法的域外适用是否合理时所考虑的主要因素

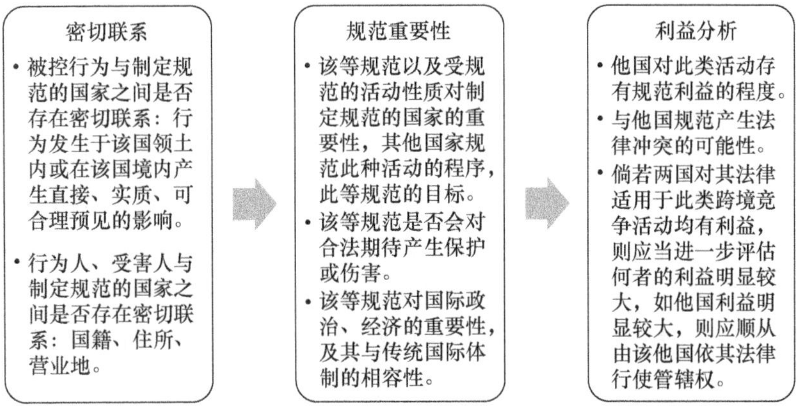

图2 1986年美国《第三次对外关系法重述》关于合理域外适用的考虑因素

四、对抗竞争法域外适用的阻断机制

事实上，除美国之外，欧盟、英国、德国、日本等也先后呈现出将其竞争法适用于域外行为的倾向。但正如前文所述，美国竞争法域外适用的司法实践透露出，效果原则存在弊端。竞争法的过度域外适用将强化国家间的管辖权冲突和法律冲突,也使企业徒增不合理的经济负担。根据国际上普遍认可的原则,反垄断域外适用应以境外的限制竞争对境内产生"重大、直接和可合理预见"的效果为前提条件。[23] 为此,美国、德国、欧洲法院、欧共体委员会均试图借鉴冲突法方法,尽可能采取具有真实联系的连结因素,从而就效果原则的适用设定若干限制,以避免单纯的效果原则所产生的扩大本国反垄断法适用的倾向。[24] 与此同时,单纯依靠一国本身的自我约束对其竞争法的域外适用边界进行谦抑,显然不能从根本上解决问题,受到影响的国家有必要适时地予以对抗和抵御。因美国竞争法的域外适用对他国主权造成了一定的挑战和冲击,故而引起外国的反制。

从总体来看,各国对美国竞争法扩张域外适用的应对策略,主要是制定相应的法律以阻止美国竞争法适用于本国境内的行为,故而此类立法常被称为阻断立法、阻却立法或障碍立法,其本身具有较强的报复性色彩,是国家之间开展法律战的重要盾牌。[25] 例如,澳大利亚 1984 年《外国诉讼程序(过度管辖)法》、加拿大 1985 年《外国域外管辖措施法》、法国 1980 年《关于经济、商务、产业、金融、技术等性质的文件及信息向外国自然人或法人披露法》、英国 1980 年《贸易利益保护法》等。从内容上来看,这些具有对抗性质的阻断立法主要包括四种形态:第一,禁止遵守或执行外国政府的命令,从而对抗外国的制裁命令和行政处罚;第二,禁止承认和执行外国法院的判决,从而与外国的司法实施相抗衡;第三,对本国公民科以保密义务,禁止本国当事人向外国法院提供证据或信息,从而反制外国法院或执法机构的取证命令;第四,对受到外国制裁的本国公司予以补偿,例如当美国反托拉斯判决某国当事人赔偿 3 倍损失时,该国当事人得向本国法院对美国的原告请求索偿 2/3 的金额。[26] 阻却立法最初即运用于反托拉斯领域,被一些国家用来对抗美国竞争法的域外适用,后来其适用范围逐步得到拓展。例如,英国《贸易利益保护法》不仅可适用于外国反托拉斯法的域外适用,还可针对证券法的域外适用,甚至可适用于位于美国发布的针对伊朗企业存放于英国之美国银行分会的财产冻结令等。为了对各国的阻断机制进行比较,笔者特将典型的域外立法做了如下总结(见表 2)。

---

[23] 参见王晓晔、吴倩兰:《国际卡特尔与我国反垄断法的域外适用》,载《比较法研究》2017 年第 3 期。

[24] 参见许光耀:《反垄断法的域外适用》,载《时代法学》2004 年第 3 期。

[25] 参见李凤宁:《国内法域外适用的反制急先锋——法国阻断法研究及启示》,载《国际经济法学刊》2020 年第 3 期。

[26] 参见杜涛:《国际经济制裁法律问题研究》,法律出版社 2015 年版,第 139 页。

表 2　域外典型阻断立法的要点比较

国家或地区	颁行年份	立法名称	规范要旨
美国	1977 年	《出口管制法修正案》	为抵制阿拉伯国家联盟针对域外的次级经济制裁，将其纳入“反抵制条款”，禁止美国人遵守阿拉伯国家针对美国友邦的制裁法令，否则将承担民事责任和刑事责任。
	1996 年	《赫尔姆斯—伯顿法》	为抵制古巴的敌视政策及征收行动，强化古巴《资产管制法》的域外效力，允许古巴革命后财产被征收的美国人向美国联邦法院起诉与征收行动有关的外国人，禁止与购买被征收财产等交易有关的外国人进入美国。
	1996 年	《达马托法》	为了对伊朗发展核武器和支持恐怖主义予以制裁，禁止任何人向伊朗和利比亚的石油领域投资超过 4000 万美元，否则将受到处罚。
英国	1980 年	《保护贸易利益法》	该法命令英国公司不得遵守外国政府针对其境外的贸易行为所采取的措施，只要该措施所针对的行为人在英国有经营业务且该措施有损于英国的贸易利益；该法授权国务大臣要求英国当事人不遵守外国法院的取证命令，如果提供此类信息将有损英国的主权、安全或外交关系；如英国当事人违反以上禁令将被处罚，而英国人应受外国惩罚性判决所遭遇的损失可在英国法院起诉索回。
欧盟	1996 年	《反对第三国立法域外适用的条例》	该条例适用于反制美国对伊朗和古巴的部分经济制裁，包括三项核心制度：阻断美国特定法律在欧盟境内的效力和执行、禁止相关主体遵守美国的特定法律和允许相关主体就美国特定法律给其带来的损失进行索赔。㉗
加拿大	1985 年	《外国域外管辖措施法》	该法最初针对美国反托拉斯诉讼中进行的域外调查取证行动以及美国反托拉斯判决作出的 3 倍惩罚性赔偿，授权加拿大总检察长发布命令阻止加拿大境内的人遵守对加拿大贸易利益有妨碍的外国贸易措施。

㉗　参见叶研：《欧盟〈阻断法案〉述评与启示》，载《太平洋学报》2020 年第 3 期；何波：《欧盟阻断法令情况及对中国的启示》，载《国际贸易》2019 年第 10 期。

(续表)

国家或地区	颁行年份	立法名称	规范要旨
澳大利亚	1984 年	《外国诉讼程序(过度管辖)法》	该法起因于美国 Westinghouse 公司针对全球 29 家铀矿企业提起的反托拉斯诉讼,因涉及 4 家澳大利亚公司,澳大利亚政府颁布本法反对美国政府的域外管辖,授权总检察长可以针对外国实施的影响澳大利亚的行为或作出的决定发布禁止执行的命令。
墨西哥	1996 年	《保护贸易和投资不受外国违反国际法的法律影响的法律》	为对抗美国《赫尔姆斯—伯顿法》和其他经济制裁法在墨西哥的域外适用,该法禁止本国当事人遵守此类具域外适用效力的外国立法,禁止承认外国法院依据此类法律作出的判决,赋予当事人求偿权以弥补因外国制裁法令遭受的损失。
阿根廷	1997 年	《外国立法法》	该法规定凡是直接或间接以限制或阻碍自由贸易和资本、货物或人员流通为目的而损害任何国家或国家集团的外国法律,在阿根廷领土内不得执行,亦无任何法律效力。
南非	1987 年	《商业保护法》	该法限制在南非领土内执行外国的特定判决、命令、指令、仲裁裁决及请求书;禁止南非当事人遵守此类诉讼程序或调查程序,不得据此向外国政府或法院提供相应的信息。

五、完善中国竞争法域外适用的若干建议

(一) 构建攻防并举的域外适用法制体系

有学者指出,中美贸易摩擦有明暗两条主线,明线即两国政府就贸易摩擦所涉议题展开的谈判和达成的协议,暗线即中美之间就制裁与反制裁、遏制与反遏制展开的法律战。[28] 这一表述十分精准地把握了当下国际贸易争端解决的内核,而在开展法律战的过程中,深入研究并有效构建国内法的域外适用体系,无疑具有重要的价值。尽管在我国现行竞争法立法中已有域外适用条款,但明显存在域外效力不明确、域外适用效果难以保证等问题。我国《反垄断法》第 2 条规定,中华人民共和国境外的垄断行为,对境内市场竞争产生排除、限制影响的,也适用本法。然而,这种概括式规定具有理解和适用上的不确定性,导致《反垄断法》的域外适用效力

---

[28] 参见沈伟:《中美贸易摩擦中的法律战——从不可靠实体清单制度到阻断办法》,载《比较法研究》2021 年第 1 期。

并不明确,也缩小了该法实际保护的范围。例如,从该法的域外条款可以解读出,域外管辖是以效果影响为基础的。因此,《反垄断法》对进口贸易领域内的企业利益、消费者利益等就不具有域外效力。为此,就制度构建而言,立法机关、司法机关、行政机关需要进一步汇聚合力、综合施策,在党的统一领导下各司其职,共同构建我国竞争法域外适用的法治体系。

(二)合理扩张我国竞争法的域外适用范围

在对外开展法律战的过程中,竞争法的域外适用并非美国等西方国家所独有的权力,而是各国均可采用的"法律工具箱"中的一项武器,其对于拓展本国的法律及政策、强化本国法律的实施效果、贯彻本国的法治精神具有重要功能。近年来,随着综合国力的增强,中国日益走近世界舞台中央,对全球治理体系改革及维护多边贸易体制发挥了应有的贡献。当其他国家纷纷效仿美国开始主张法律域外适用时,适用国内法处理跨国问题本身成为了国际准则之一,单边的、广受争议的域外适用法律成为全球治理的重要组成部分。[29]

在公法私法化与私法公法化现象的交错影响下,已有学者提出公私法二元划分体系之外存在第三法域的观点,其中尤以私法社会化理论、社会法理论等最具影响力。[30] 作为调整涉外民商事关系的国际私法也在一定程度上受到这一现象的影响,其突出体现为直接适用的法理论的提出及其运用。[31] 作为国际私法多元选法体系之一元,直接适用的法产生于20世纪50年代,由法国学者弗朗西斯卡基斯最先提出并予以系统地理论阐释。具言之,随着国家职能的改变和对社会经济生活干预的增强,国家希望它的某些意志能够绝对地得到体现。为此,国家便赋予某些法律规范以强制适用的效力,尤其是在涉外民事关系中,这些法律可以无须通过冲突规范的援引而直接予以适用。[32] 随着涉外民商事交往实践的拓展,"直接适用的法"已成为各国实践所广为采纳的一项制度,我国《涉外民事关系法律适用法》从立法角度确立了这一制度,并通过司法解释予以界定和列举,其中明确将反垄断法列为强制性规定的主要类别。[33] 然而,正如有学者所言,反垄断法的性质较为独特,其介乎于公法与私法之间,既关涉私人间的自由竞争秩序,又与国家对市场的调控密切相关,因而兼具公法与私法属性,素有"经济宪法"之称。[34] 事实上,传统国际私法理论中有关公法不具有域外效力的主张,在经济法领域已经出现了一定

---

[29] 参见李秀娜:《制衡与对抗:美国法律域外适用的中国应对》,载《国际法研究》2020年第5期。

[30] 参见赵红梅:《私法社会化的反思与批判——社会法学的视角》,载《中国法学》2008年第6期。

[31] 参见肖永平、龙威狄:《论中国国际私法中的强制性规范》,载《中国社会科学》2012年第10期。

[32] 参见徐冬根:《论"直接适用的法"与冲突规范的关系》,载《中国法学》1990年第3期。

[33] 参见刘仁山:《"直接适用的法"在我国的适用——兼评〈涉外民事关系法律适用法解释(一)〉第10条》,载《法商研究》2013年第3期。

[34] 参见魏婷婷:《反垄断法域外效力研究》,中国政法大学出版社2020年版,第50页。

的松动。[35] 而在竞争法层面,尤其是在解决因跨国竞争活动所衍生的法律冲突难题时,已有学者提出并论证了引入冲突规范来实现国际协调并限制域外适用的必要性及可行性。[36] 无论如何,以竞争法具备公法属性而全面否定其域外适用的主张似已难于立足。但是,对我国而言,究竟如何构建及采纳何种竞争法域外适用的标准最为适当,仍需要深入探究。

倡导多边合作的域外法适用标准,构建良性合作的全球治理体系,是未来世界经济全球化发展的总体趋势。事实上,中国已经在若干案件中试图将本国竞争法适用于域外,例如 2013 年年初国家发展和改革委员会对液晶面板国际卡特尔的查处,再如 2013 年广东省深圳市中级人民法院对华为技术有限公司诉美国交互数字技术公司一案的审理。事实上,尽管立法并未明文限制效果原则的适用标准,但上述案件均起因于与我国国内市场或者我国企业的出口贸易有密切联系的交易,其对我国市场的影响是"重大、直接、且可以合理预期的"。但是,为了提高我国反垄断执法的透明度,给反垄断执法机构提供明确的指导,立法者应当通过细则性规定或者发布相关的指南,明确反垄断域外适用的案件应当与我国有着密切的地域联系,即这些案件对国内市场或者我国企业的出口有着重大、直接和可以合理预期的影响。为避免和减少《反垄断法》领域的管辖权冲突和法律冲突,竞争政策发达国家和地区相互间订立了很多双边合作协议。当前,国际社会影响最大的是美国和欧盟 1995 年订立的《美国政府和欧共体委员会关于适用竞争法的协定》。[37] 它除规定双方有向对方通报重大案情的义务、信息交流的义务、程序中合作和协调的义务等外,还规定了一个避免反垄断程序冲突的原则,即"国际礼让"。出于跨国反垄断执法合作的需要,同时基于对国际礼让的尊重,我国反垄断执法机关和很多外国相关机构签署了反垄断合作谅解备忘录,如 2011 年《中美反托拉斯和反垄断合作谅解备忘录》。但是,与美国和欧盟之间的反垄断双方合作协定相比,我国与其他国家和地区的反垄断双边合作协定的实质性内容要少很多,大部分条款不明确、不具体,没有可操作性,流于形式。在未来,反垄断双边合作协定在修订和完善时有必要明确纳入国际礼让这一表述,以此作为处理竞争法域外适用的重要准则。

(三) 废除出口垄断协议豁免以促进内外一致

当今世界各国都把反垄断法作为维护本国市场竞争秩序的法律武器,反垄断法从而一般都有域外适用的规定。然而,我国《反垄断法》关于域外效力的条款与其本身的立法定位和宗旨目标极不匹配。具言之,该法第 20 条第 1 款第 6 项明文

---

[35] 参见杜涛:《经济冲突法:经济法的域外效力及其域外适用的理论研究》,载《国际经济法论丛》2003 年第 1 期。

[36] 参见林燕萍:《冲突规范在竞争法域外适用中的作用及特点》,载《法学》2010 年第 10 期。

[37] 该《协定》第 6 条规定:为避免法律冲突,缔约方除考虑自身的重大利益外,还应当在反垄断诉讼程序的各阶段,考虑缔约另一方的重大利益。

规定,“为保障对外贸易和对外经济合作中的正当利益的”垄断协议,可以不适用该法第 17 条、第 18 条第 1 款、第 19 条中的禁止性规定。这意味着,我国《反垄断法》豁免本国出口企业订立垄断协议的行为。

固然,就其制度设计而言,我国《反垄断法》豁免出口企业的垄断协议不乏合理性:其一,反垄断法以保护本国市场竞争为目的。因为出口垄断协议影响的并非国内市场,甚至对国内市场秩序并不影响,故而反垄断法没有理由适用于此类垄断行为,除非其对国内市场的竞争具有显著的排除或限制效果。其二,我国《反垄断法》豁免出口垄断协议是基于外国频繁启动贸易救济调查的现实情况,即我国出口企业在外国经常遭遇不公平的反倾销诉讼。故而,国内出口企业有必要合作共进,协调出口价格,以避免因相互间的价格战导致出口产品的价格过低。其三,迄今为止,世界上有相当一部分国家的竞争法立法对出口卡特尔采取豁免,如美国 1976 年修订后的《韦伯-波默林法》第 2 条规定:“仅仅为了出口和实际上仅从事出口的企业(联合体),或由出口企业签订的协议、从事的活动,如不限制国内贸易,也不限制其国内竞争者的出口,将不受《谢尔曼反托拉斯法》的制约。但该企业不得签订协议、承诺、共谋,在国内故意提高或压低其出口产品的价格,或实质性地减少国内竞争或者限制国内贸易。”

然而,不管上述何种理由,一个国家的法律如果一方面豁免本国的出口卡特尔,另一方面又禁止外国的出口卡特尔,这本身就是一种法律的冲突,或者法律的不协调。“己所不欲,勿施于人”,这不仅是人与人之间的处世哲学,而且也应当是国与国之间的关系准则。另一方面,一个不争的事实是,在其他国家的反垄断法与我国《反垄断法》一样具有域外适用效力的情况下,我国《反垄断法》豁免出口卡特尔的规定对出口企业事实上没有任何帮助。我国生产和出口维生素的四家制药企业 2005 年在美国遭遇了反托拉斯诉讼,被指控自 2001 年 12 月以来操纵出口到美国以及世界其他地区的维生素 C 的价格和数量,而且最近被美国一家地方法院开出了金额为 1.62 亿美元的罚单,主要是用于损害赔偿。不仅如此,我国《反垄断法》豁免出口卡特尔的规定,还可能会误导我国出口企业,导致其误认为经本国《反垄断法》豁免的卡特尔在外国同样也是合法的。因此,早已有学者主张,我国《反垄断法》应尽早废除关于豁免出口卡特尔的规定。[38] 此种方案,对于促进竞争法域外适用体系的平等化,从而缓和法律冲突和政策对立,构建进出口贸易国之间的互惠机制是有益的。

(四)适时阻断外国竞争法的过度域外适用

通过前文论述可知,美国法院通过引入合理管辖原则、消极礼让原则等,在一定范围内限制了效果原则的无序扩张,限制了外国原告利用美国法就域外侵权寻

---

[38] 参见王晓晔:《我国〈反垄断法〉域外适用的理论与实践》,载《价格理论与实践》2014 年第 2 期。

求长臂管辖和惩罚性赔偿。然而,美国并未限制其行政部门的执法权和私人当事方的诉权。在竞争法领域,仍然不乏美国行政部门采取违背国际法和侵害外国主权的方式在外国领土内进行执法。针对美国竞争法的域外管辖,加拿大、英国等国家以及欧盟等采取了一系列可资借鉴的反制措施。为回应美国域外管辖,这对中国不无启发。

据公开信息显示,我国四大维生素 C 制药企业华北制药集团下属子公司河北维尔康公司、华源集团下属的江苏江山制药公司、石药集团所属的维生药业公司、东北制药集团在美国联邦法院被两家美国企业动物科学制品公司(Animal Science Products, Inc.)以及拉尼斯公司(The Ranis Co., Inc.)提起反垄断诉讼,后又将华北制药集团追加为共同被告。[39] 原告诉称,自 2001 年 12 月起,在中国医药保健品进出口商会的组织下,各被告共同形成卡特尔联盟,限产保价,操纵市场价格,使原告企业支付的售价高于加入"价格联盟"公司所给的售价。原告要求法院判决禁止被诉方正在实施的统一价格的行为,并判处被诉方 3 倍于损害数额的罚金等。其中,为了保留美国市场,江山制药公司、维生药业公司、东北制药集团三被告先后在陪审团裁决前与原告达成和解,支付了 3400 万美元的赔偿金。华北制药集团则据理力争,在 2013 年一审败诉后,其组织相应的法律团队在深入研判美国竞争法的基础上寻求上诉,终于在 2016 年获得突破性进展。在二审环节,我国商务部曾以"法庭之友"身份以信函形式向美国受诉法院陈述意见。最终,美国第二巡回上诉法院判定:中国法律要求被告协商定价,削减维生素 C 出口数量,因此中国的法律体系与美国的反垄断法相冲突,这种冲突导致了被告的法律责任。根据国际礼让原则,判决撤销原一审判决,驳回原告起诉,发回原审法院并指令原审法院撤销案件。[40] 本案对于中国企业应对外国竞争法的域外适用提供了有益的启发,二审法院的裁判结果表明,采国际礼让原则判定美国竞争法的域外适用已得到美国法院的支持,其对于依托效果原则扩张域外适用形成了一定的约束性效果。

2018 年,美国联邦最高法院以 9∶0 的一致投票作出终审判决,根据《联邦民事诉讼规则》第 44.1 条判定联邦法院不受外国政府对本国法律陈述的拘束,对二审判决予以撤销。最高法院特别指出,尽管国际礼让原则要求联邦法院认真考虑外国政府的声明,但是否对外国政府就外国法律的适用意见予以适当尊重,仍然应当全面衡量多重因素。一旦完全遵从外国政府对其法律的声明,可能会有滥用的风险,外国政府可能会为了赢得判决而扭曲对法律的声明。所考虑的因素应当涵盖:外国声明的明确性、全面性、根据、背景和目的,与此前立场的一致性,法律体系

---

[39] See Animal Science Products, Inc., et al., v. Hebei Welcome Pharmaceutical Co., Ltd., et al, 585 U.S. No. 16-1220 (2018).

[40] 参见蒋志增:《华北制药在美维 C 反垄断案对我国企业海外应诉的启示》,载《中国集体经济》2015 年第 6 期。

的透明性及提供声明的机构或官员的角色和权限等。[41] 该案反映出，在应对外国竞争法的过度域外适用时，中国一方面应积极地谋求与其他国家政府间的国际合作，另一方面还应当协助中国企业和个人做好个案应对。[42] 在立法层面，完善中国的涉外法治体系，特别是与对外关系有关的涉外管辖权立法、国际司法协助立法、阻却立法等配套制度，极为必要。

(五) 重视国际礼让以便纾解竞争法域外适用引发的贸易摩擦

国际礼让说是荷兰国际私法学者胡伯等人在缓和国家主权原则与适用外国法的矛盾时所提出的一种解决方案，根据这一学说，对于已经在一国领域内取得的权利，基于礼让，其他国家亦应当保持其效力，只要这样做不致损害其他主权者自身或其公民的权力及利益。[43] 运用到竞争法的域外适用领域，国际礼让说具有与合理原则异曲同工之处，其均对效果原则的适用边界作出了一定约束。然而，国际礼让说并无具体的法律规范作为依托，故难于强制执行，但无法否认其在判定域外反不正当竞争行为调查方面的重要意义。[44] 就其实施而言，有学者以调查行为的实际影响为标准区分了积极礼让与消极礼让。[45] 前者特指一国的竞争执法机构认定案涉不法行为对多国均有不利影响时，若其他国家更适合处理有关行为，则请求另一国执法机关予以处理，同时予以积极的协助。后者则指虽然案涉不法行为属于本国竞争法的域外适用范围之内，但其他国家具有更高之利益，或所受消极影响的程度更深，则可以拒绝管辖案件，不再对其进行调查取证或科以处罚，以避免双方的利益冲突。事实上，积极礼让原则的合理运用，可以较好地调和并纾解双边贸易摩擦，通过竞争执法的国际协作解决市场准入困境。

---

[41] 参见张申：《从国际礼让到国际冲突——论美国法院对国家间法律适用冲突基本原则的适用》，载《人民司法》2020 年第 19 期。

[42] 参见李庆明：《论美国域外管辖：概念、实践及中国因应》，载《国际法研究》2019 年第 3 期。

[43] 参见霍政欣：《国际私法》，中国政法大学出版社 2017 年版，第 42 页。

[44] 参见戴龙：《反垄断法域外适用制度》，中国人民大学出版社 2015 年版，第 103 页。

[45] 参见魏婷婷：《反垄断法域外效力研究》，中国政法大学出版社 2020 年版，第 71 页。

满意度作为食品安全治理目标的理论探讨

阮赞林　曹俊金*

摘要:合格率作为食品安全状况的指标受到广泛的关注,提高食品的合格率也成为食品安全治理的重要目标。食品安全治理的最终目的应是让公众感到满意。目前在食品安全治理领域存在着高合格率与低满意度之间的矛盾,在努力提高食品合格率的同时将提高公众满意度作为食品安全的治理目标,则是解决高合格率与低满意度矛盾的有效举措。为此需要讨论满意度应不应该成为食品安全治理目标的问题,在得出肯定答案的基础上更有两个值得深入研究的问题:满意度能不能成为食品安全治理目标;如何更加科学合理地表达公众的食品安全满意度。前者主要讨论满意度能不能被衡量和评价;后者主要讨论哪些因素(指标)的衡量和评价才能科学合理地反映公众满意度的高低。本文重点探讨应不应该和能不能的问题,即试图回答食品安全的满意度应不应该设定为食品安全治理的目标以及满意度能不能被衡量和评价。同时结合我们的社会调查信息提出目前提高食品安全公众满意度的路径选择。

关键词:食品安全　合格率　满意度　治理目标

合格率是衡量食品安全水平的重要指标①,政府监管部门将提高合格率作为保障食品安全的重要目标。为什么将合格率确定为政府监管部门的目标呢?有如下几个原因:一是合格率的高低对食品安全水平有重要的作用和影响;二是合格率能够进行衡量和评价;三是合格率以强制性标准为依托具有可操作性;四是合格率的硬指标性便于确定目标和实现路径选择;五是合格率符合政府考核的内在激励

---

* 阮赞林,华东理工大学法学院教授;曹俊金,上海政法学院副教授。

本文系中央高校基本科研业务费资助项目成果。

① 例如,原国家食品药品监督管理总局在2018年1月23日举行的新闻发布会上介绍,2017年居民日常消费的粮、油、菜、肉、蛋、奶、水产品、水果等大宗食品抽检合格率保持在97.5%以上。社会关注度较高的婴幼儿配方乳粉抽检合格率达到99.5%,比2016年提高0.7个百分点。大型生产企业和大型经营企业样品抽检合格率分别为99.6%和98.7%,均比2016年提高0.6个百分点。

价值以及时代性的要求。因此，提高食品的合格率无论是现在和将来仍然是非常重要的目标。但是，食品品种的多样性和食品安全标准的不完整性，消费者年龄、体质、传统消费习惯、地理区域的差异性和食品安全标准的唯一性、统一性，食品科学技术的不断发展和食品安全标准的相对稳定，消费者对具有典型信任品特性的食品的内心信任和食品安全标准的外在性等等之间都存在着客观的矛盾，这些矛盾具体表现为食品的高合格率与公众的低满意度。那么满意度是否可以与合格率一起作为政府监管的目标？回答这个问题需要分析满意度是否符合合格率目标所设置的各种条件，也即前面提到的五个原因。为此，本文结合我国情况，试就满意度应不应该和能不能作为食品安全治理的一个目标展开讨论，分析与论证满意度目标的作用与影响、衡量与评价、指标设计与操作、满意度目标与合格率目标的不同实现路径、确立满意度目标的时代价值及其迫切性这五个方面，从中看出满意度作为食品安全治理目标的必要性和可行性。至于如何让满意度目标的衡量、评价、路径等更加科学合理，如何提高满意度目标的科学性、合理性方面则留待其他的行文研讨。

一、满意度目标的作用与影响

邓小平同志说过，人民满意不满意、人民高兴不高兴、人民赞成不赞成，应当成为检验我们一切工作的标准。[②] 这就是公开承诺，就是要把人民群众的利益作为落脚点，要把人民群众的评判作为试金石。这句话简洁明了、通俗易懂地阐释了满意度的价值和作用。公众的满意是社会经济发展追求的目标，也是人们对“美好生活的追求”的必然结果。政府食品安全监管部门在保障公众“舌尖上的安全”的成效方面，不仅表现在合格率上，还应表现在公众的满意度上。满意度体现了公众对食品领域的整体评价，包括食品安全监管状况、食品生产经营者的诚信状况，食品安全标准水平以及当消费某类食品时的内心确信安全状况等等。满意度的高低直接影响到我们党和政府为人民谋幸福，为民族谋复兴的伟大使命的实现，满意度作为食品安全治理的目标对政府监管部门具有重大的作用和影响。

满意度目标不仅对政府监管食品安全具有重要作用，对食品的生产经营者也起着同样重要的作用。无论是成功者还是失败者的事例都足以证明能不能提高公众对自己生产经营的商品（服务）的满意度，在很大程度上决定着企业的未来和命运。[③] 成功的企业家设定的生产经营活动目标绝不仅仅局限于提供产品的合格率上，而是在提高产品质量的同时，努力通过提高用户体验舒适性、提高管理效率、开

② 参见胡锦涛：《在邓小平同志诞辰 100 周年纪念大会上的讲话》，人民出版社 2004 年版。

③ 企业的生死存亡是由其提供的商品是否满足公众的需求而决定的，而不是由其提供的商品的合格率决定的。

展诚信建设、担当社会责任等可感知的整体形象来满足公众的心理预期。满意度就是传导企业生产经营活动的整体形象的效果与公众的预期值相比较后所形成的愉悦或失望的感觉状态,公众根据自己的知识、感觉、经验来判断商品(服务)是否符合他们的期望,判断哪些商品(服务)是适合自己消费的、哪些商品(服务)是可以放心消费的,从而形成一种价值期望并根据它来行动。食品生产经营者的整体形象低于期望,公众就不会满意;二者相匹配,公众就会满意;超过期望,公众就会感到高度满意。高度满意和愉悦能够产生对某种(类)食品的高度信赖和忠诚,公众的高度信赖和忠诚决定着生产经营者的未来。将公众的满意度作为评价的一个重要指标在国内外的企业中并不少见。食品生产经营者将公众的满意度作为生产经营的目标,需要在认识上有突破,即要充分认识到公众满意是公众对“美好生活”的情感反应,公众满意度是建立在公众主观体验基础上的;④

满意度的价值在互联网时代得到了更好的体现。互联网时代形成一个网状社会,政府监管的成效、企业行为的价值都与连接点的广度跟厚度密切相关。连接越广、连接越厚,成效越高、价值越大。互联网经济已经进入了新常态;互联网时代赋予信赖和忠诚以新的内容,互联网是建立在以人为本的生态环境下的,以人为本理念下政府监管、企业活动,其首要目标是赢得公众的高度信赖和忠诚。满意度折射出公众的信赖和忠诚状况,体现了“人心的向背”。我们可以套用一句名言:得人心者得未来,失人心者失未来。因此,满意度作为食品安全治理的目标在互联网时代无论是从政府监管角度还是从食品生产经营者角度都具有十分重要的作用和影响。

二、满意度目标的衡量与评价

满意度是可以被衡量和评价的。如果说合格率是一种硬指标,那么满意度即是一种软指标,合格率可以依据一定的衡量标准进行检测,从而得出合格率高低的百分比。满意度是否同样具有可衡量可评价性?满意度作为人们的一种心理活动,在反映评价对象客观差异方面并没有明确的界限,不像合格率那样以“标准”为衡量依据做出要么合格要么不合格的评价,满意不满意从肯定到否定存在着逐渐的梯度变化,中间经历了从量变到质变的变化过程而不是简单地做出要么满意要么不满意的评价。尽管在衡量满意度与合格率之间存在着如此的差异,但是,在现实生活中特别是在企业生产经营层面满意度仍然是可以衡量和评价的。

在上世纪 80 年代中期,美国政府建立了“马尔科姆 · 鲍德里奇国家质量奖”

---

④ 公众的主观体验是与公众的知识与经验、社会阶层、生活习惯、价值观等密切相关的。

(Malcolm Baldrige National Quality Award)⑤,这一奖项的设立大大推动了"顾客满意"作为提高企业产品质量的目标管理。马尔科姆·鲍德里奇国家质量奖的基本观点之一是质量是由公众最终确定的,只有满足公众要求的质量才是真正的质量、有效的质量。⑥ 虽然公众满意度具有模糊性,但人们通过运用模糊集合理论⑦和模糊综合评价方法⑧,仍可以得出具体的公众满意度量化数值。研究表明"满意度实际上是一个可感知效果和期望值之间的差异函数",各种态度评价技术为其提供了保证。公众满意的程度,取决于公众接受某项产品或服务后的感知与公众在接受之前的期望相比较后的体验,比值越大,则公众越满意,即公众满意度越高,人们将这种评价技术用函数来描述:

$$\mathrm{PSI} = q/e$$

式中,PSI 为公众满意度;q 代表公众对评价对象的感知;e 代表公众的期望值。PSI 的数值越大,表示公众满意度越高;反之,其数值越小,表示公众满意度越低。当 PSI>1 时,公众满意度很高,表明评价对象的感知超出了公众的期望,在此种情况下,公众会对评价对象表现出高度的信任和忠诚,甚至产生一些依赖;当 PSI=1 时,公众满意度较高,表明评价对象的感知效果恰好吻合公众的期望,在此种情况下,对评价对象表现出应有的热情和信任;当 PSI<1 时,公众满意度很低,表明评价对象的效果低于公众的期望,公众会对评价对象表现出抱怨、冷漠、不满和不信任。总之,评价对象的公众满意度就是指公众对评价对象绩效(效果)的感知与他们的期望值相比较后形成的一种失望或愉快的感觉程度的大小。

企业管理领域的公众满意度评价能否应用于食品安全监管领域的满意度评价?我们认为前述的评价技术是可以援用的。公众对食品安全性的要求不仅表现在硬指标(具有外在性的如符合食品安全合格标准)方面,也表现在软指标(具有

---

⑤ 马尔科姆·鲍德里奇国家质量奖的基本观点有9项:(1) 质量是由顾客最终确定的;(2) 高层管理者需要创造一种清晰的质量价值观,将其融入组织的日常操作上;(3) 卓越的质量要通过设计及执行俱佳的制度及过程来实现;(4) 不断改进必须成为所有制度及过程的管理内容;(5) 缩短所有操作及程序所需的时间,是质量改进的一个重要构成部分;(6) 操作及决策必须以事实及数据为依据;(7) 所有员工都要接受适当的训练及全面参与质量管理有关活动;(8) 提高设计的质量及加强次废品的预防是质量管理系统的重要部分;(9) 公司必须对供应商清楚说明质量的要求,并与供应商携手合作去改善质量。

⑥ 我们可以理解为合格率高低代表着标准意义上的质量,满意度高低则代表着效率意义上的质量。

⑦ 模糊集合理论,也称为模糊集合论,或简单地称为模糊集,是1965年美国学者扎德在数学上创立了一种描述模糊现象的方法。这种方法把待考察的对象及反映它的模糊概念作为一定的模糊集合,建立适当的隶属函数,通过模糊集合的有关运算和变换,对模糊对象进行分析。模糊集合论以模糊数学为基础,研究有关非精确的现象。客观世界中,大量存在着许多亦此亦彼的模糊现象。

⑧ 模糊综合评价方法是一种基于模糊数学的综合评价方法。该综合评价法根据模糊数学的隶属度理论把定性评价转化为定量评价,即用模糊数学对受到多种因素制约的事物或对象做出一个总体的评价。它具有结果清晰,系统性强的特点,能较好地解决模糊的、难以量化的问题,适合各种非确定性问题的解决。

隐含性的如符合自己的特别需求)方面,满意度是对这二类指标的整体评价得出的结果。食品的合格率是企业预期的、是否符合食品安全标准的质量要求,可以满足企业与公众之间的硬指标要求,也是政府监管成效的体现。公众对食品的满意度要求则往往超越对合格率的要求,它不仅体现在合格率的高低上,还体现在标准设计、评价手段、标签真实等等多方面的具有隐含性的信任与期待上。前面讨论的在计算技术上确立的评价对象与期望之间的函数关系,同样适用于食品生产经营以及食品安全监管领域。例如假设将某类"有机食品"作为评价对象,可以通过公众的购买意愿的统计分析及相应的计算技术获得公众对该类有机食品的满意状况。公众一般认为有机食品的安全性比普通食品要高,假如公众期望的安全性是 90%(即 $PSI=q/e$ 公式中的 e 值),除去价格因素的考量,如果有意愿购买有机食品的(公式中的 q 值)公众达到 90%以上,即 PSI>1,说明公众对该有机食品的认可度很高;如果对有机食品有购买意愿的公众恰好在 90%,PSI = 1 时,公众的感知与期望一致,说明公众对该有机食品的认可度也较高;如果对有机食品有购买意愿的公众不足 90%,PSI<1 时,说明公众对该有机食品的认可度不高。通过调查获得相应的数据,进而运用统计分析及计算得出相应的 PSI 结果,我们可以得出该类有机食品是否"名实相副"的初步结论⑨,如果名实难副,监管部门或者生产经营者应从如何使"有机食品"的价值真正得到体现方面积极地寻找问题的症结,努力提高公众对有机食品的信任和忠诚,进而传导为公众对政府在有机食品监管领域具有较高的满意度的评价。

衡量和评价食品安全领域的公众满意度需要开展创新研究。将满意度计算技术应用于食品安全领域,需要解决的核心问题是如何确定函数关系中的评价对象和较好地了解公众的期望,或者说哪些对象可以用于公众的食品安全的评价指标,如何获得公众对这些指标所示对象的心理预期值(即在确定感知对象后如何确定合理的感知期望值)⑩,以及如何有效地获得公众的实际感知数据。在论证满意度目标是可以衡量和评价的基础上,对如何使衡量、评价的结果更加科学合理,则需要对评价对象(指标设计)、不同层面的消费者的不同期望进行深入的研究,我们认为互联网时代计算机技术日益发展,大数据分析应用日益广泛,通过计算技术所获得的衡量和评价公众满意度的结果应该会越来越具有科学合理性。

三、满意度目标指标设计与操作

如何科学合理地设计满意度目标的指标及其体系需要专门的研究,我们在这里试图论证的是满意度目标的指标及其体系是可以设计的、技术层面上是可以操

⑨ 最终结论当然还需要综合考量价格等因素。

⑩ 是否以百分之百的合格率作为感知值?有待商榷。

作的。

满意度目标的指标及其体系应与公众的需求相一致。随着社会经济不断发展,公众的需求层次也会随之变化⑪,公众满意度衡量和评价的函数结构(评价对象的指标设计和公众期望值的评价)也需要进行相应的调整。公众满意度作为一种公众的综合心理体验,可以划分为不同层次(因素)和不同层次上的不同属性(因子)。当食品消费结构由"从吃饱到吃好"进而转变为对"美好生活"的追求时,需要设计出与公众的心理预期相匹配的指标,也就是说指标设计需能够反映公众的关注点和评价公众的期望值,以此反映的公众满意度水平才能真正代表食品安全的总体状况,才能实现将满意度目标作为食品安全治理目标的价值。

满意度目标的操作性主要是指满意度调查技术的运用。满意度的调查技术体现在如何获取公众对评价对象的心理预期值和直接感知的数据上。从其他领域已经开展的满意度调查实践活动看,人们已经将多种技术和理念有机地结合,并发展出满足不同类型的不同需求的满意度调查技术。有统计资料显示,到目前为止为适用不同类型、不同发展阶段的需求,满意度调查技术可归为10代。⑫ 1988年,美国学者Fornell将结构方程和满意度形成心理路径相结合,提出了新的满意度模型,成为世界各国制定国家满意度指数模型的基础,瑞典最先推出应用SCSB,之后不断发展为ACSI、ECSI。通过感知质量满意度或满意度指数模型调查,管理者清楚了单位的服务水平和客户不满意的方面,在此基础上,管理者自然会非常想了解客户为什么不满意。基于这些调查技术的实践应用原理,我们有理由认为其同样可以应用于食品安全满意度调查领域。

调查技术在不同领域的有机衔接需要研究调查对象的特殊性。由于食品需求具有纵向结构的不同以及横向个体需求的多样性,公众在食品安全满意度的评价对象与心理期望方面必然会存在很大的差异,普遍性的满意度调查技术应用于食品安全满意度的衡量、评价领域理应需要考虑一些特别影响因子、采取一些特别措施。例如在实践中面临的食品安全领域的各种不确定因素的影响,包括食品领域科学技术发展的不确定性,消费者个体生理特征、生活习惯、文化差异等等的不确定性,国家食品质量安全和数量安全政策的不确定性等等都会影响到食品安全领

⑪ 例如美国著名的心理学家马斯洛,根据他多年的研究和实践,在1960年提出了需要层次理论。他把人们的需要分成五个层次,并按照需要的轻重缓急,由低向高排列。人们最基本的需要是维持生存的生理需要,它处在需要层次的最底层,向上依次为人们对安全的需要、社会交往的需要、尊重的需要和自我实现的需要。

⑫ 整个10代的满意度调查技术,前3代是基础,经历了从服务过程调查(第1代)到服务效果调查(第2代),从服务质量调查到满意度指数调查(第3代)的发展过程。后7代是在前3代的基础上,根据不同应用要求延伸发展而来的。以提升不满意客户为关注点,发展了不满意度调查(第4代)、短板改进调查(第5代);为优化资源配置策略、确定资源投入边界,应用发展了KANO模型(第6代);为分析差异化服务需求,将U&A研究(第7代)融入了满意度调查;第8代满意度调查重点关注高满意人群,第9代将提升用户体验作为调研重点,第10代强调以满意度调查为核心建立服务管理体系。

域公共政策考量的指标与公众的食品安全期望。尽管这些差异化现象和各种不确定因素会影响到公众感知的准确性从而影响满意度评价的准确性,但是我们认为这些可能产生影响的因素也可以通过调查技术的不断改正以逐渐减弱并能够达到合理状态。

我们在食品安全公众满意度的指标设计与调查方面进行了一些尝试。2011 年到 2016 年期间,我们选择了八个城市开展了四次"中国八大城市食品安全公众认知度调查"⑬。调查表的设计是从公众关注的重点食品安全问题出发,从五个方面设计了 22 个问题作为公众对食品安全满意度的评价指标。⑭ 每个问题设定 3—6 个选项,以单选为主,多选为例外,每次发放 4000 份问卷调查表,对回收的调查问卷表运用 SPSS 17.0(Statistical Product and Service Solutions 17.0)的数据分析工具进行分析,然后统计出公众对各个问题的主观评价(感知)的百分比,从而计算出公众满意度高低的数值。

我们设计的公众满意度调查问题(评价指标)包括:我国当前食品安全现状;与两年前相比目前本地区食品安全状况;与两年前相比我国食品企业的诚信形象;如何判断以前没有食用过的食品的安全性;如何辨别网购食品的安全性;选购食品时最担心哪些安全问题;哪一类食品最应该加强监管;食品生产经营的哪个环节最应该加强监管;有机食品、绿色食品、无公害食品的农产品标识是否值得信任;从哪些渠道获取食品安全知识和信息;如何选择各种不同信息来源的食品安全消息;希望从哪些渠道获取政府部门提供的食品消费知识和安全警示信息;政府监管部门对食品安全问题投诉处理的改进建议;在向监管部门投诉问题食品时遇到的最让人不满意的情况;提高公众举报积极性的建议措施;等等。⑮

"食品安全公众满意度调查"的评价指标是否覆盖了公众关注度较高的所有问题,以及指标之间的内在逻辑是否科学合理,即指标的全面性、合理性和科学性等方面尚有待进一步的研究和不断地完善。但是我们的这些社会调查实践活动至少初步证明了满意度目标在调查技术层面具有可操作性。如果能够将满意度确定为食品安全治理的目标,那么接下来的研究重点是如何设计出全面、合理和科学的指标及指标体系,如何更好地运用调查技术和计算技术,以不断提高满意度评价的准确性。

---

⑬ 该项调查受上海市食品药品监督管理局的指定单位委托,由华东理工大学食品药品监管研究中心、上海市食品安全研究中心共同完成。已经分别于 2011 年、2013 年、2015、2016 年开展了四次调查。各次调查发放的问卷 4000 份。八个城市分别是北京、上海、广州、成都、武汉、郑州、兰州、沈阳。

⑭ 五个方面的问题包括:(1) 公众对我国食品安全现状的总体判断;(2) 公众对我国食品安全的具体认知;(3)公众对我国食品安全监管现状的判断;(4) 公众对食品安全信息的客观性评价;(5) 公众对我国食品安全监管的评价及具体建议。这些指标的科学性和合理性方面仍然需要不断地修正完善。

⑮ 这些调查的具体问题我们与食品药品监管部门、食品的生产经营者、食品领域的科学研究者以及消费者都进行过多次的讨论和论证。但是能否提炼为指标,仍然需要不断地研究,特别是在新的社会环境下,更应该与时俱进,在科学性、合理性和实践性方面不断深入研究。

四、满意度目标与合格率目标的不同实现路径

合格率目标的定位可以非常明确——追求百分之百的合格。食品安全是否合格是以“食品安全标准”为参照系的,因此目标实现过程可围绕这个确定的、相对稳定的“标准”展开,通过严格执行“标准”达到确定的合格率百分比。满意度目标是一个决定于主观感受的软性目标。[16] 满意度目标虽然也可以定位于不断“提高公众的满意度”,但是“满意度”本身却是一个动态的、具有强烈的主观感受性的概念,随着社会以越来越大的加速度向前发展,人们对美好生活追求的形式和内容都不断更新,当公众的需求发生了变化,公众评价自己生活是否满意的主观感受的内涵和外延都会发生变化,如果满意度的评价指标不能随着这些内涵和外延的变化而作相应的调整,也即当期望与评价指标之间产生脱节时,那么无论客观情况如何(例如食品合格率的高低),公众的满意度未必就一定与之同步,这也正是高合格率与低满意度之间的矛盾基础。假如我们对食品安全满意度评价指标只作静态的观察和分析以得出满意度分值的高低,其结果意义并不大。只有将该指标的百分比高低值从时序上进行纵向比较,从不同地域、不同人群结构进行横向比较分析才具有改进提高满意度目标的实际意义。我们应赋予食品安全满意度目标与合格率目标不完全相同的路径选择。

食品安全领域的满意度具体体现在老百姓吃得放心、吃得称心、吃得安心。因此,我们可以将“三心”目标定位为提高食品安全满意度的具体目标,无论是政府监管部门还是食品的生产经营者都要将提高“三心”作为提高公众满意度的目标定位,围绕“三心”的各项评价指标不断改正监管行为和生产经营行为。公众对食品安全的满意度越高表明食品安全整体状况距离“三心”的目标越近。满意度指标的理论设计往往与公众的主观期望之间存在着不协调性,食品的百分之百合格并不能完全等同于公众的百分之百满意,满意度不能采取类似于合格率评价那样的客观“标准”进行衡量,满意度的具体指标需要与时俱进,多层次、多方位、多角度及时进行衡量检测。

能不能以保障食品百分之百的合格率代替公众的满意度,从而作为食品安全监管的目标定位与努力方向?提高食品的合格率在当前我国食品安全治理中具有十分重要的意义,但是如果将提高合格率作为唯一的目标,并不能解决高合格率与低满意度之间的矛盾。

方向决定出路。提高食品安全公众满意度目标相较于提高食品安全合格率目标要求更高,需要面对的问题更加系统复杂。提高食品安全公众满意度与政府治

---

⑯ 类似于人们对社会生活的追求,吃饱的概念可以相对确定,可以用一个硬性的标准来衡量,但是如果对吃好的概念进行界定,则更加困难了。

理能力、治理手段现代化目标具有直接的关系,例如上海市在处理食品安全与公众的满意度关系时明确提出“坚持问题导向,把群众反映的突出问题作为工作重点,把群众对食品安全的美好愿望作为努力方向……构建本市‘舌尖上的安全’体系”⑰。在提高公众食品安全满意度的路径选择上,我们认为现阶段可以从以下几个方面着手:

(一) 确立以提高公众满意度为目标的理念

理念引领行动,长期来政府监管部门已经将提高食品的合格率作为基本目标,我们提出将公众满意度作为食品安全治理目标,切合了“把群众对食品安全的美好愿望作为努力方向”的意蕴。将提高公众的满意度确立为追求的目标,需要人们转变理念,认清公众满意度在食品安全治理中的作用和价值。

将提高公众的满意度作为食品安全监管的目标,需要重新定位政府监管部门的指导思想、价值取向以及制度安排等。指导思想是灵魂,价值取向是引导,制度安排是保障。指导思想上要坚持以人为中心的发展理念,没有食品的安全,就没有人类的未来;价值取向上要树立“民以食为天”的理念,这个“天”是人类更替发展的必要和充分条件;制度安排上要全面提升食品安全治理现代化水平,以食品安全法为基本依据,构建包括风险评估、风险交流、可追溯系统、食品召回、投诉举报、行业诚信等全方位的食品安全保障制度和公众参与机制。

确立提高公众满意度的目标也同样要求食品生产经营者转变理念。食品生产经营者要充分认识到公众满意不满意对企业自身发展的重要性,准确理解生产与消费之间的关系,认识到合格率不是企业长盛不衰的充分和必要条件,能不能满足公众的需要才是企业生存和发展的充分和必要条件。食品生产经营者应树立食品质量安全第一、食品安全第一责任人、承担社会责任、立足长远发展等理念,从而为提高公众的满意度创造扎实的社会和市场基础。

(二) 探索提升满意度的各种举措

提升公众的满意度需要在转变价值理念的同时采取各种积极的措施落实到行动上。监管部门如何有效地提升公众的满意度反映了政府的行政能力、服务水平,是政府治理能力现代化的重要组成部分,它的内涵体现为规范政府自身行为、改变服务中主导者角色定位;它的外在表现是能否认真倾听公众的呼声,真实反映公众的意愿,真正做到“急公众之所急,想公众之所想,谋公众之所求,解公众之所困”。提高公众满意度的具体行动措施可以有哪些呢?我们有针对性地开展了社会调查,结合《上海市建设市民满意的食品安全城市行动方案》提出的 35 项主要任务,从政府监管角度我们认为可以将以下几个方面作为提高公众食品安全满意度的着

⑰　参见《上海市建设市民满意的食品安全城市行动方案》(沪委办发〔2017〕1 号)。

力点：

（1）加强重点环节的监管。食品产业链从田头到餐桌涉及种植养殖、生产加工、储蓄、运输、销售、餐饮等环节，更进一步还可以将保障食品安全的环节前伸到生态环境保护，后期延续到家庭烹饪。如果在各个环节上平均分配监管资源，既无必要也无效率。我们的调查结论是公众最关心食品的生产加工环节，可以将食品生产加工环节作为重点监管对象。⑱

（2）加强重点销售场所的监管。食品的销售（购买）可以由超市到农贸市场，由门店到摊点、由线上到线下，由国内市场到国际市场等，我们在调查公众选购自己以前没有食用过的食品时从哪方面来判断安全性时，有约四成的公众会从购买场所的选择作为判断食品安全性的参考依据⑲，因此对购买场所的重点监管也具有特殊的意义。

（3）加强重点食品的监管。食品的种类不胜枚举，公众日常生活需求较重要的食品一般有蛋及蛋制品、乳及乳制品、肉及肉制品、水产及其制品、果蔬及其制品、粮食及其制品等等。确定哪类食品应该重点监管应充分考虑公众的消费习惯、消费能力等，还要兼顾到某一特定时期是否发生过某类食品的安全事故及其影响，例如“奶粉事件”后，公众对奶类制品加强监管的要求比较强烈，监管部门应将奶类制品的监管作为重点，以缓和公众对奶类制品的担忧。

（4）加强食品安全信息发布管理。食品安全风险交流、信息沟通已经成为食品安全治理的重要举措之一，也是提高公众满意度的重要举措之一。某类食品是否存在不安全风险，或者某类食品已经发生了安全问题，公众最迫切希望能够及时、准确、全面了解相关的信息。网络时代出现的信息多样性往往使公众无所适从，不当信息会转导公众对食品安全的担忧和不满。如果监管部门能够及时、准确、全面地将相关信息“有的放矢”地向公众发布，公众因了解了真相从而拉近了感知与预期之间的距离，其满意度就会得到较大的提升。⑳

（5）完善公众投诉举报渠道，提高对公众投诉的反馈。食品安全法确立了社会共治理念，需要政府监管部门、食品生产经营者、消费者、社会中介组织、新闻媒体、食品科研工作者等共同参与食品安全治理，具体的参与方式之一是公众的投诉举报。激发公众投诉举报积极性的首要条件是有畅通的渠道，包括举报投诉渠道

---

⑱ 我们的调查问题是“以您的经验来看，食品安全哪个环节最应该加强监管：种植养殖、生产加工、储藏和运输、销售、餐饮。”四次调查结果显示认为最应该加强监管生产加工环节的百分比分别是71.29%、64.31%、60.59%、57.68%。

⑲ 我们的调查问题是“选购自己以前没有食用过的食品时，您会从哪方面来判断它的安全性：购买场所、亲友推荐、标签标识、政府的提示信息、品牌、网民评价、价格、其他（请填写）________。”调查数据显示选择“购买场所”的百分比最低为36.55%，最高为41.80%。

⑳ 我们的调查问题是“发生食品安全突发事件时，您最希望从政府部门得到哪些信息：事件本身的真实信息、事件可能给公众带来的危害、告诉公众应对（预防）措施、告诉公众政府正在采取的措施、其他（请填写）。”认为应该告知真实信息与可能带来危害的公众合计占七成以上。

和反馈渠道。[21] 渠道畅通了公众才能真切地感受到“存在感”,这也是提升公众满意度的一个重要举措。[22]

(6) 其他方面的举措。提高公众的满意度可以采取的措施是一个动态的应变过程,在食品安全监管过程中需要根据新现象、新情况及时调整方法,从而使各种举措更有针对性、更有效率,例如当网购日益普及时如何提高公众对网购食品安全的满意度,就需要采取一些创新性的措施;又如对城市小摊贩、婴幼儿食品的监管等也同样需要有一些创新性的监管举措才能提高公众的整体满意度。

(三) 强化食品生产经营者的责任意识

提高食品安全公众满意度既要激发食品生产经营者的内在动力也要形成对其作为“第一责任人”的外在压力。任何企业都存在着长远利益与短期利益之间的冲突,食品生产经营者为了实现眼前商业利益的最大化,不顾商业道德,不顾公众利益,竭泽而渔的现象在现实生活中屡见不鲜。因此,为限制只顾短期利益不顾长远利益从而影响食品安全治理的行为,既应培养食品生产经营企业的长远发展观,也需要通过建立各种外在的约束机制,规制食品生产经营者,并强制性地将其纳入提高公众满意度的评价体系中,将公众的满意度作为评价企业好坏的依据之一。

提高公众满意度责任意识的外在约束性机制呈现多样性,从大的方面可以分为两个方面:一是倡导性机制,如有些地区政府监管部门采取的“一户一档”信用档案制度,信用量化分级分类监管制度,联合奖惩制度,信用信息可追溯、互联互通、协同共享机制,食品安全的责任保险制度等等。二是强制性机制,如设立“黑名单”制度,对失信者实行行业“禁入”,网络食品经营者的实名登记制,建立“索票索证”的可追溯制度,食品强制召回制度,投诉举报奖励机制,等等。

公众的需要必将从单纯对食品本身的安全性需求转型为在食品消费中的精神层面的满足感,商业活动的创新、体验及情怀也必将从人随物动转型为物随人心,如何真正满足公众食品消费领域的“三心”应成为食品生产经营者的行动目标。

五、确立满意度目标的时代价值及其迫切性

习近平总书记在党的十九大报告中做出了“中国特色社会主义进入新时代,我国社会主要矛盾已经转化为人民日益增长的美好生活需要和不平衡不充分的发展之间的矛盾”的重大判断。“美好生活需要”的内容十分广泛,包括不断增长的物

---

[21] 我们调查的问题是“在您看来政府提高公众举报积极性的措施有:举报要便捷、提高举报奖励、加强对举报人保密、处理结果要主动反馈、处置信息要公开、其他(请填写)。”调查数据显示最高有38.71%的公众选择了举报要便捷。

[22] 我们调查的问题是“您对政府监管部门对待食品安全问题的投诉处理结果感到:非常满意、满意、基本满意、不满意、非常不满意。”调查数据显示满意与不满意的公众各占五成。

质和文化生活的“硬需求”,更包括在此基础上衍生出来的获得感、幸福感、安全感等等更具主观色彩的“软需求”。从食品安全角度,食品合格率目标着重体现为公众的“硬要求”,食品安全满意度目标则体现为公众的“软需求”,蕴涵着公众对“美好生活需要”追求的心理预期、价值认同。提高公众食品安全满意度目标是新时代社会发展的必然要求,是与我们党全心全意为人民服务的政策一脉相承的。随着我国社会主要矛盾的转化,有必要相应地将满意度目标提到特别的高度和显著的位置。

在提出满意度目标的同时,我们并不是要消减或者放弃提高食品合格率的“硬需求”,而是要将提高合格率作为提高满意度的重要保障。食品本身如果不合格即不符合食品安全标准肯定属于不安全食品,面对不合格、不安全的食品公众的满意度也就无从谈起,从这个意义上讲,合格率目标与满意度目标在政策指导上是统一的。保障食品安全是我国的一贯政策,保障食品安全是以人为中心发展思想的具体体现。“人是万物的尺度,是存在事物存在的尺度,也是不存在事物不存在的尺度。”㉓这说明现在或者将来万物存在的价值应以是否有利于人的存在和发展为唯一标准,一切都因满足人的需要而存在,满足人的需要的程度高低决定了各种存在的价值。以人为本,保障食品安全是制订和落实食品安全满意度目标的最核心的政策指导方向。

食品安全治理问题相当复杂,同时存在着迫切性。如何在追求“美好生活需要”的总体政策指引下提高公众的满意度从而达到食品安全治理目标,在国家层面上,2021 年 1 月国务院印发的《“十四五”市场监管现代化规划》(以下简称为“十四五”规划),提出了加强食品安全源头治理,完善食品安全责任体系,健全食品安全风险防控机制,严惩食品安全违法行为的要求,强调通过食品安全示范城市建设、食品安全检验检测体系建设、食品安全检验检测能力提升、食品安全综合评价体系建设、食品安全应急体系建设等内容推进食品安全放心工程,以此严格落实“四个最严”要求,显著提升食品安全治理能力,强化消费者权益保护,构建和完善安全可靠、人民群众放心消费的安全大市场。

理念转变、制度建设、机制安排,以及制度与机制之间的协调都需要实践检验和经验总结推广,要完成“十四五”规划所提出的各项工作任务,时不我待,需要急迫地行动起来。

六、结论与设想

我们的研究结论是合格率目标的五个主要因素同样可以在满意度目标中得到

㉓ 北京大学哲学系外国哲学史教研室编译:《古希腊罗马哲学》,商务印书馆 1982 年版,第 119 页。

反映,因此满意度可以作为食品安全治理的目标。提出满意度目标具有重要的影响,既涉及应不应该和能不能作为食品安全治理目标的问题,也涉及怎样才能达到、如何设计科学合理的满意度评价指标等与食品安全治理目标相关的其他问题,这些问题并不是一篇文章就能阐释完的,本文只是进行初步的探讨,重点在于探讨"应不应该""能不能"的问题,以后还将就"怎么样"及其评价指标的科学合理性问题做更多的、系统性的研究和分析。未来的研究可以从多个方面和角度进行探讨,也将进一步地探讨满意度的作用与影响、衡量与评价、目标设计与操作、满意度目标与合格率目标的不同实现路径、确立满意度目标的价值及其迫切性。其中满意度目标所涉及的指标体系、实现路径的研究将成为研究的重点领域。这两个方面需要结合社会主要矛盾的转化,针对新时代经济社会发展阶段、不同的技术水平、不同的发展模式等因素,进行更加具体、更加多样化的理论性构建和应用性设计。

竞争监管的实践冲突及其解决路径

邓志松*

摘要：竞争监管是现代市场经济国家维护竞争秩序的重要机制，对正处于转型中的中国来说更是如此。竞争监管是我国转向高质量发展进程中所不可或缺的制度选择，实践中市场监管机构与行业主管部门之间时常发生管辖权冲突，在反垄断和反不正当竞争领域中显得尤为明显，其结果不仅妨碍法律实施和法治权威，更有损经济治理效率和竞争保护，因而有必要依法寻求竞争监管冲突的消解路径。因此，在梳理我国监管实践主要问题的基础上，借鉴当今主要司法辖区中广泛采用的两种竞争监管边界协调方式，分别从具体行政行为和抽象行政行为二分法角度出发，探究我国市场监管和行业主管之间权力划分的基本原则，依此提出我国反垄断监管建立市场监管机构独家管辖模式，反不正当竞争监管以市场监管机构为主、行业主管部门为辅的具体解决方案。

关键词：竞争监管冲突　市场监管　行业主管　竞争法

竞争是市场经济的本质特征，但因体制机制不成熟等原因，实践中仍面临着诸多挑战，难以满足市场配置资源的需求，因而监管成为矫治竞争违法行为、保护竞争秩序的必要工具和方法。值得注意的是，竞争监管在不同国家或地区有不同的模式或机制，其内涵和外延也呈现出相应的差异。在我国，竞争监管通常是指依据《反垄断法》和《反不正当竞争法》开展的执法活动，以及制定、发布竞争政策①和其他影响市场竞争的政策行为。在执法层面，我国在中央和地方层面均设立了专门的市场监管机构负责各行业的竞争执法工作。同时，在电信、电力、石油、民航、银

---

* 邓志松，法学博士，对外经济贸易大学竞争法研究中心研究员。

① “竞争政策”指狭义的竞争政策，是指竞争立法和竞争执法所体现的或者奉行的政策。参见孔祥俊：《反垄断法原理》，中国法制出版社 2001 年版，第 12 页。

行、保险等事关社会公共利益以及需执行国家经济政策等任务的"垄断行业"②,我国设立了行业主管部门负责对行业内的经营活动进行监管。然而,不论是行政执法层面还是政策制定层面,我国市场监管机构与行业主管部门在竞争监管方面都存在一定程度的交叉、竞合。如何划分市场监管机构与行业主管机构在竞争监管上的职权范围在立法过程中引发了不同讨论,在过往执法实践中也曾出现行业主管部门争夺竞争执法权以及出台政策引发竞争合理性争议的情形。针对诸如此类的问题,可以从我国《反垄断法》及《反不正当竞争法》法律文本及执法实践出发,结合域外立法和执法经验,探索我国市场监管机构与行业主管部门在竞争监管方面存在的冲突以及相应的解决路径。

一、我国竞争监管权配置的现状及其问题

市场经济条件下,监管本质上是弥补市场机制的缺陷而导入的公权力纠错和保护机制,其主要体现为行政机关在经济治理中积极发挥主动性和积极性,以抑制市场之恶、维护市场竞争。在我国法治语境下,"监管"实际上是指行政机关作出的行政行为,并划分为两大类:一是具体行政行为类的监管,主要表现为行政执法行为;二是抽象行政行为类的监管,即通常体现为行政机关发布规章及其他规范性文件的行为。依此逻辑,"竞争监管"是指依据竞争法实施的监管活动,主要体现为反不正当竞争执法和反垄断执法,与之相应的行政执法机构统称为"市场监管机构"。但在电信、电力、石油、民航、银行、保险等涉及社会公共利益且易形成自然垄断的行业中,一般还设置专门的行业监管机构,以专司该领域或行业中的包含竞争在内的监管职责。相较于欧美等国家,行业监管机构在我国负责行业全方位的监管,处于更为强势的地位,因而又称为"行业主管部门"。实践中,我国市场监管机构与行业主管部门在竞争监管中时常面临两方面的冲突与竞合:一方面,在监管权限的范围方面,行业主管部门负责行业内全方位的监管,而维护市场公平竞争似乎也是其监管范围的题中应有之义,这就与市场监管机构的竞争监管职权产生冲突;另一方面,在法条竞合方面,部分行业性法律法规对垄断行为、不正当竞争行为作出特别规定,在法律适用上与《反垄断法》《反不正当竞争法》产生竞合。

---

② "'垄断行业'本身并没有明确的严格界定,作为一个集合概念,主要是指电力、邮政、石油、烟草、盐业、电信、航空、铁路等行业。"参见孟雁北:《我国垄断行业规制行为之公平竞争审查问题研究》,载《价格理论与实践》2018 年第 11 期。

(一)我国市场监管机构与行业主管部门间管辖权配置现状

2018年国务院机构改革之前,由于部门权力平衡、利益博弈、历史传统等原因[③],我国反垄断执法最终呈现为"权分三家"格局,由原国家发改委价格监督检查与反垄断局负责价格相关反垄断执法,由原国家工商总局反垄断与不正当竞争执法局负责非价格相关反垄断执法,由原商务部反垄断局负责经营者集中审查。此种分权执法格局并不是为了机构之间的权力制衡,主要是为了满足三家机构的权力需要而作出的一种本身并不科学的分工,其弊端包括执法权冲突与真空、执法效率低下、执法独立性与权威性不足等。[④] 伴随着机构改革,我国新组建了国家市场监督管理总局(以下简称"总局"),下设反垄断局统一负责反垄断执法工作。反垄断局整合、吸收了之前分散在国家发改委、原国家工商总局和商务部中的反垄断执法职能、机构、人员,结束了国家发改委、原国家工商总局、商务部"三驾马车"对反垄断分而治之的局面。此外,总局下设的价格监督检查和反不正当竞争局吸收了原国家工商总局的反不正当竞争执法职能。总局2018年"三定"方案提出,应当"加快清理废除妨碍全国统一市场和公平竞争的各种规定和做法,加强反垄断、反不正当竞争统一执法。"[⑤]

我国在电信、电力、石油、民航、银行、保险、建筑、烟草等"垄断行业"均设置了行业主管部门,如工信部、国家能源局、民航总局、银保监会、证监会、住建部、国家烟草专卖局等。2018年国务院机构改革也对部分行业主管部门进行了整合、优化,例如将中国银监会和中国保监会的职责整合,组建中国银保监会。根据各行业主管部门的"三定"方案,国务院对大部分行业主管部门的监管权限做了较为概括性的规定,一般体现为"对本行业实行统一监督管理"。具体而言,行业主管部门通常负责对行业实施全流程的监管,包括事前的市场准入管理,事中的政策标准制定、监督检查,以及事后的行政执法等事项。有学者认为,鉴于行业主管部门是相关领域的专家,负责对行业实行统一监管,竞争问题是不可能从其监管职能、事项中截然分离或独立出去的。[⑥] 原银监会、原保监会、工信部等行业主管部门也认为,"三定"方案中"对行业实行统一监督管理"这一原则性描述概括性授权其对本行业的竞争问题进行专门监管。

---

③ 在我国《反垄断法》起草过程中,国家发改委、商务部、国家工商总局都在不同程度上参与了《反垄断法》的起草工作,而且这些部门本身就承担反垄断执法的职能,因此,这些历史因素的叠加就不断强化了3个部门与《反垄断法》之间的关系。参见谭袁:《反垄断执法权配置问题研究》,法律出版社2019年版,第183页。

④ 参见同上书,第192—194页。

⑤ 国务院《国家市场监督管理总局职能配置、内设机构和人员编制规定》,载中央人民政府网,http://www.gov.cn/zhengce/2018-09/10/content_5320813.htm,最后访问日期:2020年10月26日。

⑥ 参见史际春、肖竹:《〈反垄断法〉与行业立法、反垄断机构与行业监管机构的关系之比较研究及立法建议》,载《政法论丛》2005年第4期。

(二) 反垄断执法权的分配与争议

在我国《反垄断法》立法过程中,曾产生过市场监管机构和行业主管部门之间权力分配的争议。《反垄断法》草案二次审议稿第 56 条规定:“对本法规定的垄断行为,有关法律、行政法规规定应当由有关部门或者监管机构调查处理的,依照其规定。有关部门或者监管机构应当将调查处理结果通报国务院反垄断委员会。”⑦这一规定实际上授权行业主管部门根据其他法律法规对所辖行业的垄断行为进行执法,一方面排除了《反垄断法》在相关行业内的适用,另一方面排除了反垄断执法机构对相关行业的管辖权。在审议过程中,全国人大常委会委员们普遍认为这一规定大大限制了《反垄断法》的管辖权,有损《反垄断法》的效力和权威,最终在三次审议中将其删除。全国人大法律委员会认为:“至于某些特定行业和领域的反垄断执法工作,法律、行政法规规定由有关部门、机构负责的,宜由国务院在确定反垄断执法机构时统盘考虑,本法对此可不再另作规定。”⑧现行《反垄断法》规定,“国务院反垄断执法机构负责反垄断统一执法工作。”

尽管我国《反垄断法》已经释明由国务院确定反垄断执法机构,但仍然存在行业性法律法规与反垄断法竞合的情形。例如《电力法》第 26 条规定,“供电营业区内的供电营业机构,对本营业区内的用户有按照国家规定供电的义务;不得违反国家规定对其营业区内申请用电的单位和个人拒绝供电。”《电信条例》第 17 条第 2、3 款规定:“主导的电信业务经营者不得拒绝其他电信业务经营者和专用网运营单位提出的互联互通要求。前款所称主导的电信业务经营者,是指控制必要的基础电信设施并且在电信业务市场中占有较大份额,能够对其他电信业务经营者进入电信业务市场构成实质性影响的经营者。”由于供电行业和电信行业兼有国家垄断性质,上述条款所规定的行为可与《反垄断法》中的拒绝交易相对应。因此,对于供电营业机构拒绝供电的行为以及电信机构拒绝互联互通要求的行为,出现了电力管理部门适用《电力法》、电信主管部门适用《电信条例》与反垄断执法机构适用《反垄断法》的管辖权冲突。

(三) 反不正当竞争执法权的冲突与竞合

相比我国《反垄断法》,《反不正当竞争法》在文本上给行业主管部门参与反不正当竞争执法保留了更大的空间,《反不正当竞争法》对反不正当竞争行为的执法权配置作出了如下表述:“县级以上人民政府履行工商行政管理职责的部门对不正当竞争行为进行查处;法律、行政法规规定由其他部门查处的,依照其规定。”针对

---

⑦ 参见全国人大法律委员会副主任委员蒋黔贵:《全国人大法律委员会关于〈中华人民共和国反垄断法(草案二次审议稿)〉审议结果的报告》,载中国人大网,http://www.npc.gov.cn/zgrdw/npc/zt/2007-08/24/content_1382615.htm,最后访问日期:2020 年 10 月 28 日。

⑧ 同上。

本条后半段的适用,市场监管机构和行业主管部门之间产生了"具体授权"和"概括授权"的争论。市场监管机构认为,其他法律法规中"保护公平竞争"等原则性规定并不能排除市场监管机构对特定行业的管辖权,只有当法律法规对不正当竞争行为作出具体规定时,行业主管部门才能据此进行反不正当竞争执法。电信、银行、保险等领域的行业主管部门则认为,如果法律法规或"三定"方案作出"统一监督管理""保护公平竞争"等原则性表述,则已概括授权其负责行业内不正当竞争行为的统一监管。以工信部政策法规司发布的观点为例,依据工信部"三定"方案和《电信条例》,电信行业主管部门承担电信市场秩序监管职责,属于《反不正当竞争法》规定的监督检查部门,可以适用《反不正当竞争法》开展执法。根据特别法优于一般法的法律适用原则,对于《电信条例》第 41 条规定的不正当竞争行为,应由电信行业主管部门依据《电信条例》第 71 条进行处罚,对于电信领域其他不正当竞争行为,应由电信行业主管部门依据《反不正当竞争法》的规定进行执法和处罚。⑨

这一授权方式之争可见于十余年来原保监会、原银监会和工信部与国家工商总局发布的意见相左的内部批复和官方公告。2003 年,原保监会在《关于明确保险机构不正当竞争行为执法主体的复函》(保监函〔2003〕744 号)中指出,保险业是经营风险的特殊行业,中国保监会"三定"方案和《保险法》概括性授权保监会对保险行业进行竞争监管,因此对当地保险机构的不正当竞争行为应由保监办进行统一的监督检查,必要的时候可以请当地工商部门配合工作。2004 年,原银监会在《中国银行业监督管理委员会办公厅关于银行业金融机构不正当竞争有关问题的批复》(银监办发〔2004〕313 号)中指出,银行业是经营风险的特殊行业,涉及银行业金融机构不正当竞争行为的查处,应该属于银监会的法定职责范围,由银监会及其派出机构依法实施。

2008 年,原国家工商总局在《关于商业银行等金融企业不正当竞争管辖权问题的答复》(工商公字〔2008〕7 号)中主张,《银行业监督管理法》对金融机构的不正当竞争行为没有具体规定,该法的原则性规定并不能排除工商行政管理部门依据《反不正当竞争法》对金融机构不正当竞争行为的管辖权;因此,除《商业银行法》明确规定由银行业监督管理机构查处的不正当竞争行为外,工商行政管理部门对金融机构的其他不正当竞争行为和限制竞争行为具有监督检查权。

关于反不正当竞争执法的管辖权冲突,最高人民法院的观点也摇摆不定,其先是在 2000 年关于保险业的批复中支持了市场监管机构的"具体授权"原则,但在 2003 年后,受国务院"三定"方案影响,又在对保险业、银行业的批复中原则上支持行业主管部门的"概括授权"原则,认可由保险会、银监会负责行业内的不正当竞

⑨ 参见许长帅:《〈反不正当竞争法〉能否作为电信行业管理的执法依据?》,载《人民邮电》2017 年第 7 期。

争执法。然而,最高人民法院的批复属于司法解释,仅适用于司法审判领域,仍然难以调和行政执法中的管辖权冲突。⑩

二、竞争监管权配置的主要模式与中国选择

世界各国在处理市场监管机构与行业主管部门之间的竞争监管关系方面,主要有两种模式:一种模式是由市场监管机构统一负责各行业的竞争监管,排除行业主管部门对行业内竞争监管的管辖权,笔者将其称之为"市场监管机构独家管辖模式";另一种模式是对于曾经或现在被视为国家垄断的特殊行业(如电信、电力、邮政、民航、银行、保险等),在市场监管机构普遍管辖的同时,授予行业主管部门一部分竞争监管职能,笔者将其统称为"市场监管机构与行业主管部门双重管辖模式"。

(一) 市场监管机构独家管辖模式

由市场监管机构统一负责各行业竞争监管的典型司法辖区为欧盟、新西兰和澳大利亚。例如,欧盟委员会(EU Commission)下设的竞争总司(the Directorate General for Competition)依据《欧洲联盟运作条约》等法律法规在欧盟层面统一进行反垄断调查、合并审查以及审核国家援助政策等执法活动,其管辖的领域涵盖能源、银行、保险、通信、邮政、交通等行业。欧盟委员会竞争总司下面设有A~H及R9个部门,其中B、C、D、E和F这5个部门主要是依据行业来进行划分的,由每个部门负责一个或数个行业的反垄断执法工作。其中,B部门负责能源、环境,C部门负责电信、传媒、信息技术、互联网、电子产品,D部门负责支付系统、金融服务,E部门负责制药及保健服务、消费品、基础工业、农业和制造业,F部门则负责运输、邮政及其他服务业。⑪

新西兰商业委员会(Commerce Commission)是新西兰的竞争监管与消费者保护机构,其在电力、天然气管道、电信、乳制品和机场等行业也承担了部分行业监管职能。新西兰也有独立的行业主管部门,包括新西兰电力管理局(Electricity Authority)、新西兰金融市场管理局(Financial Markets Authority)和新西兰燃气行业公司(Gas Industry Company Limited)等。为避免管辖权冲突,新西兰商业委员会与上述行业主管部门签署了合作备忘录,双方同意相互配合避免重复管辖、及时交流

⑩ 参见何茂斌:《关于反不正当竞争法执法管辖权争议的思考》,载"市场监管半月沙龙公众号"2019年12月5日,https://mp.weixin.qq.com/s/-nLOZ0mpLP9Wf6Kz9xzjDw,最后访问日期:2020年9月9日。

⑪ European Commission, European Commission - Directorate-General for Competition, https://ec.europa.eu/dgs/competition/directory/organi_en.pdf, last visit on Sept. 9,2020

可能涉及对方管辖的案件信息、共享知识经验以提升办案能力等。[12]以电力行业为例,谅解备忘录指出新西兰电力管理局和新西兰商业委员会均负担"监管竞争和促进竞争"职能,但是新西兰电力管理局的监管重点在于保障电力市场的竞争力,而不是审查市场参与者的具体行为,由新西兰商业委员会则负责查处电力行业内的反竞争行为。[13]

澳大利亚竞争与消费者委员会(Australian Competition and Consumer Commission)是澳大利亚独立的联邦法定机构,根据《竞争和消费者法案》(2010年)维护市场公平竞争、保护消费者权益,除此之外,其还负责通信、能源、水资源等国家基础设施领域的行业监管。[14] 在能源领域,澳大利亚也设立了独立的行业主管部门澳大利亚能源市场委员会(Australian Energy Market Commission)和澳大利亚能源管理局(Australian Energy Regulator)。澳大利亚竞争与消费者委员会与上述两能源监管机构签署了谅解备忘录,澳大利亚竞争与消费者委员会负责在能源行业内执行竞争法、消费者权益保护和公平贸易法、进行市场准入监管和价格监管等,各方在信息交流、保密信息开示、案件沟通、定期会议、人员交流等方面进行合作。[15]

市场监管机构独家管辖模式的首要优势是市场监管机构是各行业反垄断的唯一执法机构,具备足够的独立性和权威性,在反垄断执法方面不会受到行业内其他机构的掣肘。电信、金融等垄断行业是现代经济的命脉,在上述行业进行反垄断执法往往触及较深层的利益,而赋权市场监管机构独家管辖能够为反垄断执法提供有利条件,排除相关政策及相关利益集团的干涉。此外,独家管辖模式有助于在各行业把握反垄断执法的统一尺度,实现执法的专业性和统一性。针对该模式的质疑主要集中在市场监管机构的专业性问题,电信、金融等垄断行业背景较为复杂、产业政策繁多,市场监管机构可能缺乏相关行业的专业知识,同时其"维护市场竞争"的执法目标可能与落实产业政策之间存在矛盾。在新西兰和澳大利亚,市场监管机构与行业主管部门签署合作备忘录,以此弥补市场监管机构在行业知识和信息渠道方面的劣势。

---

⑫ Commerce Commission New Zealand, Working with other agencies, https://comcom.govt.nz/about-us/working-with-other-agencies, last visit on Sept. 9,2020

⑬ Memorandum of Understanding between the Electricity Authority and the Commerce Commission, https://comcom.govt.nz/__data/assets/pdf_file/0029/60788/MOU-Electricity-Authority-and-Commerce-Commission-December-2010.pdf, last visit on Sept. 9,2020

⑭ ACCC, ACCC's role in regulated infrastructure, https://www.accc.gov.au/regulated-infrastructure/about-regulated-infrastructure/acccs-role-in-regulated-infrastructure, last visit on Sept. 9,2020

⑮ Memorandum of Understanding between Australian Energy Market Commission and Australian Energy Regulator and Australian Competition and Consumer Commission, https://www.accc.gov.au/system/files/Memorandum%20of%20Understanding%20between%20AER%2C%20ACCC%20and%20AEMC.pdf, last visit on Sept. 9,2020

(二) 市场监管机构与行业主管部门双重管辖模式

竞争监管的双重管辖模式(或称分权合作机制),主要体现为由独立的市场监管机构进行竞争监管的同时,授权行业主管部门处理其所辖行业内的部分竞争问题;这种授权一定程度上会削弱市场监管机构的竞争监管权限,但一般不会彻底剥夺该机构对这些行业的管辖权,立法上一般会对二者的竞争管辖权进行划分或就协调机制进行规定。美国和英国正是采取这一分权合作机制的典型代表。例如,在对电信行业的监管上,美国反托拉斯执法机构司法部(Department of Justice)及联邦贸易委员会(Federal Trade Commission)均有权审查电信市场的企业并购,由于适用法律及审查标准不同,二者时常给出相反的结果。⑯ 此外,在对金融行业的竞争监管方面,尽管金融监管机构和反托拉斯执法机构有并行的并购审批权,但对于已获银行监管机构批准的合并,司法部有在 30 天内进行干预的权力。⑰

英国竞争和市场管理局(Competition and Markets Authority)是英国竞争监管机构,负责各行业的竞争执法工作。英国金融行为监管局(Financial Conduct Authority)属于金融服务领域的行业主管部门,同时也被授予该领域的部分竞争执法权(禁止垄断协议和滥用市场支配地位行为)。二者就金融服务领域的竞争执法权达成了谅解备忘录,合作内容包括定期会面沟通、通知对方涉及并行管辖权的案件情况、就案件进行讨论并分享信息等。⑱

有学者认为,市场监管机构与行业主管部门双重管辖模式能够结合、发挥两者的竞争执法优势和行业专业知识,有利于实现监管效率的最大化。⑲ 双重管辖模式需建立在市场监管机构与行业主管部门的明确的分工协作以及高效的协调配合机制上;但即便如此,由于监管目标及审查标准存在差别,二者可能作出完全相反的决定/审查结果。除了审查标准不一致外,双重管辖模式面临的主要争议为市场监管机构执法的独立性问题。

(三) 中国竞争监管模式的选择

在借鉴域外实践经验的基础上,立足国情,我国竞争监管模式选择既面临垄断行业监管等"共性",也面临长期的计划经济历史等"个性"。从我国经济发展现状

---

⑯ A Tale of Two Agencies: A Comparative Analysis of FCC and DOJ Review of Telecommunications Mergers, https://pdfs.semanticscholar.org/7f79/21fa8f9aaa6d1c96bb923ba05ea32b0b22a2.pdf, last visit on Sept. 9,2020

⑰ 参见王晓晔:《论反垄断执法机构与行业监管机构的关系》,载《中国经济时报》2006 年 8 月 14 日。

⑱ CMA and FCA memorandums of understanding, 1 July 2014, https://www.gov.uk/government/publications/cma-and-fca-memorandum-of-understanding, last visit on Sept. 9,2020

⑲ 参见李洁:《论金融行业反垄断执法机构与行业监管机构的管辖权配置》,载《兰州商学院学报》2012 年第 4 期。

及既往执法实践出发，“垄断行业”内的重点执法对象通常包括大型国企、央企等，上述企业可能本身有较高的行政级别，与行业主管部门在历史渊源、行政管理、人员交流等方面有错综复杂的关系。在我国大力倡导竞争中性政策的背景下，由行业主管部门介入竞争监管可能产生执法不中立、执法尺度不统一、政出多门等一系列问题。横向比较市场监管机构与行业主管部门的定位、职能等特点，由市场监管机构统一负责竞争监管更符合法律预期及实践情况。

1. 竞争监管的中立性比较

我国是由计划经济过渡到社会主义市场经济的发展中国家，在现行体制下，电信、电力、石油、民航、银行、保险、建筑、烟草等属于受政府严格管控的垄断行业。行业主管部门通过许可制、审批制给行业设置了很高的市场进入壁垒，相关行业的市场竞争非常有限，通常只由少数国企把持。许多国企的前身即是行业主管部门，国企本身及国企负责人具有对应的行政级别，与行业主管部门互动频繁，交叉任职现象也十分普遍。在这种背景下，若由行业主管部门直接介入竞争监管则可能引发执法中立性问题。很多国家的经验表明，监管机构处理被监管行业竞争案件的最大问题是，它们在被监管企业与其竞争对手或者消费者的争议中，往往站在被监管者的立场上，从而会损害处于弱势地位的经营者或者消费者的利益，这即是监管者被“俘获”的理论。⑳

市场监管机构的管辖范围覆盖各行业，不限于某一或少数行业，其目标是在各行业内推行竞争政策的统一实施，通过引入竞争机制推动各行业的健康发展。相比行业主管部门，市场监管机构的政绩考核不与特定行业或特定企业的发展挂钩，其与企业之间也不存在交叉任职现象，相对而言在竞争监管上更为超脱、独立。经济合作与发展组织曾调研19个国家的行业主管部门与市场监管机构之间的关系，指出将竞争监管权限分配给监管宽范围经济的市场监管机构优于分配给监管特定行业的主管部门，因为竞争执法机构更不容易被“俘获”。㉑

2. 竞争监管的专业性比较

行业主管部门更关注行业的发展及部门利益的最大化，擅于通过制定各种政策对市场经济加以干预，而不是以市场为主导通过限制反竞争行为来维持市场的竞争机制。㉒ 行业主管部门惯用市场准入限制、价格管控、政府补贴等行政手段调整市场结构，这可能与竞争法倡导的市场公平竞争理论相悖。不论是在竞争意识，还是竞争法理论及执法实践上，行业主管部门相较于专门从事反垄断和反不正当竞争执法的市场监管机构都存在欠缺之处。

实践中，行业主管部门滥用行政权力排除、限制竞争，以及出台政策不当干预

---

⑳ 参王晓晔，同注⑰引文。

㉑ OECD：Relationship between Regulators and Competition Authorities，1998，http://www.oecd.org/regreform/sectors/1920556.pdf，last visit on Sept.9，2020

㉒ 参见孟雁北：《论产业政策与反垄断法的冲突与协调》，载《社会科学研究》2005年第2期。

市场竞争的例子屡见不鲜。例如,2017 年多地陆续出台网约车实施意见和细则,但有不少城市对网约车的数量、价格、车主的户籍等方面作出不合理的限制性规定,被指涉嫌排除、限制竞争,违背了公平竞争审查标准。国家发改委价格监督检查与反垄断局则公开表示,正在调查泉州、兰州两地的网约车细则。[23]鉴于行业主管部门也是《反垄断法》的监管对象,若允许其同时担任垄断行为的监管者,这种既当选手又当裁判的做法在逻辑上显然无法自洽。

我国的市场监管机构深谙竞争法理论,十多年来的执法领域覆盖电信、保险、银行、医药、汽车、海运、混凝土、化工、餐饮、互联网等多个传统和新兴行业,积累了丰富的执法经验。即使是在处理通信行业内的复杂竞争问题时,市场监管机构也通过了解、研究案件背景及行业知识,及时发现、纠正了垄断行为。例如在 2014 年的高通垄断案中,国家发改委逐个击破 WCDMA、LTE、CDMA 等技术标准的区分,以及标准必要专利的许可等难度较大的技术性问题,在世界范围内多个案涉司法辖区中率先对高通作出 60.88 亿元人民币的罚款决定,这正是我国市场监管机构具备对复杂行业进行竞争监管能力的力证。此外,市场监管机构与行业主管部门在垄断行为的调查和经营者集中审查方面建立了沟通机制,就行业内的竞争情况、技术性问题进行交流,充分弥补了信息渠道及行业知识上的不足。

3. "行为主义"项下的竞争监管能力比较

如前所述,行业主管部门惯用行政手段调整市场结构以实现行业发展等政策目的,但这种实现路径可能与现行反垄断经济学中的"行为主义"理论相悖。在反垄断法的历史演进过程中,曾存在从"结构主义"到"行为主义"的过渡。1890 年,为了解决以标准石油公司为代表的石油行业严重的垄断问题,美国国会通过了第一部反托拉斯法——《谢尔曼法》,开启反垄断法结构主义立法之先河。结构主义的观点是,高度集中的市场结构必然导致反竞争的市场行为,影响经济效率,因而反垄断法的矛头应指向托拉斯这种垄断组织。标准石油公司最终也被拆分为 33 家分公司。然而,这一"大是原罪"的观念在反垄断法的发展历程中逐渐被淘汰,执法者逐渐意识到垄断结构和排除竞争之间并没有必然联系,相对于经营者的垄断状态,更值得关注的是其是否从事了垄断行为。垄断状态本身并不违法,关键在于经营者是否滥用了这种垄断状态从事了排除、限制竞争的行为。包括我国在内的各国的反垄断立法也步入了"行为主义"时代。行业主管部门在缺乏反垄断相关专业知识的情况下,如果仍带着"大是原罪"的观念,以调整市场结构的手段来介入竞争相关问题,很可能不能起到正面效果,反而会妨碍市场健康、有效的竞争。

---

[23] 参见金辉:《网约车细则应受公平竞争审查规制》,载《经济参考报》网站, http://dz.jjckb.cn/www/pages/webpage2009/html/2018-01/24/content_40385.htm,最后访问日期:2020 年 9 月 9 日。

（四）小结：市场监管机构具有竞争监管之优越性

综合上述分析，从我国国情及既往实践来看，我国的市场监管机构既在竞争法方面有高度的专业性，亦有足够的知识和技能储备，足以因地制宜地应对各行各业中的竞争监管难题。同时，市场监管机构的独立性也使其能够更好地克服被"俘获"的问题，适应我国政企脱钩及市场经济发展等现实需求。特别是在反垄断监管上，相较于行业主管部门，市场监管机构显然更能满足行政垄断这一具有中国特色的竞争监管制度的需要，避免行业主管部门出现"自己做自己的裁判"的局面。因此，在我国，由市场监管机构在竞争监管中居于主导地位可能是更为理想的选择。

三、我国竞争监管边界的划分与优化

基于现行法律规定以及依法行政的原则性规定，可以从具体行政行为和抽象行政行为两个维度上划分我国市场监管机构与行业主管部门的竞争监管边界。同时，结合市场监管机构与行业主管部门在竞争监管方面的优劣势，整合和优化两者之间关于行业竞争监管的协调机制。

（一）具体行政行为的竞争监管边界

实践中，国家市场监督管理总局负责反垄断统一执法已经成为既定事实，竞争监管边界之争主要聚焦在保险业、银行业、电信业等行业的反不正当竞争执法权限上。如前所述，市场监管机构坚持"具体授权"原则，而行业主管部门坚持"概括授权"原则，过往分头执法的实践表明二者就反不正当竞争执法权限展开了激烈争夺。针对这一问题，根据我国依法行政的基本要求、法律保留原则及"三定"方案的相关规定，笔者认为坚持"具体授权"原则更为适当。

首先，依法行政的核心内容之一，就是行政权的来源必须依据法律的明确授权。[24] 行政机关从事执法活动，必须于法有据，不得作出侵害相对人利益或增加其义务的行为（"侵益性行政行为"）。2004 年国务院《全面推进依法行政实施纲要》（国发〔2004〕10 号）已经指出："行政机关实施行政管理，应当依照法律、法规、规章的规定进行；没有法律、法规、规章的规定，行政机关不得作出影响公民、法人和其他组织合法权益或者增加公民、法人和其他组织义务的决定。"反不正当竞争相关的行政调查、行政强制、行政处罚等行为属于侵益性行政行为，除非法律法规做出具体规定，行业主管部门不得从事相关执法活动。

其次，行政法中的法律保留原则要求法无明文规定即不可为，也即行政机关只有在法律有明确规定的情况下才能作出积极的行政行为。法律保留原则是依法行

---

[24] 参见应松年：《严格依法行政》，载《党建研究》1999 年第 4 期。

政的基本要求,若允许行政机关任意扩张执法权限,公民、法人的合法权益将无法得到保障和救济,而这一原则使行政权受到法律的有效控制,并使行政权的运行具有可预见性。[25] 我国法律保留原则首次确立于我国1996年《行政处罚法》第3条规定"没有法定依据或者不遵守法定程序的,行政处罚无效",并"成为了此后共同行政行为立法的必有内容"。[26] 2000年《立法法》第8条至第10条进一步对法律保留原则中的相对保留和绝对保留做了具体明确的规定。其中第10条规定:"授权决定应当明确授权的目的、范围。"在此后发布的《行政许可法》和《行政强制法》等法律对于相关执法行为授权法律文件的层级要求越来越高,也表明我国立法者对于行政权的配置越发审慎,高度重视体现法律保留原则这一行政法基本原则。

最后,结合依法行政要求及法律保留原则,《反不正当竞争法》关于"法律、行政法规规定由其他部门查处的,依照其规定"应遵循"具体授权"原则。行业主管部门从事反不正当竞争执法应以法律法规就不正当竞争违法行为、执法主体、处罚罚则等事项做出具体、明确规定为前提,而不能仅依据"保护公平竞争"等原则性规定。从2018年国家市场监督管理总局和各部委的"三定"方案来看,国务院明确授权总局负责组织指导查处不正当竞争行为,提出加强事中事后监管,加快清理废除妨碍全国统一市场和公平竞争的各种规定和做法,加强反垄断、反不正当竞争统一执法。横向比较其他行业主管部门的"三定"方案,国务院并未明确授权行业主管部门负责本行业内的竞争监管。可以看出,国务院在职能划分上主张由市场监管机构负责反不正当竞争统一执法。

(二) 抽象行政行为的竞争监管边界

相较于具体执法行为,在出台规范性文件等抽象行政行为时,市场监管机构和行业主管部门之间的竞争监管边界更是难以确定。虽然行业主管部门制定、发布的规章以及政策、标准等规范性文件可能不构成对市场竞争的直接干预,但其仍可能通过设置市场进入条件、标准规范、价格管控等方式间接影响市场竞争,甚至可能产生排除、限制竞争的后果。就这一问题而言,《立法法》为解决行业性规范出台可能产生的法律冲突提供了指引,我国2016年起建立的公平竞争审查制度将从实体上减少行业性规范可能产生的负面竞争影响。

首先,行政机关出台规章和其他规范性文件应当以上位法为法律依据。部门规章是行业主管部门能够出台的最高层级的法律规范。根据我国《立法法》第80条第2款:"部门规章规定的事项应当属于执行法律或者国务院的行政法规、决定、命令的事项。没有法律或者国务院的行政法规、决定、命令的依据,部门规章不得设定减损公民、法人和其他组织权利或者增加其义务的规范,不得增加本部门的权

---

[25] 参见黄学贤:《行政法中的法律保留原则研究》,载《中国法学》2004年第5期。

[26] 参见应松年:《中国行政法发展的创新之路》,载《行政法学研究》2017年第3期。

力或者减少本部门的法定职责。”因此，在出台规章或规范性文件时，应该以落实法律、行政法规的具体规定为目的，若上位法未对竞争监管作出明确规定，下位法不得创设竞争监管权限或超越边界增加监管权限。而且，根据下位法不得违反上位法的原则，行政机关出台的规章和规范性文件也不得违反《反垄断法》和《反不正当竞争法》的相关规定。

其次，行政机关出台规章和其他规范性文件应当经过公平竞争审查程序。自2016年起，我国基本确立了公平竞争审查制度，其目的是规范政府行为，防止出台排除、限制竞争的政策措施，逐步清理废除妨碍全国统一市场和公平竞争的规定和做法。行政机关以及法律法规授权的具有管理公共事务职能的组织，在制定市场准入、产业发展、招商引资、招标投标、政府采购、经营行为规范、资质标准等涉及市场主体经济活动的规章、规范性文件时，应当进行公平竞争审查，评估对市场内竞争的影响，防止产生排除、限制市场竞争的效果。经审查认为具有排除、限制竞争效果的，应当不予出台或者调整至符合相关要求后出台；未经公平竞争审查的，不得出台。

由于我国有长期实施计划经济的历史，行业主管部门在出台产业政策时，往往倾向于推行政府主导的“选择性产业政策”，也即对产业内特定企业、特定产品、特定技术进行选择性扶持，而这类政策往往具有限制竞争的管制性特征。[27] 随着计划经济转轨至市场经济，2013年党的十八届三中全会提出“使市场在资源配置中起决定性作用和更好发挥政府作用”，整体的政策导向也从“选择性产业政策”逐步转变为市场友好型“功能性产业政策”。然而，要破除长期计划经济留下的沉疴痼疾，仅依靠行业主管部门的自我改进仍然存在困难。我国垄断行业规制措施存在的各种不足也表明，单纯依靠垄断行业规制措施制定者的自律无法保证制定和实施“好”的规制措施，也无法有效预防和阻止“不好”的规制措施，更无法预防对市场竞争的不合理损害。[28]

公平竞争审查制度在我国的构建和实施正为前述问题提供了有效的解决方案。2016年5月，国务院转发的国家发展和改革委员会《关于2015年深化经济体制改革重点工作的意见》提出了“促进产业政策和竞争政策有效协调，建立和规范产业政策的公平性、竞争性审查机制”的要求。通过公平竞争审查，可以确保行业主管部门在制定和实施产业政策的过程中贯彻公平竞争的理念，充分尊重市场机制及竞争政策的基础性地位，建立竞争政策与产业政策等经济政策之间的沟通协调机制，加快政策导向从“选择性产业政策”向“功能性产业政策”和“普惠性产业政策”转变。[29] 因此，行业主管部门在出台规章及规范性文件，特别是直接涉及调

㉗ 参见江飞涛，李晓萍：《直接干预市场与限制竞争：中国产业政策的取向与根本缺陷》，载《中国工业经济》2010年第9期。

㉘ 参见孟雁北，同注㉒引文。

㉙ 参见孟雁北：《产业政策公平竞争审查论》，载《法学家》2018年第2期。

节市场竞争的法律文件时,应当经过公平竞争审查程序。

(三) 市场监管机构与行业主管部门间竞争监管的协调机制

依据具体行政行为和抽象行政行为之区分,可以从理论层面划分市场监管机构和行业主管部门在竞争监管中的行政行为边界,但落实到具体实践中,两类政府部门难以做到泾渭分明:一方面,基于我国幅员辽阔、人口众多的现实以及庞大的经济体量,每年发生的反不正当竞争案件数量庞杂,这是新西兰、澳大利亚等建立了市场监管机构独家管辖模式的国家所不能比拟的。[30] 仅由市场监管机构负责这些反不正当竞争案件的执法显然超出了机构所能承载的负荷。另一方面,虽然我国的市场监管机构已经具备处理复杂案件的能力,但不可否认的是,对于一些具有高度专业性的行业,行业主管部门相比市场监管机构掌握了更多的知识和数据信息。[31] 而且,行业主管部门侧重事前监管,在掌握违法案件线索、行业竞争动态方面比市场监管机构具有信息优势,对个案的调查也有较强的影响力。因此,为结合行业主管部门在行业知识及信息方面的优势,补强市场监管机构在专业知识储备及线索滞后性方面的短板,笔者建议借鉴域外司法辖区的经验与做法,在二者之间建立关于竞争案件的更为全面的沟通、协调机制。

四、我国市场竞争监管冲突解决的路径及其完善

无论是市场监管机构还是行业主管部门,在维护行业健康发展,维系市场公平秩序方面都是不可或缺的。针对我国市场竞争监管的冲突问题,笔者建议从以下三个层面上寻求相应的解决路径:

(一) 通过修改法律厘清竞争监管权限的边界

首先,应当从法律层面上理顺《反垄断法》《反不正当竞争法》与行业性法律法规的关系,以及市场监管机构与行业主管部门之间的执法权限。在反垄断执法方面,应当通过《反垄断法》的修订进一步明确市场监管机构的独家管辖模式;在反不正当竞争执法方面,则可以通过对《反不正当竞争法》的修订明确以市场监管机构为主、行业监管部门为辅的双重管辖模式,亦即:除非行业性法律明确有其他规定,否则市场监管机构应当有独家管辖权,同时重大案件应由市场监管机构进行执法。

事实上,在 2020 年 1 月国家市场监管总局发布的《反垄断法》修订草案中,已

---

[30] 参见王晓晔,同注⑰引文。

[31] 参见史岩:《我国反垄断机构与金融监管机构的关系研究——以银行业为例》,载《经济问题》2014 年第 6 期。

经体现出了加强市场监管机构统一执法地位的倾向。现行《反垄断法》中关于反垄断执法机构的规定为:"国务院反垄断执法机构",这实际上将决定反垄断执法权归属的权力交给了国务院每五年一次统一制定的各部委"三定"方案,由"三定"方案直接影响市场监管机构和行业主管部门之间的监管边界划分。而此次《反垄断法》修订草案第十一条明确规定:"国务院市场监督管理部门依照本法规定,负责反垄断执法工作"。这一规定将国务院市场监督管理部门的反垄断执法者地位上升到了法律层面,也进一步明晰了市场监管机构和行业主管部门的反垄断执法边界。

考虑到执法机构的专业性与反不正当竞争案件体量的平衡问题,笔者建议,应当通过《反不正当竞争法》建立以市场监管机构为主、行业主管部门为辅的双重管辖机制,并明确国务院市场监管机构对于大案、要案的管辖权。《反不正当竞争法》也应在今后的修法之中加入与此次《反垄断法》修订草案第十一条类似的条款,将现有条款"县级以上人民政府履行工商行政管理职责的部门对不正当竞争行为进行查处;法律、行政法规规定由其他部门查处的,依照其规定"中的"工商行政管理职责"替换为"市场监督管理职责",并增加"涉及重大不正当竞争行为的案件,由国务院市场监督管理部门予以查处"的表述,通过这种方式,明确市场监管机构在查处反不正当竞争案件方面的优先管辖权。

(二)建立健全以市场监管机构为主、行业主管部门为辅的竞争监管模式

从实然职能来看,行业内的竞争监管应当主要交给专业的市场监管机构,行业主管部门在维护竞争秩序方面主要起倡导性作用,而不是直接干预或通过出台政策间接干预。无论是反垄断政策还是反不正当竞争政策的制定,均应以市场监管机构为主,行业主管部门则基于行业监管的专业性予以辅助。

如前所述,市场监管机构在竞争监管方面具有中立性、专业性,也适应"行为主义"项下的竞争监管要求。基于此,对于普遍应用于各行业的竞争政策,如竞争性法律法规、规章、指南等规范性文件,应当由立法机构、国务院反垄断委员会或市场监管机构负责制定出台。对于针对特定行业的竞争政策,市场监管机构在起草、制定方面可以咨询行业主管部门的意见,但行业主管部门不应当越俎代庖。

此外,行业主管部门在出台规章及规范性文件时应当以上位法为依据,且不能违反《反垄断法》和《反不正当竞争法》的相关规定。对于涉及市场准入、产业发展、招商引资、招标投标、政府采购、经营行为规范、资质标准等有关市场主体经济活动的规章、规范性文件和其他政策措施,则应在出台前进行公平竞争审查,对不符合审查标准的相关内容予以调整或废除。这既是《立法法》的要求,也是我国全面落实公平竞争审查制度,强化竞争政策基础地位的要求。

(三) 不断完善市场监管机构和行业主管部门之间的沟通和协调机制

实践中,市场监管机构在调查垄断行为及进行经营者集中审查时,已形成向行业主管部门征求意见的惯例。但由于缺乏制度性规定,行业主管部门与市场监管机构之间尚未建立稳定的沟通、协调机制。由于行业主管部门负责全方位的监管,相较于市场监管机构而言其具备更高效的行业信息获取途径,也对行业的市场条件变化有更清楚的感知,这使其在发现案件线索方面具有天然的优势。如果二者间的信息沟通机制得以建立,市场监管机构在发现垄断及不正当竞争行为以及案件的调查推进方面都将大受裨益。然而,我国目前垄断案件的线索基本来源于投诉举报,鲜少来源于行业主管部门的案件线索移交。

基于此,笔者建议通过规章或规范性文件的形式保障行业主管部门和市场监管机构之间形成制度化的案件线索移交机制和沟通协调机制。机制的建立可参考美国、英国双重管辖模式中的沟通协调机制。例如美国的联邦贸易委员会定期测评部分金融法律的执法情况并将报告提供给美联储的做法,以及英国通过谅解备忘录建立的定期会面和信息分享机制。㉜ 具体而言,行业主管部门可通过定期会面或定期形成报告的形式,将特定行业的市场信息向市场监管机构反馈,在出现垄断行为或不正当竞争行为的线索时,及时通知市场监管机构。在出现相关竞争案件时,反垄断案件应当直接由市场监管机构管辖,行业主管部门应将已获取的线索完整移交市场监管机构;而针对反不正当竞争案件,则应当按照市场监管机构为主、行业主管部门为辅的原则,通过磋商确定管辖权归属。任何一方在进行调查前,都应通过事先通报机制使对方知悉,避免管辖权冲突及重复执法问题。㉝ 在明确管辖权归属后,负责执法的机关应当通过信息沟通机制向市场监管机构或行业主管部门寻求技术性问题及信息收集问题上的帮助,并在做出最终决定前征求对方意见,以提高决策的科学性,有效维护健康的市场竞争。

五、结　　语

放眼全球,包括中国在内的几乎所有国家都已建立了由市场来满足货物和服务的需求,并进行社会资源配置的机制。市场机制的成功运行有赖于无数企业、个人之间的市场竞争。公平、自由的竞争秩序是市场机制发挥积极作用的基石,竞争法律和竞争政策则是实现竞争秩序的制度性保障。通过包括反垄断与反不正当竞争在内的竞争执法和颁布竞争政策维护市场的公平竞争秩序,是实现资源有效配

㉜ 参见史岩,同注㉛引文。

㉝ 参见张广宁、唐要家:《反垄断与行业管制的体制冲突与改革路径》,载《经济与管理研究》2011年第4期。

置，鼓励创新发展，促进经济有效率、集约化和可持续发展等经济政策目的的重要手段。

市场监管机构和行业主管部门在竞争监管方面的冲突对有效保障公平竞争秩序的目标存在较大负面影响。针对这一冲突，世界各司法辖区长期以来发展出两种处理二者之间竞争监管边界的方式，亦即“市场监管机构独家管辖模式”和“市场监管机构与行业主管部门双重管辖模式”。我国市场监管机构和行业主管部门在反垄断和反不正当竞争监管中的冲突同样由来已久，虽经过机构改革，仍有诸多问题有待解决。

从国内执法实践出发并吸收借鉴国外先进经验，基于竞争监管的中立性、专业性以及“行为主义”项下的竞争监管能力比较，我国应当在反垄断监管方面建立市场监管机构独家管辖模式，在反不正当竞争监管方面则以市场监管机构为主、行业主管部门为辅；通过对《反垄断法》《反不正当竞争法》等法律条文的修订完善制度建设，并在有关规范性法律文件的出台和具体案件移交、信息沟通等方面夯实具体机制，从而推动健全全国统一、高效、协调的竞争监管运行体系。